Manfred Ferner

SCHOTTLAND

REISE HANDBUCH

Schottland

Alle Informationen, schriftlich und zeichnerisch, wurden nach bestem Wissen zusammengestellt und waren korrekt zum Zeitpunkt der Recherche. Eine immerwährende Garantie für die Richtigkeit von Preisen, Adressen, Telefonnummern, Zeit- und sonstigen Angaben kann naturgemäß nicht übernommen werden.

Der Autor ist für Hinweise und Verbesserungsvorschläge unter Angabe der Auflagen- und Seitennummer an den Verlag dankbar. Leser, deren Einsendung verwertet wird, werden in der nächsten Ausgabe genannt und erhalten als Dank ein Belegexemplar der neuen Auflage oder ein anderes Buch ihrer Wahl aus dem Programm des Conrad Stein Verlags.

Text	Manfred Ferner
Fotos	Manfred Ferner (mf), Conrad Stein (cs), Marie-Luise Tolkmit (mt)
Titelfoto	Marie-Luise Tolkmit
Lektorat	Gunna Westphal
Karten und Pläne	Carsten Tolkmit
Druck	Norddruck Neumann KG, Kiel

Das Titelfoto zeigt typisch schottische Dudelsackspieler.

Von Manfred Ferner ist außerdem im Conrad Stein Verlag erschienen: *Kanalinseln*.

Dieses ReiseHandbuch hat 349 Seiten mit 15 farbigen Abbildungen, 3 Stadtplänen und einer farbigen Übersichtskarte. Es wurde auf chlorfrei gebleichtem Papier gedruckt.

ISBN 3-89392-237-7 002980

Inhalt

Symbole

Abtei
Achtung, Vorsicht
Angelmöglichkeit
Apotheke
Aquarium
Aussicht
Auto, Taxi, Mietwagen
Bademöglichkeit
Bank
Buchtip, Bibliothek, Buchladen
Café
Campingplatz
Castle
Destille
Einkaufsmöglichkeit
Einrichtungen für Behinderte vorhanden
Entfernung
Fototip
Gondel
Hospital
Information
Jagen, Schlachtfeld
Jugendherberge
Kirche
Konzert
Laden, Markt
Museum
Museumsbahn
Nichtraucher
Öffnungszeiten
Park, Garten
Parkplatz
Polizei
Post
Pub
Restaurant
Sportarten
Tankstelle
Theater
Tierpark
Tip
U-Bahn
Universität
Unterhaltung
Unterkunft
Verkehrsmittel
Vogelreservat
Walbeobachtung
Wandermöglichkeit
Waschgelegenheit
Wildcamping
Wohnmobil
Zeitbedarf
Zoo

Abkürzungen

HS Historic Scotland ☞ Preise
NTS National Trust for Scotland ☞ Preise
STB Scottish Tourist Board

Vorwort

Schottland bietet neben großen landschaftlichen Schönheiten der Highlands und Lochs, wilden und einsamen Küsten und Inseln viele historische und kulturelle Anziehungspunkte. Geschichtsträchtige Castles, romantische Klosterruinen, herrschaftliche Sitze und eine lebendige Kultur gälisch-englischer Doppeltradition machen das Land zu einer unerschöpflichen Fundgrube für den Reisenden.

Der Dudelsack und die schottische Musik, der Schottenrock und das Ungeheuer von Loch Ness sind nur einige der weltweit bekannten Aushängeschilder des Landes.

Auf Ihrer Reise durch Schottland werden Sie die nationalen und kulturellen Eigenarten des Landes kennenlernen und die Gastfreundschaft und Herzlichkeit der Schotten genießen können.

Danke

Ich danke dem **Scottish Tourist Board** und seinen vielen Mitarbeitern vor Ort für die freundliche und umfassende Unterstützung bei der Vorbereitung dieses Buches.

Eine wertvolle Hilfe waren auch die vielen vom **National Trust for Scotland** und **Historic Scotland** bereitwillig zur Verfügung gestellten Unterlagen.

Dank gebührt auch **Sally Line/Frankfurt** und dem **British Council/Köln**.

Manfred Ferner

Land und Leute

Geschichte

ca. 8000-3000 v.Chr.	Die ersten Spuren menschlicher Besiedlung gehen bis in die Mittelsteinzeit zurück. Die von Jagd und Fischfang lebenden Völker, die ihre Waffen aus Stein oder Tierknochen anfertigen, hinterlassen als auffallendste Zeugnisse megalithische **Grabkammern** (sogenannte *cairns*) wie die ☞ Grey Cairns of Camster südwestlich von Wick.
ca. 3000 v.Chr.	Aus der folgenden Jungsteinzeit mit ihren ersten seßhaften Bauernkulturen datieren mehrere steinerne Wohntürme, die als *brochs* bekannt sind (z.B. die ☞ Glenelk Brochs in der Nähe von Glen Shiel), sowie **Hügelfestungen** (☞ Caterthuns) und **Steinkreise** (am berühmtesten sind die Callanish Standing Stones auf der Hebrideninsel Lewis). Auf der Insel Orkney bleibt mit Skara Brae sogar ein neolithisches Dorf erhalten.
5./4. Jh. v.Chr.	Die Kelten erobern die Britischen Inseln. Die Stämme, die sich in Schottland niederlassen, werden später von den Römern unter dem Namen "Pikten" (*Picti* - "die Bemalten") zusammengefaßt. (Der heutige Name Schottland, der sich erst im 10. Jh. durchsetzt, leitet sich von einer anderen keltischen Volksgruppe ab, den Skoten (*Scoti*), die zunächst ausschließlich in Irland siedeln.)
55/54 v.Chr.	Während der Eroberung Galliens setzt Cäsar zweimal nach Britannia über, aber erst unter dem Imperator Claudius beginnt 43 v.Chr. die planmäßige Eroberung der Insel durch Rom.
78 n.Chr.	Im Jahre 78 wird Agricola, Schwiegervater des berühmten Geschichtsschreibers Tacitus, Provinzstatthalter von Britannien.
84	Er unternimmt in den folgenden sechs Jahren mehrere militärische Expeditionen nach Caledonia, ohne allerdings - trotz militärischer Siege (Schlacht am Mons Graupius gegen die Kelten unter ihrem Führer Calgácus) und der (vorübergehenden) Gründung von Legionslagern - das Land endgültig unterwerfen zu können.

ab 122 Unter dem römischen Kaiser Hadrian (117-138) entsteht der ca. 130 km lange **Hadrianswall**, der vom Solway Firth im Westen bis zur Mündung des Tyne im Osten die römische Provinz Britannia vor Einfällen der Barbaren schützen soll.

145-181 Die Grenze wird vom Nachfolger Hadrians, Antoninus Pius (138-161), für mehr als dreißig Jahre nach Norden an den Firth of Forth verschoben, wo der Antoninuswall bis zum Firth of Clyde gebaut wird.

ab 350 Mit der Missionstätigkeit des romanisierten Briten St. Ninian (ca. 350-432) beginnt die Christianisierung Südschottlands. Er läßt sich in ☞ Whithorn in Südwestschottland (heutige Dumfries- und Galloway-Region) nieder und dehnt seine Bekehrungsversuche bis zu den Pikten des heutigen Perthshire aus. In seinem Todesjahr kommt ein anderer Brite, der heilige Patrick, der wahrscheinlich auch aus Schottland stammt, zur Missionierung nach Irland. Seine Tätigkeit legt den Grundstein für die späteren irischen Mönche, die von Irland aus auch Schottland missionieren.

ca. 400 Die römischen Soldaten werden zur Verteidigung Italiens gegen die Goten aus Britannien abgezogen.

ca. 450 In das dadurch entstehende Machtvakuum stoßen die germanischen Stämme der Sachsen, Jüten und Angeln (England = Angelland), die in fortwährenden Kämpfen die ursprünglich keltischen Briten zurückdrängen.

ab 500 Die Scoten (Schotten) aus Irland beginnen unter ihrem Führer Loarne More die Besiedlung von Teilen Westschottlands (Argyll), aus dem später das Königreich Dalriada wird. Der Bruder und Nachfolger von Loarne More, König Fergus MacErc, soll den berühmten "Stone of Destiny" (gälisch *lia-fàil*) von Irland nach Schottland gebracht haben, jenen Stein, auf dem in ☞ Scone die schottischen Könige gekrönt wurden.

563 Der irische Missionar Columban gründet auf der schottischen Insel Iona ein Kloster, das zum

Zentrum der iro-schottischen Missionstätigkeit wird, die sich über Schottland und England hinaus auch auf Deutschland, Frankreich und die Schweiz ausdehnt.

7. Jh. Auf dem Gebiet des heutigen Schottlands kristallisieren sich **vier Machtbereiche** heraus: im Norden und Osten das Königreich der Pikten, im Westen (Argyll) das "skotische" Königreich Dalriada, im Südwesten (heutiges Ayrshire und Dumfries/Galloway) das keltisch-britische Königreich Strathclyde und im Südosten (heutige Borders- und Lothian-Region) das von germanischen Angeln begründete Bernicia (nördliches Northumbria).

685 Lange Zeit sieht es so aus, als ob die germanischen Angeln die militärische Oberhoheit über die anderen Machtbereiche gewinnen könnten, aber in der **Schlacht von Nechtansmere** (bei dem heutigen Dunnichen in der Nähe von Forfar) wird der König der Angeln, Egfrid, von den Pikten unter Nechtan entscheidend geschlagen. Dieser Sieg sichert zunächst die keltische Eigenständigkeit Schottlands gegenüber den angelsächsischen Germanen.

um 715 Im Streit zwischen iro-schottischer Mönchskirche (Iona) und römisch-katholischer Kirche folgen die Herrscher der vier Königreiche zunehmend der päpstlichen Kirche, auch wenn sich Elemente der irisch-keltischen Mönchskirche noch lange halten.

793 Verstärkt wird dieser Prozeß noch durch die fortwährenden Überfälle der heidnischen Wikinger (Normannen), die ab 793 (Überfall auf Lindisfarne in Northumbria) vor allem Irland und die schottischen Inseln gefährden.

ab 802 Auch Iona wird 802 zum ersten Mal von norwegischen Wikingern geplündert, viele Mönche werden erschlagen, und im Jahre 826, nach einem erneuten Überfall, wird das religiöse Zentrum nach Dunkeld verlegt.

843 Der schottische König von Dalriada, Kenneth MacAlpin, vereinigt die Reiche der Pikten und

Skoten. Der Hauptsitz dieses vereinigten Reiches, das nun zunächst Alba genannt wird, ist Scone.

um 860 Die Wikinger dehnen, nachdem sie schon Shetland (um 700) und Orkney (um 800) erobert haben, ihren Machtbereich auch auf das nördliche schottische Festland und die Hebriden aus.

945 Unter Malcolm I. wird das Reich der Briten von Strathclyde dem Königreich Alba angegliedert; zunehmend setzt sich nun der Name "Scotia" (Schottland) durch.

1018 Aber erst dem König Malcolm II. (1005-1034) gelingt es in der Schlacht von Carham, das letzte der ursprünglich vier Königreiche, das Reich der Angeln von Bernicia, zu erobern. Damit ist Schottland - bis auf die von Wikingern besetzten Gebiete - zum ersten Mal unter einem König vereinigt.

1040 Der Enkel und Nachfolger von Malcolm II., Duncan I. (1034-1040), wird von Macbeth, dem mächtigen Earl of Moray, der Ansprüche auf den Thron erhebt, in einer Schlacht nahe bei Elgin besiegt und getötet.

1057 Macbeth (1040-1057), der - entgegen der blutrünstigen Charakterisierung in Shakespeares *Macbeth* - als frommer und gebefreudiger König regiert, wird wiederum vom Sohn Duncans I., Malcolm III. Canmore (1057-1093), in der **Schlacht von Lumphanan** (Aberdeenshire) besiegt. Malcolm III., der während Macbeths Herrschaft 15 Jahre in England lebte und nur mit Hilfe des englischen Königs den schottischen Thron zurückerobern konnte, bevorzugt die englischsprachigen Gebiete Schottlands, d.h. Lothian, gegenüber dem gälischsprechenden Norden.

1066 Als die Normannen unter Wilhelm dem Eroberer in der **Schlacht bei Hastings** den englischen König Harald II. besiegen, fliehen einige Mitglieder des alten angelsächsischen Königshauses an den schottischen Hof, unter ihnen auch Edgar Atheling, der nach dem gefallenen Harald II. der Thronnachfolger in England gewesen wäre.

1070 Malcolm III. heiratet Margaret, die Schwester von Atheling, so daß der angelsächsische (englische) Einfluß am schottischen Königshof noch zunimmt. Das englischsprachige schottische Tiefland (Lowlands, Lothian) mit seinen Königsbastionen Scone, Dunfermline, Stirling und Edinburgh gerät deshalb in einen jahrhundertelang schwellenden kulturellen und politischen Gegensatz zum keltisch-gälisch bestimmten Norden und Westen (Highlands, westliche Inseln), deren alte Clans sich lange gegen die "Anglisierung" der Lowlands wehren.

1098 Der norwegische König Magnus Bareleg erwirbt in einem Abkommen mit dem schottischen König Edgar (1097-1107) die westlichen Inseln Schottlands einschließlich der Halbinsel Kintyre.

Unter David I. (1124-1153), der vor seiner Krönung in Schottland am Hof des englisch-normannischen Königs gelebt hat, wird das normannische Lehnswesen in Schottland eingeführt.

Der schottische König Wilhelm der Löwe (1165-1214) gerät bei einem Einfall nach England in die Hände des englischen Königs Heinrich II. (1154-1189).

1174 Im **Vertrag von Falaise** muß der schottische König die Lehnshoheit des englischen Herrschers anerkennen (aufgelöst 1189 durch Richard Löwenherz).

Unter den Nachfolgern Alexander II. (1214-1249) und Alexander III. (1249-1286) erlebt Schottland eine Phase relativer Stabilität, so daß das 13. Jh. auch als Goldenes Zeitalter der schottischen Geschichte bezeichnet wird.

1237 In der Grenzregelung von York kommt es zu einer Einigung mit England, noch erfolgreicher gestaltet sich die Auseinandersetzung mit den Norwegern unter ihrem König Hakon.

1.10.1263 In der **Schlacht von ☞ Largs** werden die Norweger entscheidend geschlagen; drei Jahre später erkennt der norwegische König Magnus den Verlust aller Hebrideninseln an Schottland an.

1286 Nach dem unglücklichen Tod Alexanders III. bei Kinghorn (Sturz von den Klippen) bleibt als einzige Thronfolgerin seine Enkelin Margret, Tochter des Königs von Norwegen.

1291 Als die "Maid of Norway" bei der Überfahrt nach Schottland auf den Orkneys stirbt, bestimmt der schottische Adel den englischen König Eduard I. (aufgrund der Kriege gegen die Schotten "The Hammer of the Scots" genannt) zum Schiedsrichter über die verschiedenen Thronanwärter.

1292 Eduard I. nutzt die Gunst der Stunde und wählt den schwachen John Balliol zum König, der wiederum den englischen König als obersten Lehnsherrn anerkennt.

1295 Als Balliol drei Jahre später einen Beistandspakt mit Frankreich schließt (dies ist der Anfang der jahrhundertelangen Auld Alliance zwischen den beiden Ländern, die sich stets gegen England richtete) und es sogar noch wagt, Raubzüge nach Northumberland zu unternehmen, beschließt Eduard I., die Schotten militärisch zu unterwerfen.

1296 In der **Schlacht von Dunbar** erleiden die Schotten eine vollständige Niederlage; Balliol wird abgesetzt, und zum Zeichen der vollständigen Unterwerfung läßt Eduard den Krönungsstein "Stone of Destiny" von Scone nach Westminster bringen (wo er heute unter dem englischen Thron liegt).

In den nun folgenden **Unabhängigkeitskriegen** gegen die englischen Besatzer übernehmen zwei der bekanntesten schottischen Nationalhelden die Führung. Zunächst organisiert **William Wallace**, ein einfacher Mann aus der Gegend von Paisley, den Widerstand.

11.9.1297 Seine zunächst überfallartigen Aktionen bewirken einen solchen Zulauf, daß er schließlich sogar die englischen Truppen unter dem Earl of Surrey bei Stirling besiegen kann.

22.7.1298 Zwar gelingt es Eduard I. im nächsten Jahr, Wallace bei Falkirk zu schlagen, aber erst sieben Jahre später fällt der Schotte durch Verrat in die Hände des englischen Königs.

23.8.1305	Wallace, der für Eduard I. kaum mehr als ein anmaßender Aufrührer ist, wird gehängt, noch lebend wieder abgenommen und durch Verstümmelungen getötet. Sein Kopf wird auf der Westminster Brücke ausgestellt, die Glieder des viergeteilten Körpers werden zur Abschreckung nach Newcastle, Berwick, Stirling und Perth geschickt.
27.3.1306	**Robert the Bruce**, der Enkel eines früheren Thronanwärters, wird in Scone zum König erhoben (1306-1329).
24./25.6.1314	Ihm gelingt es - nach anfänglichen Mißerfolgen - in der in ganz Schottland bekannten **Schlacht von ☞ Bannockburn**, den Sohn und Nachfolger Eduards I., Eduard II., zu schlagen.
6.4.1320	Da der englische König sich weiterhin weigert, Bruce als König anzuerkennen, verfassen die Schotten in ☞ **Arbroath** eine von 38 Adligen unterschriebene **Unabhängigkeitserklärung**, die sie dem Papst überbringen, um ihn als Vermittler zu gewinnen.
1328	Aber erst nach weiteren Kämpfen erkennt der englische König Eduard III. im **Vertrag von Northampton** die schottische Unabhängigkeit an. Trotzdem versuchen die Engländer nach dem Tode von Robert the Bruce weiterhin, Schottland unter ihre Kontrolle zu bringen.
1339-1453	Erst der Ausbruch des 100jährigen Krieges zwischen England und Frankreich bringt eine gewisse Entlastung für das schottische Königshaus. Das Land krankt jedoch weiterhin an den fortwährenden Auseinandersetzungen zwischen mächtigen Adelsgeschlechtern und lokalen Herrschern einerseits (z.B. dem mächtigen Lord of the Isles, der die Hebrideninseln beherrscht) und dem wirtschaftlichen und kulturellen Gegensatz von Lowlands (anglisierte Städtekultur) und Highlands (Clansystem) andererseits.
1371	Robert II. Stewart (1371-1390) wird zum König gekrönt; er ist der erste der **Stewart** (**Stuart**)-Könige, die - nur von wenigen Unterbrechungen

abgesehen - bis 1689 das Land regieren und eines der namhaftesten Königsgeschlechter Europas darstellen. Das Amt des "High Steward" (Kämmerer des Königs) hatte die Familie bereits seit den Zeiten König Davids I. inne.
Der Oxforder Theologieprofessor John Wiclif (1330-1384) kritisiert Papst- und Mönchtum.

1407 Einer seiner Anhänger (Lollarden), James Resby, verbreitet seine Ideen in Schottland und wird als Häretiker in Perth verbrannt. Dies ist die erste Ketzerverbrennung in Schottland; ein anderer Lollarde, Paul Craw, erleidet wenige Jahre später (1433) das gleiche Schicksal.

1412 St. Andrews erhält mit päpstlicher Unterstützung die erste Universität des Landes; es folgen die Universitäten von Glasgow (1451), Aberdeen (1495) und Edinburgh (1582).

1469 Der schottische König Jakob III. (1460-1488) heiratet Margret, die Tochter des dänischen Königs Christian, und erhält, nachdem der Däne die Aussteuer von £ 5.000 nicht zahlen kann, als Mitgift die Herrschaft über die Orkneys und Shetlands.

1493 Unter seinem Sohn Jakob IV. (1488-1513) gelingt die Absetzung des bis dahin fast selbständig regierenden Lord of the Isles, so daß der schottische König nun endlich die volle Kontrolle über die Hebriden erhält.

1502 Die Ehe zwischen Jakob IV. und der Tochter des englischen Königs, Margaret Tudor, begründet die spätere Personalunion (1603) von Schottland und England. Trotzdem hält Jakob der Auld Alliance mit Frankreich die Treue, als die französische Königin ihn um Beistand gegen England bittet.

9.9.1513 In der für die Schotten katastrophalen **Schlacht von Flodden** fallen neben dem König und 25 adligen Führern über 10.000 Mann gegen das englische Heer unter dem Earl of Surrey.

1534 Der englische König Heinrich VIII. wendet sich aus politischen und persönlichen Gründen von der katholischen Kirche ab und macht sich selbst zum

Oberhaupt der englischen Kirche. Die schottischen Herrscher bleiben weiterhin katholisch, können aber nicht verhindern, daß sich im Zuge der von Luther und Calvin bestimmten Reformation protestantisches Gedankengut in Schottland verbreitet.

1542 **Maria Stuart** (1542-1587) ist gerade ein Jahr alt, als sie zur Königin von Schottland ernannt wird (1543-1567, Abdankung, hingerichtet 1587). Heinrich VIII. versucht über die englandfreundliche Fraktion in Schottland, seinen Sohn Eduard mit Maria zu verheiraten, aber die französisch-katholischen Gegenspieler - an der Spitze die Königinmutter und Kardinal Beaton - verhindern dies.

10.9.1547 Der englische König reagiert mit wütenden Angriffen, und nach der Niederlage der Schotten bei Pinkie (nahe Musselburgh) beschließt das schottische Parlament 1548, Maria sicherheitshalber an den französischen Hof zu bringen, wo sie schließlich den französischen Thronfolger Franz II. heiratet (1558). In Schottland selbst verbleiben ca. 6.000 französische Soldaten, und die aus Frankreich stammende Königinmutter Maria von Guise besetzt viele Regierungsposten mit französischen Adligen.

1557 Der Gegensatz zwischen der französisch-katholischen und der englisch-protestantischen Partei verschärft sich noch, als vier schottische Barone ein Dokument (First Covenant) verfassen und abzeichnen, in dem sie sich als Vertreter der protestantischen Anhänger (*congregation*) entschließen, die katholische Kirche zu verlassen und Schottland eine protestantische Führung zu geben.

2.5.1559 Der aus Haddington stammende Reformator **John Knox** kommt aus seinem langen Exil in Genf, wo er mit Calvin zusammenwirkte, nach Schottland zurück. Seine Predigten führen zu Kirchen- und Klosterplünderungen, und im nun ausbrechenden Bürgerkrieg bitten die schottischen Reformationsanhänger die protestantische englische Königin Elizabeth I. (1558-1603) um Hilfe.

6.7.1560	Im **Vertrag von Leith** müssen die französischen Soldaten das Land verlassen, und in der folgenden Sitzung des Parlaments im August 1560 wird die Einführung des protestantischen Glaubensbekenntnisses (Confession of Faith) beschlossen.
19.8.1561	Nach 13jähriger Abwesenheit und nach dem Tod ihres Mannes kommt Maria Stuart nach Schottland zurück. Ihre Versuche, den Katholizismus zu stärken (mehrere Streitgespräche mit John Knox), und ihre Ansprüche auf den englischen Thron (als Enkelin von Margaret Tudor s.o.) bringen sie nicht nur in Gegensatz zu den schottischen Protestanten, sondern auch zu Elizabeth I. von England. Aus ihrer zweiten Ehe mit Lord Darnley geht der spätere Thronfolger Jakob VI. hervor.
9.3.1566	Als Darnley aus Eifersucht den von Maria protegierten italienischen Musiker Rizzio vor ihren Augen ermordet, verbündet sich die Königin mit dem Baron von Bothwell.
9.2.1567	Darnley wird in Edinburgh Opfer eines Mordkomplotts, und obwohl das ganze Land weiß, daß Bothwell der Kopf des Anschlags ist, geht Maria - nur drei Monate nach der Tat - ihre dritte Ehe mit ihm ein.
24.7.1567	Der schottische Adel mobilisiert ein Heer gegen Bothwell, der kampflos das Land verläßt, und die Königin muß zugunsten ihres einjährigen Sohnes Jakob VI. (1567-1625) ihre Regentschaft niederlegen. Maria wird in ☞ Loch Leven in Gewahrsam gehalten, aber es gelingt ihr zu fliehen und nochmals ein von Bischöfen und Adligen geführtes Heer aufzustellen.
13.5.1568	In der **Schlacht von Langside** wird ihr Heer (und damit auch der Katholizismus) geschlagen, und Maria flüchtet an den englischen Hof. Obwohl Elizabeth I. sie in wohlwollende Schutzhaft nimmt, konspiriert Maria sowohl gegen sie selbst als auch gegen die Führer der schottischen Protestanten. Nach fast 19jähriger Haft dringt das englische Parlament zum Schutz der englischen Königin auf eine Verurteilung Marias, welche

	Elizabeth trotz großer Bedenken und Einwände schließlich unterschreibt.
8.2.1587	Maria Stuart, bis heute eine der schillerndsten und dramatischsten Persönlichkeiten der schottischen Geschichte, wird im Schloß von Fotheringay durch das Beil hingerichtet.
24.3.1603	Ihr Sohn Jakob VI. wird nach dem Tode Elizabeths zum englischen König (Jakob I.) ernannt, und fortan werden beide Reiche durch die Person des Herrschers geeint (**Personalunion**). Jakob I. regiert Schottland von London aus durch seinen Privy Council (Staatsrat) und dominiert zunehmend auch die Mitglieder des schottischen Parlaments.
ab 1606	In der Frage der Kirchenverfassung ändert er - gegen den Willen der Mehrheit - die schottische Kirche, die bisher calvinistisch-presbyterianisch war (selbständige Vorsteher statt Bischöfe), zu einer Episkopalkirche ab (anglikanische Bischofskirche, vom König abhängig). Sein Sohn und Nachfolger Karl I. (1625-1649) versucht, das absolutistische Königtum in England einzuführen, und kommt dabei zunehmend in Konflikt mit dem englischen Parlament, in dem die Fraktion der Calvinisten (Puritaner) immer stärker wird.
28.2.1638	Als die Schotten zum Schutz ihrer presbyterianischen Kirche den *National Covenant* (Nationalen Bund) abschließen, kommt es zum Kampf zwischen König und *Covenanters*.
26.7.1644	Letztere verbünden sich mit dem aufständischen englischen Parlament, und die Königstruppen werden in der Schlacht von Marstonmoor (bei York) geschlagen.
14.6.1645	Nach einer weiteren Niederlage bei Naseby gegen die englischen Parlamentstruppen flieht Karl I. ins schottische Heerlager.
8.1.1647	Gegen eine Summe von £ 400.000 liefern die Schotten - unter der Voraussetzung, daß dem König nichts geschieht - Karl I. an das englische Parlament aus, in dem die radikalen Puritaner (*Independenten*) unter der Führung von **Oliver**

	Cromwell die alleinige Macht gewinnen (sogenanntes Rumpfparlament).
30.1.1649	Sie betreiben die Verurteilung des Königs, der schließlich in Whitehall hingerichtet wird.
5.2.1649	Die Schotten, entsetzt über diese Tat, wechseln die Fronten und proklamieren Karls Sohn Karl II. zum König.
3.9.1650	Oliver Cromwell schlägt die schottischen Truppen in der Schlacht von Dunbar und genau ein Jahr später, am 3.9.1651, ein zweites Mal in der Schlacht von Worcester.
29.5.1660	Erst nach dem Tode Cromwells, der als unumschränkter Lord Protector England, Schottland und Irland beherrscht, kann der geflohene Karl II. zurückkehren und als König wieder eingesetzt werden (1660-1685).
1661/1662	Er verspielt aber, genau wie seine Vorgänger, in Schottland alle Sympathien durch die Wiedereinführung der anglikanischen Episkopalkirche und die jahrelange Verfolgung der *Covenanters*, die auch von seinem Bruder Jakob II. fortgeführt wird.
5.11.1688	Da Jakob II. katholisch ist, stellt sich das englische Parlament gegen ihn und ruft den protestantischen Wilhelm von Oranien am 11.4.1689 als König (1689-1702) ins Land (Glorious Revolution). Jakob II. flieht auf den Kontinent, was das Ende der Stuart-Dynastie bedeutet. Nur in den schottischen Highlands bei den traditionell orientierten Clans finden die "**Jakobiten**" (wie man nun die **Stuart-Anhänger** nennt) weiterhin Unterstützung, so daß sich die folgenden Jakobitenaufstände vor allem als politisch-kultureller Kampf der Highlands gegen England und die anglisierten Lowlands darstellen und bis heute oft noch als Ausdruck schottischen Nationalbewußtseins gefeiert werden.
1689	Nach der Niederschlagung eines Aufstandes der Highland-Clans noch im Jahre seiner Thronbesteigung bewirkt Wilhelm 1690 die endgültige Wiederherstellung der presbyterianischen Kirche in

	Schottland. Den Highland-Clans setzt Wilhelm ein bis zum 31.12.1691 befristetes Ultimatum zur Abgabe eines öffentlichen Eids der Anerkennung seiner Herrschaft.
13.2.1692	Der Chief des Clans MacDonald von Glencoe, MacEoin, überschreitet die Frist um sechs Tage, was zum Massaker von ☞ **Glencoe** führt.
1695	Der Schotte William Paterson, der auch die Bank von England gründete, eröffnet die Bank of Scotland.
1.5.1707	Unter Königin Anna (1702-1714) kommt es - nicht ohne beträchtlichen Widerstand in Schottland - zur Vereinigung der beiden Parlamente (**Realunion**), so daß im **Vereinigten Königreich Großbritannien** nun die gleichen Steuern, Münzen und Handelsrechte gelten. (Letztere sind vor allem wichtig für die bis dahin benachteiligten Schotten, die z.B. nicht am Kolonialhandel teilhaben konnten. Eigene Kolonialisierungsversuche in Zentralamerika waren 1698 gescheitert.)
20.10.1714	Der Kurfürst von Hannover, Georg I. (1714-1727), wird zum König von Großbritannien gekrönt - obwohl er noch nicht einmal Englisch sprechen kann.
1715/1716	Ein Jakobitenaufstand, der den exilierten Sohn von Jakob VII. zum König von Schottland machen will, bricht schnell zusammen, und Jakob VIII., The Old Pretender, muß wieder nach Frankreich fliehen.
1725	Die Kontrolle der Clans und Highlands wird nach dem Aufstand verstärkt; ein Gesetz zur Abgabe der Waffen wird zwar unterlaufen, aber General Wade läßt ab 1726 ein Straßennetz von ca. 400 km bauen, um die militärische Flexibilität der Regierungstruppen zu erhöhen.
19.8.1745	Trotzdem kommt es in der Regierungszeit Georgs II. (1727-1760) zu dem berühmtesten Jakobitenaufstand, als **Prinz Charles Edward Stuart** (in Schottland überall unter dem Namen "**Bonnie Prince Charlie**" oder "**The Young Pretender**" bekannt), der Sohn Jakobs VIII.,

schottischen Boden betritt und die Highland-Clans für sich gewinnt.

14.12.1745 Nach anfänglichen militärischen Erfolgen, die "Bonnie Prince Charlie" sogar bis Derby in England vorstoßen lassen, kommt es bei ☞ **Culloden** (nahe Inverness) zur Entscheidungsschlacht gegen das englische Heer unter dem Herzog von Cumberland.

16.4.1746 In dieser **letzten Schlacht auf britischem Boden**, die mit der völligen Niederlage der Highlanders und der abenteuerlichen Flucht von Prince Charlie endet, werden nicht nur die Herrschaftsträume der Stuarts, sondern auch das Schicksal der bis dahin fast unabhängigen Hochlandkultur besiegelt.

Die Highlanders werden entwaffnet, das Tragen des Kilts (Schottenrock) und sogar das Spielen der *bagpipe* (Sackpfeife) werden verboten (aufgehoben 1782), die Clanstrukturen zerschlagen. Die Entwaffnung der Clans hebt die Bedeutung der Clanmitglieder als Krieger für ihren Führer auf. Diese Clan-Chiefs, soweit sie nicht ohnehin gefallen sind oder hingerichtet und ihre Ländereien durch Lowlanders oder Engländer übernommen werden, betrachten sich folglich zunehmend als Großgrundbesitzer (Landlords), die sich nicht mehr so sehr um ihre Clanfamilie, sondern um ihre persönliche Bereicherung kümmern.

1768 Mit der Erfindung des eisernen Pflugs durch James Small (1763), der Spinnmaschine "Jenny" durch Hargreave (1767) und vor allem der Entwicklung der Dampfmaschine durch **James Watt** (1768) zeichnen sich in der Landwirtschaft, vor allem aber in der industriellen Produktionsentwicklung große Veränderungen ab (Industrial Revolution).

ab 1770 Der **Tabakhandel mit den amerikanischen Kolonien**, der die steinreichen Tobacco-Lords hervorbringt, führt zur wirtschaftlichen Verlagerung an die Westküste, wo für die Schiffe der Clyde bis Glasgow vertieft wird. Allgemein wird die Infrastruktur zu Lande (Brückenbauer John

Rennie) wie zu Wasser (Eröffnung des Forth & Clyde-Kanals 1790, Kaledonischer Kanal, erbaut von Thomas Telford 1804-1822) stark verbessert.

ab 1792 Nach dem amerikanischen Unabhängigkeitskrieg (1775-1783) bricht der Tabakhandel zusammen und die Tobacco-Lords investieren ihre Reichtümer in den profitablen **Baumwollhandel**. In Glasgow und am Unterlauf des Clyde entsteht eine blühende **Webereiindustrie**. Die neuen Maschinen erleichtern den Abbau der Kohle im Industriegürtel (Industrial Belt) der Lowlands.

1812 Mit dem Dampfschiff "Comet", erbaut von Henry Bell, beginnt am Clyde die Entwicklung der **Schiffbauindustrie**. 1826 wird die erste Eisenbahnlinie eröffnet.

All diese Prozesse, die Großbritannien im 19. Jh. zum führenden Land der industriellen Revolution und des Kapitalismus machen, bringen zugleich Verstädterung und Proletarisierung mit sich. Als die Grundbesitzer der Highlands (ehemalige Clan-Chiefs, die sich nun zu Landlords gewandelt haben) merken, daß sich aufgrund der Nachfrage nach Wolle durch Schafzucht viel Geld verdienen läßt, beschließen sie, die jahrhundertelang auf ihren kleinen Parzellen wirtschaftenden Pächter (*crofters*) zugunsten der Schafe zu vertreiben.

ab 1807 Diese ***Highland Clearances*** (☞ **Dunrobin Castle**), die oft mit menschenverachtender Brutalität und zynischen Rechtfertigungsversuchen (die Lords sprechen von "wirtschaftlichen Verbesserungen") durchgeführt werden, zerbrechen dann endgültig das traditionelle Sozialgefüge der Hochland-Clans. Das Land wird zur Einöde, die Menschen ziehen in die Arbeiterviertel der Städte, besonders in die von Glasgow, das slumähnliche Wohnverhältnisse hervorbringt. Unzählige Menschen wandern nach Übersee aus.

Als schließlich die Wollpreise wegen des Überangebots fallen, wird statt der Schafe vermehrt Rotwild eingeführt, um Kapitalisten des In- und Auslands teure Jagdfreuden zu ermöglichen. Erst ein Schutzgesetz des Parlaments zugunsten der kleinen Pächter (*crofters act* 1886) beendet - viel zu spät! - die Menschenvertreibungen.

Es scheint grotesk zu sein, daß gleichzeitig Nationalismus und Romantik (insbesondere die Werke von Sir Walter Scott, ☞ Kunst und Kultur, Literatur) das Ansehen der schottischen Kultur und Geschichte nicht nur im Inland, sondern in ganz Europa erhöhen; insbesondere die Highlands erfahren eine zunehmende Aufwertung.

1842	Königin Victoria (1837-1901) und ihr Gemahl Prinz Albert besuchen zum ersten Mal das schottische Hochland und werden zu regelmäßigen Gästen auf Schloß Balmoral, das Prinz Albert nach eigenen Entwürfen 1855 fertigstellen läßt.
1856	Ein neues Verfahren zur Gewinnung von Stahl, erfunden von Henry Bessemer, gibt der Schwerindustrie um Glasgow weiteren Auftrieb. Die Baumwollindustrie erfährt dagegen nach dem amerikanischen Bürgerkrieg (1861-1865) einen drastischen Einbruch.
1876	Alexander Graham Bell, der aus Edinburgh stammt, erfindet das Telefon.
1906	Gründung der schottischen **Labour Party**, die sich drei Jahre später mit den englischen Arbeitervertretern zur britischen Labour Party zusammenschließt.
1934	Die Scottish National Party verlangt unter dem Stichwort *"Home Rule"* mehr Unabhängigkeit von England.
13./14.3.1943	Die deutsche Luftwaffe fliegt einen Bombenangriff auf den Großraum Glasgow (insbesondere Clydebank), dem über 1.000 Menschen zum Opfer fallen. Die Region ist während des Zweiten Weltkriegs (1939-1945) Zentrum der britischen Kriegsindustrie.

Nach dem Krieg gerät die Schwerindustrie in eine fortwährende Krise; ganze Produktionszweige verschwinden fast völlig (z.B. Schiffsbau). Der notwendige Strukturwandel in bezug auf Dienstleistungen und moderne Technologien gelingt nur

	langsam. Die sozialen Probleme lassen den Ruf nach Unabhängigkeit wieder lauter werden.
ab 1947	Das **Edinburgh International Festival** ist ein solch durchschlagender Erfolg, daß es zum jährlichen Kulturhöhepunkt wird und heute als weltweit führendes Kultur- und Kunstfestival bezeichnet werden kann.
15.12.1950	Der schottische Krönungsstein "Stone of Destiny" (gäl. *lia-fàil)* wird von schottischen Nationalisten aus der Westminster Abtei gestohlen und im April des folgenden Jahres in der Abtei von ☞ Arbroath wiedergefunden und nach London zurückgebracht. Hartnäckig halten sich aber hämische Gerüchte, daß der gefundene Stein nur eine Imitation, der wahre dagegen in Schottland sei ...
ab 1967	Erste Ölfunde in der Nordsee; die Ausbeutung der Ölfelder beginnt 1975. Zentrum der **Ölindustrie** wird ☞ Aberdeen.
1974	Die Scottish National Party (SNC) erlangt als vorläufigen Höhepunkt ihrer Geschichte 11 Parlamentssitze.
1976	Die Labour Party schlägt einen Gesetzentwurf zur Teilautonomie Schottlands und Wales vor, der aber in beiden Ländern an der fehlenden Mehrheit der Stimmen scheitert.
1979	Zwar votieren 32,9% der in Schottland abgegebenen Stimmen dafür, aber das Verfehlen der vom Parlament bestimmten 40%-Hürde läßt die Wahl fur die SNC zu einem Mißerfolg werden.
1992	Trotz des wiederholten Sieges der Konservativen in den britischen Parlamentswahlen bleibt Schottland eine Hochburg der Labour Party. Dieser parteipolitische Gegensatz läßt die nationale Frage "Scottish or British" weiterhin aktuell bleiben.

Geographie und Landschaft

Kaum zu glauben, aber wahr: Schottland befand sich in geologischen Urzeiten tatsächlich südlich des Äquators, mit Temperaturen, von denen die Schotten heute nur träumen können. Es war später Teil eines riesigen

Kontinents, der Amerika und Skandinavien verband, und das Land des jahrhundertelangen Erzfeinds England war, von einem breiten Ozean getrennt, noch lange nicht in Sicht ...

Das heutige Schottland erstreckt sich zwischen dem 55. und 62. Grad **nördlicher Breite** (liegt damit ungefähr auf gleicher Höhe wie Kopenhagen-Oslo bzw. Moskau-Leningrad) und dem 1. und 8. Grad **westlicher Länge**, so daß es neben Island und Irland als nordwestliches Ende Europas angesehen werden kann. Seine einzige Landgrenze besteht im Süden zu **England**, im Osten grenzt es an die **Nordsee**, im Norden jenseits der Shetlandinseln an das **Europäische Nordmeer**, und im Westen wird es durch den **Atlantischen Ozean** und den zwischen Irland und Südwestschottland verlaufenden **Nordkanal** begrenzt.

Man unterscheidet das **Mainland** (das schottische Festland), die im Westen liegenden Inseln der **Inneren** und **Äußeren Hebriden** sowie die im Norden liegenden Inselgruppen der **Orkneys** und der **Shetlands**.

Mit 78.764 km² **Fläche** (einschließlich Binnengewässer) umfaßt das Land ca. ein Drittel Großbritanniens und entspricht damit ziemlich genau der Größe der Tschechischen Republik (78.864 km²) bzw. in etwa derjenigen Österreichs (83.855 km²).

Das Mainland hat eine Nord-Süd-Ausdehnung von ca. 430 km und eine West-Ost-Ausdehnung von ca. 230 km (beide Angaben Luftlinie). Aufgrund der vielen fjordähnlichen Meereseinschnitte, von denen man die großen im allgemeinen **Firths** und die kleineren **Lochs** nennt, ist kein Ort weiter als 70 km (Luftlinie) vom Meer entfernt. Diese Einschnitte sind auch der Grund für die 10.193 km (!) lange Küstenlinie (einschließlich der Inseln), wobei die besonders stark zergliederte Westküste - darin durchaus der norwegischen Küste vergleichbar - allein ca. 3.200 km (gegenüber nur 410 km Luftlinie!) erreicht.

Von den 790 **Inseln**, die es auf eine Küstenlänge von 6.287 km bringen, sind ca. 100 von Menschen bewohnt. Die beiden größten der ca. 300 Inseln der **Inneren Hebriden** (ca. 35 bewohnt) sind **Skye** (ca. 1.750 km²) und **Mull** (ca. 910 km²). Der Doppelname **Lewis with Harris** (2.273 km²) bezeichnet die größte der ca. 200 Inseln der **Äußeren Hebriden** (13 bewohnt). Die beiden jeweiligen Hauptinseln der **Orkneys** (ca. 70 Inseln, 20 bewohnt) und **Shetlands** (über 100 Inseln, 15 bewohnt) heißen einfach gleichnamig **Mainland** (Mainland-Orkney 492 km²; Mainland-Shetland 938 km²).

🕮 ***Shetland und Orkney*** von Solveig Krüger-Hoge, Conrad Stein Verlag, Kronshagen, 1991, DM 4,80.

Die zahlreichen schottischen **Inlandseen**, die ebenfalls als **Lochs** bezeichnet werden (es gibt nur einen **Lake**, ☞ Lake of Menteith), liegen hauptsächlich als malerische Talseen in den Highlands und bedecken insgesamt ca. 1.730 km^2. Der wasserreichste ist **Loch Ness**, der flächenmäßig größte **Loch Lomond** (39 km lang, bis 12 km breit), der tiefste **Loch Morar** (mindestens 300 m) und der längste **Loch Awe** (ca. 40 km).

Die bedeutendsten **Flüsse** sind der **Tay**, der mit ca. 190 km der längste (und übrigens auch der schönste!) ist und bei Perth in den Firth of Tay (Nordsee) mündet, der **Tweed**, der im Süden teilweise die Grenze zu England bildet, der **Spey** und der (ebenfalls sehr pittoreske) **Dee**, die vom östlichen Hochland ebenfalls beide in die Nordsee münden. Der wirtschaftlich wichtigste Fluß der Westküste ist der **Clyde**, der im Süden Schottlands entspringt und kurz hinter Glasgow den Firth of Clyde (Nordkanal) erreicht.

Alle **Berge** Schottlands, die eine Höhe von mindestens 3.000 Fuß (914 m) erreichen, werden unter dem Begriff "**Munro**" zusammengefaßt. Davon gibt es immerhin 279, worunter der Munro **Ben Nevis** mit 1.344 m der höchste Berg Großbritanniens ist.

Das schottische Festland, das Schwerpunkt dieses Reiseführers ist und ganzflächig behandelt wird, läßt sich in **drei landschaftliche Hauptregionen** unterteilen:

❶ Die **Southern Uplands**, ein u.a. aus Schiefer und Sandstein bestehendes Mittelgebirge, das sich im Süden nördlich der englischen Grenze erstreckt und Höhen von über 800 m erreicht (höchste Erhebung ist der Merrick (843 m) im Westen bei ☞ Loch Trool). Seine nördliche Grenze stellt eine West-Ost-Diagonale dar, die ungefähr von Girvan im Westen bis Dunbar im Osten verläuft. Vor allem im Südwesten am **Solway Firth** sowie im Südosten im **Tweed-Tal** läuft das Mittelgebirge in ein fruchtbares Tiefland aus (weshalb diese Landschaftsregion auch oft einfach nur **Lowlands** genannt wird).

❷ Nördlich davon schließen sich die **Central Lowlands** (auch Central Belt) an, ein Tiefland, das zwischen dem **Firth of Clyde** (**Glasgow**) und dem **Firth of Forth** (**Edinburgh**) die engste Stelle Schottlands ist (nur ca. 50 km Landbreite). Dieses Gebiet stellt wirtschaftlich (Mineralien und Kohleminen, Industrieansiedlungen) und historisch (alte Königsstädte und -burgen) das dichtbesiedelte Kernland Schottlands dar.

❸ Nördlich einer Diagonale Helensburgh (im Westen) und Stonehaven (im Osten) liegen die **Highlands**, das berühmte schottische Hochland, das ca. die Hälfte der Landmasse für sich beansprucht und hauptsächlich aus Gneis-, Schiefer-, Granit- und Sandgestein besteht (im Westen auf den Inseln Skye und Mull auch aus Basalt).

Es wird durch den von Südwest nach Nordost verlaufenden ca. 95 km langen großen Graben (**Great Glen** oder auch **Kaledonischer Graben**) zwischen Inverness und Ft. William nochmals in zwei Hauptgebiete unterteilt: im Norden die einsamen **Northern Highlands** (höchste Erhebung: **Mam Sodhail**, 1.177 m), im Süden davon die **Grampian Mountains** (**Ben Nevis**, 1.344 m).

Das **westliche Hochland** bezieht seine touristische Anziehungskraft aus dem großartigen Panorama einer glazialen (ehemals vereisten) Gebirgslandschaft, in der heute tiefe Täler (**Glens**) und Hochlandseen (**Lochs**) das Bild bestimmen, gefolgt von gewundenen und zerklüfteten Meeresarmen (**Firths**, **Lochs**), vor deren **Steilküste** die **Hebriden** eine Unzahl an Inseln und Meeresstraßen bilden. Der östliche Teil ist weit eintöniger und flacher, es gibt kaum Inseln und die Küste verläuft relativ gleichförmig.

Die touristischen Anziehungspunkte **Landschaft** und **Kultur** gehen in Schottland oft, aber nicht immer zusammen: **die großartige und malerische Szenerie der westlichen Highlands**, deren schroffe und karge Naturschönheit unter streßgeplagten Mitteleuropäern fast schon als Landschaftsideal gefeiert wird, bietet - vor allem im Nordwesten - verhältnismäßig wenige **kulturgeschichtliche Höhepunkte und Zeugnisse**.

Umgekehrt liegen diese in Hülle und Fülle im Osten und Süden, wo andererseits der Reisende sein von einsamen und schroffen Bergen und Fjorden bestimmtes Schottlandbild etwas revidieren muß.

Es ist, wie es immer ist: nur wer genug Zeit hat, wird allen Bereichen voll gerecht werden können, den anderen bleibt die Lust - oder doch Qual? - der Wahl ...

Flora / Fauna / Naturschutz

Flora

Schottland bringt es auf ca. 1.000 verschiedene Pflanzenarten, eine Zahl, die weit unter der Artenvielfalt des Kontinents bleibt. Wer sich heute die kahlen und meist nur von **Moosen**, **Flechten** und purpurfarbenem **Heidekraut** bedeckten Hochebenen und Moorlandschaften der Highlands ansieht, kann sich kaum vorstellen, daß dieses Gebiet einst bis zu einer Grenze von ca. 500 bis 600 m mit dichtem Wald bedeckt war. Von diesem "**Kaledonischen Urwald**" sind nur noch kümmerliche Reste erhalten (z.B. bei Rannoch und Abernethy), denn der Großteil des aus der Schottischen Kiefer (*Scots pine*) bestehenden Waldes wurde kontinuierlich abgeholzt, besonders im 17. und 18. Jh., als Weideflächen für Schafe lukrativ wurden.

Als die heutige Forstbehörde (*forestry commission*) schließlich mit Wiederaufforstungsmaßnahmen begann, war man verständlicherweise auf schnelle Erfolge aus und führte schnell wachsende Baumarten wie **Tanne** und **Norwegische Fichte** ein. Zu einem gesunden und ökologisch ausgeglichenen Wald führte ein solches "Nutzholzdenken" kaum, und so begann man seit den 80er Jahren mit der zusätzlichen Anpflanzung von Laubbäumen. Außerdem kündigte die *forestry commission* 1992 an, den alten kaledonischen Kiefernwald wiederbeleben zu wollen. Erfolge sind durchaus vorweisbar, und Schottland verfügt heute wieder über ca. 9.800 km² Waldland, also immerhin 8% der Gesamtfläche ...

Neben den schon genannten weitverbreiteten Flechten und Moosen trifft man im Hochland punktuell auch andere arktisch-alpine Pflanzen wie den **Enzian** (z.B. an den Hängen des Ben Lawers nördlich von ☞ Killin), die dem Gänseblümchen ähnliche **Gänsedistel** (*sow thistle*) sowie verschiedene **Steinbrech**- und **Kressearten** an.

An der Westküste und auf den Inseln findet man oft auf kalkigem Boden gedeihende **Dünengras**- (*machair*) und **Torfgebiete** (*peat*), wo man verschiedene **Klee**- und **Wickenarten** sowie **Margeriten**, die malvenfarbene **Kuckucksblume** und die gelbe **Schwertlilie** findet. Der Golfstrom ermöglicht hier aber auch das Wachsen von **Fuchsien**, **Rhododendren** und **Hortensien**, und der Besucher wird überrascht sein, an der kleinen Promenade von ☞ Plockton (nördlich von Kyle of Lochalsh) sogar **Palmen** sehen zu können. Die Überraschung läßt sich noch steigern, wenn man auf den noch weiter im Norden bei ☞ Inverewe liegenden Freigarten hinweist, der auf einem Breitengrad nördlich von Moskau eine erstaunliche Pflanzenvielfalt bietet.

Fauna

Heute ist der **Hirsch** das größte lebende Landtier, und **Rotwild** wird der Besucher ziemlich sicher im Dee-Tal westlich von Braemar (☞ Linn of Dee) oder in der Gegend des ☞ Rannoch Moor sehen können. Die Chancen sind besonders im Frühjahr recht gut, bevor das Wild die Hänge hinaufzieht.

Äußerst glücklich kann sich derjenige schätzen, der frühmorgens in abgelegenen Gebieten des Hochlands die **Wildkatze** (*wildcat*) sieht, denn sie ist nicht nur selten, sondern auch ausschließlich ein nächtlicher Jäger - der größte, den Schottland heute noch besitzt. **Dachs** (*badger*), **Wiesel** (*weasel*), **Fuchs** (*fox*) und **Baummarder** (*pine marten*), letzterer an seiner gelben Hals- und Brustfärbung bei sonst braunem Fell leicht identifizierbar, sind weitere Räuber, die sich mehr oder weniger erfolgreich in Schottland durchschlagen. **Kaninchen** (*rabbit*) und **Hasen** (*hare*) gibt es ja wirklich für alle genug, nur der Mensch ist eine ewige Plage ...

Besser hat es da das possierliche **Eichhörnchen** (*squirrel*) und der verspielte **Otter** (*otter*), auch wenn dieser vorsichtshalber sehr scheu bleibt. Man findet ihn an Steilküsten, aber auch an einsamen Flußabschnitten, da der Feinschmecker sowohl im Süß- wie im Salzwasser zu Hause ist und dort seinem Hauptgericht, den **Lachsen** (*salmon*), nachjagt, auch wenn es eine **Forelle** (*trout*) sicherlich auch mal tut.

Wer auf den Wällen des Ft. George bei Inverness steht, kann - vorausgesetzt, er hat ebensoviel Glück und Ausdauer wie ich - in den Fluten des Moray Firth die dort dauernd lebenden **Delphine** beim Spielen und Springen beobachten. Auch **Tümmler**, **Wale** und vor allem **Robben** (*seal*), seltener das **Walroß** und der **Killerwal** (*orca*), sind an nordschottischen Küsten ausmachbar; wer z.B. von Dunvegan Castle auf Skye in eine kleine Bootsfahrt investiert, kann sicher sein, auf den der Küste vorliegenden Felsinseln Robben zu begegnen, an die der Bootsführer mit abgestelltem Motor bis auf wenige Meter herankommt.

Gilt der Lachs als der König der (Fluß)fische, so ist der König der Lüfte der **Steinadler** (*golden eagle*), der eine Spannweite bis zu 2 m aufweisen kann. Mit ungefähr 450 Brutpaaren ist Schottland in Europa so etwas wie eine letzte Bastion dieses seltenen Raubvogels, dessen schlimmster Feind - wie könnte es anders sein - der Mensch ist.

Diesem ist auch der ebenso majestätische **Seeadler** (*sea eagle*) zum Opfer gefallen, der Anfang dieses Jahrhunderts in Schottland völlig ausgerottet wurde. Um so stolzer weisen die schottischen Naturfreunde heute darauf hin, daß ein Wiedereinführungsprogramm auf der Hebrideninsel Rum in den 70er Jahren von Erfolg gekrönt war. Die aus Norwegen eingeführten Seeadler, die ca. fünf Jahre brauchen, um fortpflanzungsfähig zu werden, zeigten 1982 erstmals Nestaktivitäten, aber erst drei Jahre später konnte man den ersten in Schottland geborenen *sea eagle* begrüßen. Deren Anzahl hat sich heute auf über 40 erhöht, so daß man - hoffentlich - mit den Einwanderern über den Berg ist.

Der dritte König im Bunde ist der **Fischadler** (*osprey*), den man z.B bei Loch Garten in der Nähe von Aviemore sehen kann, wo die Königliche Gesellschaft zum Schutz der Vögel (RSPB) Beobachtungsposten eingerichtet hat.

Aber auch außerhalb der Naturparks versteht es sich für Ornithologen und Vogelfreunde von selbst, den Fernstecher immer parat zu haben. **Falken**, **Habichte** und **Bussarde** sind verbreitete Raubvögel, die nach **Sumpf**- oder **Schneehühnern** (*grouse*, *ptarmigan*) Ausschau halten. Die letzteren, im Winter mit weißem Gefieder und im Sommer braun-grau gesprenkelt, kommen nur in den Highlands vor, wo sie selbst unter widrigsten Wetterverhältnissen und in großen Höhen überleben können. Widerstandsfähig im wahrsten Sinne des Wortes kann auch der **Auerhahn** (*capercaillie*) sein, denn bei Bedrohung entwickelt er geradezu kämpferische Qualitäten.

Selten und fast nur auf den westlichen und nördlichen Inseln anzutreffen ist der fast hühnergroße braune **Wiesenknarrer** (*corncrake*), der zur Vogelfamilie der Rallen gehört und an seinem schnarrenden Ruf zu erkennen ist. Ebenfalls rar und auf die Highlands begrenzt sind verschiedene Arten der **Greben** oder **Lappentaucher**. In den Kiefernwäldern sind u.a. das **Goldhähnchen**, Schottlands kleinster Vogel, und der schottische **Kreuzschnabel** (*crossbill*) erwähnenswert, der ausschließlich in Schottland vorkommt.

An den Küsten der Highlands und Inseln beheimatet sind der schwarzweiß gefiederte **Austernfischer** mit seinem langen roten Schnabel, **Meerlerche**, **Kiebitz**, **Regenpfeifer** und andere **Watvogelarten**. Auch überwintern zwischen Herbst und Frühjahr Tausende von **Wildgänsen** und **-enten** in Schottland. Allein bei ☞ Loch Leven werden in jedem Herbst über 23.000 von ihnen erwartet, über 20.000 **Eiderenten** sammeln sich um diese Zeit im Mündungsgebiet des Tay, während an der Südküste des Firth of Forth und in der Region um Dumfries verschiedene Arten von **Tauchenten** Schutz vor der arktischen Kälte suchen.

An den Klippen brüten ca. 6 Mio (!) **Seevögel**. Die weit im Westen liegende Insel St. Kilda gilt als größte **Baßtölpelkolonie** (*gannets*) der Welt. Die Vögel, deren halber Weltbestand sich in schottischen Gewässern aufhält, ernähren sich von Fischen, die sie in einem atemberaubenden Sturzflug kurz unter der Wasseroberfläche erjagen. Man braucht auch nicht das weit entfernte St. Kilda aufzusuchen, um sie zu sehen; eine große Kolonie befindet sich auf dem ☞ Bass Rock im Firth of Forth, dem sie den Namen gegeben haben und der leicht zu erreichen ist.

Auf der nördlich davon gelegenen Insel Isle of May, die sich vor der Küste von Fife befindet, kann man den **Papageitaucher** (*puffin*) mit seinem charakteristisch geschwungenen farbenfrohen Schnabel sehen. Auch andere Seevögel wie **Krähenscharbe** (*shag*), die allgegenwärtige **Silbermöwe**, **Dreizehenmöwe** (*kittiwake*), **Tordalk** (*razorbill*) und **Lumme** (**Seetaucher** - *guillemot*) sind nicht nur auf dieser Insel zu beobachten.

Naturschutz

Man sollte vermuten, daß ein Land von solch geringer Bevölkerungsdichte wie Schottland (☞ Bevölkerung) und schwer zugänglicher Oberflächengestalt nicht so sehr dem oft zerstörerischen Zugriff des Menschen ausgesetzt ist wie andere europäische Länder, und einige Zahlen und Fakten scheinen dies in der Tat zu belegen.

Herausragend - und oft stolz zitiert - ist die **Wasserqualität** der schottischen Flüsse, von denen 45.712 km Trinkwasserqualität besitzen, das sind immerhin über 95%. Schwimmbegeisterte wird es weiterhin freuen, daß immerhin 70% aller Inlandseen eine sehr gute Badequalität aufweisen.

Ebenso überzeugend scheinen die Anstrengungen und Erfolge auf festem Territorium zu sein: Schottland besitzt 71 nationale Naturreservate (**National Nature Reserves**, insgesamt ca. 1.200 km²), unter denen das Cairngorms National Nature Reserve bei Aviemore mit 250 km² das größte ist. Mehr als 40 **National Scenic Areas** (eine weitere Schutzgebietskategorie) nehmen mit über 10.000 km² fast 13% des gesamten Landes unter ihre umweltvorsorglichen Fittiche. Weitere Schutzgebiete wie **Country Parks**, **Regional Parks**, **Green Belts** (Grüngürtel um und in den Großstädten), **Coastal Conservation Areas** (Küstenschutzgebiete) und **Local Nature Reserves** bringen es auf weitere ca. 2.500 km².

1992 wurde die Umweltbehörde **Scottish Natural Heritage** (SNH) gegründet, welche die Betreuung und den Schutz dieser Gebiete übernimmt. Dies geschieht in enger Zusammenarbeit mit anderen Organisationen wie z.B. dem **National Trust for Scotland** (NTS), dem **Scottish Wildlife Trust** (SWT) und der schon erwähnten **Royal Society for the Protection of Birds** (RSPB). So ist der nichtstaatliche NTS, der auch eine Vielzahl an hervorragenden Kulturgütern besitzt und betreut, mit 405 km² der größte Landeigentümer Schottlands. In seiner doppelten Funktion als Bewahrer und Eigentümer des sowohl geschichtlichen als auch natürlichen Kulturguts ist er für den Reisenden kaum übersehbar.

Die Forstbehörde (*forestry commission*), über deren verbessertes Aufforstungsprogramm schon oben geschrieben wurde, unterhält sechs nationale Forstgebiete (**National Forest Parks**), die zusammen ca. 2.000 km² bedecken.

Erwähnt werden sollen auch noch die sieben **Unesco Biosphärenreservate**, die 26 **Vogelschutzgebiete** und die 22 **Feuchtschutzgebiete** sowie - eine hohe internationale Wertschätzung - die Auszeichnung der Insel **St. Kilda** als **World Heritage Site** durch die Unesco.

Also alles in bester Ordnung?

Zunächst einmal versteht es sich von selbst, daß derartige (notwendige!) Anstrengungen auch umgekehrt als Beleg dafür genommen werden können, daß auch im entfernten Schottland und seinen "wilden" Highlands die unberührte Natur eine Ausnahme und ihr völliges Verschwinden eine permanente Gefahr ist. Die Forstbehörde hat ihre endgültige Feuertaufe - die breitflächige und sich selbst tragende Wiederbewaldung - erst noch zu bestehen, viele Täler und Hänge sind auch heute noch unter 600 m kahl und die Böden, da sie ungeschützt dem scharfen Westwind ausgesetzt sind, sind erodiert.

Zwar gibt es - bis auf wenige Ausnahmen in den Central Lowlands zwischen Glasgow und Edinburgh - aufgrund des Strukturwandels keine umweltzerstörende Schwerindustrie mehr, aber Schottland besitzt heute fünf **Atomkraftwerke**, von denen Chapelcross das älteste und Torness das kapazitätsstärkste (1.400 MW) ist. Umweltpolitisch am umstrittensten ist aber die Anlage im hohen Norden bei ☞ Dounreay westlich von Thurso. Der schnelle Brüter produziert hochtoxisches Plutonium, und nicht nur die naheliegenden Orkneys und Shetlands fühlen sich davon bedroht.

Als die 1991 gegründete Behörde **Highlands and Islands Enterprise** (HIE), die für die sozialen und wirtschaftlichen Belange der Highlands zuständig ist, sich auch umweltpolitisch stark machte und sich gegen den weiteren Ausbau des Brüters aussprach, intervenierte auf mehr oder weniger sanfte Weise die übergeordnete Instanz (Scottish Office ☞ Politik und Verwaltung) und die Behörde lenkte ein. Da die Anlage zudem weit und breit die meisten Arbeitsplätze in der strukturschwachen Region garantiert, sahen die Umwohner der Ankündigung, daß der Brüter im März 1995 wegen seiner nicht benötigten Kapazitäten stillgelegt werden würde, mit gemischten Gefühlen entgegen.

Ein drastisches, wenn auch jetzt schon historisches Beispiel für den "Krieg gegen die Natur" stellt die Insel ☞ Gruinard dar, auf der die

Briten während des Zweiten Weltkriegs Bomben mit Milzbranderregern testeten. Das "erfolgreiche" Resultat: die Insel war biologisch tot. Erst in allerletzter Zeit hat man sie - nach fragwürdigen Tests mit Schafen und mehreren Säuberungsaktionen - als wiederhergestellt bezeichnet.

Die **Ölkatastrophe** des 1992 bei den Shetlands gestrandeten norwegischen Tankers "Braer" erwies sich - wahrscheinlich aufgrund günstiger klimatischer und geographischer Faktoren - als nicht so schlimm wie zunächst angenommen, so daß langanhaltende Schäden glücklicherweise nicht befürchtet werden müssen.

Ebenfalls positiv (aus der Sicht von Umweltschützern) verlief der spektakuläre Kampf von Greenpeace gegen den ökonomischen Riesen Shell im Jahre 1995. Das Versenken der Ölplattform **Brent Spar** in der Nordsee konnte nach medienwirksamen Aktionen der Umweltschützer und einem Boykott von Shell zunächst verhindert werden. Viele Schotten, insbesondere diejenigen in der Gegend um Aberdeen (Zentrum des Ölgeschäfts), zeigten sich sowohl von der Hartnäckigkeit der Umweltschützer als auch von dem Einlenken des mächtigen Konzerns überrascht. Das britische Umweltbewußtsein ist (noch) bei weitem nicht so sensibilisiert wie z.B. das deutsche, und Kritik an technisch-umweltpolitischen Entscheidungen von "oben" verläuft weitaus verhaltener.

Als ein von Menschenhand (bzw. -gehirn) verursachtes "Umweltproblem" muß auch die **Rinderseuche** (Rinderwahnsinn) angesehen werden. Die Praxis, Tiermehl an pflanzenfressende Wiederkäuer zu verfüttern, kann wohl kaum als artgerechte Fütterungsweise betrachtet werden (mittlerweile untersagt!), und es bleibt abzuwarten, ob auch hier wieder der Mensch erst aus (eigenem) Schaden klug werden muß. Keiner weiß, wie und ob sich der bei Schafen gefundene BSE (*Bovine Spongioforme Encephalopathie*)-Erreger verbreitet und überträgt.

Die Krankheit trat zunächst bei Schafen auf und war als "Scrapie" bekannt. Anfang der 80er Jahre wurden mit Scrapie infizierte Schafe zu Tiermehl verarbeitet und an Rinder verfüttert. Bis Anfang 1995 sind 144.000 Rinder an BSE verendet; in Deutschland gab es bisher vier Fälle.

Sollten sich die Fälle der Creutzfeld-Jacob-Krankheit in Großbritannien als von BSE verursacht herausstellen und wiederholen, so ist dies gewiß nicht nur als britisches Problem abzutun. Die "moderne" industrielle Tierhaltung und -verwertung insgesamt gehört dann auf den Prüfstand, und ein weiterer "Fortschrittsglaube" - Tiere als manipulierbare

Industriemasse anzusehen - würde sich als ökologischer Bumerang herausstellen.

Der volkswirtschaftliche Schaden ist jetzt schon enorm, und die hinhaltende und verschleppende Informationspraxis der britischen Regierung hat das Vertrauen in einen verantwortungsvollen Umgang der Regierenden mit Mensch und Natur (im weiteren Sinne) weiter ausgehöhlt.

Aber fassen wir uns an die eigene Nase: ein nicht so spektakuläres, wenngleich in seinen Folgen kaum geringeres Umweltproblem stellt der **Tourismus** dar. Man hört immer wieder das Argument, daß er als Devisenbringer ein Förderer der Umweltpolitik sei, da seine "Nachfrage" ja Naturparks und Schutzgebiete verstärkt entstehen lasse. Das hört sich schlüssig an, aber die so angelockten Naturkonsumenten hinterlassen Spuren, ja Schäden, die die sowieso schon ramponierte Naturwerkstatt allein nicht mehr reparieren kann - zumindest nicht bis zum nächsten Besucheransturm. Und der wird nicht die schon ausgetrampelten Bergpfade seiner Vorgänger nehmen - denn wer geht nicht lieber am Rande des Wegs auf weichem Gras als auf lehmigen und staubigen Steinen? -, so daß immer mehr oder zumindest breitere Pfade die ohnehin sensiblen Hochlandböden durchziehen.

Wer freut sich nicht, wenn er beim Wildcampen eine noch unentdeckte Stelle am Fluß findet, wo das Gras noch nicht abgedrückt und verwelkt ist? Wer sucht nicht gern mit dem Wohnwagen besonders schöne Stellen im Grünen auf, wo man allein und abseits der bereitgestellten Caravanplätze die Natur allein genießen kann? Und welcher Fotograf möchte nicht noch ein bißchen näher an sein Motiv, sei es ein Papageitaucher, ein Schmetterling oder was auch immer, auch wenn man dabei im Eifer des Gefechts über Gräser und Blumen stolpert?

So sind die umweltsensiblen, aber auch ökonomisch denkenden Mitarbeiter der vielen Parks und Schutzgebiete in einer kaum auflösbaren Zange: einerseits wollen sie so viele Besucher wie möglich, denn auch in der Ökologie (und für ihre Mitarbeiter) ist ohne Moos nichts los, andererseits geht dasselbe unter den vielen Füßen kaputt. Viele Schutzgebiete greifen zum Kompromiß von geführten Wanderungen, bei denen man den Schaden durch feste Routen natürlich eingrenzen kann, aber ist das eine Lösung für den das individuelle Erlebnis suchenden Schottlandbesucher?

Das Dilemma, so dargestellt, ähnelt durchaus dem oft vorhandenen Widerspruch von Arbeit und Umwelt, man denke nur an die hiesige Auto-Arbeitsplätze-Diskussion. Ich überlasse es der Denkkraft und der

Phantasie jedes einzelnen, Lösungen zu finden, will aber an dieser Stelle an ein paar Minimalratschläge erinnern, auch wenn sie schon fast als selbstverständlich gelten mögen:

- Nehmen Sie all das, was Sie mitbringen, auch wieder mit!
- Halten Sie sich beim Wandern an die existierenden Pfade und Wege!
- Fahren Sie mit Ihrem Wohnwagen nicht auf Wildwiesen oder Waldlichtungen, benutzen Sie die bereits vorhandenen Parkflächen an der Straßenseite!
- Vermeiden Sie es, den Brut- und Lebensbereichen der Tiere zu nahe zu kommen!

Bevölkerung / Clansystem / Nationalbewußtsein und Mentalität

Bevölkerung

Schottland hat ca. 5,1 Mio Ew. und stellt damit noch nicht einmal ein Zehntel der britischen Bevölkerung (ca. 57,6 Mio). Da das Land andererseits aber ca. ein Drittel der Fläche Großbritanniens ausmacht (☞ Geographie), hat Schottland mit ca. 64 Ew./km² eine relativ niedrige **Bevölkerungsdichte** (zum Vergleich: Großbritannien 236 Ew./km²; Deutschland 225 Ew./km²), die in **Westeuropa** nur noch vom Nachbarland Irland (50,2 Ew./km²) unterboten wird.

Bedenkt man weiterhin, daß der Großteil der Bevölkerung (über 3 Mio) sich in der schmalen Industrieregion der Central Lowlands (ca. 4.000 km²) befindet, wo auch die beiden größten Städte Glasgow und Edinburgh liegen, so liegt die Bevölkerungsdichte hier zwar bei fast 750 Ew./km², verringert sich aber drastisch, je weiter man nach Norden kommt. So liegt die Bevölkerungsdichte in der Region Highland (☞ Politik und Verwaltung), mit 26.136 km² ziemlich genau ein Drittel der Fläche Schottlands, bei knapp 8 Ew./km² (!), d.h. auf dieser relativ großen Fläche leben nur ca. 200.000 Ew.

Die vier größten Städte sind **Glasgow** (ca. 700.000 Ew.), **Edinburgh** (ca. 440.000), **Aberdeen** (ca. 220.000) und **Dundee** (ca. 180.000), in denen allein ca. 30% der Gesamtbevölkerung leben.

Die Schotten führen sich sowohl auf **keltische** als auch **germanische** Völkergruppen zurück, die beide eine vorindogermanische Bevölkerung (darunter die **Pikten**, ☞ Geschichte) überlagert haben.

Clansystem

Der germanische (englische) Einfluß, obwohl zeitlich erst nach dem keltischen kommend und räumlich zunächst auf die Tieflandgebiete des (Süd)Ostens beschränkt, hat zunehmend - vor allem seit dem 17. Jh. - in politischer und vor allem wirtschaftlicher Hinsicht den keltischen weit nach Nordwesten abgedrängt. Dabei wurde vor allem das uralte **Clansystem** der keltischen Highlandbewohner zerstört, wobei es sich nicht um ein Stammessystem, sondern um eine Art Großfamilie handelte (*Clan* = Kind).

Der Führer eines solchen Familienverbandes wurde ***Chieftain*** genannt, der als Hochlandadliger (*Laird*) den meist englischen Lowlandadligen (*Lords*) gegenüberstand. Er gab dem ganzen Clan den Namen, so daß z.B. ein Gregor MacLeod nicht anders zu übersetzen war als Gregor, der Sohn des Leod. Kein Wunder also, daß es selbst heute noch so viele Mac oder Mc in den schottischen Namen gibt, denn der Urahne lieh allen Sippennachfolgern seinen Namen.

Die Clanmitglieder ("Kinder") standen in einem absoluten Treueverhältnis zum Chief, der ihnen Land, Vieh und Beuteanteile aus den vielen Raubzügen gegen andere Clans zuwies. Umgekehrt folgten die Mitglieder der Sippe ohne Einschränkung dem Kriegsruf des Chiefs, so daß dieser - je nach Größe der Sippe - immer eine größere oder kleinere Privatarmee zur Verfügung hatte.

Jeder Clan hatte nicht nur seinen eigenen Schlachtruf, sondern auch ein eigenes Wappen (☞ Flagge, Wappen und Distel) und - wenn auch erst später - seinen eigenen Tartan (☞ Kunst und Kultur, Schottische Tracht). Kein Wunder, daß es für den König im entfernten Tiefland jahrhundertelang unmöglich war, diese vielen "Familienstaaten" unter seine Kontrolle zu bringen, denn natürlich war die Bindung zum eigenen Clan ungleich größer als zu irgendeiner anderen Instanz. Das Treueverhältnis war wirklich "kindlich", und nur wer sich das vor Augen führt, kann verstehen, was für eine menschliche und soziale Katastrophe die Entwicklung nach Culloden war (☞ Geschichte).

Indem man den Clans die Waffen nahm, verloren die Mitglieder zunächst für den Chief ihre Kriegsfunktion. Noch schlimmer war, daß viele alte Chiefs ihre Besitzungen verloren und an Engländer oder anglisierte "Tiefländer" abgeben mußten, die diesem jahrhundertealten Treueverhältnis völlig gleichgültig gegenüberstanden. Aber entscheidend war, daß alle zusammen vom aufkommenden Kapitalismus und Reichtum der Lowland-Lords angesteckt wurden, wobei auch die einheimischen "alten" Chiefs und Lords keine Ausnahme bildeten. Als sie merkten, daß ihr

Land mit Schafzucht viel mehr abwerfen würde, vertrieben sie ganz unväterlich ihre "Kinder" von Haus und Hof (☞ Dunrobin Castle).

Die neuen englischen (d.h. kapitalistischen) Wirtschaftsstrukuren, welche die Werte Solidarität und Gemeinschaftssinn geradezu außer Kraft setzten und den Egoismus sowie Eigennutz förderten, sind die wahren Totengräber des Clans gewesen. Das Hochland wurde "gerodet" bzw. "gesäubert" (im engl. *cleared*, daher der Name ***"Highland Clearances"***), nur war diesmal das Abfallprodukt der Mensch, und auch wenn das Clansystem nicht als romantisches Ideal verherrlicht werden soll (man denke nur an die fortwährenden Fehden und Raubzüge), bleibt festzuhalten, daß eine soziale und jahrhundertelang gewachsene Lebensgemeinschaft für immer zerstört wurde.

Daß es heute wieder - im Zuge einer oft von Nostalgie und Titelschwärmerei bestimmten Rückbesinnung - 120 offiziell eingeschriebene Clans gibt, ändert nichts an dem Gesagten.

Nationalbewußtsein und Mentalität

Es wäre ein Fehler zu glauben, der obige Gegensatz sei heute nicht mehr von Bedeutung. Erstaunt wird der Reisende bemerken, daß es selbst heute noch Gedenkmärsche von Schulklassen gibt, die an den Aufstand der Jakobiten unter Bonnie Prince Charlie erinnern. Ihm wird ebenfalls auffallen, daß die Schotten keine Gelegenheit auslassen, auf ihr kulturelles Erbe hinzuweisen, das heute vor allem in den Symbolen der keltischen Highlandkultur besteht.

Stolz pflegt man die keltischen Hochlandsymbole des **Kilts**, des **Tartans**, der ***bagpipe*** (☞ Kunst und Kultur, Schottische Tracht, Musik), und ganze Heerscharen an Auslandsschotten aus Amerika, Kanada und der ganzen Welt pilgern zum Scottish Record Office in Edinburgh, um ihre **Clanabstammung** ausfindig zu machen. Darüber hinaus wird man überall die schottischen Nationalembleme der **Distel** (*Thistle*) und der schottischen **Flagge** (*Saltire*) ausfindig machen können.

Man kann also durchaus von einer (teilweisen) **Renaissance des keltischen Kulturguts** sprechen, das heute zugleich Aushängeschild des nationalen Selbstbewußtseins ist. Der Ruf nach Autonomie oder gar politischer Souveränität findet nicht nur bei Anhängern der Scottish National Party (☞ Geschichte) Sympathie, und bei abendlichen Diskussionen im Pub wird der Besucher mehr als einmal feststellen können, daß das Verhältnis zu London und insbesondere zur konservativen Regierung, wenn man es gelinde ausdrücken will, mindestens zwiespältig ist.

Besonders interessant ist auch, daß dieser Prozeß der nationalen Rückbesinnung nicht vor den Lowlands haltmacht, auch wenn in diesen industriestarken und vollständig anglisierten Gebieten die wirtschaftlichen Bedenken gegen eine vollständige Unabhängigkeit durchaus öfter und entschiedener betont werden.

Die Frage "**Scottish or British?**" wird also durchaus in ganz Schottland diskutiert. Daneben ist der jahrhundertealte innerschottische Gegensatz zwischen Highlands und Lowlands immer noch lebendig, sei es in der ☞ **Sprache** (Gälisch-Englisch) - im Hochland und auf den Inseln, wo es noch ca. 80.000 gälische Sprecher gibt, begegnet der Reisende durchweg gälisch-schottischen Ortsbezeichnungen, ja selbst Touristenbroschüren geben ihre Ratschläge dort in Englisch und Gälisch wieder -, sei es in **konfessioneller Hinsicht** (katholisch-protestantisch, ☞ Religion), sei es in der Gründung zweier berühmter **Fußballclubs** in Glasgow (Celtic Glasgow-Glasgow Rangers), die jeweils ihre spezifische Anhängerschaft pflegen. Wie sagte jemand sehr treffend: "Nur Fremde können glauben, daß es beim Spiel von Celtic gegen Rangers um Fußball geht ...".

Sie wissen jetzt also, warum man einen Schotten notfalls noch gerade als Briten titulieren darf, um Gottes willen aber nicht als Engländer. Der historisch-politische Gegensatz zwischen den beiden Ländern wird durch mentale Unterschiede noch vertieft, auch wenn man sich natürlich bei den Verallgemeinerungen des Nationalcharakters auf dem gefährlichen Glatteis von Stereotypen bewegt.

Der Schotte ist **offener** und **herzlicher** als sein distanziert wirkender englischer Nachbar. Man könnte es diplomatisch auch so ausdrücken: der Engländer versteht es, in fast jeder Situation höflich zu wirken, wenn er auch innerlich vielleicht anders fühlt, dem Schotten fehlt diese weltmännische Klugheit und er sagt (mehr oder weniger direkt), was er denkt. Diese **Aufrichtigkeit**, davon bin ich überzeugt, wird auch jeder Besucher bemerken, der stets freundlich und ehrlich behandelt wird.

Niemand, der selbst in Schottland war, wird den sprichwörtlichen **Geiz** der Schotten bestätigen wollen. Trotzdem spiegeln die weltberühmten **Schottenwitze**, in denen die Schotten selbst unschlagbar sind, die in der Geschichte des Landes häufig auftretende Tatsache wider, daß die einfachen Menschen oft Not und wirtschaftliche Armut bewältigen mußten. Um so überzeugender wirkt das Zeugnis des schottischen **Humors**, der auch vor den eigenen, gewiß oft bitteren Schwierigkeiten nicht haltmacht (☞ Wirtschaft; Glasgow).

Sprache

Schottland ist eigentlich ein dreisprachiges Land. "Eigentlich" deshalb, weil es kaum einem Fremden bewußt ist und er es normalerweise auch nicht bemerkt, da die allgemeine und von allen beherrschte Verkehrssprache **Englisch** ist. Aber spätestens wenn er im Hochland am Eingang eines Ortes auf ein Schild *"Ceud Mile Fàilte"* (hunderttausendfach willkommen) trifft, wird seine Neugier erwachen.

Es handelt sich um **Gälisch** (*Gàidhlig* - sprich: Galig), die älteste noch lebendige Sprache Schottlands. Es ist die Sprache der keltischen Einwanderer, der irischen Scoti (☞ Geschichte), die im 6. Jh. nach Schottland kamen. Im 11. Jh. war es die dominierende Sprache ganz Schottlands, die natürlich auch wegen ihrer Herkunft von irischen Gälen verstanden werden konnte, so daß man hier sogar von einer gemeinsamen Kulturidentität sprechen kann. Aber mit der Zunahme des angelsächsischen Einflusses am Königshof wurde sie in Schottland in den folgenden Jahrhunderten zunehmend nach Nordwesten zurückgedrängt. Trotzdem blieb sie im Hochland noch lange **Umgangs**- wie **Literatursprache**, und das erste in Schottland im Jahre 1567 gedruckte Buch trug den für Engländer unverständlichen Namen "Foirm na Nurrnuidheadh" (es war die gälische Übersetzung der *Liturgie* von John Knox durch den Bischof John Carswell).

Als im 19. Jh. die *Highland Clearances* (☞ Geschichte; Bevölkerung) die Hochlandbewohner vertrieben, schien das Ende der gälischen Sprache gekommen zu sein. Viele emigrierten nach Kanada, wo heute noch einige Einwohner der Provinz Nova Scotia das Gälische beherrschen. Andere gingen in die Industrieregion am Clyde, besonders nach Glasgow, was den Umstand erklärt, daß man dort heute noch gälischkundige Gesprächspartner antreffen kann. Ansonsten sprechen heute noch ca. 80.000 Menschen vor allem auf den Äußeren Hebriden Gälisch.

Der Besucher wird aber nicht nur dort, sondern auch im westlichen Hochland auf gälische Ortsschilder treffen, denn die Sprache symbolisiert (u.a.) heute so etwas wie eine politisch und kulturell ausgerichtete nationale Wiedergeburt der keltischen Identität. So gibt es in Stornoway auf Lewis einen gälischen Radiosender, und in Armadale auf Skye können Sie sich selbst auf einen ca. zweiwöchigen Sprachkurs einlassen, wo Ihnen auch Einblicke in die alte schottische Musik und Gesangskunst gegeben werden. Also, wer sich "keltisieren" lassen will:

ℹ Sabhal Mòr Ostaig, An Teanga, Slèite, An t-Eilean Sgitheanach, Scotland IV44 8RZ, ☎ 01471/844373.

Die historisch gesehen zweite Sprache ist **Scots**, jene oben erwähnte angelsächsische Sprache, die ab dem 11. Jh. unter Malcolm III. von Bernicia (Northumbria) aus am schottischen Hof an Einfluß gewann (☞ Geschichte). Es handelt sich also um eine mit dem heutigen Englisch durchaus verwandte Mundart, so daß kaum grammatische Unterschiede bestehen. Dafür verfügt die Sprache aber über eine eigene Syntax und einen vom Englischen abweichenden Wortschatz, in den auch französische und skandinavische Wörter integriert wurden.

Auch diese Sprache, die bis zum 16. Jh. die Sprache des schottischen Hofes blieb, entwickelte im 15. und 16. Jh. eine blühende Literatur, bis sie - vor allem seit der Personalunion der englischen und schottischen Krone 1603 - vom **Englischen** verdrängt wurde, das nach der Vereinigung der beiden Parlamente 1707 zur **offiziellen Sprache** erhoben wurde. Scots, das heute ebenfalls wieder populärer geworden ist, wird heute vor allem noch im Nordosten gesprochen. Wer mehr wissen will:

Scots Language Society, Secretary: Mr I. Murray, 60 Victoria Road, Falkirk FK2 7AX, ☏ 0324/21567 (abends).

Alle Schotten beherrschen heute **Englisch**. Sollten Sie trotzdem in einem Glasgower Pub oder im Nordosten ihren Gesprächspartner nicht sofort verstehen, besteht kein Grund, in Depressionen über die eigenen Englischkenntnisse zu verfallen. Die **Aussprache** variiert regional sehr stark, so daß selbst Engländer ihre Schwierigkeiten haben können. So gibt es z.B. Dialekte, in denen die Vokale (z.B. "a") fast wie im Deutschen ausgesprochen werden. Die Kombination "ch" wird wie das deutsche "ch" in "Bach" gesprochen, ein Laut, den es im Englischen nicht gibt (man sagt also z.B. wirklich "Loch", nicht etwa "lok"). Diese und andere Unterschiede machen also nicht nur Ihnen zu schaffen, aber mit der Zeit und etwas Mut werden Sie sich im "Scottish" immer wohler fühlen, denn an kostenlosen "Probestunden" werden es Ihre freundlichen und geselligen Gesprächspartner kaum fehlen lassen.

Religion

Schottland ist, abgesehen von wenigen Minoritäten in den Hauptstädten, durchweg ein christliches Land, was aber nicht heißt, daß in der Vergangenheit (☞ Geschichte) nicht heftig um den "richtigen" Glauben gekämpft worden wäre.

Diese Kämpfe haben eine Vielzahl an christlichen Konfessionsrichtungen hervorgebracht, unter denen die **Church of Scotland** mit ca.

830.000 aktiven Mitgliedern die wichtigste ist (mehr als die Hälfte der Bevölkerung bekennt sich zu dieser Kirche). Es handelt sich um eine reformierte Kirche nach calvinistischem Vorbild (in Schottland eingeführt durch den Reformator **John Knox**), die eine **presbyterianisch-synodale** Kirchenordnung hat. Der Presbyter (griech. Vorsteher) führt die Gemeinde; einmal im Jahr treffen sich die Vertreter und Ältesten aller Gemeinden auf einer Versammlung (Synode, General Assembly) zur Beratung von Kirchenfragen. Es gibt keine staatliche Kontrolle (wie in der anglikanischen Staatskirche); die Kirche ist streng antipäpstlich.

Die zweitstärkste Gruppe sind die **Katholiken** (ca. 800.000 Mitglieder), die hauptsächlich auf den südlichen Hebrideninseln und im westlichen Hochland vertreten sind.

Die **Scottish Episcopal Church** (ca. 60.000 Mitglieder) ist eine reformierte Bischofskirche nach anglikanischem (englischem) Vorbild.

Neben diesen drei Hauptrichtungen gibt es noch eine Vielzahl an kleineren reformierten und freien Kirchen, von denen hier nur die **Baptisten** (ca. 16.000 Mitglieder) und die puritanisch eingestellte **United Free Church** genannt werden sollen. Letztere ist mit ca. 9.000 Mitgliedern zwar sehr klein, aber für den Reisenden bemerkenswert.

☝ Sollten Sie nämlich auf der nördlichen Hebrideninsel **Lewis with Harris** unterwegs sein (wo die meisten Gläubigen dieser Freikirche leben), denken Sie daran, daß hier die Sonntagsruhe noch sehr ernst genommen wird. Es ist dann schwer bis unmöglich, einen Bus, eine offene Tankstelle oder auch nur eine Unterkunft zu finden, von Restaurants, Lebensmittelläden oder gar sündigen Pubs ganz zu schweigen.

In allen anderen Teilen Schottlands brauchen Sie sich aber diesbezüglich keine Gedanken zu machen.

Kunst und Kultur

Schottland ist eine Kunst- und Kulturnation von europäischem Rang, auch wenn man es lange im Rahmen der politischen Zugehörigkeit zu Großbritannien oft nur als Sonderfall der britischen Entwicklung betrachtet hat. So sind in Deutschland als schottische Künstler lediglich Walter Scott und Robert Louis Stevenson im Bereich der Literatur relativ bekannt, Malerei und Architektur bleiben mehr oder weniger unbeschriebene Blätter.

Ungleich stärker mit Schottland assoziiert sind dagegen auf kulturellem Gebiet die nationalen Symbole des Schottenrocks (☞ Schottische Tracht) und des Dudelsacks (☞ Musik). Aufgenommen habe ich hier ebenfalls - aufgrund seiner weltweiten Berühmtheit - ein anderes schottisches Aushängeschild, das man vielleicht sonst unter "Essen und Trinken" erwarten würde: die Kunst der Whiskybrennerei.

Kurz: einiges von dem, was Schottland zu einem kulturell eigenständigen Teil Europas macht, soll Ihnen im folgenden in Kürze vorgestellt werden. Daß es sich dabei aus Platzgründen nur um "Appetithäppchen" handeln kann, versteht sich von selbst, aber ich hoffe, Ihrem Hunger, der spätestens auf Ihrer Reise mächtig wachsen wird, so eine erste Anregung geben zu können.

Architektur

Schottland besitzt in den steinernen Rundtürmen der Jungsteinzeit, den sogenannten **Brochs** (☞ Glenelk Brochs), seine ältesten architektonischen Besonderheiten. Ebenfalls als Rundturm (**Round Tower**) werden die Fluchttürme irischen Stils bezeichnet, die aus dem 10. Jh. stammen und die es in Schottland heute nur noch zweimal - in Brechin und Abernethy - gibt.

Unübersehbar ist dagegen die Anzahl der schottischen **Castles**, die in Schottland allerdings vom einfachen Turmhaus bis zum barocken oder gar neugotischen Landschaftsschloß eine weite Spannbreite aufweisen. Ungefähr 150 von insgesamt ca. 1.200 Castles stellen mehr oder weniger bedeutende Besucherziele dar, so daß einige Unterteilungen für die Auswahl vielleicht nützlich sind.

Die ersten **Steinburgen** wurden unter dem Einfluß der normannischen Eroberung Englands im 12./13. Jh. errichtet (☞ Edinburgh Castle, Stirling Castle) und ersetzten die früheren Befestigungswerke aus Holz, die sich oft an der gleichen strategisch günstigen Stelle befunden hatten und nun einfach überbaut wurden.

Da die Steinburgen in den folgenden Jahrhunderten oft viele Veränderungen und Anbauten erfuhren, stellt so manches Schloß in Schottland einen Querschnitt durch die Jahrhunderte dar. Grundsätzlich läßt sich mit der Zeit eine Entwicklung vom reinen Verteidigungsbauwerk mit Bergfried (*Keep*) zur **Wohnburg** (*Palace*) erkennen, die im 15./16. Jh. in einigen Fällen auch dekorative Einflüsse der Gotik (Strebepfeiler von Linlithgow Palace) oder Renaissance (Falkland Palace) aufnimmt.

Ab dem 17. Jh. entwickeln sich die vormals so gedrungenen Burgen dann zu **weitläufigen Schlössern** mit oft prächtigem Interieur und ausgedehnten Gartenanlagen (u.a. ☞ Drumlanrig Castle, Glamis Castle). Auch die "kleineren" Schloßherren lassen ihre vormals schmucklosen Häuser äußerlich (z.B. barocke Balustraden und an Ecken aufgesetzte Türmchen) wie innerlich (z.B. Stuckdecken und Holzvertäfelungen) verschönern (Scottish Baronial Style).

Die Schloßarchitektur des 18. Jh., die den steigenden repräsentativen Bedürfnissen gerecht zu werden versucht, glänzt in ihrer Originalität mehr durch das klassizistische Design des Innern (☞ **Culzean Castle**) als durch die verspielte neugotische Fassade des Äußeren mit seinen vielen Spitztürmchen und Zinnen, obgleich gerade diese Prachtbauten den märchenhaften Schloßvorstellungen vieler Besucher am nächsten kommen (☞ Balmoral Castle, Dunrobin Castle).

Neben diesen großen Castles gibt es den Typus des mehrstöckigen **Wohnturms** (*Tower House*), der weitaus unauffälliger wirkt und den nicht ganz so großen Herrschaften zum Schutz diente (z.B. ☞ Corgarff Castle). Nicht selten ist auch manche größere Burganlage durch spätere Anbauten aus solch einem *Tower House* entstanden.

Für viele Castles gilt, daß ihr Baugrundriß nach der Form von Buchstaben angegeben wird, so daß z.B. von einem L- oder Z-Haus gesprochen wird. Auch die kleineren Häuser wurden im 17. Jh. nach den gestiegenen Bedürfnissen ihrer Herren umgebaut und mit dekorativen Elementen versehen. Ein sehr gutes Beispiel für ein L-Haus im Baronial Style ist ☞ Craigievar Castle.

Für den Reisenden unterteilen sich alle Castles mit der Zeit in zwei große Hauptgruppen: diejenige der **Ruinen** (mäßiger Eintritt, wenn nicht sogar frei, meist schwach besucht) und diejenige der **erhaltenen bzw. restaurierten Häuser** (hoher Eintritt, oft starker Andrang, ☞ Reise-Infos von A bis Z, Preise).

Von besonderer Bedeutung sind auch die ansehnlichen und oft romantisch wirkenden Ruinen der großen mittelalterlichen **Abteien** (*Abbeys*), die besonders zur Zeit David I. im 12. Jh. gebaut wurden. Es war die Zeit des Übergangs vom romanischen Baustil auf die französisch bestimmte Gotik, in der die Kompaktheit der Romanik durch emporstrebende Linien wie Spitzbogen, schlanke Bündelpfeiler und Pilaster, Kreuzrippengewölbe und hohe Türme abgelöst wurde.

Alle Abteien, falls nicht vorher schon durch die zahlreichen Kriege zerstört, fielen der Reformation zum Opfer. Ihre oft malerisch gelegenen Torsi mit den immer noch zum Himmel strebenden Linien vermitteln dem Besucher nicht nur eine Vorstellung der einstigen Größe und Bedeutung, sondern beeindrucken mehr noch als steinernes Bild von Vergänglichkeit, wie es sich kaum eindrucksvollerer darbieten könnte.

Die schönsten Abteien, die meist in rötlichem Sandstein erbaut sind, liegen im Süden und Osten des Landes, in der Borders-Region (Dryburgh Abbey, Jedburgh Abbey, Melrose Abbey), in Dumfriesshire (Dundrennan Abbey, Sweetheart Abbey) und an der Ostküste (Arbroath Abbey). Auch die Ruinen der gotischen **Kathedralen** bei ☞ Elgin und ☞ St. Andrews seien in diesem Zusammenhang erwähnt.

Ganz im Gegensatz zu den vielen Castles ist das Erbe alter **Stadthäuser** in Schottland eher begrenzt. Das älteste ist Provand's Lordship in Glasgow, aber auch das John Knox House mit seinen Holzdeckenmalereien in Edinburgh vermittelt einen guten Einblick in die gehobene frühbürgerliche Wohnkultur. In dem kleinen Fischerort ☞ Culross in Fife ist der Wohnkern des 16. und 17. Jh. liebevoll restauriert worden, ein Open-air-Museum gleichermaßen, bei dem man allerdings nicht vergessen sollte, daß es bewohnt ist.

Wer sich für die frühen Wohnverhältnisse der armen Leute interessiert, sollte den **Hütten der Minenarbeiter** in ☞ Wanlockhead einen Besuch abstatten. Auch die reetgedeckten Behausungen der Landarbeiter und Kleinpächter (*crofters*), die man unter anderem auf ☞ Skye sehen kann, verdienen Aufmerksamkeit. In der oft nur einstubigen Hütte verrußte das Kaminfeuer den ganzen Raum - daher ihr Name "**Black Houses**".

Während es in den unteren Gesellschaftsschichten rußig zuging, entstanden andernorts prachtvolle **Land- und Herrenhäuser** (*Mansions*), die in puncto Wohnkultur nur wenig den Landschlössern nachstanden. Das älteste ist das ☞ **Traquair House**, das noch einen sehr kompakten Eindruck macht und mit seinen Türmchen der oben erwähnten Wohnburg nahekommt. Auch das Wohnhaus des großen schottischen Dichters Sir Walter Scott, ☞ **Abbotsford**, verrät außen wie innen die Vorliebe des Dichters für das romantisch verklärte Mittelalter.

Im 18. Jh. führte dann die berühmteste schottische **Architektenfamilie Adam** den **klassizistischen Stil** ein, der die antiken geometrischen Bauformen zum Vorbild hatte. Die strengen und parallelen Proportionen der Fassade wurden durch klassische Fensterrundbögen aufgelockert

(☞ House of Dunn, das von **William Adam** (1689-1748) ausgebaut wurde), denen im Innern Friese, Stuck- und Deckendekorationen entsprachen. Beim ☞ **Duff House** verstärkte Adam noch die klassischen Elemente, indem er die Fassade mit versenkten korinthischen Säulen und den Wechsel von runden und dreieckigen Fenstergiebeln bereicherte.

Sein Sohn **Robert Adam** (1728-1792) kann als der größte Architekt Schottlands angesehen werden; er war es auch, der das oben erwähnte ☞ Culzean Castle innen wie außen entwarf. In die durch die Neugotik bestimmte viktorianische Ära des 19. Jh. gehört die phantastische und zugleich eklektizistische Ausstattung des Hauses ☞ Mount Stuart, dessen Marmorhalle im Innern von erschlagender Pracht ist. Das Imperiale dieses Stils wurde am Ende des Jahrhunderts durch die formal reinen Architektur- und Designelemente des in Glasgow geborenen **Charles Rennie Mackintosh** (1868-1928) abgelöst, dessen Hauptwerk die Glasgow School of Art ist. Er war für die Entwicklung des **Jugendstils** von großer Bedeutung.

Kehren wir zum Schluß zum Romantischen und Alten zurück. Nicht versäumen sollten Sie den Besuch einer jener alten steinernen Bogenbrücken (z.B. die Bridge of Alvah), denen Sie als Autofahrer im Hochland ohnehin (mit Vorsicht) entgegenfahren werden. Dagegen sind die moderne Eisenbahnbrücke und die noch neuere Hängebrücke für den Autoverkehr über den Firth of Forth gefeierte Spitzenleistungen des modernen Brückenbaus (☞ Forth Bridges); ob man die Stahlriesen deshalb schön finden muß, mag jeder für sich selbst entscheiden ...

Literatur

Die geschichtlich und politisch bedingte Dreisprachigkeit (☞ Sprache) schlägt sich natürlich vor allem in der Literatur nieder, die als nationaler Kultur- und Themenspiegel in Schottland notwendigerweise ihre Sprünge und Risse hat.

Die **schottisch-gälische Poesie**, die anfangs aus von **Barden** vorgetragenen Preisliedern zur Verherrlichung des Clans bestand, war bis ins 16. Jh. eng mit der irisch-gälischen Volkssprache verbunden. Schottische Barden erfuhren ihre Ausbildung in Irland, und der literarische Themenschatz speiste sich aus einer gemeinsamen Quelle. Die ersten Texte finden sich im *Book of Deer* (12. Jh.), aber wirklich bedeutend für die Erfassung eines schottisch-gälischen Kulturguts sind die Gedichte im ***Book of the Dean of Lismore***, das zwischen 1512 und 1529 in Argyll geschrieben wurde und u.a. auch 28 Balladen aus dem Themenkreis des sagenhaften gälischen Helden **Ossian** enthält, der als Barde des 3. Jh.

eine der Hauptfiguren des irisch-keltischen Sagenkreises ist (ossianischer Zyklus).

Den Höhepunkt der gälisch-schottischen Literatur stellt neben dem Satiriker **Robert MacKay** (1714-1778) und dem Kirchenliedautor **Dugald Buchanan** (1716-1768) **Alexander MacDonald** (1700-1770) dar, der auch 1741 das erste gälische Wörterbuch veröffentlichte (aus dem, so sagt man, selbst Goethe seine gälischen Sprachkenntnisse bezog). Seine Gedichte enthalten eine ebenso innige Naturliebe wie die alte irische Poesie, und das in einer Zeit, wo das literarische Europa sehnsüchtig auf die romantisch verklärte Naturverbundenheit der sagenumwobenen Vorzeit zurückzublicken beginnt.

Diesen Zeitgeist machte sich der vielleicht größte literarische Fälscher in der europäischen Literaturgeschichte, **James MacPherson** (1736-1796), zunutze. Der aus den Highlands stammende Lehrer veröffentlichte 1760 seine englisch geschriebenen ***Fragments of ancient poetry***, die angeblich auf die von ihm im Hochland wiedergefundenen gälischen Dichtungen des Ossian beruhten. Zwei Jahre später folgte aus angeblich gleichen Quellen sein ebenso schwülstig-romantischer ***Fingal*** (eine andere keltische Heldengestalt, Vater Ossians), und die auf Natur- und Gefühlstiefe hungernde Literatenwelt hatte ihren urzeitlichen "Knaller", der gleichsam zu einer zeitgeistbedingten "Ossianhysterie" führte.

Trotzdem: MacPherson gebührt das Verdienst, nur 15 Jahre nach der Niederlage der Hochlandschotten bei ☞ Culloden und in einer Zeit, in der das Gälische und alles Keltische verboten war, die Identität des keltischen Kulturguts zum europäischen Thema gemacht und vor dem drohenden Vergessen gerettet zu haben. Sein Ehrengrab in der Poet's Corner der Westminster Abbey wird ihm wohl heute niemand mehr streitig machen, denn, wie die ganze Sache lehrt, auch ein Schwindel höherer Art kann unsterbliche Größe entwickeln ...

Bleibt noch zu erwähnen, daß die gälisch-schottische Literatur, obwohl MacPhersons "skandalöse" Werbung eine Sammlung alter Poesie ausgelöst hatte, im 19. Jh. zunehmend an Bedeutung verlor, so daß schottische Literatur ihren Schwerpunkt entweder im Englischen oder im Tieflandschottisch (Scots) (☞ Sprache) wiederfand.

Die letztgenannte Richtung, die gegenüber der späteren englischsprachigen Dominanz als **schottische Literatur im engeren Sinne** bezeichnet werden kann, beginnt als nationale Dichtung nach den schottischen Unabhängigkeitskriegen im Mittelalter und hat die großen Helden William

Wallace und Robert the Bruce (☞ Geschichte) zum Thema. So sind als volkstümliche Dichtung der von **J. Barbour** 1375 verfaßte ***Bruce*** und der 1461 von dem blinden Sänger **Harry** verfaßte ***Wallace*** herauszuheben.

Daneben entsteht eine **höfische Literatur**, so die Liebesgedichte von **Jakob I.** im Königsbuch ***The Kingis Quair*** (Anfang des 15. Jh.) oder die satirischen Werke von **William Dunbar** (1465-1530), der auch anläßlich der bedeutungsschweren Königshochzeit von Jakob IV. mit Margaret Tudor (1503) das Gedicht ***The Thistle and the Rose*** schrieb. Der Titel ist natürlich allegorisch, denn es war wirklich eine Vermählung von Schottland (*Thistle* - Distel) und England (die Rose des Hauses Tudor).

Mit der Personalunion (1603) und dem Vordringen des Englischen verlor diese Literatur zunächst ihren nationalen und sprachlichen Boden, gewann aber als **volkstümliche Mundartdichtung** im 18. Jh. besonders durch den populärsten aller schottischen Dichter, **Robert Burns**, wieder mächtig an Ansehen.

Er veröffentlichte 1786 seine Gedichte auf Rat des mit ihm befreundeten Seemanns Richard Brown unter dem Titel ***Poems, chiefly in the Scottish Dialect***. Seine literarischen Beiträge, die immer wieder um Figuren des einfachen Lebens kreisten und sich auch kritisch mit sozialen Fragen beschäftigten, umfaßten auch englisch geschriebene Gedichte, aber vor allem schottische Lieder, die er der um traditionelles Liedgut bemühten Sammlung ***Scots Musical Museum*** überließ. Sein berühmtestes Gedicht ist ***Tam o' Shanter*** (1790), eine skurrile, mit witzig diabolischen Zügen versehene Verserzählung.

Wer im Südwesten Schottlands in Ayrshire und Dumfriesshire ("**Burns Country**") unterwegs ist, kommt an diesem Dichter nicht vorbei, der wie kein anderer den Schotten aus der Volksseele gesprochen hat. Mögen Scott und Stevenson auch im Ausland allemal bekannter und mag die literarische Leistung von Burns - trotz seiner Ausdrucksgenialität - auch nicht von epochemachender Originalität sein, er bleibt bis heute *der* **Nationaldichter** der Schotten, geliebt, weil er die Sorgen und Freuden des einfachen Mannes kannte, weil er auf der Höhe seines literarischen Ruhms in Edinburgh stolz sagte, daß er der Sohn eines armen Mannes sei, und weil es ihm nie um den sozialen Aufstieg, geschweige denn ums Geld ging. 1996 sind übrigens in Ayrshire und Dumfriesshire ganzjährige Festivalaktivitäten zum 200jährigen Todestag des Autors angekündigt.

Trotzdem muß nun darauf hingewiesen werden, daß die schottische Literatur für die nächsten hundert Jahre hauptsächlich als **Teil der englischen Literatur** angesehen wurde und die beiden international bekanntesten Schriftsteller Schottlands in englischer Sprache schrieben.

Der erste von ihnen, **Sir Walter Scott** (1771-1832), wurde in Edinburgh als Sohn eines Rechtsanwalts geboren, verbrachte aber einen Großteil seiner Jugend bei den Großeltern in den Borders, wo er nicht nur früh mit den Geschichten und Balladen der Region vertraut wurde, sondern später auch in ☞ Abbotsford seinen romantischen Wohnsitz nahm, so daß die Borders auch als "**Scott's Country**" bezeichnet werden.

Scott trat zunächst als Übersetzer deutscher Werke ins Englische hervor, darunter Goethes "Götz von Berlichingen" (1799), brachte aber wenige Jahre später (1802) auch eine Sammlung der Borders-Balladen heraus, ***Minstrelsy of the Scottish Border***, die er als Beitrag zur Bewahrung schottischen Kulturguts verstand. Danach verwob er zunehmend den vorgefundenen Legendenstoff mit eigenen romantischen Erzählungen (***The lay of the last minstrel*** (1805), ***The lady of the lake*** (1810)), um schließlich 1814 seinen ersten Roman ***Waverley*** zu veröffentlichen. Dieser Roman, der sich mit dem letzten Jakobitenaufstand unter Bonnie Prince Charlie und seinen Hochlandanhängern beschäftigt, kann als der erste **historische Roman** der Literaturgeschichte angesehen werden.

Da Scott mittlerweile nicht nur in literarischer, sondern auch zunehmend in gesellschaftlicher Hinsicht eine herausragende Rolle im öffentlichen Leben Schottlands spielte (1818 Erhebung in den Adelsstand, deshalb "Sir"), und da die Literaturgattung des Romans zu dieser Zeit kaum Ansehen besaß, veröffentlichte Scott ihn unter einem Pseudonym, das er erst 1827 öffentlich aufhob. Da *Waverley* ein außerordentlicher Erfolg war, trugen die folgenden Romane alle den Zusatz "vom Autor des *Waverley*". Sie verwendeten nicht nur den historischen Stoff Schottlands (***Rob Roy*** (1818)), sondern spielten auch als mittelalterliche Rittererzählungen (***Ivanhoe*** (1819)) in anderen Teilen Europas.

Bedingt durch finanzielle Schwierigkeiten ging Scott am Ende seines Lebens zu einer Art Massenproduktion über, mit der er zwar erfolgreich war, die aber auch seine Gesundheit ruinierte. Sein Grab liegt in der malerischen Ruine der Dryburgh Abbey, die er sich selbst als Grabstätte gewünscht hatte - wohl das passendste Ambiente für die letzte Ruhe dieses großen Romantikers.

Scott hat zeitlebens seine Berühmtheit für schottische Themen und Belange eingesetzt (☞ Schottische Tracht), und er war es auch, der die schottischen Kronjuwelen wieder an die Öffentlichkeit brachte (☞ Edinburgh Castle) und gleichzeitig Schottland in englischen Augen "akzeptabel" werden ließ. Trotz dieser Verdienste hat er in Schottland nicht die Popularität von Burns erlangt, dessen Volksnähe er einfach nicht besaß. Sein entrücktes Wirken in dem schloßähnlichen Wohnsitz Abbotsford, seine gesellschaftliche Herkunft, seine Erhebung in den Adelsstand durch König Georg IV. sowie sein fortwährender Umgang auf höchster gesellschaftlicher Ebene haben eine breite emotionale Identifizierung mit diesem Dichter stets verhindert.

Der zweite Dichter, der es vor allem bei der Jugend zu internationaler Berühmtheit bringt, ist der in Edinburgh geborene **Robert Louis Stevenson** (1850-1894). Seine Bindung an Schottland bestand allerdings mehr in der Ablehnung seines puritanischen Elternhauses, dem er sich durch fortwährende Abwesenheit in London, Frankreich und den USA entzog. Der in Künstlerkreisen verkehrende Stevenson schätzte das bohèmehafte, antibürgerliche Leben, war aber realistisch genug, sein Einkommen durch eine bewußte Orientierung auf marktkräftige Unterhaltungsliteratur zu sichern.

Wer kennt nicht die *Schatzinsel* (***Treasure Island*** (1883)), eines der meistgelesensten Bücher der Jugendliteratur; wer kennt nicht die gruselig-dämonische Doppelgestalt, die in ***The strange case of Dr Jekyll and Mr Hyde*** (1886) die heimelige Bürgerlichkeit des späten 19. Jh. aus den Fugen geraten läßt. Dies war die Art Stevensons, der ungeliebten und doppelbödigen Gesellschaft eins auszuwischen und dabei noch zu verdienen. Der ruhelose Weltenbummler fand seine Schatzinsel schließlich auf Samoa, wo er sich für die letzten Jahre seines Lebens niederließ.

Aber kehren wir nach Schottland zurück, wo im 19. Jh. die schreibende Zunft endgültig zum Nebengleis der englischen Literatur zu werden droht. Die Autoren der sentimentalen **Kailyard-Dichtung** (deutsch: Kohlbeet) paßten sich der konservativen viktorianischen Literatur an und verherrlichten unter Verzicht auf alles Nationale und Politische das kleine Dorf- und Landleben - anscheinend die sicherste und stabilste Einheit, zu der man in diesen wirtschaftlichen Umbruchszeiten Zuflucht suchen konnte.

Dabei entwickelte sich die Welt alles andere als beschaulich, und spätestens seit dem Ersten Weltkrieg wurde auch den kleinen Nationen klar, daß die kulturelle und zivilisatorische Überlegenheit der großen eine anmaßende Fassade war. Auch in Schottland gab es eine nationale Renaissance, eine **Scottish Renaissance**, deren bedeutendster Autor sicherlich **Hugh MacDiarmid** (1892-1978) war, der das Scots wiederbelebte und damit zum Vorbild für Autoren wurde, die die schottische Identität in Sprache und Thematik wiederzufinden versuchten.

Zugleich entwickelte sich hier eine Zwickmühle, die auch heute noch zu bemerken ist: mit der Wahl von Gälisch oder Scots engt ein Autor seine Leserschaft - vor allem international - stark ein, so daß notwendigerweise die nationale Wiederbelebung auch ein Stück verlegerische Provinzialität miteinschloß. Schreibt er in Englisch, besteht andererseits die alte Gefahr, als Anhängsel der englischen Literatur behandelt zu werden.

Malerei

Die schottische Malerei ist ein bei weitem nicht so fruchtbares Feld wie die Literatur. Am bekanntesten sind noch die zahlreichen Porträts der Maler **Allan Ramsay** (1713-1784) und **Sir Henry Raeburn** (1756-1823) sowie die Werke des Landschaftsmalers **William McTaggart** (1855-1910). Deren und andere Werke kann man u.a. in der ☞ Scottish National Portrait Gallery oder der ☞ National Gallery of Scotland (beide in Edinburgh) bewundern. In der letzteren sind auch international renommierte Maler wie Raphael, El Greco, Rembrandt, Titian, Van Gogh, Velázquez u.a. zu sehen.

Wer sich für die moderne schottische Malerei des 20. Jh. interessiert, sollte durch die ☞ Scottish National Gallery of Modern Art in Edinburgh schlendern, wo auch Werke von Matisse und Picasso ausgestellt sind. Einen Besuch verdient auf jeden Fall die ☞ Burrel Collection in Glasgow, die neben Gemälden des 19. Jh. eine historisch und kulturell breitangelegte Ausstellung verschiedener Kunstobjekte bietet.

Musik

Schottland kann zwar (bisher) noch keinen berühmten Komponisten vorweisen, dafür aber ein um so berühmteres Instrument. **Dudelsack**, Sackpfeife (dt.), *zampogna* (ital.), *cornemuse*, *mysette* (frz.), ***bagpipe*** (engl.): alles Namensvariationen desjenigen Instruments, das unwidersprochen als musikalisches Aushängeschild Schottlands angesehen wird, sich aber eigentlich einer internationalen Verbreitung erfreut, deren Ursprung wahrscheinlich bei den Windkapselinstrumenten in Asien zu suchen ist. Wie und woher auch immer, in Schottland genießt die unüberhörbare *bagpipe* den Status eines Kulturguts, das ebenso wie die anderen keltisch-nationalen Wahrzeichen - gälische Sprache und Kilt - nach Culloden (☞ Geschichte) von den Engländern verboten wurde.

Dies mag die englischen Generäle im buchstäblichen Sinne beruhigt haben, denn die schottischen Hochlandarmeen pflegten mit lautstarken Bläsern (***pipers***) in die Schlacht zu ziehen, deren Unermüdlichkeit so manchem Rotrock wenn nicht den Mut, so doch einiges an Nerven gekostet haben dürfte.

Dies um so mehr, als die tonalen Erzeugnisse dieses Instruments mitteleuropäischen Ohren gewöhnungsbedürftig erscheinen müssen, denn die Melodien (***pibroch***) basieren auf der Pentatonik, ein halbtonloses, fünfstufiges Tonsystem, das man u.a. in Ostasien oder der Südsee, aber auch in einigen europäischen Volksweisen antrifft. Bei genauerem Hinhören wird man entdecken, daß einige Grundtöne sich kaum ändern, was sich aus der Beschaffenheit des Dudelsacks erklären läßt.

Die *bagpipe* ist ein Blasinstrument, das aus einem Sack von weichem Seehunds- oder Schafsleder besteht, der mittels eines Mundrohrs aufgeblasen wird. Gleichzeitig wird derselbe unter dem Arm zusammengedrückt, so daß die Luft in die Rohre gepreßt wird. Aber nur eines der meist drei oder vier Rohre hat Grifflöcher (Melodiepfeife), die das Spielen der kunstvollen Variationen (*pibroch*) ermöglichen, die beiden anderen Rohre (Stimmer, Brummer) verfügen lediglich über einen gleichbleibenden Ton (Bordunton).

Kritiker weisen denn auch immer wieder darauf hin, daß das "Gedudele" schon nach kurzer Zeit äußerst monoton wirke. Andererseits ist eine "Piperband", oft durch Schlagzeuge rhythmisch verstärkt, ein sicherlich nicht nur hörenswertes Ereignis, denn nicht selten werden dabei auch schottische Tänze aufgeführt, so daß das ganze Thema der schottischen Musik von der Folklore her zu verstehen ist.

Früher standen die *pipers* der einzelnen Clans (☞ Bevölkerung) je nach dem Grad ihrer Geschicklichkeit in mehr oder weniger großem Ansehen, und die Chiefs legten umgekehrt großen Wert darauf, ihre eigene Bedeutung hörbar zu unterstreichen. Das führte zur Gründung von *piping-schools*, unter denen diejenige der **MacCrimmons** in Boreraig auf Skye die berühmteste gewesen sein soll.

Die Legende sagt, daß Ian Og MacCrimmon beim Spielen einst eine Fee so beeindruckt habe, daß sie sich in ihn verliebte. Seitdem seien die MacCrimmons die besten *piper* Schottlands gewesen, was durch eine weitere Geschichte noch unterstützt wird. Demnach wurde dem jungen Black Lad MacCrimmon das Spielen seitens des Vaters verboten. Als dieser mal aus dem Hause war, griff sich der Junge die *bagpipe* und begann zu spielen. Wieder wurde eine der unzähligen Feen Schottlands angelockt, die dem Jungen die hinterhältige Frage stellte, ob er lieber begabt, aber erfolglos, oder unbegabt, aber erfolgreich sein wolle. Der Junge wählte das erstere, woraufhin die Fee sich ein Haar ausriß und es um die *pipe* wickelte. Danach soll Black Lad MacCrimmon der beste *piper* Schottlands geworden sein ...

Erwähnt werden sollen hier auch noch die ***Ceilidhs*** (sprich: Keili), was eigentlich nur "Besuch" bedeutet und als traditionelles Fest Balladen, Gedichtrezitationen und Volkstänze umfaßt. Manchmal versteht man aber auch darunter mehr eine ausgelassene Fete, auf der traditionelle und moderne Unterhaltung sich verbinden. *Ceilidhs* gibt es im Sommer in Pubs oder Hotels sehr häufig (oft durch ein Schild angekündigt). Vor allem in kleinen Orten können Sie sicher sein, dabei jung und alt gemeinsam beim Feiern zuschauen zu können.

Folklore- und andere Musikfeste ☞ Reise-Infos von A bis Z, Feste und Feiertage.

Schottische Tracht - Plaid, Tartan und Kilt

So wie *bagpipe* und *pibroch* die unüberhörbaren Wahrzeichen des keltischen Schottlands sind, so gelten Tartan, Plaid und Kilt als unübersehbare Tracht der schottischen Identität. Die Geschichte des berühmten Schottenrocks (dem von den obigen drei Namen der Kilt entspricht) unterstreicht dabei erneut die Bedeutung der Kultur für das schottische Nationalbewußtsein, denn das einst nur praktische Kleidungsstück, vom englischen Gegner verboten, wurde wie die ☞ Sprache und die ☞ Musik zum Symbol der schottischen Eigenständigkeit.

Alles begann damit, daß gegen Ende des 16. Jh. die alte Bekleidung der Hochlandbewohner, die aus einem langen, safrangefärbten Hemd und einem knielangen Wollmantel bestand, vom ***breacan feile*** abgelöst wurde. Dies ist der gälische Name des **Plaid**, eine Art Wolldecke, die in doppelter Funktion benutzt wurde.

Der untere Teil war durch einen Gürtel an der Taille befestigt, so daß er (als Vorläufer des heutigen Schottenrocks) nach unten wie ein Rock aussah. Der obere Teil konnte bei warmem Wetter locker um die Hüfte oder über dem linken Arm getragen werden, bei schlechtem Wetter bedeckte er den ganzen Rücken, wurde dabei über die linke Schulter gezogen und mit einer Brosche oder Spange so befestigt, daß der rechte Schwertarm frei blieb. Bei Regen blieb genug Platz, um ihn über den Kopf zu ziehen, und wenn man mal im Freien übernachten mußte, was in jenen Tagen häufig geschah, konnte der Plaid auch als Schlafdecke benutzt werden - kurz, das Ding war ein multifunktionales Kleidungsstück.

Der *breacan* war ursprünglich eine große buntkarierte Wolldecke. Für ein derartig gemustertes Material bürgerte sich der aus dem Französischen (*tiretaine*) oder Spanischen (*tiritana*) stammende Begriff "**Tartan**" ein. Anfangs war das jeweilige Tartanmuster des Plaid abhängig von den pflanzlichen Färbemitteln der jeweiligen Umgebung, so daß von der späteren Zuordnung von Tartan und Clan noch keine Rede sein konnte. Bilder aus der Zeit vor Culloden (☞ Geschichte) zeigen vielmehr, daß es einen clanspezifischen Tartan im heutigen Sinne noch gar nicht gab. Richtig ist aber, daß die jeweilige Färbung mit der Zeit für eine regionale Erkennbarkeit in den Highlands sorgte, denn natürlich benutzte man in einem Gebiet meist die gleichen Farbquellen.

Man geht davon aus - keiner weiß das so genau -, daß im 17. Jh. der untere Teil des Plaid als **Kilt** (gäl. *feile beag*) ein selbständiges Kleidungsstück wurde, das man mit oder ohne den Plaid tragen konnte. Der so entstandene Männerrock, heute weltweit als Symbol Schottlands bestaunt, ist damit historisch eigentlich ein relativ neues Kleidungsstück. Wenn Sie genau hinsehen, werden Sie vor dem Kilt eine Ledertasche oder aber einen Fellpinsel baumeln sehen; dies ist der *Sporran*, der im Schlachtgewühl die kostbarsten Gliedmaßen schützen sollte ...

Vor allem nach der Vereinigung der Parlamente 1707 wurden Plaid, Tartan und Kilt nationale Symbole, und auch Tieflandschotten, die mit der Vereinigung nicht einverstanden waren, griffen darauf zurück. Nach der Schlacht bei Culloden wurden folglich von den Engländern nicht nur die gälische Sprache und die *bagpipe*, sondern auch das Tragen von Plaid und Kilt verboten; natürlich galt das auch für das Tartanmuster, das auf jedem äußerlich sichtbaren Kleidungsstück wie z.B. Umhang oder Mantel untersagt wurde. Als das Gesetz 1747 herauskam (Dress Proscription Act), wurden die englischen Truppen teilweise angewiesen, jeden, den sie in der "Hochlandkleidung" antrafen, auf der Stelle zu töten. So mancher arme Teufel in irgendeiner entlegenen Ecke Schottlands, wo die Nachricht von solchen Gesetzen nur langsam hingekommen sein dürfte, büßte für etwas, was er kaum als Vergehen begreifen konnte.

Wenigstens wurden die Strafen für dieses Kleidervergehen dann aber schnell offiziell etwas "humaner" festgelegt: wer das erste Mal gegen das Gesetz verstieß, kam 6 Monate ins Gefängnis, wurde er ein zweites Mal erwischt, konnte eine 7jährige Verbannung nach Übersee die Folge sein. Frauen waren von der Bestrafung nicht betroffen.

Mit der Thronbesteigung von Georg III. 1760 wurde das Gesetz kaum mehr angewandt, und 1782 gelang es der erst 1778 gegründeten Highland

Society of London, das Gesetz im Parlament aufzuheben. Obwohl die Highlanders nun nicht mehr gezwungen waren, die "unmännliche Kleidung" der Lowlands zu tragen, kam es erst zu einer regelrechten Renaissance des Rocks, als der berühmte und einflußreiche Schriftsteller **Sir Walter Scott** (☞ Literatur) den englischen König Georg IV. 1822 zu einem Besuch Schottlands überreden konnte - und zwar in Kilt, Plaid und Tartan!

Der König war entzückt über diese romantische Idee - und die Tartanproduktion boomte von nun an. Königin Viktoria und ihr Gemahl Prinz Albert, seit ihrem ersten Besuch 1842 begeisterte Hochlandanhänger, gingen noch weiter und bestimmten, daß die Angestellten des königlichen Schlosses Balmoral Kilt und Tartan zu tragen hätten.

Nun begannen auch Clans, Regionen, Adlige und alle Personen, die es sich leisten konnten, "ihren" Tartan kreieren und festlegen zu lassen, wovon sich der Besucher heute bei so manchem großen Schloßbesuch (z.B. ☞ Blair Castle) überzeugen kann. Die Tartans können dabei zwar in der Regel keine historische Treue beanspruchen - zu willkürlich oder fast vergessen waren die alten Muster -, das hindert aber keinen traditionsbewußten Schotten daran, die Einheit von Clan und Tartan stolz zu pflegen.

Das festgelegte Farbmuster von Karos und Linien ist ebenso einmalig und geschützt wie das Wappen (☞ Flagge, Wappen und Distel); so ist z.B. der rotdominierte Royal Stewart Tartan, der seinen Namen auf die Stuart-Dynastie stützt, heute der offizielle Tartan des englischen Königshauses.

Seitdem bewegt vor allem eine Frage die grübelnden Tourist(inn)en: Was trägt der Schotte unterm Rock? Der Autor gesteht, daß er dem Problem nicht auf den Grund gegangen ist, aber vertrauenswürdige Informanten haben ihm versichert, daß frau dort kaum etwas anderes finden wird als das, was sie von ihrem Mann schon kennt ...

Flagge, Wappen und Distel

Die Nationalflagge Schottlands ist die **Andreasflagge** (*Saltire*), die auf blauem Grund ein weißes Schrägkreuz zeigt und angeblich die älteste Nationalflagge der Welt sein soll. Dieses Schrägkreuz wird auch Andreaskreuz genannt, da der Apostel Andreas (engl. Andrew), Bruder des Petrus, nach der Legende an ebensolch einem Kreuz in Patras (Griechenland) den Märtyrertod erlitten haben soll. Einige Körperteile des Apostels sollen im 8. Jh. als Reliquien in ☞ St. Andrews angekommen sein. Kurz danach - so die Legende - soll es bei dem heutigen Athelstaneford (nördlich von Haddington) einen Kampf zwischen den Angeln unter Athelstan und den Pikten unter ihrem König Angus gegeben haben.

Dem piktischen König - wie könnte es anders sein - erschien in der Nacht vor der Schlacht der heilige Andreas, der ihm den Sieg verhieß. Am nächsten Tag - am blauen Himmel sollen angeblich weiße Wolkenstreifen das Andreaskreuz gezeigt haben - wurden die Angeln vernichtend geschlagen und ihr König Athelstan getötet. Seitdem ist das Andreaskreuz die Flagge Schottlands, die - wenn Sie genau hinsehen - auch Teil der britischen Flagge und auch im königlichen Wappen zu sehen ist.

Dieses königliche **Wappen** (*arms*) verwirrt viele Touristen, da viele nicht wissen, was darauf schottisch und was englisch ist. Zunächst muß man wissen, daß die Royal Arms in England etwas anders dargestellt werden als in Schottland. Dort sieht man im Zentrum des Wappens einen Schild, der viergeteilt ist: oben links sieht man den roten Löwen Schottlands (seit William The Lion Wappentier Schottlands, ☞ Geschichte), der von einem doppelten roten Lilienbord umgeben ist. Daneben sieht man das Abzeichen Englands, drei Leoparden übereinander, darunter noch einmal den schottischen roten Löwen und zum Schluß - links davon - das Zeichen Irlands, eine silber besaitete goldene Harfe auf blauem Untergrund.

Über dem Schild thront auf der Krone mit Zepter und Schwert der rote Löwe Schottlands; dem Schild als Fahnenträger zur Seite gestellt sind der englische Löwe, der die altenglische Flagge mit weißem Kreuz hält, und das angekettete schottische Einhorn, über dem die Andreasflagge steht; beide tragen eine Krone. Einhorn und englischer Löwe stehen auf den Abzeichen (*badges*) der beiden Länder, die Distel für Schottland und die Rose für England (auf rein schottischen Wappen fehlt manchmal die Rose). Über dem auf der Krone sitzenden roten Löwen steht *"In Defens"* (In Abwehr), unten wird das Wappen durch das Motto ***Nemo me impune lacessit*** (Niemand verletzt mich ungestraft) abgeschlossen.

Auf dem königlichen Wappen in England ist das untere Spruchband dagegen ***Dieu et mon droit*** (Gott und mein Recht), außerdem ist das Einhorn ungekrönt und im Schild erscheint der rote schottische Löwe nur einmal; auf der britischen Königskrone über dem Schild erscheint der englische Löwe.

Auch Clans, Adelsfamilien und Regionen haben außer ihren jeweiligen Tartans geschützte Wappen, die im Lyon Register aufgezeichnet sind. Die Wappen der Clans bestehen aus Schild und darüberliegendem Helm, der durch den Helmbusch (*crest*) mit seinen Abzeichen (meist Tiere) und dem Spruchband (Motto) abgeschlossen wird.

Jeder Clan hatte zudem seinen **Schlachtruf** (*slogan*, von gäl. *sluaghghairm*, *sluagh* = Heer, *ghairm* = Ruf), mit dem der Chief im Kampf sein Gefolge anspornen und sammeln konnte. Der wohl spektakulärste und drohendste ist derjenige der **Camerons**: *Chlanna nan con thigibh an so is gheibh sibh feòil!* (Hundesöhne, kommt hierher für Fleisch!). Die **Campbells** riefen den Namen eines Berges: *Cruachan!* Die **Douglas'** drohten mit ihrem eigenen Namen: *A Douglas, a Douglas!* Die MacDougalls riefen: *Buaidh no bàs!* (Sieg oder Tod!) Und natürlich hat auch Schottland insgesamt einen Schlachtruf: *Alba gu bràth!* - Scotland forever!

Ich komme abschließend zum schon erwähnten pflanzlichen Wahrzeichen Schottlands, das Sie u.a. auf allen Broschüren des Scottish Tourist Board sehen können: die **Distel** (*Thistle*). Natürlich gibt es für diese Wahl auch hier eine Erklärung aus alten Zeiten, und natürlich hat sie mit Kampf zu tun: Im 9. Jh. soll während der Herrschaft von Kenneth III. eine Flotte der Wikinger nachts an der Ostküste gelandet sein, um ein schottisches Heer im Schlaf zu überraschen. Die barfüßigen Angreifer traten aber in der Dunkelheit auf Disteln, ihr Aufschrei weckte die Schotten und die Wikinger wurden zurückgedrängt.

Jakob VII. gründete 1687 einen Ritterorden der Distel, dessen Wahlspruch wir vom königlich-schottischen Banner schon kennen und der einer Distel wahrhaft würdig ist: *Nemo me impune lacessit* - Niemand verletzt mich ungestraft! Wer barfuß auf die Nationalpflanze Schottlands tritt, kann das nur bestätigen ...

Highland Games

Nein, es geht nicht nur um Sport. Und auch nicht hauptsächlich darum, Touristen eine anziehungskräftige Abwechslung für ihren Fotoapparat zu bieten - was ansonsten durchaus der Hauptgrund sein kann, daß ein einsamer *piper* an der Hochlandstraße in Kilt und Plaid sein Ständchen bringt oder im Hotel in gleicher Aufmachung ein Folkloreabend organisiert wird.

Die **Highland Games** (Hochlandspiele), auch **Gatherings** (Treffen) genannt, datieren bis ins Mittelalter zurück. Wann genau diese seltsamen Körperertüchtigungen zuerst prämiert wurden, weiß keiner so genau, aber sie entsprechen so ziemlich den archaischen Verrichtungen eines Siedlervolks, das sich Tag für Tag mit den Problemen der Landrodung und seinen Widerspenstigkeiten herumschlagen mußte: Baumstämme werfen (**Tossing the Caber**), schwere Gewichte wie z.B. Steine heben (**Putting the Stone**), den Hammer schwingen (**Throwing the Hammer**), Tauziehen (**Take War**) oder den Berg hinaufrennen (**Hill Race**).

All diese Kräfte konnten natürlich auch "sozial" genutzt werden. Wer am schnellsten den Berg raufkam, eignete sich besonders gut zum königlichen Läufer, und wessen Kräfte mit Baumstämmen fertig wurden, verdiente durchaus eine Stellung als hochherrschaftlicher Bodyguard. Außerdem dienten Wettkämpfe wohl überall als Kriegsersatz und -vorbereitung, und wer keine kämpferischen Herkulestugenden hatte, konnte vielleicht wenigstens durch sein Pfeifenspiel oder seinen Tanz den Glanz der Herrschaften erhöhen.

Jedenfalls brauchte König Malcolm Canmore im 11. Jh. anscheinend einen neuen Botenläufer, denn er war es, der in ☞ Braemar ein Bergrennen auf den Creag Choinnich organisierte. Noch heute ist das **Braemar Gathering** das berühmteste der Highland Games, sicherlich nicht zuletzt deshalb, weil seit den Zeiten von Queen Victoria die Spiele unter dem Patronat der königlichen Familie stattfinden, die dann aus dem benachbarten Balmoral Castle anreist.

Die Highland Games werden ansonsten in den verschiedenen Regionen von Juni bis September abgehalten und oft für Autofahrer durch aufgestellte Schilder am Straßenrand angekündigt. Sicherlich ist die spektakulärste Wettkampfdisziplin das **Tossing the Caber**. Dabei geht es nicht darum, einen Baumstamm so weit wie möglich zu werfen, vielmehr beurteilen die Kampfrichter die technischen und ästhetischen Fähigkeiten der starken Männer: der Athlet balanciert zunächst den kahlen Kiefernstamm, der z.B. in Braemar fast 60 kg schwer und an die 6 m lang ist, in gebückter Haltung an der Schulter aus, was alleine schon deshalb eine Kunst ist, weil er das dünnere Ende des Stamms in den gefalteten Händen hält, während das dickere - ganz gegen die Gesetze der Schwerkraft und des Gleichgewichts - in den Himmel ragt.

Nachdem er Gewicht, Proportionen und eigene Kraft austariert hat, nimmt er samt Baumstamm einen kurzen, alles entscheidenden energischen Anlauf, stoppt plötzlich und wirft den Stamm nach oben. Da das dickere Ende oben ist, vollführt der Stamm nun in der Luft einen Salto.

Fällt er danach genauso gerade herunter, daß sein Stamm wie ein Uhrzeiger geradlinig auf 12:00 steht - also Salto und Aufschlag die Symmetrie wahren -, hat es der Athlet geschafft und die Verehrung aller ist ihm sicher.

Die anderen Disziplinen, z.B. Hammerwerfen (dabei handelt es sich um einen langen Holzstab oder eine Eisenkette, an deren Enden die Eisenkugel befestigt ist), Steinbrocken stemmen, Ringen in Kilt und Unterhemd usw. sind kaum weniger spektakulär. Zusätzlich spielen die *pipers* pausenlos um die Wette und die Mädchen vollführen vor einer Jury die schwierigsten Tänze. Das Ganze wirkt, verstärkt durch Imbiß- und andere Buden, wie ein Jahrmarkt, und wenn das Wetter mitspielt, sind diese Games ein gutes Anschauungsbeispiel für eine der beliebtesten schottischen Beschäftigungen: das Feiern.

Abends sind die Pubs noch voller als sonst, der Bierhahn wird gar nicht mehr abgedreht, und wer es zeitig versäumt hat, sich ein Quartier zu besorgen, wird in dieser Nacht wohl unterm Himmelszelt träumen dürfen ...

Wer einen Überblick über alle Games haben möchte, sollte sich an das zentrale Tourist Board wenden, ☞ Reise-Infos von A bis Z, Information; ansonsten geben die regionalen Touristenbüros über die Kämpfe ihres Distrikts Auskunft.

Whisky - das mysteriöse Wasser des Lebens

Wußten Sie eigentlich schon, daß in Schottland selbst die Engel Whisky trinken? Jedes Jahr konsumieren diese seligen Geister zum Kummer der Brennereien je Faß 2% des kostbaren Inhalts, was bei 64% Alkohol im Himmel wahre Lobgesänge entfachen muß. Blauer Engel müßte man sein ... Eine solche Ungeheuerlichkeit bedarf der Erklärung.

Whisky (in Irland und den USA Whiskey geschrieben) leitet sich von gälisch ***uisge*** (Wasser) ab. *Uisge beatha* heißt nichts anderes als "Wasser des Lebens" oder - wie die lateinbeflissenen Mönche es gelehrt ausdrückten - *Aqua vitae*. Sie waren es auch, die das Zeug in Irland als erste brauten, wobei niemand so genau weiß, welcher Bruder wann zum ersten Mal das Geheimnis schlürfte. Fest steht, daß das *water of life* in Schottland seit dem 15. Jh. belegt ist und das schottische Parlament 1664 eine Steuer einführte, die pro schottischem Pint (zu dieser Zeit ca. 1½ l) eine Abgabe von 2 shilling und 8 pence erhob.

Das Resultat dieser fiskalischen Maßnahme war, daß überall im Lande kleine verborgene **Schwarzbrennereien** entstanden und der Schmuggel (worunter man die Eigenproduktion verstand) blühte. So sollen 1777 allein in Edinburgh über 850 Brennereien bestanden haben, von denen nur acht eine Lizenz hatten.

Erst 1823 - ein Jahr nach dem für die Highlands so werbewirksamen Besuch von König Georg IV. (☞ Kunst und Kultur, Schottische Tracht), bei dem auch viel Whisky floß - wurden durch ein neues Gesetz die Kosten und Steuern für eine legale Betreibung erheblich verbessert und gleichzeitig alle Destillen unter 40 Gallonen Produktionsmenge für illegal erklärt, was die meisten kleinen Brennereien verschwinden ließ.

Nun entstanden viele der heute noch arbeitenden renommierten Destillen, und Scotch wurde zum weltweit berühmten Aushängeschild und unkopierbaren Exportschlager. Ungefähr 20% der schottischen Exporteinnahmen (ca. £ 1,7 Milliarden) gehen aufs Konto der Whiskyproduktion, obwohl die in den 80er Jahren von Preis- und Übernahmekämpfen bestimmte Industrie durchaus ihre Probleme hat (☞ Wirtschaft).

Schauen wir uns nun das Lebenselixier näher an. **Scotch** darf sich ein Whisky nur nennen, wenn er in Schottland hergestellt ist, mindestens drei Jahre im Faß gereift ist (meist allerdings viel länger) und keinesfalls weniger als 43% Vol. hat. Er besteht lediglich aus drei Zutaten: **Gerste** (*barley*), reinem schottischen **Hochlandwasser** und **Hefe** (*yeast*). (Wer will, kann zudem noch Torffeuer, schottische Luft und Eichenfässer als Rezeptbestandteile dazuzählen.) Niemand weiß so genau, welche dieser Zutaten oder welche Kombination unter ihnen den schottischen Whisky so unkopierbar macht, ein erstes Mysterium, das man hinzunehmen hat.

Zunächst wird die Gerste in Wasser zum **Keimen** (*germination*) gebracht, wobei sich grüne Triebe bilden; dabei bewirken Enzyme, daß die in der Gerste enthaltene Stärke in Zucker umgewandelt wird. Das so entstandene **Malz** (*malt*) wird über einem **Torffeuer** (*peat fire*) in der **Darre** (*malt kiln* - Räucherofen, den man in Schottland oft an seiner Pagodenform erkennt) getrocknet, wobei die jeweilige Intensität der Torfschwaden für den mehr oder weniger rauchigen Charakter des Whiskys verantwortlich ist. Dieser ganze Prozeß wird als **Mälzen** (*malting*) bezeichnet.

Danach wird das getrocknete Malz zu **Grist** zermahlen und mehrmals mit heißem Wasser (ca. 70 °C) vermischt, was man das **Maischen** (*mashing*) nennt. Im **Maischbottich** (*mash tun* - großer runder Metallbehälter) entsteht durch Herauslösung des Zuckers die sogenannte **süße**

Würze (*wort*), die man erkalten läßt und dann in große **Kiefernbottiche** (*wash backs*) leitet, wo nun **Hefe** (*yeast*) hinzugefügt wird. Dieses bewirkt nun die **Gärung** (*fermentation*) des Grist, wobei eine an der Oberfläche blubbernde und schaumig-gelbliche Brühe entsteht (*wash*), die einen niedrigen Alkoholgehalt enthält (ca. 8-10% Vol.).

Der *wash* wird in riesigen **Kupferkesseln** (*pot stills* oder *wash stills*), die eine mehr oder weniger lange Flaschenhalsform haben, mehrmals **destilliert** (*distillation* - in der Regel zwei- oder dreimal), wobei die Kürze oder Länge des Kolbenhalses - auch dies ist geheimnisvoll - für den jeweiligen Charakter des Whiskys wichtig ist. Da Alkohol unter Erhitzung sich schneller in Dampf verwandelt als die anderen Bestandteile (z.B. Wasser), läßt er sich an dieser Stelle gut herausfiltern, indem man ihn durch die Erhitzung lokalisiert und später durch Abkühlung wieder in flüssige Form kondensiert.

Aus der ersten Destillation resultieren die sogenannten ***low wines*** (ca. 20-25% Vol.). Diese Flüssigkeit durchläuft dann ein zweites (oder sogar drittes) Mal den Destillations-Kondensations-Prozeß, um den ***spirit*** zu liefern, ein Wort (lat. *spiritus* - Seele, Geist), das anzeigt, daß hier der Sprit sein geheimnisvolles Wesen offenbart. Von diesem *spirit*, der in 3 Teile zerfällt, wird nur der mittlere Teil (*middle cut* oder *heart of the run*, ca. 70-75% Vol.) der Aufbewahrung in Eichenfässern zugeführt.

Diesen klaren *middle cut* bestimmt der **Brennmeister** (*still-man*), der an einem geheimnisvollen, mit dicken Schlössern versehenen Kasten steht (*spirit sample safe*), hinter dessen Glasscheibe man die destillierte Flüssigkeit sehen kann. (Die dicken Schlösser erklären sich daher, daß hier das Zoll- bzw. das Finanzamt zuschlägt.) Obwohl der *still-man* nicht in Kontakt mit dem *spirit* kommt, kann er über Ventile und Meßsysteme am *safe* die Flüssigkeit testen. Er allein ist es, der nach geheimnisvollen und in jeder Destille gehüteten Kriterien über den kostbaren *middle cut* entscheidet.

Dieser geht nun zur Abkühlung zunächst in ein großes Eichenfaß (*intermediate spirit receiver*), bevor er zur **Reifung** (*maturation*) in die einzelnen Fässer gepumpt wird. Dabei wird noch einmal das gleiche reine Wasser, das schon zum *mashing* benutzt wurde, dem Whisky hinzugefügt, so daß sich der Alkoholgehalt auf ca. 63-64% Vol. reduziert. Die Eichenfässer, obwohl dicht, lassen den Whisky atmen, und es ist nun der Zeitpunkt gekommen, an dem die Heerscharen des Himmels ihren Tribut für den hochprozentigen Geist fordern, so jedenfalls nennt man die oben erwähnte Verdunstung, die pro Jahr den Inhalt des Lagerfasses um 2% schrumpfen läßt: **The Angel's Share** (Engelstribut).

Während der Lagerung gewinnt der Whisky nun durch Luft und Eichenholz seine jeweilige goldene Farbe und seinen jeweiligen Geschmack - auch dies ein Geheimnis, um dessen Lösung Wissenschaftler viel geben würden. Denn käme man dahinter, was hier eigentlich vorgeht, könnte man vielleicht durch chemische Zusätze nicht nur den Reifungsprozeß abkürzen, sondern auch noch dadurch den Engeln den Hahn abdrehen. Aber anscheinend hat der liebe Gott etwas dagegen ...

Die gesetzliche Mindestlagerungszeit von drei Jahren wird je nach Whisky und Destille oft auf 8, 12, 21 oder gar mehr Jahre verlängert. Schließlich wird der Whisky durch erneutes Zusetzen von weichem Wasser auf sein Flair gebracht und in Flaschen gefüllt. Einmal in der Flasche, verändert er - anders als Wein - seinen Charakter nicht mehr.

Wissen sollte man noch, daß es mehrere Grundsorten von Whisky gibt. **Malt Whisky** besteht nur aus Gerste und unterteilt sich nochmals in **Single Malt** und **Pure Malt**. Der letztere setzt sich aus mehreren unterschiedlichen Malts zusammen, der erstere wird aus *einem* Malt gewonnen und ist damit die Krone der Schöpfung. Neben diesen beiden reinen **Malt-Whiskies** gibt es noch den **Grain-Whisky**, der aus einer Mischung von Malt und anderen Getreidebeigaben (*grain* = Getreide, Korn; meist handelt es sich um Mais oder Weizen) besteht. Dieser **Verschnitt** (*blend*) braucht nicht soviel Zeit und ist deshalb billiger; achten Sie also beim Kauf auf das Etikett, das Ihnen immer über diese Kategorien Auskunft gibt. Die meisten Whiskies auf dem Markt sind *blended*.

Heute kann der Besucher in Schottland über 40 Destillen besuchen, darunter so berühmte wie ☞ **Glenfiddich**, **Glenlivet**, **Glenturret** (die älteste) und viele andere, die den Besuchern eine interessante (und manchmal unentgeltliche) Tour durch ihre Brennerei bieten. Die meisten Destillen befinden sich in Speyside (zwischen Aberdeen und Elgin), wo acht Brennereien den sogenannten **Whisky Trail** bilden. Aber auch im Westen Schottlands und auf den Hebrideninseln finden Sie besuchenswerte Destillen. Dabei bieten große Häuser wie z.B. Glenfiddich auch Rundgänge in deutscher Sprache an.

📖 ***Malt Whisky Guide***, W. Schobert, Hädecke Verlag, Weil der Stadt, 1994.

♦ ***Malt Whisky. Der Guide für Kenner und Genießer***, Michael Jackson, Wilhelm Heyne Verlag, München, 1992.

♦ ***Wallace Milroy's Malt Whisky Almanach***, A Taster's Guide, 1992.

♦ ***Whisky***, Michael Jackson, Hädecke Verlag, Weil der Stadt, 1995.

♦ ***The Scotch Whisky Book***, Mark Skipworth, Lomond Books, 1995.

♦ ***Scotch mit Wasser***, tours 3/1994.

♦ ***Der Geist der Highlands in Küche und Kehle***, Globo 11/1993.

♦ ***Speyside Way: Der Whisky Trail*** von Hartmut Engel, OutdoorHandbuch (Band 43), Conrad Stein Verlag, Kronshagen, Frühjahr 1997, DM 22.

Ungeheuer und Geister

Mögen Sie **Pferde**? Sollten Sie bei Ihrer Fahrt oder Wanderung durch die Highlands plötzlich ein wunderschönes, offensichtlich herrenloses Pferd an Ihrer Seite auftauchen sehen, das Sie durch freundliches Wiehern oder Schnauben zum Streicheln oder gar Aufsitzen auffordert, so denken Sie an die **Kelpies**. Dabei handelt es sich um *each uisge*, sogenannte Wasserpferde, die seit alters in den Tiefen der schottischen Lochs leben, sich zu jeder Gestalt verwandeln können, aber vorzugsweise eben als Gaul erscheinen.

Es sind ziemlich heimtückische Wesen, denn wenn so ein bezauberter Wanderer die Hand nach ihm ausstreckt oder gar aufsitzt, läßt sich die Hand nicht mehr zurückziehen, und ab geht es über Stock und Stein in die Tiefen des Lochs, wo das unglückliche Opfer dann genüßlich verspeist wird. In Sutherland soll einmal eine ganze Schar von Jungen sich auf ein solches Pferd gesetzt haben; nur einer von ihnen, der mit einer Hand in die Mähne des Tieres gegriffen hatte, merkte, daß er sie nicht mehr vom vermeintlichen Gaul lösen konnte und erinnerte sich der Kelpies. Er nahm mit der freien Hand sein Messer und schnitt sich ohne Zögern die festklebende Hand ab, was ihm als einzigem sein Leben rettete.

Es gibt moderne Wissenschaftler, die meinen, daß das **Ungeheuer von ☞ Loch Ness** - das berühmteste aller schottischen Ungeheuer - ein Plesiosaurier sei (besonders uneinsichtige und dröge Leute behaupten sogar, daß es nichts anderes als eine Zeitungsente fürs Sommerloch oder den Tourismus ist), aber für viele ist es klar, daß es sich hier bei dem Buckelwesen um nichts anderes als um ein mediensüchtiges Kelpie handeln kann, das auf Kosten der anderen Lochkelpies alle Aufmerksamkeit für sich beansprucht. Ein derartiger Verfall zum Hollywood-Star ist aber unter den traditionsbewußten Ungeheuern Schottlands absolut die Ausnahme, und wenn auch Nessie unter den Heerscharen der Besucher hoch geschätzt wird, ist es für die anderen Geister offensichtlich, daß dieses Viech als Touristenattraktion völlig auf den Hund gekommen ist.

Mögen Sie **Seehunde**? Falls Sie bei schönem Wetter im Insellabyrinth der Hebriden oder Shetlands mit dem Boot unterwegs sind oder einfach nur am Strand spazierengehen und etwas Schönes ganz nahe im Wasser glitzert, so bücken Sie sich nicht danach, denn so mancher junge Mann oder manche junge Frau soll dann - man weiß nicht wie - geschnappt worden sein und an der Seite einer Seehundfrau bzw. eines -mannes erwacht sein. Viele Feen und Trolle verstecken sich hinter einem Seehundfell, sehnen sich nach menschlichen Ehepartnern und versuchen durch alle möglichen Tricks und Lockungen, diese in ihre Gewalt zu bekommen - man kennt das ja von der Loreley.

Auf der anderen Seite sollen derartige Verbindungen oft recht glücklich gewesen sein, und ein ganzer Clan, die MacCodrums, die den MacDonalds der Hebriden nahestehen, sollen von einer Seehundfamilie abstammen. Die Vorliebe der Meerjungfrauen für Menschen-Männer hat also auch sein Gutes, vor allem, weil es schon manchmal vorgekommen sein soll, daß Schiffbrüchige und Ertrinkende von eilig herbeischwimmenden Seehunden gerettet wurden, und das sogar, ohne sie vor den Altar zerren zu wollen.

Im Süden von Schottland waren die **Brownies** lange Zeit nützliche Mainzelmännchen; sie lebten in den Haushalten der Farmer, kamen aber nur nachts zum Vorschein, um dann die liegengebliebene Hausarbeit - Abwaschen, Fegen, Staubputzen usw. - zu machen (schade, daß sich schottische Geister nicht exportieren lassen). Mit dem Aufkommen von modernen Küchengeräten wie Staubsauger und Spülmaschine verloren diese Geister ihr Biotop und wurden gleichsam arbeitslos, so daß man von ihnen heute kaum mehr hört.

Neben diesen Feen und Ungeheuern verfügt Schottland noch über Legionen an Einzelhexen, Ungeheuern und kleinen und großen Monstern, die aber hier - auch weil man sie kaum sieht - wegen Platzmangel nicht alle geehrt werden sollen.

Allerdings muß ich Ihnen am Schluß dieser kleinen kulturellen Umschau noch einige Damen und Herren vorstellen, die ebenso wie alle bisher genannten Sachen untrennbar mit Schottland verbunden sind und sozusagen zum Inventar des Landes gehören. Sie leben vorzugsweise in alten Schlössern und Häusern, beteiligen sich nicht an der Miete und veräppeln den aufgeklärten Besucher dadurch, daß sie gerade dann, wenn er kommt, oft nicht anwesend sind. Das sollte Sie nicht dazu verleiten, in Gegenwart von Schotten zu offen an ihrer Existenz zu zweifeln. Man wird Sie sonst mitleidig als dem modernen Aberglauben verfallen ansehen, nach dem es keine Geister mehr gibt.

Viele Schotten, vor allem die älteren, sind da weit fortschrittlicher. Wer einmal mitbekommen hat, wie sich das Wärterpersonal eines Castles in ernstem Ton über das letzte Erscheinen des **Hausgeists** austauscht, wer dann noch die gar nicht erstaunten Nachfragen der schottischen

Besucher verfolgt, die ähnliches aus ihrer eigenen Nachbarschaft berichten, der fängt an, an der Unverrückbarkeit seines modernen Glaubens zu zweifeln.

Und spätestens, wenn man Ihnen vorschlägt, heute um Mitternacht noch einmal die verfallenen Ruinen zu besuchen - natürlich die Hauptpromenadenzeit der betreffenden Damen und Herren -, sollten Sie nicht auf Ihren Kopf, sondern auf Ihr Herz hören, vor allem, wenn das letztere Ihnen sagt, daß Sie heute abend leider schon wieder weiter müssen ...

Oft weigern sich diese Damen und Herren sogar hartnäckig, ihre Namen zu nennen. Meistens sind es eher Typen, z.B. **graue, weiße oder grüne Damen**, die aus mehr oder weniger guten Gründen keine Ruhe finden können und mit nervenaufreibender Genauigkeit immer wieder die gleichen Treppen und Gänge entlanggehen oder aus irgendwelchen Fenstern schauen (☞ Glamis Castle).

Andere sind bildlich und namentlich bekannt, z.B. jener **General Tam Dalyell** aus dem 17. Jh., der aus Frust einer unseligen Spielleidenschaft verfiel und - man ist ja so einsam hier - schließlich ohne Bedenken mit dem Gehörnten am abendlichen Kartentisch saß. Die Spielerei ging solange gut, wie der schwänzige Besucher gewann, aber als es einmal andersherum ausging, wurde der Klumpfuß so wütend, daß er mit dem marmornen Kartentisch nach dem General schmiß, der sich gerade noch rechtzeitig bückte. Den Tisch fand man über hundert Jahre später in einem nahe gelegenen Teich, so weit war er geflogen. Der General blieb auch nach seinem Tod ein unruhiger Geist, denn als man seine Stiefel aus dem Haus entfernen wollte, pflegten diese die ganze Nacht herumzumarschieren - ohne sichtbaren Inhalt, versteht sich (☞ House of the Binns).

Als ich Edzell Castle besuchte und routinemäßig nach dem Ortsgeist fragte, wies der Kustode auf zwei in der Ecke liegende Ruck- und Schlafsäcke. Zwei Australierinnen hätten vor einigen Tagen den herrlichen Rasen vor dem Gemäuer zum Schlafen genutzt, obwohl er ihnen gesagt habe, daß eine weiße Dame des Nachts öfter über den Rasen wandle. Die Mädchen waren - ebenso wie die meisten von uns - schlecht aufgeklärt und sollen den Kustoden sogar ausgelacht haben, der um 18:00 Feierabend hatte. Am nächsten Tag fand man die aufgerissenen Schlafsäcke samt Schuhen und Reisegepäck auf dem Rasen, ein nächtlicher Pubheimkehrer hatte, nach Hause wankend, zwei schreiende Mädchen gehört, die in einem Affenzahn die Lokalität verließen.

Eine Woche später habe er, der Kustode, einen Brief erhalten, in dem die Mädchen sich über seinen schlechten Scherz beschwerten und die

Bitte anfügten, ihnen doch die zurückgelassenen Sachen zu schicken. "Als ob ich nachts nichts anderes zu tun habe, als im weißen Gewand übers Gras zu schleichen", murmelte resigniert der Schloßwächter.

Dabei ist der Umgang mit den Herrschaften doch so einfach. Sollten Sie in der Nähe eines Schlosses frei übernachten und derartige Begegnungen erleben, bleiben Sie ruhig und genießen Sie den seltenen Anblick. Die Herrschaften machen ihre alten Runden, und sollte Ihr Schlafsack genau im Wege liegen, werden Sie nur einen Windhauch spüren, denn Geister gehen durch alles hindurch - das weiß doch jedes Kind ...

📖 ***Wem die Geisterstunde schlägt***, Globo 11/1993.

Politik und Verwaltung

Schottland besitzt seit dem Unionsakt von 1707 (☞ Geschichte) kein eigenes Parlament mehr, stellt aber ein eigenes Rechtsgebiet dar und verfügt heute wieder in wesentlichen Bereichen der Bildung, Kirche und lokalen Verwaltung über Selbstbestimmung. Das Land ist mit 72 Abgeordneten im britischen Unterhaus (House of Commons, insgesamt 635 Sitze) in London vertreten. Die 72 schottischen Wahlkreise ergaben bei der Wahl vom 9.4.1992 hinsichtlich der Parteien folgende Sitzverteilung: 49 Sitze entfielen auf die **Labour Party**, 11 auf die **Conservative Party** (meist **Tories** genannt), 9 auf die **Liberal Democrat Party** und 3 auf die **Scottish National Party**.

Das Ergebnis ist insofern interessant, als es in umgekehrtem Verhältnis zur Regierungsgewalt in London steht, wo die Konservativen die Mehrheit haben. Da diese "Schieflage" seit 1979 anhält, ist es kein Wunder, daß viele Schotten meinen, im britischen Unterhaus nur ungenügend vertreten zu sein, gewiß auch ein entscheidender Punkt, daß die Diskussion über *"Home Rule"* oder Unabhängigkeit weiterhin diskutiert wird.

Die zweite Kammer des britischen Parlaments, das Oberhaus (House of Lords), steht traditionell auch schottischen Adligen offen (*peers*). Von den 24 Herzögen (*dukes*), die die crème de la crème der britischen Aristokratie bilden, sind immerhin 8 aus Schottland, darunter der Duke of Argyll (gleichzeitg Chief des Campbell-Clans), der Duke of Atholl, der Duke of Sutherland und der Duke of Buccleuch (traditionell von der Scott-Familie der Borders besetzt).

Politische Macht besitzt der Adel allerdings kaum mehr. Die wird vielmehr vom **Staatsminister für Schottland** (Secretary of State for

Scotland) verkörpert, der dem Kabinett angehört und damit dem Parlament in London direkt verantwortlich ist. Ihm stehen verschiedene Gremien und Berater zur Seite, und er ist es auch, der die oberste schottische Regierungsbehörde, das **Scottish Office**, leitet, das über fünf fast selbständige Ressorts verfügt: Landwirtschaft und Fischerei, Industrie, Umwelt und Strukturplanung, Erziehungswesen und Gesundheitswesen.

Das Scottish Office, das seinen Sitz in Edinburgh hat, arbeitet sowohl mit britischen Ministerien und EU-Behörden als auch mit den schottischen Regionalkörperschaften zusammen. Letztere sind für die lokale Umsetzung der Beschlüsse verantwortlich und unterteilen sich in 9 Regionen (**Regional Councils**) und 56 Bezirke (53 **District Councils**, zusätzlich 3 **Islands Councils**). Diese Verwaltungsstruktur ersetzte die bis 1975 übliche Unterteilung in Grafschaften, obwohl deren Namen (die alle auf -shire enden, z.B. Aberdeenshire) heute teilweise aus Gewohnheit immer noch benutzt werden.

Aufgrund von Kooperationsschwierigkeiten zwischen den beiden politischen Ebenen kündigte 1991 der *Secretary of State*, Ian Lang, eine Korrektur der politischen Regionalstruktur an: am 1.4.1996 wurde das zweistufige durch ein einstufiges Verwaltungssystem ersetzt. Dabei wurden Regional und District Councils durch 32 **New Councils** ersetzt.

Wirtschaft

Die zum Kultfilm avancierte Komödie "Local Hero", in der ein armes schottisches Fischerdorf von einem amerikanischen Ölmulti umworben wird, läßt in ironischer Weise die beiden Welten erkennen, zwischen denen sich das wirtschaftliche Bild Schottlands heute bewegt: einerseits die arme Idylle der Land- oder Fischereiwirtschaft, andererseits der Eintritt des Öl- und High-Tech-Zeitalters.

Wem die Sympathien des von außen zuschauenden Beobachters gehören - und das nicht nur im Film -, dürfte klar sein, denn welcher Reisende kommt schon nach Schottland, um einen Bohrturm oder Silicon Glen zu sehen, wie man - in Anlehnung an das berühmte kalifornische Tal - die Ansiedlung der computergestützten Hochtechnologie allgemein bezeichnet (im engeren Sinne bezieht sich der Ausdruck auf den Industrieort Livingston nahe Edinburgh). Allein, von der nostalgischen Verklärung des Vergangenen kann selbst ein Schotte nicht leben, so daß die heutige Wirtschaftskraft des Landes auf unterschiedlichen Säulen steht.

Ungefähr 80% der Landfläche werden im weitesten Sinne des Wortes **landwirtschaftlich** genutzt (inklusive der **Viehwirtschaft**). Hiervon erlauben aber nur 25% eine intensive Bewirtschaftung, wozu man vor allem den Anbau von **Getreide** und anderen **Nutzpflanzen** im Osten zählen kann. Außerdem erlauben die saftigen Weiden im Südwesten die **Milch-** und **Fleischwirtschaft** mit einheimischen und importierten Rinderarten, denn das langmähnige berühmte **Hochlandrind** (Highland Cattle) findet nur als Touristendelikatesse - im fotografischen wie kulinarischen Sinne des Wortes - wirtschaftliche Beachtung.

Der stattliche Rest von ca. 75% der nutzbaren Landfläche, der geographisch vor allem auf die Highlands und weniger stark auch auf die Borders-Region entfällt, wird als **Weideland** für genügsame **Schafe** genutzt. *Rough grazing* nennt man diese Bodennutzung, bei der die widerstandsfähigen, schwarzköpfigen Hochlandschafe die Hänge bis auf 300 m von ihrem spärlichen Gras und Heidekraut befreien.

Es handelt sich also um Naturweide, und Autofahrer müssen sich im Hochland auf den *single track roads* nicht nur auf die Vierbeiner, sondern auch auf deren Straßengitter (*cattle grid*) einstellen, deren Rollen verhindern, daß die Schafe ihr Weidegebiet verlassen. Zwar ist das Shetland-Schaf nach wie vor berühmt für die weiche Qualität seiner **Wolle**, und gleiches gilt auch für den weltberühmten **Tweed-Stoff**, der vor allem auf der Hebrideninsel Harris produziert wird, aber der wirtschaftliche Schwerpunkt der Schafzucht liegt heute in der **Lammfleischproduktion**, für die vor allem die Cheviot-Schafe in Südschottland geeignet sind.

Im Nordosten Schottlands ist Peterhead der größte **Fischereihafen** Europas; die schottische Fangflotte umfaßt ca. 2.300 Schiffe und beschäftigt an die 8.000 Männer. Neben der **Hochseefischerei** sind noch die **Fischfarmen** von Bedeutung, die im strukturschwachen Hochland vor allem Lachs und Forelle züchten.

Die einst so mächtige **Schiffbauindustrie**, die sich vor allem am Clyde um Glasgow niederließ (☞ Geschichte), ist dagegen unter dem Druck ostasiatischer Konkurrenz bis auf wenige Ausnahmen verschwunden. Es ist eine der **Schwerindustriebranchen** (neben Kohle und Stahl), die nach dem Zweiten Weltkrieg untergingen (*sunset industries*), während andere Wirtschaftssonnen, darunter vor allem die Hochtechnologie, aufgingen (*sunrise industries*).

Dieses in der Wirtschaftssprache durchaus akzeptierte Sonnengleichnis soll wohl dem ganzen Strukturwandel, der mit Massenarbeitslosigkeit und Verelendung ganzer Stadtteile ☞ Glasgows einherging, etwas die soziale Spitze nehmen und beruhigen, denn gegen "Naturnotwendigkeiten" kann man ja schließlich nichts machen. Jedenfalls waren in den

60er Jahren noch ca. 800.000 Menschen im **produzierenden Gewerbe** (*manufacturing*) tätig, am Anfang der 90er dagegen nur noch ca. 380.000, was ungefähr 20% der gegenwärtigen Arbeitsplätze entspricht. Und obwohl die Computer- und Hochtechnologien ca. 40% der Güterexporte hervorbringen, sind dort nur ca. 50.000 Arbeitnehmer beschäftigt.

Die meisten Arbeitsplätze im produzierenden Gewerbe entfallen auf die **Lebensmittelindustrie** (ca. 70.000), wo vor allem die **Whiskyproduktion** von Bedeutung ist. Auf den Scotch entfallen allein 20% des gesamten schottischen Exports (liegt damit hinter der Computerindustrie an zweiter Stelle). Die (noch) steigenden Gewinne verdecken allerdings, daß die absolute Verkaufsmenge rückläufig ist. Einerseits hat Anfang der 90er Jahre der erhöhte Absatz in den EU-Ländern die Verluste auf dem amerikanischen Markt aufgefangen, andererseits erwartet man von der Europäischen Union nichts Gutes, wenn die Pläne wahr werden sollten, daß die künftige Besteuerung von hochprozentigem Alkohol zugunsten von Bier und Wein heraufgesetzt werden soll. Trotzdem wird Whisky wohl immer etwas von einer *sunrise*-Tendenz haben, zu berühmt und einmalig ist dieses bekannteste schottische Exportprodukt (☞ Whisky).

Das Gros der Arbeitsplätze (ca. 1,4 Mio von insgesamt knapp 2 Mio) entfällt heute auf den **Dienstleistungssektor**, in dem die **Finanzwirtschaft** und der **Tourismus** die meisten Menschen beschäftigen (zusammen ca. 400.000). Die arbeitsrechtliche Qualität dieser Arbeitsplätze, bei der saisonale Schwankungen und Scheinselbständigkeiten für eine große Fluktuation sorgen, steht auf einem anderen Papier, aber darin unterscheidet sich der schottische Dienstleistungssektor kaum von dem anderer Länder. Die **Arbeitslosenquote** lag im Januar 1995 mit ungefähr 220.000 Arbeitslosen bei 9% (in ganz Großbritannien 8,9%).

Der Dienstleistungssektor insgesamt trägt auch mit über 60% den Löwenanteil zum Bruttoinlandsprodukt bei (BIP insgesamt: 1994 ca. £ 46 Milliarden, davon produzierendes Gewerbe über 20%); von den 60% entfallen fast 20% (ca. £ 9 Milliarden) auf die **Finanzwirtschaft**. Edinburgh ist hinter London, Paris und Frankfurt der viertgrößte Finanzplatz Europas (noch vor wenigen Jahren beanspruchte man sogar hinter London die zweite Position); weltweit steht man damit immerhin an 13. Stelle. Von den drei dominierenden Banken haben zwei ihren Sitz in der Hauptstadt: die **Bank of Scotland** (gegründet 1695 und damit die älteste Bank Großbritanniens) und die **Royal Bank of Scotland** (die größte unter den dreien, gegründet 1727, weil man damals die Bank of Scotland als pro-jakobitisch einschätzte, ☞ Geschichte). Die dritte Bank, die **Clydesdale Bank** (1838), ist in Glasgow zu Hause. Alle drei bringen eigene schottische Banknoten heraus.

Die vielen Mitarbeiter des Scottish Tourist Board und ihre ca. 170 (!) Tourist Information Centres tun alles, um den **Tourismus** (BIP-Anteil ca. 5%) auch weiterhin zur wirtschaftlichen Erfolgsstory zu machen. Ungefähr 180.000 Menschen (ca. 8% aller schottischen Jobs) sind fest in der Branche tätig, und vor allem in den wirtschaftsschwachen Randgebieten des Hochlands und auf den Inseln ist der Tourismus oft der einzige Arbeitgeber. Von den ausländischen Gästen (ca. 1,5 Mio jährlich) stammen rund 50% aus Westeuropa, über 30% aus Nordamerika, und unter den restlichen 20% sind die Japaner die bedeutendste Gruppe. Sie alle brauchen - wenn man einmal von der Zeit des International Festivals in Edinburgh (☞ Reise-Infos von A bis Z, Feste und Feiertage) absieht - keine Angst zu haben, ein überfülltes Urlaubsland vorzufinden, obwohl es natürlich auch in Schottland im August vergleichsweise eng zugeht.

Die **Öl- und Gasindustrie** stellt seit 1979 einen wichtigen Wirtschaftsfaktor dar, und zwar nicht so sehr, weil die Einkünfte aus dem Nordseeöl direkt in die schottische Haushaltskasse fließen - der britische Finanzminister verwaltet die Direkteinnahmen -, sondern weil wichtige Sekundäreffekte wie Arbeitsplätze und Versorgungsindustrie davon abhängen.

Großbritannien ist der neuntgrößte Ölproduzent der Welt (126 Mio t Jahresförderung 1994). Man geht davon aus, daß ca. 100.000 Menschen direkt oder indirekt durch das schwarze Gold Beschäftigung finden, d.h. jeder 20. Arbeitsplatz in Schottland hat eine Verbindung zum Öl. Zentrum des Geschäfts ist die Marmorstadt ☞ Aberdeen, und dort macht man sich denn auch verständlicherweise die meisten Sorgen über die Zeit "nach dem Öl", denn die lukrativ abbaubaren Vorkommen der Nordsee sind begrenzt.

Abschließend eine sympathische Erfolgsmeldung, die - obwohl im Vergleich mit den obigen Zahlen von bescheidener Bedeutung - zeigt, daß auch die Tradition sich an wirtschaftlichen Daten messen lassen muß: die gälische Kultur und Sprache hat im Hochland und auf den Hebrideninseln in den letzten zehn Jahren über 1.000 neue Arbeitsplätze geschaffen, und das, obwohl ihre "Sonne" längst untergegangen zu sein schien. Wer weiß, vielleicht gibt es hier ja einen neuen *sunrise* ...

Reise-Infos von A bis Z

Anreise

✈ Im folgenden finden Sie eine Auswahl der günstigsten und schnellsten Flugverbindungen von Mitteleuropa nach Schottland; wer zunächst nur nach **London** fährt, kann von dort mit **British Airways** (stündlich, ab £ 113-230), **British Midland** (alle 2 Stunden, ab £ 113-230, Sonderpreise ab £ 74) oder **Air UK** (ca. 4 Flüge täglich, Preise wie British Airways) nach **Glasgow** oder **Edinburgh** fliegen.

Es handelt sich im folgenden um **Apex- bzw. SuperApex-Preise**, die an gewisse Konditionen gebunden sind; sie müssen in der Regel zwei Wochen vor Reiseantritt gebucht werden. Weitere Erläuterungen sind unter den unten angegebenen Nummern der Fluglinien oder in jedem großen Reisebüro erhältlich. Letztere informieren auch über weitere Flugverbindungen oder kurzfristige **Sonderangebote**.

Es bieten sich drei internationale Flughäfen an, unter denen Edinburgh und Glasgow die bedeutendsten sind; hinter dem Flughafennamen finden Sie **Serviceinformationen**, die den Airport und seine Anbindung an die Stadt betreffen. (Die ☎-Nummern sind Ortsnummern ohne Landesvorwahl; Preise sind in den jeweiligen Landeswährungen angegeben.)

Nach **Aberdeen**:
➲ 11 km, 🚌, Taxi £ 8, 🚗 P BANK ✕ ♿, ☎ 01224/722331, FAX 01224/725724

Flughafen	Fluggesellschaft	☎ Reservierung	Preis ⇔
Amsterdam	British Airways	02503/50066	ab hfl 696
	Air UK	020/6487102	ab hfl 696
Frankfurt	British Airways	069/238040	ab DM 815
Zürich	British Airways	01/2114090	ab sfr 700

Nach **Edinburgh**:
➲ 11 km, 🚌, Taxi £ 12, 🚗 P i BANK ✕ ♿, ☎ 0131/3331000, FAX 0131/3443470

Flughafen	Fluggesellschaft	☎ Reservierung	Preis ⇔
Amsterdam	British Airways	02503/50066	ab hfl 631
	Air UK	020/6487102	ab hfl 631
Düsseldorf	British Airways	0130/3636	ab DM 671
Frankfurt	British Airways	069/238040	ab DM 588
Hamburg	British Airways	0130/3636	ab DM 691
Hannover	British Airways	0130/3636	ab DM 691
München	British Airways	0130/3636	ab DM 691
Zürich	British Airways	01/2114090	ab sfr 539

Nach **Glasgow**:
➲ 13 km, Bus, Taxi £ 12, Auto, P, i, BANK, ✗, ♿, ☏ 0141/8871111, FAX 0141/8484586

Flughafen	Fluggesellschaft	☏ Reservierung	Preis ⇔
Amsterdam	British Airways	02503/50066	ab hfl 631
	Air UK	020/6487102	ab hfl 631
Düsseldorf	British Airways	0130/3636	ab DM 671
Frankfurt	British Airways	069/238040	ab DM 588
	Lufthansa	069/255255	ab DM 588
Hamburg	British Airways	0130/3636	ab DM 691
Hannover	British Airways	0130/3636	ab DM 691
München	British Airways	0130/3636	ab DM 691

Preise: Stand 1995; 20 kg Freigepäck (inklusive Fahrrad, falls erwünscht)

Fähre, Auto Im folgenden sollen von den insgesamt 27 (!) Fährmöglichkeiten, die Nord- und Mitteleuropa mit Großbritannien verbinden, sechs ausführlich dargestellt werden. Es handelt sich für die aus Mitteleuropa kommenden Reisenden entweder um besonders **preisgünstige** oder - mit Blick auf Schottland - um **geographisch günstige**, d.h. kurze Anreisewege, die vor allem für Leute aus Norddeutschland interessant sein dürften. Wer aber einen Überblick über **alle Fähren** haben möchte, kann von der Britischen Zentrale für Fremdenverkehr in Frankfurt (☞ Information) eine Broschüre über Autofähren anfordern (die natürlich alle auch Personenfähren sind).

Fähre ❶ Von Dünkirchen nach Ramsgate
❷ Von Oostende nach Ramsgate

Diese beiden Routen, die gleiche Preise haben, werden von **Sally Ferries/Oostende Lines** angeboten und stellen - vor allem in der Hochsaison Juli/August - die **preisgünstigste Alternative** dar; allerdings ist der Weg von Ramsgate nach Schottland von allen hier dargestellten Alternativen der längste; Auto ➲ **Ramsgate-Edinburgh 757 km**.

♦ **Tarife in DM**; 5 bis 6 Fahrten/Tag; ⌛ Dünkirchen-Ramsgate 2½ Std., Oostende-Ramsgate 4½ Std.; den Tiefstpreis können Sie ganzjährig in Anspruch nehmen, wenn Sie nachts (meist gegen Mitternacht) übersetzen. Die Tarife für Hin- und Rückfahrt sind nach Aufenthaltsdauer gestaffelt.

	einfache Fahrt bzw. ⇔ 5 Tage	⇔ 15 Tage	⇔ offene Rückfahrt
Auto, Wohnmobil bis 6 m			
+ 1 Erw.	115-280	200-500	220-540
+ 2 Erw.	145-310	250-550	280-600
+ 3-5 Erw.	160-325	275-575	310-630

	einfache Fahrt bzw. ⇔ 5 Tage	⇔ 15 Tage	⇔ offene Rückfahrt
, bis 7½ m			
+ 1 Erw.	140-325	250-580	270-630
+ 2 Erw.	170-355	300-630	330-690
+ 3-5 Erw.	185-370	325-655	360-720
, bis 12½ m			
+1 Erw.	165-370	260-610	290-660
+2 Erw.	195-400	310-660	350-720
+ 3-5 Erw.	210-415	375-735	380-750
,			
bis 3 Kinder unter 14 J.	frei	frei	frei
ab 4. Kind unter 14 J.	25	40	50
Personen			
Erw.	60	100	110
Kind unter 14 J.	40	50	60
+ 1 Erw.	50-70	90-120	100-140
+ 2 Erw.	80-100	140-170	160-200
	frei	frei	frei

Sally Line Ltd., Münchener Str. 48, 60329 Frankfurt/M., ☏ 069/250197, FAX 069/7236684. In Österreich: ☏ 0222/77136348/9, FAX 0222/77133407.

❸ Von Zeebrügge nach Felixstowe

Anbieter ist **P&O European Ferries**; die Strecke wird zweimal täglich befahren (Nachtfahrt 8 Std., Tagfahrt 6 Std. pro Strecke); ➲ **Felixstowe-Edinburgh ca. 650 km**.

♦ **Tarife in DM**; der Tiefstpreis ist in den Monaten Juli/August **nicht buchbar**, deshalb ist er in Klammern gesetzt; Kabinen gegen Aufpreis erhältlich.

	einfache Fahrt bzw. ⇔ 5 Tage	⇔ offene Rückfahrt
, bis 6½ m + 1 Pers.	(125) 170-340	(205) 330-650
, bis 6½ m + 2 Pers.	(155) 205-375	(255) 390-715
, bis 6½ m + 5 Pers.	(165) 215-405	(265) 400-750
+ 2 Pers.	(100) 115-155	(155) 165-255
+ Beiwagen + 3 Pers.	(130) 140-165	(225) 240-325
Anhänger bis 3 m	(35) 40-65	(45) 60-90
Anhänger bis 6½ m	(65) 75-155	(90) 115-220
Personen		
Erw.	(50) 60	(100) 120
Senioren (ab 60 J.)	(40) 50	(75) 100
Kinder (4-14 J.)	(25) 40	(50) 65
Kinder unter 4 J.	frei	frei
	frei	frei

P&O European Ferries, Graf-Adolf-Str. 41, 40210 Düsseldorf, ☏ 0211/387060, FAX 0211/3870630.
- Schweiz: ☏ 01/8220388, FAX 01/8220477.
- Österreich: ☏ 0660/8412, FAX 0660/8413.

❹ Von Zeebrügge nach Hull
❺ Von Rotterdam nach Hull

Beide Strecken werden von **North Sea Ferries** angeboten; jede Strecke einmal täglich (ca. 18:00); ⌛ Zeebrügge/Rotterdam-Hull 14 bis 15 Std.; die Abfahrt erfolgt im Falle von Rotterdam vom **Europoort**; 🚗 ➲ **Hull-Edinburgh 397 km**.

- **Tarife in DM**; beide Strecken haben gleiche Preise; Abendessen und Frühstück im Preis inbegriffen; es handelt sich nur um **einfache Fahrpreise, also ⇔ doppelter Betrag**; Kinder unter 2 Jahre frei; es gibt besondere Familientarife, die hier nicht aufgeführt sind; die billigste Kategorie bei den **Personenpreisen** sind Schlafsessel (nur über 14 Jahre buchbar), sonst Kabinen.

	Nebensaison 4.9.-22.6.	**Hauptsaison** 23.6.-3.9.
🚗, 🚐 bis 6 m Länge und 2,4 m Höhe	90 (Di/Mi)-180	111 (Di/Mi)-222
🚗, 🚐 bis 6 m Länge und über 2,4 m Höhe	180 (Sa-Mo)-360	222 (Sa-Mo)-444
Wohnwagen bis 6 m Länge	90 (Sa-Mo)-180	111 (Sa-Mo)-222
🏍 + Beiwagen	89	89
🏍	71	71
🚲	frei	frei
Personen		
Erw.	140-240	165-264
Senioren (ab 60 J.)	75-177	95-197
Kinder (2-13 J.)	89-120	101-132
Jugendliche (14-25 J.)	75-120	95-135

North Sea Ferries, Postfach 1123, AC Rozenburg ZH, Niederlande, ☏ (mit Landesvorwahl) 0031/1819-55555, FAX 0031/1819-55215.

❻ Von Hamburg nach Newcastle

Diese Strecke, die vor allem für Norddeutsche interessant sein dürfte, kommt Schottland per Seeweg am nächsten und verringert damit die Straßenkilometer **Newcastle-Edinburgh** auf ca. **180 km**. Sie bietet sich auch für Zugreisende an, die nicht den langen Weg über London fahren wollen, ☞ 🚆.

Anbieter ist **Scandinavian Seaways**; die Strecke wird vom 10.4. bis 29.10. jeden 4. Tag befahren, die Überfahrt dauert ca. 24 Std.

♦ Der niedrigste Personenpreis gilt für Schlafsessel/Schlafabteil, alle Preise darüber sind Kabinenpreise (auch Luxusausstattung); **Tarife in DM für einfache Strecke**. Kinder (4 bis 15 Jahre) erhalten eine Ermäßigung von 50%; Schüler, Studenten (unter 26 Jahre) gegen Vorlage des Ausweises 20%.

	Nebensaison Apr./Mai/Okt.	**Zwischensaison** Mai-Okt.	**Hochsaison** Juni-Aug.
🚗, 🚐, 🏍 + Beiwagen bis 6 m Länge, Höhe 1,85 m	49	98	121
🚗, 🚐 bis 8 m Länge, Höhe über 1,85 m	98	196	242
Wohnwagen, Anhänger	25	41	69
🏍	41	71	81
🚲	frei	frei	frei
Personen 1 Erw.	92-487	115-609	205-723
Gruppentarife pro Kabine			
2 Erw. + 2 Kinder	240-735	303-918	537-1221
3 Erw. + 1 Kind	280-857	353-1071	626-1425
4 Erw./Kabine	320-980	404-1224	716-1628

ℹ Scandinavian Seaways, Van-der-Smissen-Str. 4, 22767 Hamburg, ☎ 040/ 3890371, FAX 040/38909141.

✋ Beachten Sie bei allen Fähren die Einschiffungszeiten; sie liegen in der Regel für Autofahrer bei 60 Min. vor Abfahrt (im Falle von ⛴ ❻ in **Newcastle** sogar bei 90 Min.!).

🚗 Grundsätzlich ist die Anreise mit dem Auto (vor allem mit mehreren Personen) sicherlich die preisgünstigste Alternative. Bedenkt man dabei noch, daß für Reisen in Schottland (☞ Reisen im Land) die abgelegenen Gebiete für Nicht-Autofahrer nur schwer oder mit großem Zeitaufwand erreichbar sind, wird der Vorteil eines eigenen Wagens - die ökologischen Bedenken einer solchen Empfehlung werden hier einmal zurückgestellt - übermächtig.

Ihre jeweilige Fährgesellschaft verfügt über kleine Karten der Ein- bzw. Ausschiffungshäfen, die Ihnen eine lokale Orientierung geben. Vergessen Sie nicht Ihre **grüne Versicherungskarte**! Und bevor Sie jetzt losfahren ☞ Verkehrsregeln!

🚆 🚗 Schon Napoleon hat von ihm geträumt, allerdings aus weniger friedfertigen Gründen: gemeint ist der **Kanaltunnel**, der seit 1994 endlich fertiggestellt und nun auch für die Autoverladung (**Le Shuttle**) von Calais nach Folkestone freigegeben ist. Pro Stunde verkehren derzeit vier Pendelzüge; eine Reservierung ist nicht möglich. Wer sich für diese Anreiseform entscheidet, muß bei der Hinfahrt vom Kontinent bei Calais die Ausfahrt 13 der A16 oder (bei Anfahrt über Belgien) von Dünkirchen die N1 Richtung Calais nehmen (**Coquelles Terminal**). ➲ Dünkirchen-Calais 41 km (Entfernung bis Dünkirchen ☞ [Schiff] ➊). Auf der Rückfahrt von England nimmt man die Ausfahrt 11a der Schnellstraße 20 von London nach Folkestone (**Cheriton Terminal**). Die Fahrt mit dem Shuttle dauert 35 Minuten.

♦ **Preise in DM für eine einfache Fahrt** (⇔ **doppelter Preis**, es sei denn, Sie bleiben nur 5 Tage, dann nachzufragender Sonderpreis); **Fahrzeuginsassen sind im Preis inbegriffen**; den genannten Tiefstpreis erzielen Sie ganzjährig mit dem **Nachttarif** (0:00 bis 6:00, von Calais nach Folkestone sogar von 0:00 bis 10:00):

Le Shuttle	einfache Fahrt
[Pkw], [Wohnmobil] bis 6½ m, Höhe bis 4,2 m	145-285
Zuschlag für [Pkw], [Wohnmobil] über 6½ m	26-102
[Motorrad]	77-111
Wohnwagen, Anhänger bis 3 m	13-51
Wohnwagen, Anhänger über 3 m	26-102

Diese Preise sind **in Deutschland** erhältliche Sonderpreise, die über ein großes Reisebüro oder folgende Stelle bezogen werden können:

[Info] British Rail International, Düsseldorferstr. 15-17, 60329 Frankfurt, ☎ 069/23854244, FAX 069/236000.

[Bahn] Wer die gute alte, leider keineswegs billige Bahn als Anreisemittel wählt, wird in aller Regel von Mitteleuropa zunächst einmal nach London fahren müssen. Die Preise variieren natürlich erheblich, je nachdem ob Sie aus Köln, München oder gar Österreich anreisen. Das normale Rückfahrticket ist doppelt so teuer wie das einfache Ticket, aber es gibt fast immer die Möglichkeit einer Ermäßigung, die im Einzelfall von Personenzahl, Reisedauer, Reisetagen usw. abhängig ist. Trotzdem müssen Sie bei einer Reise über 7 Tagen für ein Rückfahrticket von Köln nach London DM 307 und von München nach London DM 520 rechnen (zweite Klasse).

Mit Ihrem in Deutschland gekauften **Tourist Return Ticket** (Ermäßigung 40%!) kostet Sie dann die Strecke London ⇔ Edinburgh/Glasgow noch einmal DM 191,60 (zweite Klasse). Rechnet man das zusammen, so läßt sich erkennen, daß zwischen Bahn- und Flugpreis kein nennenswerter Unterschied besteht. Zugfahren lohnt sich also - wenn überhaupt - nur dann, wenn man den **BritRail Pass** oder den **Brit-Rail Flexipass** erwirbt und ihn auch dementsprechend ausnutzt (viel fahren in kurzer Zeit).

♦ **BritRail Pass** (**Preise in DM** Frühjahr 1996; zweite Klasse; Kinder von 5 bis 15 Jahren zahlen den halben Erwachsenenpreis):

	Erwachsene	Senioren (ab 60 J.)	Jugendliche (16-25 J.)
4 Tage	225	200	180
8 Tage	325	290	255
15 Tage	470	425	325
22 Tage	610	545	400
1 Monat	700	625	430

♦ **BritRail Flexipass** (**Preise in DM** Frühjahr 1996; zweite Klasse; Kinder von 5 bis 15 Jahren zahlen den halben Erwachsenenpreis):

	Erwachsene	Senioren	Jugendliche
4 Tage in 1 Monat	270	240	215
8 Tage in 1 Monat	405	360	285
15 Tage in 1 Monat	595	530	415

Beide Pässe müssen **vor** der Ankunft in Großbritannien gekauft werden. Der **Flexipass** gilt an **selbstbestimmten Tagen innerhalb eines Monats**, der **BritRail Pass** gilt für den **genannten Zeitraum**. Wer nach Edinburgh fliegt und dann - nur in Schottland - die Eisenbahn als Reisemittel wählt, sollte den **Scotland Travelpass** kaufen (☞ Reisen im Land). Alle britischen Tickets und Pässe können Sie entweder über ein großes DER/Panopa-Reisebüro oder über folgende Agentur beziehen:

🏢 British Rail International, Düsseldorfer Str. 15-17, 60329 Frankfurt, ☎ 069/ 23854244, FAX 069/236000.

Bahnbegeisterte, die sich durch diese Preise und eine mindestens 12stündige Anreise nicht abschrecken lassen, kommen vom Kontinent in **London Victoria Station** an; wer nach **Edinburgh** will, muß nun zum Bahnhof **Kings Cross** wechseln. Von hier fahren InterCity-Züge in knapp 4 Stunden zum Bahnhof **Edinburgh Waverley**; langsamere Züge brauchen bis zu 4½ Stunden. Die Züge nach **Glasgow** fahren sowohl von **London Kings Cross** als auch von **London Euston** (Fahrzeit ca. 5 bis 6 Std.). Wer direkt die Highlands anfahren will, kann von London Kings Cross auch direkt bis Inverness fahren.

☺ Wer aus Norddeutschland kommt und sich für die Kreuzfahrt ☞ ⑥ entschieden hat, kann mit dem InterCity von **Newcastle** (ca. alle 30 Min.) in 1½ Std. nach Edinburgh kommen (einfache Fahrt DM 51,80, ⇔ DM 78). Zwischen Bahnhof und Fähranlegestelle verkehrt ein Zubringerbus (ca. £ 2).

Wer das Fahrrad mitnimmt, muß in Großbritannien vor Fahrtantritt die Reservationsgebühr (ca. £ 3) bezahlen.

Das günstige **Inter-Rail-Ticket** für Jugendliche unter 27 Jahren lohnt sich vor allem für diejenigen, die außer Schottland noch weitere Gebiete "abreißen" wollen; nur für Schottland lohnt es sich kaum, vor allem auch deshalb nicht, weil die Bahnmöglichkeiten innerhalb Schottlands begrenzt sind (☞ Reisen im Land).

Wesentlich günstiger ist die Anreise mit dem Bus. Täglich fährt von Frankfurt ein Bus der Deutschen Touring über Köln und Aachen nach London und umgekehrt; es bestehen Anschlüsse an andere deutsche Städte. Zudem fährt im Sommer mehrmals die Woche ein Bus von München über Stuttgart und Frankfurt direkt nach London.

♦ **Preise in DM Stand 1995**; Kinder von 4 bis 12 Jahren erhalten 25% Ermäßigung, Jugendliche und Studenten bis zum 26. Lebensjahr 10%.

nach London	einfach	⇔
München	166	282
Stuttgart	155	264
Frankfurt	136	231
Köln	125	213
Aachen	125	213
Kassel	131	223
Leipzig	160	277

Die Fahrt von München dauert ca. 23 Std. (von Köln ca. 12 Std.). 🚲 können **nicht** befördert werden.

Eurolines, Deutsche Touring, Am Römerhof 17, Frankfurt/M., ☎ 069/7903248, FAX 069/7074904.

Von London gibt es nun mehrere Möglichkeiten weiterzufahren. **National Express** fährt mehrmals am Tag von **London Victoria Coach Station** direkt nach **Schottland**.

♦ **Preise von London in £ 1996**; Studenten, Jugendliche (16 bis 25 Jahre) und Senioren können Ermäßigungen erhalten; London-Edinburgh/Glasgow ⌛ ca. 8 Stunden.

nach	einfach	⇔
Aberdeen	40,50	47,50
Dundee	35,50	42
Edinburgh	33,50	40
Glasgow	33,50	40

Daneben bietet die Gesellschaft **Silver Choice** ebenfalls von **London Victoria Coach Station** zweimal am Tag einen Service nach **Edinburgh/ Glasgow** an.

♦ Erw. £ 20 einfach, £ 24 ⇔; ☎ 0171/6369373.

☺ Wer den Bus als dauerndes Fortbewegungsmittel seiner Schottlandreise benutzen will, kann sich in London auch den **Tourist Trail Pass** kaufen, der für einen gewissen Zeitraum auf allen Linien von National Express und Scottish Citylink in Großbritannien gilt.

Preise in £ 1995

Tourist Trail Pass	3 Tage	5 Tage	8 Tage	15 Tage
Erwachsene	49	79	119	179
Kinder (5-15 J.)	39	65	95	145
Senioren (ab 60 J.)	39	65	95	145
Jugendliche (16-25 J.)	39	65	95	145

ℹ National Express, Victoria Coach Station, 164 Buckingham Palace Road, London SW1W 0SH, ☎ 0171/7300202.

Das billigste Einzelticket nach Schottland bietet sicherlich der **London Liner**, der von **London Kings Cross Station** nach **Edinburgh/ Glasgow** fährt.

♦ Erw. £ 18 einfach, £ 20 ⇔.

ℹ Transpak, 71 Pancras Road, London NW1, ☎ 0171/8334472.

Natürlich kann auch derjenige, der die oben genannte Kreuzfahrt ⛴ ❻ gewählt hat, von Newcastle den Bus wählen oder dort den Tourist Trail Pass erwerben.

Einzelpreise von **Newcastle** nach **Edinburgh** (£ 16 einfach, £ 17 ⇔) mit National Express.

Zusammenfassend kann man sagen, daß - abgesehen von der Reise mit dem Daumen - das Auto und dann der Bus die billigsten Anreisevarianten nach Schottland bieten.

Diplomatische Vertretungen

Schottland wird in Deutschland, der Schweiz und Österreich durch die Vertretungen Großbritanniens repräsentiert.

... in Deutschland, Österreich und der Schweiz

- **Deutschland**: Britische Botschaft, Friedrich-Ebert-Allee 77, 53113 Bonn, ☏ 0228/9167-0, FAX 0228/9167-200; außerdem befinden sich in Bonn, Berlin, Hamburg, Hannover, Düsseldorf, Frankfurt und München britische Generalkonsulate.
- **Schweiz**: Britische Botschaft, Thunstr. 50, CH-3005 Bern, ☏ 031/3525021, FAX 031/3520583.
- **Österreich**: Britische Botschaft, Jaurèsgasse 12, A-1030 Wien, ☏ 01/7131575-79.

... in Schottland

Vertretungen Deutschlands

- 16 Eglinton Crescent, Edinburgh EH12 5DG, ☏ 0131/3372323, FAX 0131/3461578.
- 158 West Regent Street, Glasgow G2 4RL, ☏ 0141/2210304, FAX 0141/2213400.
- 12 Albert Street, Aberdeen AB1 1XQ, ☏ 01224/622000.
- Garthspool, Lerwick, Shetland ZE1 0NP, ☏ 01595/692556, FAX 01595/695949.
- Shore Street, Kirkwall KW15 1LQ, Orkney Islands, ☏ 01856/872961, FAX 01856/875043.

Vertretung Österreichs

- 33-34 Charlotte Square, Edinburgh EH2 4HF, ☏ 0131/2251516.

Vertretung der Schweiz

- 6 Moston Terrace, Edinburgh EH6, ☏ 0131/6672386.

Einkaufen

Man kann nicht gerade behaupten, daß Schottland (Großbritannien) ein billiges Einkaufsland sei. Selbst so einheimische und berühmte Produkte wie **Whisky**, **Tweedstoffe** und **Wollsachen** sind in der Regel nicht billiger als in Deutschland. Wenn Sie also eine Destille besuchen (☞ Land und Leute, Whisky) und im Verkaufsraum die einschlägigen Whiskysorten studieren, werden Sie feststellen, daß - vielleicht abgesehen von den selteneren Sorten, die in Deutschland jedoch nur in

Spezialgeschäften zu bekommen sind - die Preise ebenso hoch (oder sogar höher) sind wie hier.

Nach dem Whisky sind die heimischen **Wollprodukte** wie Pullover, Jacken etc. (oft in Tartanmuster gehalten) von besonderem touristischen Interesse. Schwerpunkte dieses alten Industriezweigs sind die Borders-Region wie vor allem die Hebrideninsel Harris, wo der berühmte **Harris-Tweed** (handgemacht) hergestellt wird. Aber auch die anderen Regionen warten mit *mill shops* auf.

Weitere bekannte Souvenirs stellen **Glas- und Schmuckprodukte** wie z.B. Edinburgh Crystal oder Caithness Glass dar, die - ganz im Sinne der keltischen Renaissance - oft alte Motive verarbeiten und präsentieren. Das gleiche gilt für die **Töpfereien** (*pottery*), die man überall da findet, wo der Tourismus sich zur verläßlichen Einkommensquelle entwickelt hat.

Geschäfte: 9:00-17:30 (oft Samstagnachmittag geschlossen oder an einem anderen angegebenen Nachmittag in der Woche); Do oft bis 20:00 geöffnet; daneben existiert eine im Vergleich zu Deutschland viel größere Freiheit der Öffnungszeiten, so daß kleinere und größere Läden vor allem im Sommer länger und sogar an Sonntagen geöffnet haben.

Einreise

Für Bürger der Europäischen Union und der Schweiz genügt ein gültiger **Personalausweis** oder **Reisepaß**.

Die **Einfuhr von Tieren** ist streng untersagt, es sei denn, Sie sind bereit, eine längere Quarantänezeit abwarten zu wollen (☞ Tiere).

Elektrizität

240 V Wechselstrom (keine Probleme bei 220-V-Geräten). Viele Pensionen und Hotels besitzen dreipolige Steckdosen. Adapter sollte man vorher in Deutschland kaufen.

Die Badezimmer der Hotels und Pensionen sowie die Waschräume der meisten Campingplätze verfügen über zweipolige Steckdosen für Rasierapparate.

Essen und Trinken

Ihr Tag wird normalerweise mit dem sehr reichhaltigen **Scottish Breakfast** beginnen, das im allgemeinen in Hotels und Pensionen (Guest Houses) bereits im Übernachtungspreis enthalten ist. Es besteht aus Cornflakes (*cereals* - meist kann man zwischen verschiedenen Sorten wählen) sowie einem *cooked breakfast*, das aus gebratenem Speck (*bacon*) oder Schinken (*ham*), Eiern (*fried eggs* = gebraten, *scrambled eggs* = Rühreier), gebratenen Tomaten (*baked tomatoes*), Würstchen (*sausages*) und Toast besteht. Manchmal werden auch noch Bohnen (*beans*) in Tomatensauce dazu gereicht.

Wem das zuviel ist, der kann auch das **Continental Breakfast** bestellen, das je nach Hotel-/ bzw. Pensionsausstattung aus Toast, Marmelade, Käse und Wurst besteht. (Auf jeden Fall werden Sie bei Ankunft genau nach Ihren Frühstückswünschen gefragt.) Dazu haben Sie die Wahl zwischen Tee und Kaffee, die in Schottland beide mit Milch getrunken werden.

Nach einem solchen Start ist das **Lunch**, das meist zwischen 12:00 und 14:00 angeboten wird, oft nicht mehr notwendig. Es ist folglich auch weniger umfangreich als das **Dinner**, das am frühen Abend die Hauptmahlzeit des Tages darstellt (ca. 18:00 bis 20:00).

Das schottische Nationalgericht ist **Haggis**, das von Robert Burns (☞ Kunst und Kultur, Literatur) als *"the great chieftain o' the pudding race"* ("Hauptchef aller Würste") bezeichnet wurde. Kein Wunder, daß denn auch in der Burns-Night nicht nur dem Dichter, sondern auch dem Gericht reichlich die Ehre gegeben wird. Der "Chef aller Würste", ein mit verschiedenen Innereien und Kräutern gefüllter und gekochter Schafsmagen, wird in Metzgereien und Pubs angeboten, entspricht aber nicht immer dem Geschmack des Touristen.

Der kann sich, wenn er über ein schmales Portemonnaie verfügt, eher an die allseits beliebten **Fish'n Chips-Buden** halten, die es überall in Schottland gibt. Ihre Chips werden Ihnen in einer Plastiktüte serviert, und es kann vorkommen, daß keine Stickers vorhanden sind, so daß Sie sich schon der Hände bedienen müssen - zugegeben, eine sehr fettige Angelegenheit. Trotzdem ist dies die beliebteste und billigste Art, an frischen Kabeljau (*cod*) oder Schellfisch (*haddock*) zu kommen. Auf eine Frage müssen Sie immer vorbereitet sein: *salt and vinegar?* In Schottland ist es absolut üblich, seine Chips mit Essig (*vinegar*) zu garnieren, auch eine Spezialität, die nicht jedermanns Sache ist.

Ansonsten bieten vor allem in ländlichen Gebieten **Pubs** (Public Houses) eine gute und preiswerte Alternative zu den meist etwas teureren **Restaurants**, die neben einheimischen auch internationale Gerichte anbieten. Wenn Sie im Pub essen wollen, sollten Sie die oben genannten Zeiten für Lunch bzw. Dinner einhalten, da ansonsten die Küche geschlossen sein kann. Das Essen nimmt man meist in der Lounge und nicht in der den Trinkern vorbehaltenen Bar des Pubs ein.

Dort bestellt man sein **Bier** vom Faß in *pints* (☞ Maße und Gewichte). Ein kleines Bier ordern Sie folglich mit *"half a pint of ..."* (oder kurz: *"half a ..."*), ein großes mit *"a pint of ..."* (Aussprache: paint!). Dem deutschen Pils dürfte noch am ehesten das helle *Lager* entsprechen; *Heavy* oder *Export* sind dunkler und reichen von einer kräftigen bis zu einer bitteren Geschmacksnote. Übrigens ist der Ausdruck "bitter", mit dem man in England sein (Stark)bier bestellt, in Schottland unüblich. Sie können aber auch einfach den Markennamen auf dem Zapfhahn bestellen.

Den **Whisky** bekommt man im Pub als ¼ *gill* (= ca. 3,5 cl), eine Menge, die zutreffenderweise oft als *nip* (Schlückchen) bezeichnet wird.

In guten Restaurants sind selbstverständlich auch verschiedene **Weinsorten** erhältlich.

✗ 12:00 bis 14:30 und 18:00 bis 21:00, in größeren Städten auch bis 23:00; auf dem Lande ist es wichtig, die jeweiligen letzten Bestellzeiten einzuhalten, die in der Regel 45 Min. vor der angegebenen Küchenschließzeit liegen.

🍷 Oft variabel; generell Mo bis Sa 11:00 bis 14:30 und 17:00 bis 23:00, So 12:30 bis 14:30 und 18:30 bis 23:00; daneben gibt es viele Pubs, die vor allem am Wochenende oft bis 24:00 oder gar 1:00 geöffnet sind.

Feste und Feiertage

Feste **Feiertage** im ganzen Land sind der **erste Weihnachtstag** (25.12.) und **Neujahr** (1.1.). Daneben gibt es die sogenannten **Bank Holidays**, die anders als in England keine allgemeinen Feiertage darstellen, sondern für Banken und andere offizielle Ämter gelten, aber auch von verschiedenen Geschäften eingehalten werden. Es sind dies: der **2.1.**, **Karfreitag** (*Good Friday*), der **Spring Holiday** (1. Montag im Mai), der **May Day** (letzter Montag im Mai), **Summer Bank Holiday** (1. Montag im August) und **Boxing Day** (zweiter Weihnachtstag, 26.12.).

Daneben gibt es kommunale Feier- und Heiligentage, die jede Gemeinde selbständig festlegen kann. Man sieht aber schon, daß die

Schotten das Feiertaglegen verstehen, denn fast immer handelt es sich um einen Montag - sollte man hierzulande auch einführen.

Freunde von **Festen** werden - vor allem natürlich im Sommer - Schottland als Paradies empfinden. Und das nicht nur wegen der schon angesprochenen ☞ **Highland Games**, die überall im Hochland und auf den Inseln stattfinden, sondern vor allem auch wegen der vielen **Festivals**, die ganzjährig in verschiedenen Städten verschiedene Tanz-, Musik, Film-, Literatur- oder Folklorethemen hervorheben.

Unmöglich ist es, hier auch nur annähernd die Breite der Veranstaltungen zu berücksichtigen, deshalb sei direkt auf die äußerst nützliche Broschüre ***Events in Scotland*** hingewiesen, die Sie unentgeltlich beim Scottish Tourist Board (☞ Information) abholen oder anfordern können.
Sie enthält in übersichtlicher Form alle Ereignisse und entsprechenden Daten von den Flower Shows bis zu den Wasserfesten (Water Events). Wer dann die dicken Halbjahreshefte (über 100 Seiten!) studiert, kann sich seine ganz persönliche Festreise lückenlos selbst zusammenstellen - er muß sich nur entscheiden können, welches der täglichen Angebote seinem Geschmack entspricht, und aufpassen, daß er dabei nicht in einen Festkoller verfällt.

Auch die regionalen **Tourist Area Boards** (☞ Information) informieren auf Zetteln und in kleinen Heftchen über lokale Klein- und Großereignisse.

Ein Festival - *das* Festival! - muß allerdings hier seine besondere Erwähnung finden, da es seit Jahren als führende Veranstaltung seiner Art ein weltweites Renommee genießt: das **Edinburgh International Festival**. Im August 1996 ist es soweit: zum 50. Mal wird das Sommerfestival über die heute ca. 13 verschiedenen Bühnen gehen, unter denen das **Edinburgh Festival Theatre** mit einer Bühnenfläche von 850 m² und einer Kapazität von 1.900 Sitzplätzen die größte ist. Die Veranstaltungen umfassen Oper, Theater, Ballett und klassische Musik, wobei auf jedem Gebiet hinsichtlich der Themen und Künstler nur das Feinste vom Feinsten geboten wird.

Wer auf weniger Klassisches steht, kann sich an die 2.000 (!) über die ganze Stadt verteilten Auftritte des **Fringe Festivals** halten, das als Alternativfestival stattfindet und Klein- und Großkünstler aus aller Welt in Cafés und auf der Straße zusammenführt.

Ebenfalls parallel laufen das hervorragende **Edinburgh International Jazz Festival** und das **Military Tattoo** (Paradespektakel mit *pipers*, Tänzern und Kapellen aus der ganzen Welt). Als ob dies noch nicht genug ist, können Sie auch noch die Premieren des **Film Festivals** oder das alle zwei Jahre stattfindende **Book Festival** besuchen.

All das findet im Monat August statt. Fringe und International Festival allein haben über 1 Mio Besucher, zieht man all die anderen Veranstaltungen noch hinzu, platzt die Stadt mit über 1,5 Mio Besuchern fast aus ihren Nähten. Im Umkreis von 50 km werden Sie keine Unterkunft mehr finden (Wochen vorbuchen!), und am Tourist Office erwarten Sie lange Schlangen, obwohl dessen Mitarbeiter auf Hochtouren arbeiten.

Jedoch vor allem die kleinen Veranstaltungen sowie die spontanen Darbietungen der Straßenkünstler verwandeln die Stadt in einen kosmopolitischen Treffpunkt, wie es ihn in dieser Form nur selten gibt. Auch das ist also eine Seite von Schottland, und zwar eine, die der Einsamkeit der Highlands geradezu als gesellschaftliches Top-Ereignis gegenübersteht und alle Altersschichten zu einer Festgemeinschaft zusammenbringt.

Für die rechtzeitige Buchung Ihrer Unterkunft wenden Sie sich an das Edinburgh Tourist Board (☞ Edinburgh, Infoblock **i**).

Für das Programm des International Festivals einschließlich aller Preise (£ 5-45, je nach Ereignis und Platz) wenden Sie sich an:

♦ Edinburgh International Festival Box Office, 21 Market Street, Edinburgh EH1 1BW, Schottland, ☏ (mit Landesvorwahl) 0044/131-2255756, FAX 0044/131-2267669. Ab Mitte April können Sie postalisch oder unter der angegebenen Faxnummer Ihre Tickets buchen, ab Ende April können Sie auch telefonische Buchungen vornehmen.

Geld

Zahlungsmittel ist das britische Pfund (£), wobei die drei größten und ältesten Banken Schottlands ihre **eigenen Noten** herausgeben: es sind dies die **Bank of Scotland**, die **Royal Bank of Scotland** und die **Clydesdale Bank**. Im Gegensatz zu England geben diese Banken auch 1-£-Noten heraus (in England nur als Münze).

☺ Sie sollten darauf achten, daß Sie bei der Rückfahrt durch England alle schottischen Noten durch englische ersetzen, denn entgegen der offiziellen gegenseitigen Anerkennung nehmen Engländer nur ungern schottische Noten an (nicht gerade ein Beweis der Gleichberechtigung in der Union).

Der gegenwärtige Kurs des stark abgefallenen £ liegt bei DM 2,30, was Schottland für Deutsche immerhin relativ preisgünstig erscheinen läßt (☞ Preise).

1 £ hat 100 Pence (p). Es gibt **Münzen** zu 1 p, 2 p, 5 p, 10 p, 20 p, 50 p und £ 1. Außer der schottischen 1-£-Note gibt es **Noten** zu 5, 10, 20 und 50 Pfund. Das £-Zeichen steht im Gegensatz zur Deutschen Mark immer vor der Zahl.

Zu den drei oben genannten Banken kommen als wichtige Geld- und Wechselinstitute noch die **TSB** und die **Girobank** hinzu. **Alle Banken** nehmen für den Umtausch von Noten und Schecks eine Bearbeitungsgebühr (*commission fee*) von mindestens 1,5% (oft höher, Schalterauslage beachten!).

☺ Tauschen Sie in größeren Städten bei der Post, die eine Bearbeitungsgebühr von nur 1% (allerdings mindestens £ 2,5) erhebt und damit bei großen Beträgen das günstigste Angebot darstellt. Sollten Sie **Reiseschecks** mitnehmen wollen (z.B. von American Express, die Büros in Aberdeen, Edinburgh und Glasgow haben), lassen Sie sich diese in £ ausstellen, da Sie sonst eine hohe Wechselgebühr bezahlen müssen.

Günstig - weil gebührenfrei - ist auch das **Postsparbuch**; allerdings können Sie bei den kleineren Postämtern nicht immer damit rechnen, umtauschen zu können, so daß Sie sich in großen Städten dementsprechend eindecken sollten.

Schecks und **Kreditkarten** wie z.B. Access, Visa-Card und Euro-Card werden von vielen Hotels, Restaurants und einigen Pensionen akzeptiert - aber eben längst nicht von allen, so daß Sie immer - vor allem in abgelegenen Gebieten - auch über **Bargeld** verfügen sollten.

Die großen Bankfilialen in den Hauptstädten haben **Bankautomaten** (*cash dispensing machines*), die die gängigsten Scheckkarten akzeptieren.

Banken: 9:15 bis 16:00 (am Do länger, aber individuell verschieden).

Information

Wer sich in **Deutschland/Österreich** um Informationsmaterial bemühen will, kann sich an die Britische Zentrale für Fremdenverkehr wenden.

Britische Zentrale für Fremdenverkehr, Taunusstr. 52-60, 60329 Frankfurt/M., ☎ 069/2380711, FAX 069/2380717. Die Unterlagen sind zum größten Teil deutschsprachig.

In der **Schweiz** ist die Britische Zentrale für Fremdenverkehr zuständig.

🅸 Britische Zentrale für Fremdenverkehr, Limmatquai 78, CH-8001 Zürich, ☏ 01/2614277, FAX 01/2514456.

Die Informationsstelle für **telefonische** und **schriftliche Anfragen** in **Schottland** ist:

🅸 **Scottish Tourist Board** (STB), Central Information Department, 23 Ravelston Terrace, Edinburgh EH4 3EU, Schottland, ☏ (mit Landesvorwahl) 0044/131-3322433, FAX 0044/131-4592434.

Dies ist nicht das für den Publikumsverkehr bestimmte Tourist Office (also nur schriftliche oder telefonische Anfragen)!

Das **Tourist Information Centre** (TIC) befindet sich in Edinburgh in der Stadtmitte nahe dem Bahnhof **Waverley Station**; auch dieses Office beantwortet schriftliche Nachfragen und unterhält außerdem einen **Unterbringungsservice** (*accomodation*):

🅸 **Edinburgh and Scotland Information Centre**, 3 Princes Street, EH2 2QP, Schottland, ☏ 0131/5571700.

Diese beiden ganzjährig geöffneten Informationsstellen vertreiben so ziemlich alle touristisch relevanten Broschüren, die für einen Schottlandreisenden von Interesse sein können.

Neben den großen Tourist Information Centres hat Schottland in vielen Städten und Regionen kleine saisonale Touristenbüros (insgesamt 170!), die Sie im Text (☞ 🅸) finden werden. Auch diese Büros verfügen von Unterkunftslisten oder Fahrplänen über Festkalender bis zu Arztadressen über alle Informationen, die in ihrem Bereich von touristischer Wichtigkeit sind.

☺ Sollte das jeweilige Büro abends geschlossen sein, finden Sie in aller Regel an der Tür oder im Fenster einen Aushang mit Unterkunfts- und anderen Informationen.

🕒 Die Öffnungszeiten von **Sehenswürdigkeiten** und **Tourist Offices** finden Sie direkt hinter deren Beschreibung im Text. Für die letztgenannten soll hier eine Richtzeit definiert werden (10:00 bis 17:00), eine Zeitspanne, die im übrigen auch für alle anderen Öffnungszeiten als pauschale Richtschnur dienen kann. Vor allem die privaten Schlösser und Museen ändern ihre Öffnungszeiten häufig.

Informationen für Behinderte

Dieses Buch enthält Informationen für Behinderte (*disabled*) bezüglich des Zugangs zu Sehenswürdigkeiten unter dem Zeichen ♿.

📖 Das Scottish Tourist Board gibt eine ausführliche Broschüre für Behinderte heraus, die alle wichtigen Adressen für behinderte Reisende enthält. Die Broschüre heißt: ***Practical Information (3) for Visitors with Disabilities to Scotland***.

Kleidung

Wind- und regenfeste Kleidung sowie mindestens ein wärmender Pullover gehören auch im Sommer zur Grundausstattung eines Schottlandreisenden. **Rutschfeste stabile** und zugleich **bequeme Schuhe** sind für Wanderer unerläßlich. Denken Sie daran, daß das Wetter in Schottland schnell umschlagen kann (☞ Klima und Reisezeit). Wer an einem sonnigen Morgen loszieht, sollte sich nicht darauf verlassen, daß es mittags noch genauso aussieht und sich dementsprechende Kleidung bereithalten. Abends kühlt es auch im Sommer schnell ab.

Andererseits sollten Sie die Sonne nicht unterschätzen, denn auch Schottland bleibt von der weltweiten Klimaveränderung und allgemeinen Erwärmung nicht unberührt. So verzeichnete man in den letzten Jahren ansteigende Sommertemperaturen; während der (für schottische Verhältnisse) langen Hitzeperiode des Sommers 1995 mußten die Krankenhäuser viele Fälle von Sonnenbränden behandeln, was gewiß nicht nur den bleichen Schotten, sondern auch anderen hautempfindlichen Typen schnell passieren kann.

✋ Insbesondere Kinder sollten vor zu starker und langer Sonnenbestrahlung geschützt werden!

Klima und Reisezeit

Schottland, von drei Seiten von Meeren umgeben, zeigt ein **atlantisches Klima**, das einerseits sehr kalte Winter und andererseits übermäßig heiße Sommer verhindert. So liegen die **durchschnittlichen Tagestemperaturen** in Edinburgh im Januar bei 6,2 °C und im Juli bei 18,4 °C (max. Durchschnittstemperatur). Dies liegt nicht zuletzt am warmen Golfstrom, der vor allem den Westen Schottlands beeinflußt.

Das Wetter ist durch stündliche **Wechselhaftigkeit** gekennzeichnet, da der fast immer präsente Wind sommerliche Hochs wie regenreiche Tiefs gleich schnell vom Atlantik herbeizaubert. Grundsätzlich gilt, daß der Westen regenreicher, aber auch milder ist als der trockenere, aber auch kältere Osten, dem der warme Einfluß des Golfstroms fehlt. Die Winde drücken die Wolken von Westen gegen die Berge der Highlands, so daß diese eine überdurchschnittliche Regenmenge verzeichnen (auf dem höchsten Berg Ben Nevis bis zu 4.000 mm jährlich). Die feuchtesten Monate sind Dezember und Januar, die trockensten Mai und Juni (an der Ostküste auch noch März und April).

Ebenso wie der Regen gehört auch der **Nebel**, den Bergwanderer nicht unterschätzen sollten, zum Alltag der schottischen Klimafreuden.

☺ Wer eine (mehr oder weniger zuverlässige) **7-Tage-Vorhersage** bekommen will, kann dies für **Südschottland** unter ☏ und FAX 0891/200-841, für **Westschottland** unter ☏ und FAX 0891/200-843 und für **Ostschottland** unter ☏ und FAX 0891/200-842 versuchen.

Im folgenden eine kleine Jahresübersicht bezüglich Temperatur, Regenmenge und klarer Sonnenscheindauer (Bezugspunkt: **Edinburgh**):

	durchschnittliche Tageshöchsttemperatur	Regen (mm)	**wolkenloser** (!) Sonnenschein (Std./Tag)
Jan.	6,2 °C	47	1,5
Febr.	6,4 °C	39	2,4
März	8,5 °C	39	3,2
April	11,2 °C	38	4,9
Mai	14,2 °C	49	5,7
Juni	17,1 °C	45	6,1
Juli	18,4 °C	69	5,5
Aug.	18,2 °C	73	4,0
Sept.	16,3 °C	57	4
Okt.	13,3 °C	56	3
Nov.	9 °C	58	2
Dez.	7,1 °C	56	1,3

In Schottland wird die Temperatur oft noch in **Fahrenheit** (F) angegeben. Falls Sie auf die Frage nach der Temperatur die Ziffer 68 °F hören, verfahren Sie folgendermaßen: ziehen Sie 32 ab (= 36), teilen Sie diese Zahl durch 1,8 (= 20) (oder durch 9, mal 5) und Sie haben die Celsius-Zahl. Es gilt also: °C x 1,8 + 32 = °F oder: °F - 32 ÷ 1,8 = °C.

Berühmt-berüchtigt sind in einigen Feuchtgebieten im Sommer die ***midges***, kleine impertinente Stechmücken, die für anfällige Personen durchaus zum lästigen Problem werden können. Ein wirksames Mittel (*insect-repellent*) halten lokale Apotheken bereit - falls man sich nicht zu Hause eingedeckt hat.

Maße und Gewichte

Am 1.10.1995 wurde in Großbritannien (endlich! - aus der Sicht des Kontinentalreisenden) offiziell das **Dezimalzeitalter** eingeläutet, das die ganzen krummen und veralteten Meßeinheiten des British Empire für immer in die Mottenkiste der Vergangenheit verbannt.

Nun, wie immer man auch dazu steht, es wird noch etwas dauern, bis wir uns diesen Stichpunkt endgültig werden sparen können, denn die Briten allgemein und die Schotten im besonderen sind traditionsbewußt und lassen sich nicht gern die Arithmetik ihres Alltagslebens vorschreiben. Für Biertrinker wie Autofahrer bleiben denn auch Pint und Mile wichtige Instanzen, und damit sie nicht zu Hieroglyphen werden, habe ich Ihnen einige der gängigsten Maße zusammengestellt, unter denen die fettgedruckten die wichtigsten sind.

Längenmaße

1 inch (in.)	=	2,54 cm
1 foot (ft.)	=	30,48 cm
1 yard (yd.)	**=**	**91,44 cm**
1 mile	**=**	**1.609,34 m (metres)**

Gewichte

1 ounce (oz.)	=	28,35 g
1 pound (lb.)	**=**	**0,453 kg**

Hohlmaße

1 quart (qt.)	=	1,13 l
1 pint	**=**	**0,56 l**
1 gill	=	0,14 l

Medizinische Versorgung

Bürger der EU und derjenigen Staaten, die mit Großbritannien ein Versicherungsabkommen haben, sind über ihre Krankenkasse versichert.

Trotzdem kann es vorkommen, daß z.B. die Behandlung eines privat praktizierenden Zahnarztes (*dental surgeon* oder einfach *dentist*) vor Ort zunächst einmal bar bezahlt werden muß. Lassen Sie sich dann eine Rechnung ausstellen (gilt auch für Medikamente), die Ihnen von der Krankenkasse zu Hause erstattet wird. Wer sich ganz absichern will (z.B. Krankenrückflug im Notfall), sollte seine Krankenkasse konsultieren und gegebenenfalls eine zeitlich befristete **Reisekrankenversicherung** abschließen, die Sie in jedem Reisebüro bekommen können (☞ Versicherungen).

Apotheken werden als *pharmacy* oder *chemist* bezeichnet, **Ärzte** als *doctor* oder *general practitioner*, **Krankenhäuser** als *hospital*. Die Touristeninformation verfügt immer über die entsprechenden Adressen der nächsten Umgebung. In diesem Buch sind bei den größeren Orten Angaben im Infoblock zu finden.

Notrufe

Die einheitliche landesweite Notrufnummer ist ☎ 999. Sie sollte nur in extremen Notfällen benutzt werden (kein Geld einwerfen!). Die lokalen Polizeirufnummern der größeren Städte finden Sie im dortigen Infoblock; im übrigen kann bei allen Problemen das lokale Tourist Office weiterhelfen.

Sind Sie mit dem eigenen Wagen unterwegs, so können Sie sich im Falle einer Panne an die **Automobile Association** (AA - ☎ 0800/887766) oder den **Royal Automobile Club** (RAC - ☎ 0800/828282) wenden. Bei schweren Unfällen/Pannen mit dem Mietwagen sollten Sie auf jeden Fall Ihrer jeweiligen Autovermietung Bescheid geben.

Post und Telekommunikation

Adressen in größeren Städten finden Sie im Text unter 📯. Die größeren Filialen bieten auch einen günstigen Geldumtausch an (☞ Geld). Eine Postkarte bzw. ein einfacher Brief nach Deutschland kostet 25 p.

Mo bis Fr 9:00 bis 17:30, Sa 9:00 bis 12:30/13:00; die kleinen Postfilialen der ländlichen Gebiete (oft in Shops integriert) schließen manchmal zur Mittagspause.

Von Schottland erreichen Sie **Deutschland** unter der Landesvorwahl **0049**, **Österreich** unter **0043**, die **Schweiz** unter **0041**. Die **Landesvorwahl Schottlands** von Deutschland, Österreich und der Schweiz aus ist identisch mit derjenigen Großbritanniens: **0044**.

Alle schottischen Stadt-/Regionalvorwahlnummern beginnen mit 01- (z.B. Edinburgh 0131-). Denken Sie daran, daß bei Anrufen aus dem Ausland die 0- der Ortsvorwahl entfällt, z.B. 0044/131-3322433 (für das Scottish Tourist Board in Edinburgh). Falls nicht ausdrücklich anders vermerkt, wird in diesem Buch immer die volle Ortsvorwahl angegeben.

Die berühmten alten roten Telefonzellen gibt es immer noch, obgleich daneben modernere Zellen im Vormarsch sind. **Kartentelefon** (*cardphone*) wie **Münztelefon** (*payphone*) sind zur Zeit noch gleichmäßig stark vertreten, obwohl auch hier das erstere langsam an Bedeutung gewinnt. **Telefonkarten** (*phone cards* - ab £ 2-20) erhält man außer bei der Post bei Zeitschriftenhändlern und überall dort, wo das grüne *phone card*-Zeichen steht. Für das **Münztelefon** kann man jede Münze ab 10 p benutzen, wobei der Apparat jedoch **kein Wechselgeld** zurückgibt.

Preise

Aufgrund des günstigen Wechselkurses DM-£ (☞ Geld) ist Schottland für Reisende aus Deutschland, der Schweiz und Österreich ein durchaus erschwingliches, aber keineswegs billiges Reiseland. Natürlich hängt auch viel davon ab, welche Unterkunftsart Sie wählen und ob Sie gewohnt sind, in Restaurants oder Imbißstuben zu essen. Alle in diesem Buch erwähnten Sehenswürdigkeiten, Hotels und Pensionen werden mit genauen Preisen angegeben. Außerdem können Sie die folgende allgemeine Übersicht über die einzelnen Bereiche für Ihre Kostenplanung zu Rate ziehen.

Sehenswürdigkeiten

Wer mehrere Schlösser/Häuser/Museen von **Historic Scotland** (HS) besuchen will, sollte sich überlegen, ob ein **Explorer Ticket**, das für 7 Tage (£ 5, Sen./Stud. £ 2,50, Familie £ 12) oder 2 Wochen (£ 8, Sen./Stud. £ 4, Familie £ 15) Zugang zu HS-Sehenswürdigkeiten gewährt, nicht lohnenswert ist (z.B. sehr ratsam für den, der Schlösser und Abteien in den ☞ Borders besucht).

Ähnliches gilt für das **Touring Ticket** des **National Trust for Scotland** (NTS) (7 Tage £ 9, Familie £ 20; 2 Wochen £ 18/£ 30). Der

Eigentümer der betreffenden Sehenswürdigkeit wird aus diesem Grund in diesem Buch immer angegeben. Die ansonsten zu zahlenden Einzelpreise summieren sich bei großen Sehenswürdigkeiten schnell. Studenten, Schüler, Senioren (ab 60 Jahre), Arbeitslose und auch deren Ehepartner können die angegebenen Sondertarife in Anspruch nehmen, wenn sie sich ausweisen können.

Hotels, Pensionen, Campingplätze, Jugendherbergen

Unterkunft.

Essen und Trinken

In einem guten Restaurant müssen Sie für Lunch oder Dinner mit ca. £ 15-20 pro Person rechnen. Ein weniger anspruchsvolles Restaurant beginnt etwa ab £ 7-10 aufzutischen; Mahlzeiten im Pub sind dagegen schon ab ca. £ 5-7 zu haben (und oft mindestens gleichwertig!), und wer ganz viel sparen muß, kann sich an einer Fish'n Chips-Bude ab £ 2 etwas Warmes organisieren. Im Falle eines (guten) Restaurants erwartet man ein **Trinkgeld** von ca. 10%, falls es nicht schon ausdrücklich im Preis enthalten ist (*service charge included*).

Selbstversorger können beim Einkauf im Supermarkt ungefähr mit dem deutschen Preisniveau rechnen, in kleineren Läden wird es dagegen nicht nur beim Fleisch etwas teurer. Die Bierpreise liegen zwischen £ 1,50-1,90 pro Pint. Einen Whisky (¼ gill = ca. 3,5 cl) kann man sich ab £ 1,20 und mehr genehmigen. Spirituosen sind auch beim Kauf im Lebensmittelladen recht teuer. Zigaretten gibt es ab £ 2,50 (Billigmarke).

Reisen im Land

Um es vorweg zu nehmen: wer die entlegenen Gebiete der nordwestlichen Highlands und Küsten bereisen will, ist auf das eigene Gefährt angewiesen. Die einzige Alternative besteht im Bus, der in diesen Gebieten aber auch nicht gerade häufig fährt und zudem nicht den in Schottland besonders wichtigen Vorteil bieten kann, an besonders schönen Stellen mal kurz auszusteigen.

Auch preislich ist es für den Auto-/Motorradfahrer (zumindest bei mehreren Personen) günstiger, obwohl er für **Benzin/Diesel** zwischen **£ 0,52-0,62** pro Liter rechnen muß. Die niedrigen Preise können Sie im Süden und in der Umgebung von großen Städten erwarten; je weiter Sie nach Norden und Nordwesten fahren, desto teurer wird der Sprit (und desto seltener auch die - vor allem sollten rechtzeitig tanken!).

Nur bei den Fähren muß der Autofahrer natürlich tiefer in die Tasche greifen; alle hier beschriebenen Inselfähren werden im Text mit genauen Preisen angegeben. Es handelt sich um schnelle Roll-on/Roll-off-Fähren.

Es gibt **drei mautpflichtige Brücken** in Schottland: die spektakuläre **Forth-Bridge**, die Edinburgh und Fife verbindet (40 p), die **Tay-Bridge**, die Dundee und Fife verbindet (80 p - nur in Richtung Süden muß bezahlt werden!), und die **Erskine-Bridge** über den Clyde westlich von Glasgow (60 p). Eine detaillierte Straßenkarte (☞ Literatur) ist natürlich eine Selbstverständlichkeit. Autofahrer werden auf Sehenswürdigkeiten meist durch besondere Schilder (meist braun) hingewiesen und gelenkt.

Von allen öffentlichen Verkehrsmitteln bietet nur der Bus die Möglichkeit, in fast alle Gebiete Schottlands vordringen zu können. Im Falle der abgelegenen Nordwestgebiete und kleiner Ortschaften gibt es aber oft erhebliche Probleme, was die direkte Streckenführung und/oder die Häufigkeit des Verkehrs angeht (oft nur ein- bis zweimal täglich!). Planen Sie genau und informieren Sie sich also rechtzeitig! Manchmal bleibt nur noch der **Postbus** als Fortbewegungsmittel übrig. Bei kleineren und mittelgroßen Orten enthält dieses Buch deshalb ortsbezogene -Verbindungen.

Fahrpreise und Linien können sich von heute auf morgen ändern bzw. eingestellt werden, und selbst die geduldigen und hilfsbereiten Mitarbeiter des Scottish Tourist Board stöhnen wegen der Schnellebigkeit von lokalen Linien und Fahrplänen. Trotzdem bleibt das betreffende Tourist Office die letzte Instanz für den Rat suchenden Reisenden; hier erhalten Sie auch die gegenwärtig geltenden Fahrpläne.

☺ Busse können auf dem Land oder in abgelegenen Gebieten mit Handzeichen gestoppt werden!

Auf den großen Strecken ist das natürlich alles einfacher. Die wichtigste Busgesellschaft ist **National Express/Scottish Citylink**, die alle Hauptstrecken befährt. Daneben gibt es eine große Anzahl an anderen überregionalen (z.B. Caledonian Express) bzw. regionalen Busgesellschaften, die gewisse Linien abdecken.

National Express bietet wahrscheinlich mit dem **Tourist Trail Pass** das attraktivste Angebot für diejenigen, die den Bus sowohl für die Anreise als auch innerhalb Schottlands dauernd nutzen wollen (Preise

☞ Anreise 🚌). Nur auf Schottland begrenzt ist das **Explorer Ticket** von **Scottish Citylink**, das 7 Tage gilt und für ca. DM 230 zu haben ist (Kinder, Senioren ab DM 60, Studenten haben Ermäßigungen) und außerdem freien Eintritt zu mehreren Sehenswürdigkeiten bietet.

Man kann aber auch am Busbahnhof oder im Tourist Office die **Smart Card** (ca. £ 8) kaufen, die eine 30%ige Ermäßigung auf allen Linien von National Express/Scottish Citylink ermöglicht. Jugendliche (16 bis 25 Jahre), Studenten und Senioren ab 60 Jahre können **Discount Coach Cards** erwerben, die eine Ermäßigung von bis zu 40% auf den Linien von National Express/Scottish Citylink beinhaltet.

Neben diesen Hauptsparangeboten gibt es regionale Touristentickets wie das **Reiver Rover**, das für einen Tag (Erw. £ 5, Kinder £ 2,50) oder 7 Tage (Erw. £ 19, Kinder £ 9,50) auf den Strecken der **Lowland Buses** in der Borders-Region gilt. Die Tagestickets sind auch im Bus erhältlich. Auch das **Waverley Wanderer Ticket** gilt für die Borders, allerdings ist die Strecke nach Edinburgh und Carlisle inbegriffen (1 Tag Erw. £ 7,50, Kinder £ 3,75, 7 Tage Erw. £ 22, Kinder £ 11).

Für diejenigen, die nur wenige Strecken mit dem Bus fahren wollen/müssen, seien nun auch exemplarisch einige **Normalfahrpreise** der wichtigeren Strecken angegeben. Sie können sich dann leicht bei ähnlich langen Streckenkombinationen den ungefähren Preis vorstellen. Kinder (5 bis 15 Jahre) erhalten in der Regel eine Ermäßigung von 30%:

Edinburgh	⇔	Glasgow	£ 6	(einfach £ 4)
Edinburgh	⇔	Aberdeen	£ 19,50	(einfach £ 11,70)
Edinburgh	⇔	Inverness	£ 18,50	(einfach £ 11,20)
Glasgow	⇔	Fort William	£ 14,20	(einfach £ 8,10)
Glasgow	⇔	Oban	£ 16	(einfach £ 9)
Glasgow	⇔	Arbroath	£ 14	(einfach £ 8,40)
Glasgow	⇔	Aberdeen	£ 20	(einfach £ 12,10)
Stirling	⇔	Aberdeen	£ 19,50	(einfach £ 11,70)

- Scottish Citylink/National Express, St. Andrews Square Bus Station, Edinburgh EH1 3DU, ☎ 0131/5575717.
- Scottish Citylink/National Express, Buchanan Bus Station, Killermont Street, Glasgow G2 3NP, ☎ 0141/3329191.
- Lowland Omnibuses Offices, Duke Street, Galashiels, ☎ 01896/758484 (für Reiver Rover und Waverley Wanderer Tickets).
- Royal Mail Public Relations, West Port House, 102 West Port, Edinburgh EH3 9HS, ☎ 0131/2287407 (für **Postbusfahrpläne**!).

Außerdem verfügen die lokalen Tourist Offices über alle 🚌-Infos.

Ein Blick auf die Karte zeigt, daß die Zuglinien innerhalb Schottlands durchaus begrenzt sind, obwohl sie andererseits viele touristisch wichtige Orte miteinander verbinden (Angaben im Text bei der jeweiligen Stadt). Wer mit der Bahn fahren möchte und auch damit nach Schottland anreisen will, sollte sich von vornherein um einen **BritRail Pass** kümmern (☞ Anreise). **ScotRail** bietet außerdem innerhalb Schottlands eine Menge an Rover- und Travelpass-Karten, die Ermäßigungen ermöglichen. Die wichtigsten sind:

* Die **Young Persons Railcard** (16 bis 23 Jahre), £ 16, reduziert die normalen Fahrpreise jeweils um ein Drittel.

* Die **Senior Citizens Railcard** (ab 60 Jahren), £ 16, Leistung wie die Young Persons Railcard.

* Das **ScotRail Rover Ticket** erlaubt unbegrenztes Fahren innerhalb Schottlands (Ausnahme: Edinburgh-Berwick und Glasgow-Carlisle; außerdem dürfen Züge, die Mo bis Fr zwischen 7:00 und 9:15 in Aberdeen, Inverness, Edinburgh und Glasgow ankommen, **nicht** benutzt werden). 4 Tage Gültigkeit innerhalb 8-Tages-Zeitraum £ 60, 12 Tage innerhalb 15-Tages-Zeitraum £ 115.

* Der **Freedom of Scotland Travelpass** beinhaltet freie Fahrt innerhalb Schottlands, außerdem freie Benutzung der Glasgower U-Bahn und der meisten Fähren, die die westlichen Inseln anfahren, sowie eine 33%ige Ermäßigung bei vielen Busgesellschaften. Auch die Fährverbindung von P&O zu den Orkneys und Shetlands reduziert sich unter bestimmten Bedingungen, und sogar die lokale Fluggesellschaft British Airways Express erkennt den Pass für Ermäßigungen an. Das gleiche gilt für einige Sehenswürdigkeiten und Restaurants.

  4 Tage Gültigkeit innerhalb 8-Tages-Zeitraum £ 99, 8 Tage innerhalb 15-Tages-Zeitraum £ 115, 15 durchgehende Tage £ 139 (die letztgenannte Variante kann jedoch nur außerhalb Großbritanniens gebucht werden!).

i und Ticketverkauf in Deutschland: British Rail International, Düsseldorfer Str. 15-17, 60329 Frankfurt, ☎ 069/232381, oder bei großen Reisebüros (z.B. DER/Panopa).

Alle anderen Tickets können auch in jedem größeren schottischen Bahnhof gekauft werden. Dort können Sie sich auch über weitere regionale Verbindungen und Ermäßigungsmöglichkeiten informieren.

Abschließend ein paar **normale Zugpreise** (exemplarisch) für diejenigen, die den Zug nur selten und für ausgewählte Strecken benutzen wollen (und nicht den Bus nehmen, weil sie ihr transportieren müssen, £ 3):

Edinburgh	⇔	Inverness	£ 30	(einfach £ 25)
Edinburgh	⇔	Perth	£ 12,50	(einfach £ 8,10)
Edinburgh	⇔	Thurso	£ 41,50	(einfach £ 33)
Edinburgh	⇔	Oban	£ 28,50	(einfach £ 21,50)
Edinburgh	⇔	Mallaig	£ 42,50	(einfach £ 34)

Die angegebenen Preise gelten von Sa bis Do, nicht aber Fr, an dem etwas erhöhte Preise gelten!

Die wichtigste Fährgesellschaft ist **Caledonian MacBrayne**, die allein 23 Inseln untereinander und mit dem Festland verbindet. Die **Orkneys** werden von **P&O** sowie **Orkney Islands Shipping Company** und die **Shetlands** nur von **P&O** bedient. Im Text finden Sie bei jedem Fährhafen unter die entsprechenden Verbindungen.

Caledonian MacBrayne bietet zwei Sondertickets an: **Island Hopscotch** eignet sich für Reisende, die im vorhinein ihre feste Route zu den Inseln ausgemacht haben, also nach einem vorgefaßten Plan reisen. Es gibt mehrere Kombinationsmöglichkeiten, nach deren Entfernung sich auch der Preis richtet.

Ein **Beispiel**: Sie fahren von Mallaig nach Armadale (Skye), dann von Uig (Skye) nach Tarbet (Harris) und von Stornoway (Harris) zurück zum Festland nach Ullapool. Der Hopscotch-Preis dieser Schiffsrundfahrt: £ 80 (für unter 5 m), £ 17,65 für Fahrer und jede andere Person. Das Ticket ist drei Monate gültig.

Das zweite Ticket ist das **Island Rovers**, das für 8 Tage (£ 93, Person £ 31,50) oder 15 Tage (£ 139, Person £ 46) freie Fahrt mit fast allen MacBrayne-Fähren beinhaltet.

Diese Tickets und weitere Informationen können Sie bei allen Büros von Caledonian MacBrayne bekommen. Die Hauptgeschäftsstelle ist:

- Caledonian MacBrayne LTD., The Ferry Terminal, Gourock PA19 1QP, ☎ 01475/650100, FAX 01475/637607.

Viele andere normale Preise und Extra-Infos (⌛,) finden Sie im Text unter dem entsprechenden Fährhafen. Kinder unter 5 Jahren fahren frei, von 5 bis 15 Jahren bezahlen sie die Hälfte des Erwachsenenpreises (gilt auch für ♿ bei Nachweis). Achten Sie auch auf die **Return-Tickets**, die oft bei nur drei- bis viertägigem Aufenthalt auf einer Insel Sonderpreise beinhalten. Außerdem gibt es **Tagesrückfahrtickets** und **Ausflugsangebote** (Day Cruise).

✈ Ich gehe nicht davon aus, daß Sie Schottland nur von oben sehen wollen. Aber wer wenig Zeit hat (oder Grund hat, die Überfahrt auf der Fähre zu scheuen), wird vielleicht einzelne Strecken fliegen wollen. Das **British Airways Highland Rover Ticket** (£ 179) erlaubt fünf Einzelflüge innerhalb Schottlands, wobei zwischen dem ersten und letzten Flug mindestens 7 Tage liegen müssen (maximale Gültigkeit 3 Monate). Zusätzlich erlaubt Ihnen das Ticket innerhalb dieser Zeit den Kauf von weiteren Einzelflügen zu jeweils £ 40 (maximal 12 Flüge). Es ist bei jeder Vertretung von British Airways erhältlich.

Ausgewählte Preisbeispiele für Flüge (ermäßigte Apex-Tarife):

Aberdeen	⇔	Kirkwall (Orkney)	ab £ 88	(einfach ab £ 74)
Aberdeen	⇔	Shetland	ab £ 108	(einfach ab £ 80)
Edinburgh	⇔	Kirkwall (Orkney)	ab £ 144	
Edinburgh	⇔	Shetland	ab £ 149	
Edinburgh	⇔	Wick	ab £ 124	
Glasgow	⇔	Aberdeen	ab £ 84	(einfach ab £ 50)
Glasgow	⇔	Barra (Äußere Hebriden)	ab £ 114	(einfach £ 83)
Glasgow	⇔	Benbecula (Äußere Hebriden)	ab £ 88	(einfach ab £ 73)
Glasgow	⇔	Campbeltown (Kintyre)	ab £ 61	(einfach £ 44)
Glasgow	⇔	Inverness	ab £ 87	(einfach ab £ 43)
Glasgow	⇔	Islay (südliche Hebrideninsel)	ab £ 71	(einfach £ 54)
Glasgow	⇔	Shetland	ab £ 149	(einfach ab £ 105)
Glasgow	⇔	Stornoway (Äußere Hebriden)	ab £ 88	(einfach ab £ 73)
Glasgow	⇔	Tiree (Hebriden)	£ 88	(einfach £ 66)
Glasgow	⇔	Wick	ab £ 124	
Inverness	⇔	Stornoway	ab £ 51	(einfach ab £ 45)

Im Text finden Sie bei den Städten mit Flughäfen die wichtigsten innerschottischen Verbindungen (☞ Infoblock ✈).

🚗 An allen großen Flughäfen und Bahnhöfen finden Sie Vertretungen von **Autoverleihfirmen**. Es handelt sich um große Firmen (Hertz, Alamo, Avis etc.), die durch viele lokale Anbieter mit oft günstigeren Preisen ergänzt werden. Letztere finden Sie in den lokalen Gelben Seiten (*yellow pages*) der Telefonbücher, oder Sie schreiben an:

- Scottish Tourist Board, Central Information Department, 23 Ravelston Terrace, Edinburgh EH4 3EU, ☎ 0131/3322433, FAX 0131/3329212. Hier kann man Ihnen eine Liste der Hauptanbieter zusenden.

Die großen Unternehmen lassen sich auch von deutschen Reisebüros vorbuchen, so daß Ihnen Ihr Wagen am Flughafen/Hotel/Bahnhof bereitgestellt wird. Die Adressen von lokalen Anbietern (natürlich nur eine Auswahl) finden Sie im Reiseteil in den Infoblöcken unter . Auch sie stellen bei telefonischer Vorbestellung den Wagen am Bahnhof/Hotel etc. bereit.

Im folgenden ein paar Tips, worauf Sie achten sollten; Preise und Zahlen dienen nur dazu, Ihnen eine ungefähre Vorstellung der zu erwartenden Kosten zu geben; sie können je nach Unternehmen variieren.

Es lohnt sich bei entsprechender Zeit, mehrere Anbieter zu konsultieren, um günstige **Preise und Konditionen** ausmachen zu können. Grundsätzlich müssen Sie bei lokalen Anbietern für einen **Kleinwagen** mit ca. £ 17-20 für einen Tag und mit ca. £ 100 für eine Woche rechnen. Viele Firmen verlangen ein **Deposit** von ca. £ 30 (bei ein- bis sechstägiger Miete) bzw. ca. £ 50 (ab 1 Woche). Bei kurzfristiger Miete (1 bis 4 Tage) können die im Preis enthaltenen gefahrenen Kilometer (*mileage*) begrenzt sein (z.B. auf 250 Meilen pro Tag = ca. 400 km). Fahren Sie pro Tag mehr, kann Ihnen pro Kilometer ein Zusatzentgelt von ca. 6 Pence pro Meile in Rechnung gestellt werden.

Der Fahrer sollte zwischen 21 bis 60 Jahre (manchmal bis 70 Jahre) alt sein und seinen Führerschein seit mindestens einem Jahr besitzen. Es kann vorkommen, daß bei Kontinentaleuropäern das Mindestalter des Fahrers auf 23 Jahre festgelegt ist. Bei einer Gruppe sollte **nur er allein** - aus Versicherungsgründen - den Wagen fahren, es sei denn, man hat einen zweiten Fahrer angegeben, was aber in der Regel einen Zuschlag von ca. £ 3 bedeutet.

Fragen Sie genau nach den Versicherungsbedingungen! Normalerweise sind Sie bei Schäden mit einer Selbstbeteiligung bis ca. £ 500 teilkaskoversichert. Da das ja nicht gerade wenig ist, sollten Sie auf den Abschluß einer **CDW-Versicherung** (Collision Damage Waiver, entspricht ungefähr unserer Vollkasko) achten, die Sie zusätzlich ca. £ 7 (pro Tag) bzw. ca. £ 35 (pro Woche) kosten wird.

Bei großen Ketten oft 24-Std.-Service (vor allem im Bereich der größeren Orte); im Norden und in ländlichen Gebieten oft 9:00 bis 18:00/20:00!

Die Adressen lokaler **Fahrradvermieter** finden Sie im Reiseteil; Sie können zudem eine Liste aller Fahrradverleihfirmen (*cycle hire*) anfordern, wenn Sie zwei freigemachte Umschläge an den **Cyclists' Touring Club** (CTC) schicken, der Ihnen auch detaillierte Informationen über die Beförderung des Fahrrads mit Flugzeug, Bahn etc. geben kann.

- CTC, Cotterell House, 69 Meadrow, Godalming, Surrey GU7 3HS, ☎ 01483/417217, FAX 01483/426994.
- CTC Scotland, 24 Newbridge Street, Ayr KA7 1JX, ☎ 01292/285313.

Je nach Verfassung des Rades und Ausstattung können Sie ungefähr mit £ 5-8 für einen halben Tag, £ 10-15 für einen Tag und £ 40-50 für eine Woche rechnen. Natürlich hängt das auch ein wenig von Saison und Nachfrage ab. Die meisten Firmen verlangen ein **Deposit**. Kinderfahrräder kosten ca. die Hälfte.

Reiseveranstalter

Pauschalreisen nach Schottland kann man z.B. bei folgenden Reiseveranstaltern buchen:

Deutschland

- AAR Anglo-American Reisebüro GmbH, Vidumstr. 2, 49492 Westerkappeln, ☎ 05404/96080, FAX 05404/960811.
- Airtours International, Adalbertstr. 44-48, 60486 Frankfurt/M., ☎ 069/7928530, FAX 069/7928422; Rundreisen.
- Ashley's European Travel, Waldweg 16, 41352 Korschenbroich-Kleinenbroich, ☎ 02161/67464, FAX 02161/67497; breites Programm.
- Athena Weltweit Studienreisen, Hohe Bleichen 21, 20354 Hamburg, ☎ 040/351257, FAX 040/354362; Kulturreisen, hoher Komfort.
- Britain & Irland Tours GmbH, Briesestr. 5, 12053 Berlin-Neukölln, ☎ 030/6875339, FAX 030/6818331; Spezialveranstalter.
- Bus Touristik Organisation GmbH, Postfach 103, 17237 Hohenzieritz, ☎ 039824/20321, FAX 039824/20219; preisgünstig.

Österreich

- Blaguss Reisen, Wiedner Hauptstr. 15, A-1040 Wien, ☎ 01/50180, FAX 01/50180125; auf Schottland spezialisiert, breites Programm.
- Reisen und Freizeit, Ferdinand-Hanusch-Platz 1, A-5020 Salzburg, ☎ 0662/845571, FAX 0662/840338; Individual- und Busrundreisen.
- Ruefa Reisen, Fleischmarkt 1, A-1010 Wien, ☎ 01/53404, FAX 01/53404393; geführte Rund- und Studienreisen.

Schweiz

- Anglo Travel, Stallikerstr. 24, CH-8142 Uitikon, ☎ 01/49100, FAX 01/4920923; Einzel- und Gruppenreisen, Inseltouren, Golf, Reiten usw.

- ♦ Arena Kultur & Reisen, Obere Greibengasse 1, CH-4502 Solothurn, ☏ 065/237732, FAX 065/237732; Spezialist im Musik- und Kulturbereich.
- ♦ Baumeler Reisen, Zinggentorstr. 1, CH-6002 Luzern, ☏ 041/509900, FAX 041/515971; Wanderreisen, schottische Inseln und Berge.

Sicherheit

Schottland ist ein problemloses und sicheres Reiseland. In ländlichen Gebieten werden die Haustüren und Autos oft nicht einmal abgeschlossen, so daß Reisende manchmal überrascht sind, wenn für die Eingangstür der Pension kein Schlüssel ausgegeben wird.

Selbstverständlich sollte man in großen Städten wie Edinburgh, Glasgow und Aberdeen die normalen Vorsichtsmaßnahmen ergreifen und nichts Wertvolles im Auto liegenlassen.

Sport und Hobby

Dem Reisenden steht ein Land zur Verfügung, das sowohl durch seine lange Küstenlinie als auch durch seine landschaftliche Schönheit zu Freizeitaktivitäten geradezu einlädt. (Außerdem wird es natürlich höchste Zeit, daß ich Schottland als *das* Land des Golfs erwähne ...)

Insgesamt ist die Auswahl an Betätigungsmöglichkeiten derartig groß, daß hier nur eine erste Übersicht mit weiterführenden Tips und Adressen gegeben werden kann.

Schottland beansprucht, Heimatland des **Golfspiels** zu sein, und auch wenn gelegentlich z.B. von Franzosen und Holländern ähnliche Ansprüche (schüchtern) angemeldet werden, kann kein Zweifel daran bestehen, daß in keinem anderen Land der Welt Golf als **Volkssport** derartig verbreitet und beliebt ist wie in Schottland.

Schon Jakob II. erließ 1457 ein Gesetz, welches Fußballspielen und Golf untersagte, da beide anscheinend so beliebt waren, daß die jungen Männer ihre Wehrpflichten vergaßen. Das hinderte die königlichen Herrschaften aber keineswegs daran, selbst das Einputten zu üben. Selbst Maria Stuart (☞ Land und Leute, Geschichte) war, trotz aller wegen ihrer Spielfreude erhobenen Vorwürfe, eine Anhängerin des kleinen Balls. Im 17. Jh. war das Golfen dann so verbreitet, daß die ersten Clubs gegründet wurden (Leith 1744).

Heute gibt es 459 Golfplätze (9- oder 18-Loch-Plätze) im ganzen Land, worunter der **Old Course** in ☞ **St. Andrews** der berühmteste ist.

St. Andrews ist das Mekka aller Golfer und gleichzeitig die weltweit anerkannte ultimative Instanz in allen Golffragen! An dem **Royal and Ancient Golf Club** (1754) in dieser Stadt führt keine Karriere vorbei, und auch für viele normale Golfbegeisterte erfüllt sich ein Traum, wenn sie hier den Schläger schwingen können.

Wie gesagt, in Schottland ist Golfen nicht das Privileg Gutbetuchter, sondern ein Sport für jedermann. Als Besucher sind Sie auf fast allen Golfplätzen willkommen. Die Spielbedingungen und Gebühren sind dabei nicht immer gleich; generell kann man sagen, daß auf öffentlichen Plätzen (Eigentum von Behörden) schon ab £ 5 gespielt werden darf, Privatplätze verlangen in der Regel schon etwas mehr (ab £ 20).

📖 Wer hauptsächlich des Golfens wegen nach Schottland will, sollte sich vom Scottish Tourist Office (☞ Information) die Broschüre ***Golf*** besorgen, die einen schottlandweiten **Course Guide** enthält. Außerdem finden Sie dort Golfhotels, die Sie direkt neben dem Course schlafen lassen und die ganz auf die Sportler eingestellt sind.

🚲 Das Scottish Tourist Board und auch die Britische Fremdenverkehrszentrale in Frankfurt (☞ Information) vertreiben die Broschüre ***Cycling***, die 20 detaillierte Fahrradrouten vorstellt, die sich über ganz Schottland verteilen. Auch hier gilt der Hinweis auf die unter ☞ 🚶 genannten Ordnance Survey-Karten. Wer sein eigenes Fahrrad nach Schottland mitnehmen will, kann dies sowohl mit dem Flugzeug (20-kg-Gepäckgrenze nicht überschreiten, da sonst 1% des 1.-Klasse-Fahrpreises pro überzähliges Kilo bezahlt werden muß) als auch mit der Bahn (Versicherung abschließen!), nicht aber mit dem Bus tun (☞ Anreise).

Ansonsten gibt es überall Gelegenheiten, sich Fahrräder zu leihen (☞ Reisen im Land, 🚲).

🐎 Wer sich für das **Reiten** interessiert (Pferde und Ponys), kann sich beim Scottish Tourist Board (☞ Information) die Broschüre ***Trekking & Riding*** bestellen, die 34 über Schottland verteilte Riding Centres enthält, die (teilweise) komplette Reiterferien mit Unterkunftsmöglichkeit anbieten (auch für ♿!). Grundsätzlich ist ein Tagesritt ab ca. £ 25 zu haben.

Die **Trekking & Riding Society of Scotland** verteilt zusätzliche Informationen und hilft auch Anfängern beim Aussuchen von geeigneten Ställen.

♦ Boreland, Fearnan, Aberfeldy PH15 2PG, ☎ 01887/830274, FAX 01887/830606.

Auch wenn ich dieser Sportart nur wenig Sympathie entgegenbringen kann, sei darauf hingewiesen, daß das **Jagen** von Rotwild, Hasen,

Fasanen und anderem Getier in Schottland zumindest bei den Gutbetuchten schon immer als Freizeitbeschäftigung geschätzt und gepflegt wurde.

📖 Das **Scottish Tourist Board** (☞ Information) verschickt auf Anfrage die Broschüre ***Shooting and Stalking in Scotland***, die über die Bedingungen der Waffeneinfuhr (Waffenschein) bzw. einer zeitlich begrenzten Waffenerlaubnis in Großbritannien unterrichtet (letztere sollte 6 bis 8 Wochen vor der Reise beantragt werden). Außerdem finden Sie dort die zeitlich festgesetzten Jagdsaisons der betreffenden Tiere. (Am Sonntag darf übrigens niemals gejagt werden.)

Komplette Jagdferien (Wild- und Fischfang) organisiert z.B.:

♦ Bobsport Scotland Ltd., 32 Pentland Gardens, Edinburgh EH10 6NW, ☎ und FAX 0131/4473500.

Es versteht sich von selbst, daß Schottland ein Paradies für See- und Süßwasserangler ist. Es gibt reichlich Hotels und Angelläden, die auch Ausstattungen verleihen. **Angelscheine** gibt es vom lokalen Post Office schon ab £ 5 pro Tag, wobei generell die Jagd auf den König der Fische, den **Lachs**, teurer ist (ab £ 10) als auf Forelle, Barsch und andere Fische.

Hochseeangler können - anders als die Süßwasserangler, die an die jeweilige Fangsaison der einzelnen Fische gebunden sind - das ganze Jahr auf Jagd gehen. Dementsprechende Schiffe sind in verschiedenen Häfen zu mieten.

📖 Einzelheiten findet man in der Broschüre ***Fishing Holidays in Scotland***, die vom Scottish Tourist Board (☞ Information) anzufordern ist.

Einige Hochlandorte Schottlands bemühen sich um das Renommee von Wintersportidyllen, in denen sowohl **Skiabfahrt** als auch **Langlauf** angeboten werden. Es handelt sich vor allem um das Gebiet des Ben Nevis bei **Fort William**, um das **Glencoe-Gebiet** (Anfänger- und Fortgeschrittenenpiste), um das Hochlandzentrum **Aviemore** (zugleich schottisches Massenskizentrum) und um das **Glenshee-Gebiet** zwischen Braemar und Perth.

Wassersport

Segel- und Kanuschulen gibt es im ganzen Land, vor allem aber an der Westküste. Allgemeine Informationen (auch für Selbstfahrer) sind erhältlich bei:

♦ Royal Yachting Association, Caledonia House, South Gyle, Edinburgh EH12 9DQ, ☎ 0131/3177388, FAX 0131/3178566.

Hier nur einige Tips für diejenigen, die sich direkt an eine Schule wenden wollen:

- Oban Sea School, Mount Stuart, Gallanach, Oban, Argyll PA34 4QH, ☎ 016315/62013 (auch für Anfänger).
- Argyll Isles Cruising Tuition, 8 Kilmory Road, Lochgilphead, Argyll PA31 8SZ, ☎ 01546/602670 (5tägige Touren durch die Inselwelt der Hebriden).
- Elie Watersports, Elie Harbour, Elie, North East Fife KY9 1BY, ☎ 01333/330962 (Windsurfing, Segeln, Kanufahrten, Jet-Biking).
- Snowgoose Activities, The old Smiddy, Station Road, Corpach, Ft. William PH33 7LS, ☎ 01397/772467 (**Kanuspezialist**).

Wer gerne den **Kaledonischen Kanal** mit seinen Schleusen durchfahren oder im **Loch Ness** Jagd auf Nessie machen will:

- Loch Ness Yacht Charters, Dochgarroch, Inverness IV3 6JY, ☎ 01463/861303 (21 Yachten und Motorboote zum Selbstfahren).

und Wildwasserfahrten: allgemeine Informationen erhältlich bei:

- Scottish Canoe Association, Caledonia House, South Gyle, Edinburgh EH12 9DQ, ☎ 0131/3177314, FAX 0131/3177319.

Hier können Sie auch Informationen für das **Rafting** (Floßabenteuer) einholen, oder sie wenden sich z.B. direkt an:

- Bigfoot Adventures, Strathdon, Aberdeenshire AB36 8XJ, ☎ 019576/51312 (Trainingskurse für Kanu, Kajak, Rafting).

Allgemeine Informationen und Adressen für Taucher erteilt:

- The Scottish Sub Aqua Club, The Cockburn Centre, 40 Bogmoore Place, Glasgow G51 4TQ, ☎ und FAX 0141/4251021.

Wasserski

- Umfassende Infos bei: Scottish Water Ski Association, Town Loch, Townhill, Dunfermline, Fife KY12 0HT, ☎ 01383/620123, FAX 01383/620122.
- Empfehlenswert: Lochearnhead Watersports Ltd., Watersports Centre, Lochearnhead, Perthshire FK19 8PR, ☎ 01567/830330 (Wasserski, Kanadisches Kanu, Kajak, Dinghy).

Windsurfing

- Allgemeine Infos: Scottish Windsurfing Association, Caledonia House, South Gyle, Edinburgh EH12 9DQ, ☎ 0131/3177388, FAX 0131/3178566.
- Linnhe Marine Watersports Centre, Lettershuna, Appin, Argyll, ☎ 01631/73227 (auch Segeln, Wasserski und Hochseeangeln).

Wer sich allgemein über mehr Möglichkeiten des Wassersports in Schottland informieren will, sollte vom Scottish Tourist Board (☞ Information) die Broschüre ***Watersports*** anfordern.

Strände

Schottland besitzt im Osten und Westen herrlich einsame Sandstrände, die für jeden Touristenkatalog eine Zierde wären. Im Text werden besonders schöne Strände erwähnt, aber das hilft leider auch nicht gegen das ca. 15 °C reichlich kalte Wasser. Viel wärmer werden die meist tiefen Inland- und Bergseen (Lochs) auch nicht, es sei denn, man nutzt die hier und da vorhandenen seichten Stellen, die sich bei schönem Wetter schnell aufwärmen.

Tiere

Die Bekämpfung von *Rabies* (Tollwut) macht es fast unmöglich, Tiere vom Kontinent nach Großbritannien bringen zu können, es sei denn, Sie stimmen der langen **Quarantänezeit** zu. Sie beträgt bei Vögeln 35 Tage, bei anderen Tieren wie Hunden und Katzen 6 Monate (!). Sollte Sie das nicht abschrecken, erkundigen Sie sich nach dem genauen Procedere bei:

♦ Ministry of Agriculture, Fisheries and Food, Government Buildings, Hook Rise South, Kingston Bypass, Tolworth, Surbiton, Surrey KT6 7NF, ☏ 0181/3304411.

☞ Bei Nichtbeachtung dieser Vorschriften riskieren Sie nicht nur den Tod Ihres Lieblings, sondern auch eine hohe Geld- und Gefängnisstrafe (bis zu einem Jahr).

Unterhaltung und Nachtleben

Natürlich haben die großen Städte Edinburgh, Glasgow, Aberdeen u.a. ihre Theater, Kinos, Discos etc.; aber in puncto nächtlicher Unterhaltung spielt die lauteste Musik immer im **Pub** (Public House), wobei es egal ist, ob Sie sich in einer Stadt oder in einem 500-Seelen-Dorf aufhalten. Das Pub ist gerade dort der Treffpunkt für jedermann von 18 bis 80 Jahren und darüber, und es ist die beste Gelegenheit (in kleinen Orten), nicht nur lokale Feste mitzuerleben, sondern auch generell Kontakt zu den Schotten zu bekommen.

Wissen sollten Sie, daß die Abgrenzung gegenüber anderen in schottischen Pubs bei weitem nicht so stark verbreitet ist wie in deutschen Gaststätten und Bierkneipen. Wer am Tresen steht, wird an einer Unterhaltung mit seinem Nachbarn wohl kaum vorbeikommen - aber deswegen ist man ja auch hier, oder? (☞ Land und Leute, Bevölkerung, Mentalität; Feste und Feiertage)

Unterkunft

Egal ob Sie Campingplätze, Pensionen (Guest Houses), Hotels oder Jugendherbergen bevorzugen, die Angebote sind reichlich, und mit Ausnahme des **Edinburgh International Festivals** im August in Edinburgh (☞ Feste und Feiertage) oder den lokalen **Highland Games** (☞ Land und Leute, Highland Games) brauchen Sie in der Regel keine Schwierigkeiten beim Finden einer Übernachtung zu befürchten. (Bei in diesem Buch als Touristenzentren bezeichneten Orten wie z.B. Pitlochry sollten Sie ebenfalls im August vorbuchen.)

Im Text finden Sie bei den Orten in der Regel mindestens jeweils eine konkrete Adresse pro Unterkunftsart mit Preisen, falls Sie sich doch telefonisch oder schriftlich voranmelden wollen. Zudem hilft Ihnen jedes lokale Tourist Office gerne bei der Unterkunftssuche.

Am beliebtesten sind die **Pensionen** (Guest Houses), die oft an den Straßen mit dem (oft blau-weißen) **B&B**-Aushängeschild (bed & breakfast) auf sich aufmerksam machen. Die Atmosphäre ist familiär, und beim Frühstück sind hier viele gute Tips zu holen. Auf dem Lande können Sie Bett und Frühstück ab £ 11 pro Person und Nacht bekommen (sonst liegt der Durchschnitt eher bei £ 15-18). Einzelreisende sollten beachten, daß nicht jedes B&B auch Einzelzimmer hat (bei Unterbelegung wird man Ihnen zum gleichen Preis ein Doppelzimmer anbieten).

In abgelegenen Gebieten wird ein volles Haus Sie an eine andere Adresse weiterreichen oder sogar für Sie telefonieren. Selbstverständlich finden Sie auch beim lokalen Tourist Office (sollten Sie nach 18:00 ankommen und es verschlossen finden) einen Zettel mit B&B-Adressen an der Tür.

- Wollen Sie eine umfassende Adressensammlung von B&B haben, besorgen Sie sich die Broschüre ***Bed & Breakfast*** (£ 4,99) vom Scottish Tourist Board (STB) (☞ Information).
- Wer es anonymer liebt und auch über etwas mehr Kleingeld verfügt, kann sich die Broschüre ***Hotels & Guest Houses*** (£ 6,99) vom STB besorgen, das neben Hotels auch gute Pensionen enthält. Ein Hotelzimmer können Sie ab ca. £ 20 pro Person und Nacht (mit Frühstück) bekommen, was nicht heißt, daß man nicht auch sehr viel mehr Geld ausgeben kann.
- Zusätzlich gibt es vom STB auch eine Broschüre ***Scotland De Luxe*** für diejenigen, die herrschaftliches Ambiente und Landhäuser bevorzugen -

und bezahlen können. Oder wie wäre es, im ☞ Culzean Castle zu wohnen, in der berühmten Eisenhower Suite? Für lächerliche £ 1.250 können Sie die ganze Prachtetage für sich haben - für eine Nacht, versteht sich, und am nächsten Morgen stellt man sich dann mit seinen letzten paar Pennies zur Besichtigung der unteren Etagen beim Pförtner an ...

Jugendherbergen kosten je nach Standard zwischen £ 4-10 pro Person und Nacht (ohne Frühstück); Junioren (5 bis 17 Jahre) kommen etwas günstiger weg als die "Senioren" (ab 18 Jahre).

Neben den offiziellen JFHs gibt es viele private **Backpacker-Unterkünfte**, die preislich im selben Rahmen liegen.

Wer hauptsächlich hier unterzukommen gedenkt, sollte sich vom STB die in mehrfacher Ausführung vorhandenen Broschüren ***Budget Accomodation*** zusenden lassen oder selbst abholen.

Campingplätze kosten je nach Standard und Ausrüstung zwischen £ 2,50-8 pro Stellplatz/Person; die billigste Alternative - neben Wildcampen - ist der auf Campingplätzen zu mietende **Caravan** (meist 4 bis 8 Personen pro Wagen), der wöchentlich schon ab £ 70 zu haben ist (regional sehr unterschiedlich). Wie man sich leicht ausrechnen kann, ist diese individuelle Unterkunftsart - vorausgesetzt man ist zu mehreren - noch billiger als die Jugendherberge. Allerdings vermieten die meisten Caravanparks nicht unter einem Wochenende, also 2 bis 3 Tage Mindestmiete (manchmal auch darüber).

Alle Informationen diesbezüglich finden Sie in der Broschüre ***Camping & Caravan Parks*** (£ 3,99), die Sie wiederum vom STB bekommen können.

Bleiben zum Schluß noch diejenigen, die lieber in den eigenen vier Wänden leben wollen und sich dabei selbst versorgen (***self-catering***). Von der wunderschönen Holzhütte im Wald bis zum modernen Bungalow und so feudalen Objekten wie dem schon erwähnten **Culzean Castle** ist so ziemlich alles zu haben. Natürlich differieren die Preise, die meist pro Woche und Wohneinheit gerechnet werden, erheblich; kleine, einfache Cottages sind ab £ 70-100 zu haben.

♦ Interessieren Sie sich für die oben genannten und andere Renommeeobjekte, so schreiben Sie an den **National Trust for Scotland**, 5 Charlotte Square, Edinburgh EH2 4DU, ☎ 0131/2265922, und fordern Sie das Heft ***Self-Catering Accomodation*** an. Blockhäuser vermietet auch die **Forestry Commission**, 231 Corstorphine Road, Edinburgh EH12 7AT, ☎ 0131/3340303, die Sie in dem Informationsblatt ***Cabins and Cottages*** einsehen können.

Die umfassendste Broschüre kommt vom STB: ***Self-Catering*** (£ 5,50).

⛺ In Schottland ist das **Wildcampen** nicht verboten. Sie sollten allerdings immer das Einverständnis des Landeigentümers/Bauern einholen, das Ihnen in der Regel immer gewährt wird.

Verkehrsregeln

In Großbritannien herrscht **Linksverkehr**, folglich wird rechts überholt. Während einem die ersten Tage leichter fallen, als man denkt, ist die größte Gefahr dann zu erwarten, wenn das Problembewußtsein samt Konzentration nachläßt und man sich auch beim Fahren schon wieder mit anderen Dingen beschäftigt. Denken Sie also daran, daß eine wirkliche Gewöhnung erheblicher Zeit bedarf, und verlassen Sie sich nicht zu selbstverständlich auf ein zum ersten Mal auftretendes Sicherheitsgefühl. Das gilt auch für Fahrradfahrer und Fußgänger, die beim Überqueren der Straße erst nach rechts und dann nach links sehen müssen. Vor allem das Überholen auf einspurigen Straßen ist für linkssitzende Fahrer vom Kontinent verständlicherweise problematisch, da man bei einem vorausfahrenden Wagen die Strecke nur schlecht überschauen kann.

Auf zweispurigen Schnellstraßen und Autobahnen beträgt die **Geschwindigkeitsbeschränkung** 70 miles/h bzw. 112 km/h, auf einspurigen Schnellstraßen 60 m/h bzw. 96 km/h und in Wohngebieten 30 m/h bzw. 48 km/h.

Nach einer gewissen Zeit wird man sich auch an die Vorteile des englischen Kreisverkehrs (**Roundabout**) gewöhnen, der gleichsam die Ampeln ersetzt und den Verkehr erstaunlich flüssig hält. Der Kreisverkehr, von rechts kommend, hat immer **Vorfahrt**. Wollen Sie im Kreis links abbiegen oder weiter geradeaus fahren, fädelt man sich auf der linken Spur ein, will man rechts abbiegen, nähert man sich auf der rechten Spur und hält sich auch im Roundabout (zunächst) an der rechten Fahrbahnseite (immer Blinker setzen!).

Aufgrund der geringen Verkehrsdichte macht das Fahren im Norden Schottlands geradezu noch Spaß, aber Sie werden hier vermehrt auf ***single track roads***, enge, einspurige Straßen treffen, auf denen Sie langsam und defensiv fahren sollten. Sie werden hier in regelmäßigen Abständen Einbuchtungen (***passing places***) vorfinden, die zum Passieren entgegenkommender Fahrzeuge (oder zum Überholen) genutzt werden. Treffen Sie zwischen zwei *passing places* auf Gegenverkehr, gilt die

Faustregel, daß derjenige zurücksetzt, der den geringsten Abstand zur nächsten Einbuchtung zurückzufahren hat.

☝ Seien Sie in ländlichen Gebieten immer darauf vorbereitet, Schafe und andere Tiere auf der Fahrbahn zu finden, insbesondere dann, wenn Sie vorher ein Tor (*cattle grid*) passiert haben - was im Hochland sehr häufig vorkommt. Überhaupt wird der Autofahrer eine große Anzahl überfahrener Tiere auf der Straße registrieren; wer etwas langsamer fährt, kann das ein oder andere Hasenleben wenigstens etwas verlängern.

Die abgelegenen *single track roads* führen oft durch eine herrliche Landschaft, aber nicht immer sind sie aufgrund von Steigungen und Kurven für Wohnwagen oder Camper geeignet.

☝ Außerdem sollten Sie generell auf Schilder mit der Bezeichnung ***Blind Summits*** achten, die Ihnen unübersichtliche und oft sprunghafte Hügel- bzw. Bergkuppen ankündigen. In einigen Gebieten hat man fast das Gefühl, Achterbahn zu fahren.

Vorfahrt wird durch das Schild *"Give Way"* oder durch eine an der Einmündung durchgezogene Linie angezeigt (doppelte Linie = Stoppschild). Es besteht **Anschnallpflicht**. Die **Promillegrenze** liegt bei 0,8%, aber man sollte kein Risiko eingehen und ganz auf Alkohol am Steuer verzichten.

Das Parken in den großen Städten wird über **Parkuhren** oder **Parkscheine** geregelt; eine (gelbe) Linie am Straßenrand zeigt an, daß das Parken verboten ist.

Versicherungen

Man beachte die Einschränkungen bei der gesetzlichen Krankenversicherung, die über eine zusätzliche **Reisekrankenversicherung** - in jedem Reisebüro erhältlich - ausgeglichen werden können (☞ Medizinische Versorgung). Da weitere Reiseversicherungen wie z.B. **Unfall- und Reisegepäckversicherung** sicher sinnvoll sind und von einigen Versicherungsträgern in preisgünstigen Gesamtpaketen angeboten werden, ist es angebracht, gleich mehrere Versicherungen zusammen abzuschließen. Sie sollten beim Abschluß die Leistungen der einzelnen Versicherungspunkte (Deckungshöhe, Versicherungszeitraum, Ausschlußklauseln usw.) sorgfältig prüfen, um im Schadensfall vor Überraschungen sicher zu sein.

Wollen Sie Ihr eigenes Fahrrad mitnehmen und mit der Bahn anreisen, sollten Sie beim Paketschalter der DB eine durchaus empfehlenswerte **Transportversicherung** abschließen. Die Fahrräder müssen in der Regel eine Woche vor Abfahrt beim Packetschalter abgegeben werden.

Wenn Sie Ihren Wagen mitnehmen, vergessen Sie nicht die **internationale grüne Versicherungskarte**. Wollen Sie einen Wagen mieten, beachten Sie die Versicherungshinweise unter ☞ Reisen im Land, 🚗.

Wandern

In fast allen Regionen Schottlands werden dem Wanderer von **Spaziergängen** bis zu **Langstrecken-** und **Bergwandern** vielfältige Angebote gemacht. Unter den Langstreckenwanderwegen sind der **West Highland Way** (von Glasgow über Glencoe bis Fort William, 153 km), der **Speyside Way** (von Aberdeen bis Tomintoul, 68 km) und der **Southern Upland Way** (von Portpatrick in Galloway bis Cockburnspath in der Borders-Region, 341 km) die bekanntesten. Der letztere ist nicht nur der längste Wanderweg, sondern auch der erste, der West- und Ostküste miteinander verbindet. Von den dreien ist der erstgenannte, der West Highland Way, der direkt durchs Hochland führt, der schwierigste.

📖 ***West Highland Way*** von Hartmut Engel, OutdoorHandbuch (Band 26), Conrad Stein Verlag, Kronshagen, 1996, DM 22.

✋ Auch für Spaziergänger gilt, daß sie sich auf **schnelle Wetterumschwünge** einstellen müssen und immer **Regenschutz** dabeihaben sollten.

Beim **Bergwandern** gibt es verschiedene Schwierigkeitsgrade, und auch hier kann man natürlich zwischen (geführten) Tagestrips und mehrtägigen Exkursionen wählen.

📖 ***Bergwandern*** von Tim Castagne, OutdoorHandbuch (Band 9), Conrad Stein Verlag, Kronshagen, DM 12,80.

✋ Wer allein loszieht, braucht nicht nur gute Schuhe und wind- und wasserfeste Kleidung, sondern auch eine gute **Karte** und einen **Kompaß**, natürlich vorausgesetzt, daß man mit beiden auch kundig umgehen kann.

📖 ***Karte und Kompaß*** von Cliff Jacobson, OutdoorHandbuch (Band 4), Conrad Stein Verlag, Kronshagen, DM 12,80.

Im schottischen Nebel hat sich schon mancher verirrt, und am höchsten Berg Schottlands, dem Ben Nevis bei Fort William, sind jährlich tödliche Unglücksfälle zu beklagen, und das nicht, weil der Berg so schwierig oder unbezwingbar wäre (das Gegenteil verlockt eher zu Leichtsinn), sondern weil unzählige Hobbykletterer und -wanderer sich ohne große Gedanken auf den Weg begeben. Lassen Sie vor allem jemanden wissen, wie lange Sie wo herumzuklettern gedenken.

📖 Das Scottish Tourist Board (☞ Information) gibt eine Broschüre ***Walk Scotland*** bzw. ***Walking*** heraus, die viele genaue Routenvorschläge, Unterkunfts- und Sicherheitstips enthält.

♦ Die besten Karten sind die **Ordnance Survey-Karten**, die Sie in jedem Tourist Office für die betreffende Region bekommen können. Es gibt sie im Maßstab 1:50.000 (O.S. Landranger, DM 17,80) und 1:25.000 (O.S. Pathfinder, DM 16,80); sie sind in puncto Genauigkeit nicht zu übertreffen.

ℹ Informationen zu **Waldwanderwegen** sind erhältlich bei: Forest Enterprise Information Office, 231 Corstorphine Road, Edinburgh EH12 7AT, ☎ 0131/3340303, FAX 0131/3343047.

♦ Informationen zum **West Highland Way** und **Southern Upland Way** vertreibt: Scottish Natural Heritage, Battleby Redgorton, Perth PH1 3EW, ☎ 01738/627921, FAX 01738/441897.

♦ Infos zum **Speyside Way**: Moray District Council, District Headquarters, High Street, Elgin IV30 1VX, ☎ 01343/543451, FAX 01343/540183.

Zeit

In Schottland gilt die **GMT-Zeit** (Greenwich Mean Time), die zur mitteleuropäischen Zeit (MEZ) im allgemeinen eine Differenz von -1 Stunde hat (12:00 MEZ = 11:00 GMT). Da die britische Sommerzeit erst Ende Oktober endet, die mitteleuropäische aber schon Ende September, gehen die Uhren genau zu dieser Zeit (Ende September bis Ende Oktober) ausnahmsweise gleich.

Die **Uhrzeit** wird immer mit a.m. (lateinisch: *ante meridiem* - vor Mittag) oder p.m. (*post meridiem* - nach Mittag) angegeben. Eine Öffnungszeit von 10:00 bis 16:30 würde also in Schottland folgendermaßen lauten: 10 a.m. bis 4.30 p.m. Die Zahlen 13:00 bis 24:00 (= 1 bis 12 p.m.) werden also niemals benutzt, auch wenn sie in diesem Reiseführer beibehalten worden sind.

Zoll

Große Kontrollen werden Sie, wenn Sie vom europäischen Kontinent kommen, nicht erleben, aber folgende Bestimmungen sollten Sie trotzdem kennen.

Es ist verboten, Waffen, Munition und ☞ Tiere unangemeldet einzuführen.

Zollfrei sind 200 Zigaretten oder 100 Zigarillos oder 50 Zigarren oder 250 g Tabak, des weiteren 1 l Spirituosen über 22% Vol. oder 2 l Spirituosen unter 22% Vol.; diese Bestimmungen gelten für Erwachsene ab 17 Jahren. Zusätzlich dürfen Sie 60 ml Parfum und 250 ml Gesichtswasser sowie Geschenke bis zu einem Wert von £ 71 einführen.

Edinburgh

Edinburgh and Scotland Information Centre, 3 Princes Street, Edinburgh EH2 2QP, ☎ 0131/5571700; Januar bis Dezember 9:00 bis 18:00 (Richtzeit, saisonal wechselnd!); hier bekommen Sie alles, was Sie brauchen: Stadtpläne, Festivaltickets, Bus- und Bahntickets, Geldwechsel, Zimmerreservierung (☎ 0131/5579655, FAX 0131/5575118).

♦ Edinburgh Airport, Tourist Information Desk, ☎ 0131/3332167.

Viele, z.B. nahe der Universität: Royal Infirmary, 1 Lauriston Place 3, ☎ 0131/2292477.

Boots the Chemist, 48 Shandwick Place, Mo bis Sa 8:00 bis 21:00, So 10:00 bis 17:00.

Lothian and Borders Police, Fettes Avenue, ☎ 0131/3113131.

2-4 Waterloo Place, hier auch Geldwechsel!

Viele Banken in der George Street und am St. Andrew Square.

Festivals Reise-Infos von A bis Z, Feste und Feiertage.

♦ **Kinos**: Dominion Cinema, 18 Newbattle Terrace; Odeon Cinemas, 7 Clerk Street.

♦ **Nightclubs**: The Minus One Nightclub, Carlton Highland Hotel, North Bridge, Sa Live-Musik, exklusiver Club.

♦ **Folklore**: Jamie's Scottish Evening, King James Hotel, 107 Leith Street, Tanz- und Musikshow mit *pipes* und *drums*, April bis Oktober, £ 17 nur für die Show.

Edinburgh Festival Theatre, 13-29 Nicolson Street, ☎ 0131/5296000, Hauptbühne der Stadt.

♦ Edinburgh Playhouse, 18-22 Greenside Palace, ☎ 0131/5572590, Musicals.

♦ King's Theatre, 2 Leven Street, ☎ 0131/2294840, Drama, Musical, Tanz und Pantomime.

♦ Traverse Theatre, Cambridge Street, ☎ 0131/2281404, modernes Theater.

Scottish Chamber Orchestra, Queen's Hall, Clerk Street, ☎ 0131/6677776.

♦ Usher Hall, Lothian Road, ☎ 0131/2288616, schönste Konzerthalle der Stadt.

Pubs vor allem am Grassmarket; ☺ Greyfriars Bobby, 34 Candlemaker Row, serviert preiswertes Essen (für Stud. Extrapreise).

Z.B. Royal Commonwealth Pool, Dalkeith Road, auch Sauna.

Craigmillar Park Golf Club, Observatory Road, Mo bis Fr, £ 15.

Terrace Hotel, 37 Royal Terrace, Edinburgh EH7 5AH, ☎ 0131/5563423, FAX 0131/5562520; ab £ 20 B&B pro Pers.

♦ Thistle Inn Hotel, 94 Grassmarket, Edinburgh EH1 2JR, ☎ 0131/2202299, FAX 0131/2255244; ab £ 26 B&B, aber dafür mitten in der Altstadt ...

♦ **Guest Houses** (Reservierung empfohlen im Sommer): Lorne Villa Guest House, 9 East Mayfield, Edinburgh EH9 2NH, ☎ und FAX 0131/6677788; £ 16-25 B&B pro Pers.; Zentrum ca. 1½ km entfernt, im Südosten der Stadt.

♦ Castle Park Guest House, 75 Gilmore Place, Edinburgh EH3 9NU, ☎ 0131/2291215; £ 14-22,50 B&B; Zentrum ca. 800 m entfernt, im Südwesten der Stadt.

♦ Cruachan Guest House, 53 Gilmore Place, Edinburgh EH3 9NT, ☏ und FAX 0131/2296219; £ 13-22 B&B; alle drei Januar bis Dezember.

Mortonhall Caravan Park, Frogston Road East, Edinburgh EH16 6TJ, ☏ 0131/6641533, FAX 0131/6645387; März bis Oktober; Stellplatz £ 8-11; Zentrum ca. 4 km entfernt, im Süden der Stadt.

Belford Youth Hostel, 6/8 Douglas Gardens, Edinburgh EH4 3DA, ☏ 0131/2256209, FAX 0131/5398695; Januar bis Dezember; £ 8,50-10 (Schlafsaal), im DZ £ 12,50 pro Pers.; keine Sperrstunde; im Westen, Zentrum ca. 15 Min. entfernt.

♦ Eglinton Youth Hostel, 18 Eglinton Crescent, Edinburgh EH12 5DD, ☏ 0131/3371120; Januar bis Dezember; £ 8,75-10,15; im Westen, Zentrum ca. 15 Min. entfernt.

Radfahrer dürfen alle Busspuren mitbenutzen; beim i gibt es für £ 3 eine Fahrradkarte (Cycle Map).

P Parken im Zentrum kostet ca. £ 0,20 pro 10 Min.; im Parkhaus Waverley Car Park an der New Street £ 3 für den Tag; lassen Sie besser den Wagen am Hotel/an der Pension stehen und nehmen Sie den Bus.

Taxi: ☏ 0131/2282555.

Viele Mietwagenanbieter, z.B. Edinburgh Self Drive, 45 Lochrin Place, Tollcross, ☏ 0131/2296333; Mietwagen auch am Flughafen.

Edinburgh Airport, ☏ 0131/3331000, LRT 100 von Waverley Bridge nahe i, ☞ Reise-Infos von A bis Z, Anreise.

Die **Langstreckenbusse**, die in alle Richtungen verkehren, fahren von **St. Andrew Square Bus Station** ab; es gibt die beiden Hauptagenturen National Express (☏ 0131/4528777) und Scottish Citylink (☏ 0131/5575717); Preisbeispiele ☞ Reise-Infos von A bis Z, Reisen im Land.

Die **Stadtbusse** verteilen sich zum großen Teil auf zwei Hauptgesellschaften: Lothian Region Transport (LRT) und SMT. Tickets gelten nur für die jeweilige Gesellschaft! Einzeltickets gibt es beim Fahrer (möglichst abgezähltes Geld), Kurzstrecken kosten in der Stadtmitte Erw. £ 0,40-0,55, Kinder £ 0,40; es gibt Monats-, Wochen- und Tageskarten, die natürlich je nach Gesellschaft und Gültigkeitsraum unterschiedlich viel kosten, z.B. ein eintägiges LRT-Freedom-Ticket £ 2 (Kinder £ 1,40). Alle Tickets sowie die wertvolle **Edinburgh Travel Map** mit allen Buslinien gibt es beim i oder: LRT, Ticket Centre, Waverley Bridge, ☏ 0131/2204111, oder: SMT, Bus Shop, St. Andrew Square Bus Station, ☏ 0131/5581616; außerdem gibt es eine Traveline (☏ 0131/2253858), die auch ein Office besetzt hält, das bei allen Busfragen hilft: 24 Giles Street, Mo bis Fr 8:30 bis 16:30.

Doppeldeckerbusse (oben offen) machen von der Waverley Bridge nahe i **Stadtrundfahrten**.

Edinburgh Waverley Station, ☏ 0131/5562451, in alle Richtungen; Preisbeispiele ☞ Reise-Infos von A bis Z, Reisen im Land.

Niemand wird bezweifeln, daß Edinburgh zu den attraktivsten Städten Europas, ja der ganzen Welt gehört.

Die schottische Hauptstadt mit ca. 440.000 Ew. ist hinter Glasgow die zweitgrößte Stadt und **wirtschaftliches, politisches und kulturelles**

Zentrum des Landes. Das Scottish Office, die höchste Verwaltungsbehörde, ist hauptsächlich hier untergebracht, das gleiche gilt für die größten und renommiertesten Banken und Firmen des Landes. Edinburgh verfügt über 9 Theater bzw. Festhallen, 163 Hotels, 240 Guest Houses, 28 Kinos und eine unüberschaubare Anzahl von Pubs. Seine **Altstadt** gehört zu den meist besuchten Orten Schottlands, und das **Edinburgh Castle** steht mit über 1 Mio Besuchern jährlich an der Spitze der Touristenattraktionen.

So verbringt denn auch fast jeder Schottlandreisende mindestens einen Tag in dieser Stadt, deren **International Festival** im August jährlich Tausende von Menschen aus aller Welt anlockt und die Besucherkapazitäten der ganzen Umgebung bis zur Überlastung beansprucht. Aber auch außerhalb dieser Hochsaisonzeit werden Besucher auf der berühmten Royal Mile der Altstadt ein babylonisches Gewirr an fremden Sprachen bemerken. Edinburgh ist definitiv der internationalste Platz Schottlands und kann sich in puncto kosmopolitischem Flair mit jeder Weltstadt messen. Schon Theodor Fontane schwärmte von dem "Zauber dieser nordischen Schönheitsstadt", die ihre Anziehungskraft der markanten Lage von Altstadt und Neustadt sowie deren historischen Sehenswürdigkeiten verdankt.

Mit dem Stadtplan vor Augen kann der Besucher leicht die städtebauliche Entwicklung und Geschichte nachvollziehen, die nicht zuletzt von den Naturgegebenheiten der Umgebung bestimmt wurde. Bereits vor 500 v.Chr. waren die Hügel der Umgebung - Calton Hill, Arthur's Seat und Castle Hill - von keltischen Siedlern bewohnt. Vor allem der im Osten leicht ansteigende und dann im Westen von seiner größten Höhe steil abfallende Castle Hill war für Verteidigungszwecke wie geschaffen. Seit 500 wurde dessen Spitze im Westen zunehmend befestigt, und im 11. Jh. wurde dort die erste größere Burg fertiggestellt, an die die Häuser der Siedlung sich so eng wie möglich anlehnten.

Schon vor dieser Zeit wurde der alte keltische Name Dun-edin (die Burg auf dem Hügel) ins angelsächsische Edin-burgh umgewandelt. Als im 15. Jh. Edinburgh zur schottischen **Hauptstadt** gemacht wurde, ließ Jakob II. 1450 eine Stadtmauer gegen englische Angriffe bauen, so daß der Ausbreitung der Stadt auf dem Castle Hill von nun an Grenzen gesetzt waren. Obwohl die Stadtmauer im 16. und 17. Jh. erweitert wurde, brachen aufgrund der damals üblichen mangelhaften Hygiene in den engen und überfüllten Gassen immer wieder Seuchen und Krankheiten aus, die - wie z.B. während der Großen Plage von 1645 - epidemisch unter den Stadtbewohnern wüteten. Wenige Jahre nach der Niederlage der letzten Jakobiten unter Bonnie Prince Charlie ließ der damalige Lord Provost, James Drummond, 1752 Entwürfe für eine Stadterweiterung anfertigen.

Ab 1763 begann man mit der Trockenlegung des Nor' Loch, das bis dahin in der Senke nördlich von Castle Hill ein natürliches Verteidigungsmittel, aber auch der unhygienische Abfallsumpf der Stadt war (heute befinden sich dort die Princes Street Gardens).

Die klassizistisch ausgerichteten Städteplaner und Baumeister - vor allem James Craig, aber auch Robert Adam - legten die georgianische New Town nördlich der Senke an. Im Westen wurde diese "moderne" Neustadt, die heute längst zur historischen Sehenswürdigkeit gealtert ist, durch den Charlotte Square, im Osten durch den St. Andrew's Square begrenzt; dazwischen verliefen in paralleler und rechtwinkliger Ordnung die breiten und großzügigen Straßen, die im Norden von der Queen Street, im Zentrum von der George Street und im Süden der Neustadt von der **Princes Street** bestimmt wurden.

Die letztere ist heute die Prachtstraße der Stadt, und es ist kennzeichnend für die Bedeutung von Old- und New Town, daß man von hier den Altstadthügel beständig im Blick hat. Im Jahre 1820 wurde das Nor' Loch ganz trocken gelegt, und in der Senke zwischen Altstadt und Neustadt entstanden dort nun die **Princes Street Gardens**, die heute immer noch als größte Parkanlage des Zentrums viele Besucher anziehen.

Dies ist auch die Stelle, an der die meisten Besucher ihren Stadtrundgang beginnen.

i Wer mit dem Zug an der **Waverley Station** ankommt und die Treppen Richtung Princes Street hinaufgeht, kommt am modernen **Waverley Shopping Centre** raus, wo sich auch das im Sommer ständig überlaufene **Tourist Office** befindet.

Von hier starten allabendlich die sogenannten **Ghost-Walks** (Geisterspaziergänge), bei denen geschichtskundige Führer die Besucher in die Geheimnisse der Altstadt einweihen wollen.

♦ April bis November, tägl.; Erw. £ 4, Stud. £ 3, Kinder £ 2, ⌛ ca. 2 Std.

Schlendert man nun die Princes Street - gleichermaßen Einkaufsstraße und Promenade - nach Westen hinunter, so hat man von der Terrasse auf der linken Straßenseite immer wieder einen schönen Ausblick auf die Häuser der Altstadt und das am obersten Ende des Felsens im Westen stehende Edinburgh Castle.

❀ Unter dem Beobachter erstrecken sich in der Senke die **Princes Gardens**, die durch die Brücke The Mound in East und West Princes Gardens unterteilt werden.

Der Weg führt am riesigen **Scott Monument ❶** vorbei, eine 67 m hohe Hommage an den großen Schriftsteller, der nicht nur literarisch für das schottische Selbstwertgefühl von herausragender Bedeutung war (☞ Edinburgh Castle). Das 1844 fertiggestellte Denkmal zeigt in Form eines neugotischen, von Skulpturen geschmückten Baldachins den inmitten seiner Romanfiguren thronenden Dichter.

⌘ Wenige Schritte weiter sieht man links die **Royal Scottish Academy ❷**, ein von William Henry Playfair (1790-1857) im klassizistischen Stil errichteter Bau mit dorischen Säulen, der heute wechselnde zeitgenössische Kunstausstellungen anbietet.

♦ Mo bis Sa ⏍ 10:00 bis 17:00, So 14:00 bis 17:00; Erw. £ 1,50, Sen./Stud./Kinder £ 0,75; ♿ + Hilfsperson.

⌘ Direkt dahinter sieht man das ebenfalls von Playfair im Stil eines griechischen Tempels mit ionischen Säulen entworfene Gebäude der **National Gallery of Scotland ❸**, deren Bildergalerien auf jeden Fall einen Besuch lohnen. Die hervorragende Galerie wurde 1859 eröffnet und beherbergt neben schottischen Künstlern (u.a. Ramsay, Raeburn, McTaggart) so berühmte Maler wie Raphael, El Greco, Rembrandt, Tizian, Tintoretto, Rubens, Velázquez, Watteau und die französischen Impressionisten (um nur einige zu nennen).

♦ Mo bis Sa ⏍ 10:00 bis 17:00, So 14:00 bis 17:00; Eintritt frei; ♿.

Die Galerie steht bereits an der Altstadt und Neustadt verbindenden Straße **The Mound**, auf der man nun die Princes Gardens überquert und zu den schwarzen hohen Häusern der Altstadt emporsteigt. Rechts sieht man die auffälligen Turmspitzen der von 1846 stammenden **Church of Scotland**, die heute als Assembly Hall zur Universität gehört. Man geht an dieser Kirche vorbei, indem man, drüben angekommen, die erste kleine Straße rechts - die Ramsay Lane - nimmt, die nach einem Linksschwenk das berühmteste Pflaster Edinburghs erreicht, die **Royal Mile**.

Diese Straße, die Edinburgh Castle im Westen und Holyrood Palace im Osten miteinander verbindet, ist die zentrale Achse der Altstadt, an der die wichtigsten Sehenswürdigkeiten der Stadt liegen. Sie zerfällt in vier Teilbereiche (von Westen nach Osten): **Castlehill**, **Lawnmarket**, **High Street** und **Canongate**.

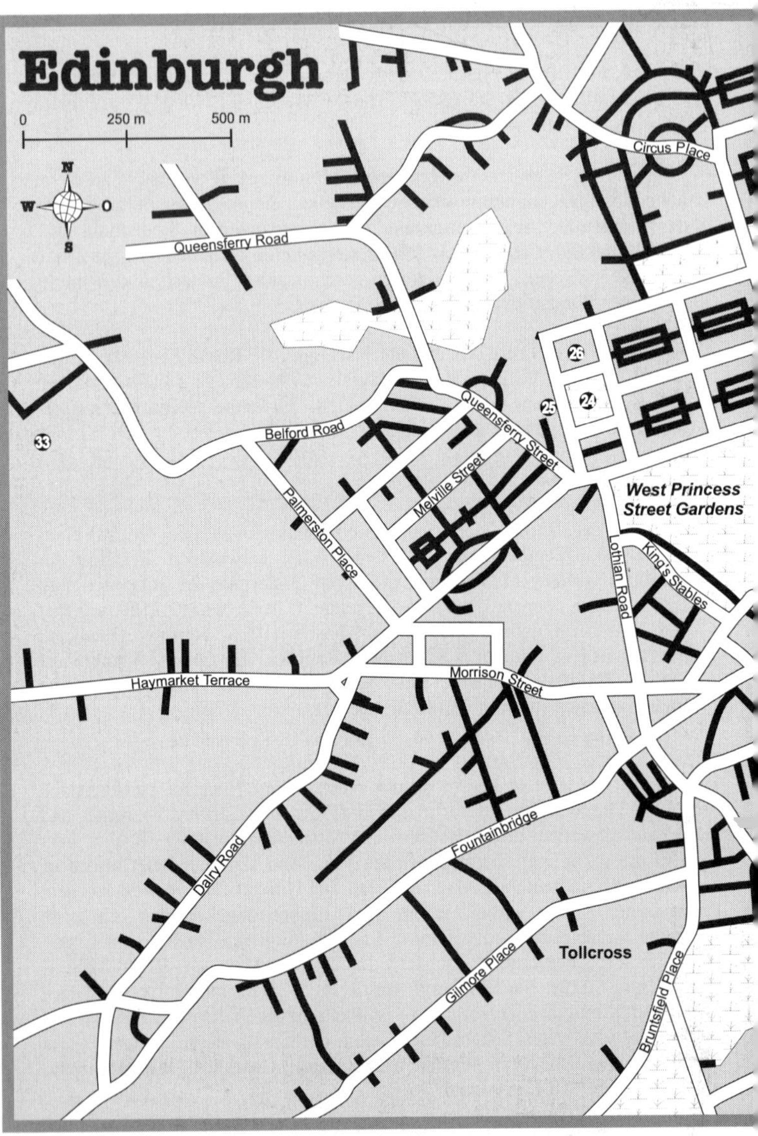
Edinburgh
0
250 m
500 m
N
W
O
S
Queensferry Road
Circus Place
Belford Road
Queensferry Street
Melville Street
Palmerston Place
West Princess Street Gardens
Lothian Road
King's Stables
Haymarket Terrace
Morrison Street
Dalry Road
Fountainbridge
Gilmore Place
Tollcross
Bruntsfield Place
33
26
24
25

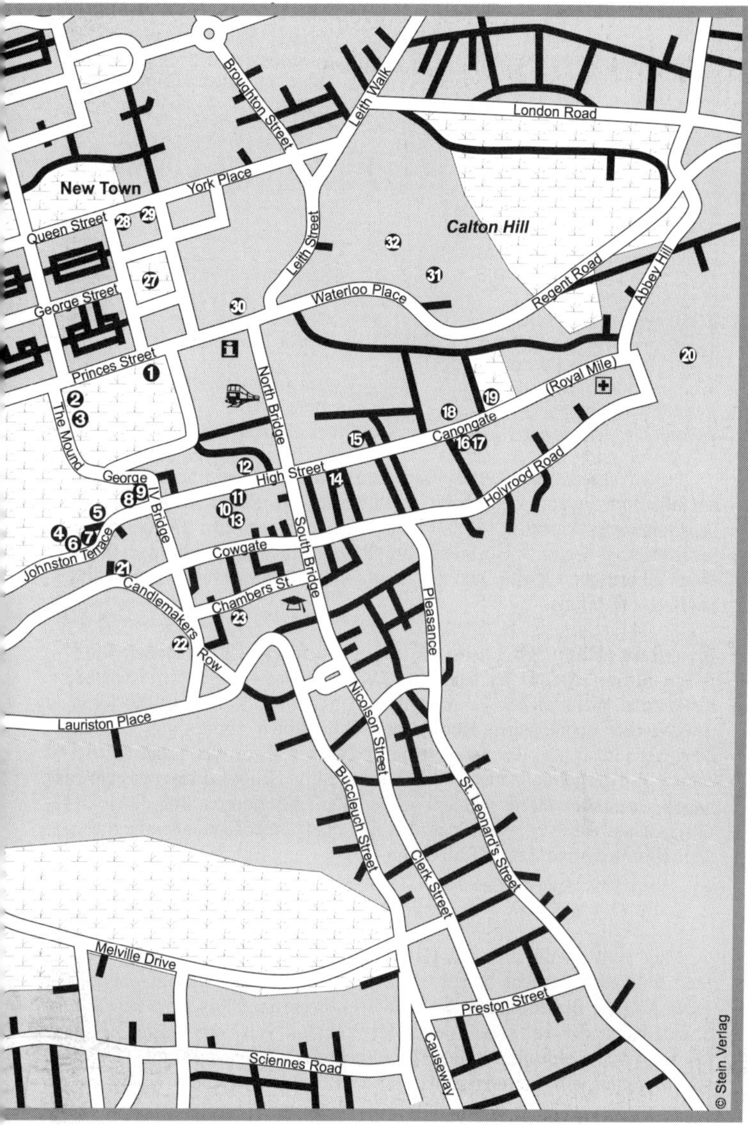
New Town
Calton Hill
Broughton Street
Leith Walk
London Road
York Place
Queen Street
George Street
Leith Street
Waterloo Place
Regent Road
Abbey Hill
Princes Street
North Bridge
(Royal Mile)
Canongate
The Mound
High Street
George
IV Bridge
Holyrood Road
South Bridge
Cowgate
Johnston Terrace
Candlemakers
Row
Chambers St.
Pleasance
Lauriston Place
Nicolson Street
Buccleuch Street
St. Leonard's Street
Clerk Street
Melville Drive
Preston Street
Sciennes Road
Causeway
© Stein Verlag

1	Scott Monument	18	People's Story Museum
2	Royal Scottish Academy	19	Canongate Church
3	National Gallery of Scotland	20	Palace of Holyroodhouse
4	Edinburgh Castle	21	Grassmarket
5	Outlook Tower	22	Kirk of the Greyfriars
6	Scotch Whisky Heritage Centre	23	Royal Museum of Scotland
7	Highland Church of Tolbooth St. John's	24	Charlotte Square
8	Gladstone's Land	25	West Register House
9	Writers' Museum	26	Georgian House
10	St. Giles' Cathedral	27	St. Andrew Square
11	Merkat Cross	28	Museum of Antiquities
12	City Chambers	29	Scottish National Portrait Gallery
13	Parliament House	30	General Register House
14	Museum of Childhood	31	Nelson Monument
15	John Knox House	32	City Observatory
16	Moray House	33	Scottish National Gallery of Modern Art
17	Huntly House		

Da wir uns mit der Ramsay Lane fast schon am Castle befinden - also am höchsten Punkt -, empfiehlt es sich nun, die Royal Mile von oben nach unten zu wandern, so daß man zweckmäßigerweise mit der Burgbesichtigung beginnt. Übrigens: die Royal Mile entspricht der Länge einer schottischen Meile, und die ist mit ca. 1,8 km etwas länger als die englische (1,6 km).

♜ Das **Edinburgh Castle ❹**, das auf dem ca. 130 m hohen Burgfelsen thront, ist das an der Spitze aller Sehenswürdigkeiten stehende historische Wahrzeichen Edinburghs und Schottlands, in dem die Kronjuwelen der schottischen Könige und Königinnen aufbewahrt werden. Derjenige Besucher, der meint, aufgrund dieser historischen und touristischen Spitzenstellung auch die schönste Burg Schottlands vor sich zu haben, muß berichtigt werden; viele ländliche Burgen und Schlösser überraschen das Auge weit mehr als der relativ niedrige, uneinheitliche, aber eben wichtige Bau in Edinburgh.

♦ HS, tägl., April bis September 9:30 bis 17:15, Oktober bis März 9:30 bis 16:15; Erw. £ 5,50, Sen. £ 3,50, Kinder £ 1,50.

Man geht davon aus, daß Castle Rock schon vor 8.000 Jahren von Steinzeitjägern besucht wurde. Neueste Ausgrabungen haben aber auf jeden Fall die Besiedlung in der Spät-Bronzezeit um 900 v.Chr. bestätigt. Später nahm der keltische Stamm der Votadini von dem Felsen Besitz, der um 640 wiederum von den Angelsachsen vertrieben wurde. Obwohl schon immer ein Festungspunkt, entstand eine regelrechte Königsburg erst nach dem Sieg von König Malcolm II. über die Angelsachsen im Jahre 1018.

Das älteste heute noch erhaltene Gebäude ist die romanische Kapelle, die während der Regierungszeit seines Sohnes David I. (1124-1153) entstand. Im 13. und 14 Jh. wurde die Burg zeitweise von den Engländern besetzt, von den Schotten aber 1341 endgültig zurückerobert. Während der Herrschaft Jakob III. (1460-1488) wurde Edinburgh Hauptstadt, und die Burg wurde zur wichtigsten Bastion des Landes umgebaut. 1566 brachte Maria Stuart hier ihren Sohn, den späteren Jakob I. von England, zur Welt. Bei der Belagerung des Castles zwischen 1571 und 1573, als ein Anhänger der gestürzten Königin Maria Stuart die Burg nicht übergeben wollte, wurde die Festung schwer zerstört.

Der nachfolgende Wiederaufbau orientierte sich an den militärischen Bedürfnissen, nicht an dem Wohnwert der Burg, so daß die Könige es vorzogen, im neu gebauten Holyrood Palace zu residieren. König Karl I. war 1633 der letzte Herrscher, der in der Burg übernachtete. Mit der Eroberung durch Cromwell 1650 wurde das Castle endgültig zu einer Garnisonsfestung umgebaut; der letzte, allerdings harmlose Belagerungszustand der Burg war 1745 zu verzeichnen, als die Truppen Bonnie Prince Charlies zwar die Stadt beherrschten, aber wegen fehlender Artillerie erst gar nicht versuchten, das Castle einzunehmen.

Während des 18. Jh. diente es auch als Gefängnis, dann aber brach - nicht zuletzt durch die Bemühungen des Dichters Sir Walter Scott - die friedliche Zeit als Touristenattraktion herauf. Im Jahre 1818 erhielt der Schriftsteller die königliche Vollmacht aus London, den Crown Room zu öffnen, in dem man die seit 1707 (Vereinigung der Parlamente von England und Schottland) nicht mehr aufgetauchten Kronjuwelen vermutete.

Diese Ehrenzeichen Schottlands (**Honours of Scotland**) befanden sich tatsächlich fast vergessen in derselben Truhe, in die sie vor 111 Jahren hineingelegt worden waren. Nach der Wiederentdeckung dieser schottischen Krönungsjuwelen und deren öffentlichen Ausstellung im Crown Room der Burg bezahlten die Besucher für den Eintritt die stolze Summe von 1 Shilling, was damals dem heutigen Gegenwert von DM 18 entsprach.

Nicht ganz soviel müssen Sie heute bezahlen, wenn Sie von der Esplanade, dem Burgvorplatz, durch das Torhaus die Festung betreten. An den beiden Seiten des Tors wurden 1929 die Bronzestatuen der beiden schottischen Nationalhelden Robert The Bruce und William Wallace aufgestellt (☞ Land und Leute, Geschichte). Am Wachhaus von 1853 vorbei geht es zum zweiten (Fallgitter)tor, dem Portcullis Gate, das nach der Belagerung von 1573 als neues Außentor der Burg erbaut wurde.

Durch den mittleren Burgbereich und das Foog's Tor gelangt man endlich in den oberen und ältesten Burgbereich (*upper ward*), wo man nach wenigen Schritten zum ältesten erhaltenen Gebäude, der kleinen romanischen **St. Margarete's Chapel**, kommt. Der Name bezieht sich auf die Königinmutter Margarete, deren Sohn David I. diese Kapelle Anfang des 12. Jh. zum Gedenken an seine Mutter bauen ließ. Der Weg geht weiter zur berühmtesten Batteriestellung des Castles, der sogenannten **Half-Moon Battery** (Halbmondbatterie), die nach der Belagerung von 1573 angelegt wurde.

Rechts davon betritt man nun den Kronplatz, um den sich der **Palast** (Royal Palace), der **große Saal** (Great Hall), das **Queen-Anne-Haus** und die 1927 eröffnete **Kriegsgedenkstätte** befinden. In einem kleinen Raum des Palastes, **Queen Mary Room**, gebar Maria Stuart am 19.6.1566 ihren Sohn, den späteren Jakob I. von England. Im **Crown Room** in der ersten Etage befinden sich die berühmten Kronjuwelen, die hier von Sir Walter Scott 1818 in einer verstaubten Truhe wiederentdeckt wurden.

Die **Goldkrone** stammt von 1540, das **Schwert** ist ein Geschenk des Papstes Julius II. von 1507, und das **Zepter** wurde 1494 durch den Papst Alexander VI. überreicht. Der große Saal neben dem Palast stammt aus dem 15. Jh. und diente einst für Festlichkeiten.

Hinter dem Queen-Anne-Haus (18. Jh.) gibt es neben dem Militärgefängnis im Burggewölbe des 15. Jh. noch eine Kuriosität zu bewundern: die Riesenkanone **Mons Meg** (wenn man das Foog's Gate durchschreitet rechts). Jakob II. bekam 1457 vom Herzog von Burgund zwei Riesenkanonen geschenkt, von denen eine, eben die in Mons (heutiges Belgien) gebaute Mons Meg, heute noch existiert. Sie wiegt 6.040 kg und konnte Geschosse von 150 kg abfeuern, die man dann in einer Entfernung von 3 km wieder einsammeln konnte, eine gewaltige Leistung für die damalige Artillerie. Benutzt hat man sie allerdings nicht sehr lange, denn ihr Transport war zu schwierig.

Nach 1754 stand sie im Londoner Tower und nur ungern rückten die Briten das Ungetüm 1829 wieder heraus. Wieder einmal war es der um schottische Belange so bemühte Sir Walter Scott, der die Engländer dazu überreden konnte, ein Stück schottischer Geschichte zurückzugeben.

Nachdem man die Esplanade, wo im Sommer während des International Festivals das farbenprächtige Military Tattoo stattfindet (☞ Reise-Infos A bis Z, Feste und Feiertage), überquert hat, steht an dem ersten

Abschnitt der Royal Mile, Castlehill, links an der Ecke zur schon genannten Ramsay Lane der **Outlook Tower ❺** (17. Jh.), in dessen oberstem Stockwerk dem Besucher die Funktion einer Camera obscura von 1850 eindrucksvoll demonstriert wird.

Vom Dach des Gebäudes hat man zudem einen schönen Blick über die Stadt bis hinunter zum Hafen Leith und dem Firth of Forth.

♦ April bis Oktober 9:30 bis 17:15, November bis März 10:00 bis 16:15; Erw. £ 3,20, Stud. £ 2,50, Sen. £ 2, Kinder £ 1,60, Familie £ 8,70; ♿.

⌘ Direkt dem Tower gegenüber liegt das **Scotch Whisky Heritage Centre ❻**, das demjenigen, der keine berühmte Destille vor Ort besuchen kann oder will, einen audiovisuellen Einblick in Herstellung und Geschichte des Lebenswassers (☞ Land und Leute, Whisky) vermittelt. In einem Faß wird der Besucher an lebensgroßen Puppen und anderen Effekten vorbeigefahren, die die Geschichte der illegalen Whiskyproduktion verdeutlichen sollen.

♦ Tägl. 10:00 bis 17:30; Erw. £ 3,80, Stud. £ 3,20, Sen. £ 2,30, Kinder £ 2, Familie £ 10,60; ♿.

✞ Am Ende von Castlehill steht rechts die neugotische **Highland Church of Tolbooth St. John's ❼**, die 1844 fertiggestellt wurde und mit 73 m den höchsten Turm Edinburghs besitzt.

Nach der rechts abzweigenden Johnston Terrace beginnt nun der Abschnitt der Royal Mile, der **Lawnmarket** heißt.

☺ Achten Sie beim Weitergehen auf die rechts und links abzweigenden ***closes***, kleine, Fußgängern vorbehaltene Gäßchen, die interessante Hinterhofeindrücke vermitteln. So war z.B. in dem links abgehenden James Court, ein Hof des 18. Jh., der berühmte Philosoph David Hume zu Hause.

⌘ Kurz danach kommt man ebenfalls auf der linken Seite des Lawnmarket zu **Gladstone's Land ❽**, ein vom National Trust restauriertes Kaufmannshaus des 17. Jh., dessen Inneneinrichtung ein Bild der damaligen (gehobenen) Wohnverhältnisse erlaubt. Der Höhepunkt des Hauses, das seinen Namen nach dem Kaufmann Thomas Gledstanes hat, ist das Painted Chamber, dessen seltene Wand- und Deckenmalereien von 1620 stammen.

♦ April bis Oktober, Mo bis Sa 10:00 bis 16:30, So 14:00 bis 16:30; Erw. £ 2,50, Sen./Stud./Kinder £ 1,30, Familie £ 6,90.

⌘ Direkt daneben, auf dem Innenhof des Lady Stair's Close, wo auch Robert Burns während seines ersten Edinburgh-Aufenthaltes 1786 wohnte, befindet sich das **Lady Stair's House** von 1622, das nach seiner Besitzerin im 18 Jh., der Countess of Stair, benannt ist und heute das **Writers' Museum ❾** beherbergt, das Relikte und Manuskripte der drei berühmtesten schottischen Schriftsteller, Sir Walter Scott, Robert Burns und Robert Louis Stevenson, ausstellt.

♦ Juni bis September ❐ Mo bis Sa 10:00 bis 18:00, So (nur während des International Festivals) 14:00 bis 17:00, Oktober bis Mai Mo bis Sa 10:00 bis 17:00; Eintritt frei.

🍷 An der Ecke Lawnmarket/Bank Street (also links am Weg) steht ein Pub mit dem Namen "**Deacon Brodie**", das an eine der zwiespältigsten Gestalten Alt-Edinburghs erinnert: Deacon William Brodie (1741-1788) war tagsüber ein respektierter, wohlhabender Handwerksmeister und sogar Stadtrat, nachts verwandelte er sich in einen gefürchteten Räuber, der die Straßen unsicher machte. Der Bursche war ein perfektes Vorbild für Stevensons Schauerroman *Dr. Jekyll and Mr. Hyde*. Als er endlich geschnappt wurde, war die Erleichterung in der Bürgerschaft wohl ebenso groß wie das Entsetzen über eine solche Wandlungsfähigkeit inmitten der eigenen Kreise. Der persönlichkeitsgespaltene Brodie wurde am alten Tolbooth nahe St. Giles an dem Galgen (*gallows*) gehängt, den er in seiner Eigenschaft als Stadtrat vorher selbst verwaltet hatte.

✟ Ein paar Schritte weiter auf der Royal Mile steht man an der berühmtesten Kirche Edinburghs, der **St. Giles' Cathedral ❿**, die eine auffällige Turmspitze in Form einer durchbrochenen Krone hat. Die Kirche wurde im 12. Jh. zur Zeit Davids I. gegründet, aber im Laufe der Jahre oft umgebaut und ergänzt. Hier hielt der Reformator John Knox 1559/60 seine gefürchteten Reden gegen die alte Kirche, und im Hauptschiff, dessen hohe Säulen und Kreuzrippengewölbe heute den gotischen Charakter der ehemals normannischen Kirche unterstreichen, sieht man eine Statue des einflußreichen Calvinisten (von 1904), der sich nicht scheute, in Streitgesprächen die Königin Maria Stuart zurechtzuweisen.

Um die Kathedrale herum stehen oder standen viele der wichtigsten Gebäude Edinburghs. Im Osten der Kathedrale steht das **Merkat Cross ⓫**, dessen oktogonales und mit Wappen versehenes Fundament von 1885 stammt. Hier sammelten sich die Geschäftsleute der Stadt, wurden die königlichen Proklamationen verlesen und auch Hinrichtungen abgehalten. Auf der Säule thront natürlich wieder das schottische Einhorn.

Auf der anderen Straßenseite sieht man die **City Chambers ⓬**, die von John und Robert Adam 1761 fertiggestellt wurden (3 *closes* mußten dafür vernichtet werden) und heute die Stadtverwaltung beherbergen.

Hinter der Kirche liegt der Parliament Square mit dem **Parliament House ⓭**, wo sich von 1639 bis zur Union der Parlamente 1707 das schottische Parlament traf; seitdem ist es Sitz des höchsten schottischen Gerichts. Davor steht eine **Reiterstatue von Karl II.**, die 1688 aufgestellt wurde und damit die älteste Reiterstatue des Landes ist. An der Rückseite der Kathedrale wurde John Knox begraben, die genaue Position des Grabes ist allerdings nicht mehr bekannt.

Etwas oberhalb der Kirche, etwa in Höhe der St. Giles Street, wird man im Straßenpflaster eine herzförmige Messingplatte bemerken, die an der Stelle des alten, 1817 aus Platzgründen abgerissenen **Tolbooth** aus dem 14. Jh. steht. Hier trafen sich einst Stadtrat und Parlament, später diente es als Gefängnis, und hier wurden auch die "nobleren" Gegner mit dem Schwert ins Jenseits befördert. Sir Walter Scott hat mit seinem Roman *The Heart of Midlothian* das Tolbooth als Herz des alten Edinburgh (das in der Mitte von ☞ Lothian liegt, deshalb Midlothian) verewigt.

Man geht nun weiter die **High Street** - auf der wir uns mittlerweile befinden - hinab; die Royal Mile ist hier am belebtesten, denn Pubs wechseln sich mit Restaurants und anderen Shops laufend ab.

⌘ Auf der rechten Seite kommt man schließlich zum **Museum of Childhood ⓮**, das sich den historischen Lebensbedingungen der Kinder widmet. Interessant ist eine kleine Ausstellung zur Kinderarbeit, die im 19. Jh. weit verbreitet war. 1842 arbeitete die Hälfte aller Minen in Lothian mit "kostengünstigen" Kindern, die sich wegen ihrer Größe u.a. gut zum Kaminreinigen eigneten. Natürlich findet man dort auch viel altes und neues Spielzeug sowie Puppen und Kinderbücher.

♦ Juni bis September ❏ 10:00 bis 18:00, während des International Festivals auch So 14:00 bis 17:00, Oktober bis Mai Mo bis Sa 10:00 bis 17:00; Eintritt frei; ♿.

⌘ Schräg gegenüber sieht man ein altes Haus, das etwas in die Straße hineinragt; dies ist das **John Knox House ⓯**, in dem der Reformator im Jahre 1572 gestorben sein soll und das heute ein Museum ist.

Das Haus aus dem 15. Jh. war nicht, wie häufig verbreitet, das Wohnhaus von John Knox, sondern von James Mossman, der der königlichen Münzanstalt vorstand und in dieser Eigenschaft auch Maria Stuart bediente. Mossman ließ 1513, als nach der Schlacht von Flodden die direkt hinter dem Haus verlaufende Stadtmauer etwa 30 m nach Osten verschoben wurde, das Haus ausbauen. Vorher stand hier die Netherbow-Pforte, die ein Tor der hier verlaufenden Stadtmauer war.

Die Verbindung des Hauses mit Knox kam dadurch zustande, daß der Reformator während der Belagerung des Maria Stuart treuen Castles im Jahre 1571 hierhin zog, da Mossman als Anhänger der nach England geflohenen Maria Stuart das Haus vorher wieder verloren hatte und sogar 1573 am Merkat Cross gehängt worden war. Das restaurierte Haus vermittelt heute einen guten Eindruck über die frühbürgerlichen Wohnverhältnisse wohlhabender Bürger.

Die Holzvertäfelungen und -decken sowie die Erker sind sehenswert. Im Innern wird die Geschichte der schottischen Reformation erzählt, der Knox durch seine gewaltigen Reden zum Sieg verhalf. Berühmt sind seine scharfen Auseinandersetzungen mit Maria Stuart, die nach ihrer Rückkehr aus Frankreich den Reformator als ihren gefährlichsten Gegner bezeichnete (☞ Land und Leute, Geschichte).

John Knox, der bekanntermaßen von den politischen Fähigkeiten des weiblichen Geschlechts oft verächtlich sprach, hatte nicht nur den katholischen Glauben der Königin angegriffen, sondern auch ihr Privat- und Eheleben scharf kritisiert. Auch wenn Maria Stuart sich in den Gesprächen zu behaupten wußte, blieb ihr doch 1568 nur noch die Flucht nach England.

♦ Mo bis Sa ◨ 10:00 bis 16:30; Erw. £ 1,30, Sen./Stud. £ 1, Kinder £ 0,75.

🍷 An der Kreuzung Jeffrey St./St. Mary's St. kommt man zum Ende der High Street (hier verlief die nach 1513 gebaute Flodden-Stadtmauer), und das historische Pub "**The World's End**" signalisiert heute noch, daß hier vormals die Altstadt zu Ende war.

Wir betreten nun das letzte Teilstück der Royal Mile, **Canongate**. Dieser Teil lag, wie schon erwähnt, außerhalb der alten Stadtmauern, und auch heute geht es hier bedeutend ruhiger zu als auf den anderen Teilstücken der Royal Mile. Die Pubs, Cafés und Shops werden seltener, und die meisten Besucher bewältigen diesen Abschnitt so, daß sie schnurstracks zum Holyrood Palace laufen.

Vorher sollte man aber noch auf der rechten Seite das mit zwei spitzen Türmchen versehene **Moray House** ⑯ notieren, das ebenso wie die abwärts folgenden Gebäude des **Huntly House** ⑰ und **Queensberry House** ein Beispiel für die damals üblichen Stadtpaläste der Adligen war, die sich möglichst nah am Königspalast einquartieren wollten. Alle genannten Häuser datieren aus dem 17. Jh., haben allerdings heute viel von ihrer herrschaftlichen Ausstrahlung verloren.

Das Queensberry House (heute ein Hospital) hat seinen Namen nach dem Herzog von Queensberry, der sich sehr für die Union von 1707 einsetzte und dadurch bei den Schotten nicht gerade an Popularität gewann. Vielleicht ist das der Grund, daß immer wieder genüßlich die grauenhafte Geschichte des geistig gestörten Sohnes des Herzogs erzählt wird, der, als er einmal allein im Haus war, den Küchenjungen getötet und auf dem Spieß geröstet haben soll. Der Vater soll ihn bei seiner Rückkehr glücklich bei der Mahlzeit vorgefunden haben.

⌘ Auf der linken Seite kommt man kurz hinter dem Moray House zum sehenswerten **People's Story Museum** ⑱, das im 1591 erbauten **Canongate Tolbooth** untergebracht ist, das Gerichtsgebäude und Stadtzentrum der bis 1856 selbständigen Gemeinde Canongate war (danach von Edinburgh eingemeindet). Die alltagsgeschichtliche Ausstellung des Museums bietet einen nachdenklichen Einblick in die Lebens- und Arbeitsverhältnisse der damaligen Zeit und ist erfreulicherweise den einfachen Menschen, ihrem Kampf um bessere Lebensbedingungen, ihren Sorgen und ihren Freizeitwünschen gewidmet.

Anhand von Einzelschicksalen und Videointerviews wird der soziale Kampf der unteren (Arbeiter)Schichten im historischen Musterland des Kapitalismus verdeutlicht, und wer über genug Englischkenntnisse verfügt, wird nach dem Besuch leicht verstehen, daß die *Tories* (Konservativen) auch heute in Schottland nicht gerade die beliebteste Partei sind.

♦ Juni bis September Mo bis Sa 10:00 bis 18:00, während des International Festivals auch So 14:00 bis 17:00, Oktober bis Mai Mo bis Sa 10:00 bis 17:00; Eintritt frei.

✞ Danach kommt man zur **Canongate Church** ⑲ (1688), wo vor allem der Friedhof einen Besuch lohnt. Hier liegen (scharf links vom Kirchhof) der berühmte Ökonom und Verfechter der freien Marktwirtschaft, Adam Smith (1723-1790), und (hinter der Kirche) der schottische Dichter Robert Fergusson (1750-1774) begraben. Letzterem hat Robert Burns, dessen eigene Werke von dem im schottischen Dialekt schreibenden Fergusson beeinflußt waren, sogar den Grabstein bezahlt.

Rechts um die Kirche gehend, sieht man an der Wand ein einfaches Grab, das angeblich dasjenige von David Rizzio (1533-1566) sein soll, dem ermordeten Günstling von Maria Stuart (☞ Holyrood Palace). Auch das alte Merkat Cross von Canongate, das vormals auf der Royal Mile stand, ist hier aufgestellt.

Weiter abwärts kommt man links am **Panmure House** vorbei, wo Adam Smith von 1778 bis 1790 lebte. Nachdem man rechts das schon erwähnte Queensberry House passiert hat, kommt man links zum **White Horse Close**, dessen Innenhof mit seinen restaurierten Häusern aus dem 17. Jh. einen Blick lohnt. Von hier fuhren die Reisenden des 17. und 18. Jh. in ihren Postkutschen nach London.

⌘ Wir haben nun die schottische Meile, die Royal Mile, bewältigt und kommen abschließend zum berühmten **Palace of Holyroodhouse** ⑳. Für den Palast gilt das schon beim Edinburgh Castle Gesagte: er ist das historisch wichtigste Schloß des Landes und heute noch offizieller Palast der Königin in Schottland, aber er ist vom äußeren Erscheinungsbild sicherlich nicht das spektakulärste Stück seiner Art.

♦ April bis Oktober Mo bis Sa 9:30 bis 17:15, So 9:30 bis 16:30, November bis März tägl. 9:30 bis 15:45 (generell bei Staatsbesuchen geschlossen); Erw. £ 5, Sen. £ 3,50, Kinder £ 2,50, Familie £ 12,50; ☕ ♿ 🅿.

Alles begann mit der Gründung eines Augustinerklosters durch den frommen König David I. im Jahre 1128. Der Name "Holyrood" (Heiliges Kreuz) deutet darauf hin, daß sich die Abtei wahrscheinlich im Besitz eines heiligen Reliktes (z.B. ein Stück vom Kreuz Jesu) befand. Das Kloster litt immer wieder unter den kriegerischen Auseinandersetzungen mit den Engländern, deren Feldzug von 1544 der schlimmste war. Heinrich VIII. von England versuchte mit Gewalt, eine Vermählung seines Sohnes Eduard mit Maria Stuart durchzusetzen, um sich so die Anrechte auf Schottland zu erwerben.

Dieser Feldzug von 1544/45 unter dem Grafen von Hertford ist landesweit als *rough wooing* (rauhe Werbung) bekannt; ihm fiel nicht nur Holyrood zum Opfer, das heute als Ruine hinter dem Palast überlebt hat, sondern auch viele andere berühmte Abteien (☞ Die Scottish Borders). Das Kloster war zugleich häufiger Aufenthaltsort der schottischen Könige, und 1501 bis 1505 begann Jakob IV., die als königliche Residenz dienenden Klostergebäude auszubauen.

Jakob V. ergänzte zwischen 1529 und 1532 den heute immer noch stehenden Nordwestturm des Schlosses, und drei Jahre später ließ er nach den Plänen von John Brownhill weitere Räume entwerfen. Hier verbrachte Maria Stuart nach ihrer Rückkehr aus Frankreich 1561 sechs Jahre, und hier fanden die berühmten Auseinandersetzungen zwischen der katholischen Maria und dem führenden Protestanten John Knox statt.

Am 29.7.1565 heiratete Maria in der Kapelle von Holyrood ihren zweiten Ehemann Lord Darnley; aus dieser Ehe ging der spätere König

Jakob VI. (Jakob I. von England) hervor. In den königlichen Räumen des Nordwestturms ermordete derselbe Darnley - wahrscheinlich aus Eifersucht - nur ein gutes halbes Jahr später (9.3.1566) den italienischen Sekretär und Günstling der Königin, David Rizzio. Wiederum ein gutes Jahr später fiel auch Darnley einem Komplott zum Opfer, und Maria heiratete in Holyrood ein drittes Mal (15.5.1567); es war die skandalöse und für die Königin verhängnisvolle Heirat mit dem wahrscheinlichen Mörder ihres zweiten Ehemannes, James Hepburn, dem Grafen von Bothwell.

Nachdem Jakob englischer König geworden und nach London umgezogen war, war Holyrood lange Zeit eine leerstehende Residenz, die 1650 durch die Truppen von Cromwell stark zerstört wurde. Unter der Herrschaft Karl II. (der selbst nie in Holyrood war) wurde das Schloß dann von dem Architekten Sir William Bruce zwischen 1671 und 1679 gründlich renoviert bzw. ausgebaut.

Die englischen Könige in London (Ausnahme Jakob II., der hier mehrmals residierte) zeigten wenig Interesse an dem schottischen Königsschloß, dessen nächster Höhepunkt der Aufenthalt von Bonnie Prince Charlie 1745 war. Der Prinz, der den letzten Jakobitenaufstand gegen die Engländer führte (☞ Land und Leute, Geschichte), residierte hier - für wenige Wochen - mit glanzvollen Bällen, ganz so, als hätte er den Krieg schon gewonnen.

Danach kümmerte sich niemand mehr um das Gebäude, dessen alte Klosterkirche 1768 durch den Einsturz des Daches endgültig zur Ruine wurde. Erst als 1822 Georg IV. Schottland besuchte, wuchs das Interesse an einer schottischen Residenz des Königshauses wieder. Nach dem ersten Besuch der schottlandbegeisterten Königin Victoria 1842 wurden von dem Edinburgher Innenausstatter Hay wichtige Dekorationsarbeiten ausgeführt, um das Schloß für die königliche Familie bewohnbar zu machen.

Heute wird das Schloß jährlich von der englischen Königin besucht; auch hat seit 1830 der Leiter der Generalversammlung der schottischen Kirche jährlich im Mai hier seine Residenz. Zu diesen Zeitpunkten bleibt das Schloß für die Öffentlichkeit geschlossen.

Steht man im Hof vor dem Gebäude, sieht man links den alten, von 1532 stammenden Nordwestturm, den schon Maria Stuart bewohnte. Der Zentraleingang mit den dorischen Säulen ist mit zwei Geschossen niedriger als die dreigeschossigen Ecktürme, was der Anlage eine etwas gedrungene Form verleiht. Die königlichen Gemächer befinden sich im ersten Stock, so z.B. der im klassizistischen Stil gehaltene königliche

Speisesaal (18. Jh.), wo man ein berühmtes Bild des jungen Bonnie Prince Charlie, von Blanchet gemalt, sehen kann.

Der **Thronsaal** enthält u.a. ein lebensgroßes Gemälde der jungen Königin Victoria (1838). Im **Abendsalon** mit seiner schönen Stuckdecke von 1670 (Stukkateur: Hulbert) sieht man einen vergoldeten Tisch (1720) sowie mehrere Brüsseler Gobelins von 1750, die sich ursprünglich im Buckingham Palace befanden. Auch der **Morgensalon** besitzt eine von Hulbert gefertigte Stuckdecke sowie eine eindrucksvolle Holzvertäfelung von 1677. Das prachtvolle **Schlafgemach** des Königs beeindruckt durch ein stuckverziertes Deckenmedaillon (*Herkules im Olymp* von De Wet, 1673); Höhepunkt dieses Raumes ist jedoch das mit rotem Damast behängte Himmelsbett (1684).

In der großen **Galerie** sind 89 Portraits schottischer Monarchen zu bewundern, die de Wet nach Vorlagen 1684 angefertigt hatte. Die Räume der Königin sind größtenteils im alten Turm von 1532 untergebracht. So wurde das Vorzimmer der Königin mit Gobelins aus dem 17. Jh. schon von Lord Darnley, dem eifersüchtigen und labilen Ehemann Maria Stuarts, bewohnt.

Das **Schlafgemach** enthält ein kostbares Bett von 1682; an der Nordwestecke des Raumes befindet sich die Treppe, über die Lord Darnley und seine Kumpane in das Schlafzimmer Maria Stuarts eindrangen, um ihren Sekretär Rizzio zu töten. Dieses Schlafgemach besitzt heute noch einen schönen Fries von 1617 sowie mehrere flämische Gobelins.

Im kleinen **Außenzimmer** Maria Stuarts wurde Rizzio vor den Augen der schwangeren Königin erdolcht; hier fanden auch die Streitgespräche mit John Knox statt. Der Raum enthält verschiedene Erinnerungsstücke an Maria, darunter Portraits von ihr und von Lord Darnley. Hier wird auch das wertvolle Darnley-Juwel, ein von Gold und Emaille umgebener blauer Saphir von 1570, ausgestellt.

Nicht versäumen darf man die Besichtigung der **Abteiruine**, die sich direkt hinter dem Schloß befindet. Das mit Schnitzarbeiten (12. Jh.) reich verzierte, herrliche Westportal der Abteikirche sowie Teile des Mittelschiffs sind erhalten und beeindrucken mehr als alle Palasträume zusammen.

Am südlichen Abhang des Castle Hill sind einige Lokalitäten zu besichtigen, deren düstere Geschichte schon frühere Reisende wie z.B. den deutschen Dichter Theodor Fontane angezogen hat. Von Castlehill führen Treppen hinunter zur Victoria Street, der man rechts zum berühmten **Grassmarket** ㉑ folgt. Dieser Platz war ursprünglich ein Vieh- und Pferdemarkt, aber vor allem bis 1784 derjenige Ort, wo das gemeine Volk bei dementsprechenden Vergehen mit dem Strick Bekanntschaft machte (die höheren Schichten exekutierten sich wechselseitig - je nach politischer Lage - mit dem Schwert am ehemaligen Merkat Cross).

Heute dient der Grassmarket erfreulicheren Gelüsten, denn er ist *das* Pubzentrum der Stadt. Einige der oft historischen Gaststätten erinnern mit ihrem Namen noch an die frühere Bestimmung des Platzes, so "The Last Drop" (Der letzte Tropfen). Andere - wie das "White Hart Inn" - wurden bereits vom trinkfreudigen Nationaldichter der Schotten, Robert Burns (☞ Land und Leute, Kunst und Kultur, Literatur), frequentiert.

✞ An der südöstlichen Ecke des Grassmarket (also gegenüber der Victoria Street) läuft von der Straße Cowgate die kleine hübsche Gasse **Candlemaker Row** zur **Kirk of the Greyfriars** ㉒ von 1620. In der Kirche wurde am 28.2.1638 der National Covenant unterzeichnet (☞ Land und Leute, Geschichte). Ihr sehenswerter alter Friedhof von 1562, der noch von Resten der alten **Flodden-Stadtmauer** umgeben ist, steht an der Stelle einer alten Franziskanerabtei (deshalb der Name "Greyfriars", nach den grauen Kutten der Brüder) und ist heute wegen des Grabs von Greyfriars Bobby bekannt. Der so genannte Hund, ein Skye-Terrier, hielt angeblich 14 Jahre lang am Grab seines 1858 verstorbenen Herrchens Wacht.

🍷 Auch das von hier nicht weit entfernte Pub "**Greyfriars Bobby Bar**" (gemütlich, Sonderpreise für Studenten) erinnert mit seinem Namen an derartige Treue, und vor dem Pub, an der Ecke Candlemaker Row/ George IV. Bridge, können Sie eine kleine Statue von Bobby bewundern.

⌘ Wir überqueren nun die Straße George IV. Bridge, halten uns kurz links und biegen dann rechts auf die Chambers Street ein, auf der man zum **Royal Museum of Scotland** ㉓ kommt, einem großzügigen viktorianischen Bau mit einer großen lichtdurchfluteten Halle, der mehrere interessante Ausstellungsräume über Naturgeschichte, Geologie, Zoologie, Völkerkunde u.a. enthält.

♦ Mo bis Sa 🕒 10:00 bis 17:00, So 12:00 bis 17:00; Eintritt frei; ♿.

🎓 Danach beginnen die Gebäude der **Edinburgh University**, deren Gründungsdatum 1582 ist. Ihr **Old College** stammt von 1789 und wurde von Robert Adam entworfen und später von dem klassizistischen Architekten William Playfair 1830 beendet. Die Kuppel von Rowand Anderson wurde 1884 hinzugefügt.

⌘ Im Old College befindet sich die **Talbot Rice Gallery**, die klassische und moderne Bilder sowie Skulpturen enthält.

♦ Di bis Sa ⌛ 10:00 bis 17:00; Eintritt frei, außer zu Festivalzeiten; ♿.

Von hier kehrt man über die belebte South Bridge Street zur Royal Mile zurück.

Eine Besichtigung der nördlich des Burghügels gelegenen **Neustadt** beginnt man am besten mit einem Spaziergang vom Tourist Office über die uns schon bekannte Hauptstraße Princes Street, deren westlicher Endpunkt West End heißt. Hier biegt man rechts auf die Charlotte Street ein, auf der man nach wenigen Metern den quadratischen **Charlotte Square** ㉔ erreicht.

An der Westseite des homogenen, ganz im georgianischen Stil erbauten Platzes steht das neoklassische, mit ionischen Säulen versehene kolossale Kuppelgebäude der 1811 erbauten **St. George's Church**; heute befindet sich in diesem Gebäude das **West Register House** ㉕, eine Abteilung des **Scottish Record Office**, das alle möglichen Daten und Dokumente über Schottland sammelt und verwaltet, aber auch Ausstellungen abhält.

♦ Mo bis Fr ⌛ 9:30 bis 16:15; Eintritt frei; ♿.

⌘ An der Nordseite, von Robert Adam ganz im klassizistischen Stil entworfen, findet man in der Nr. 7 das **Georgian House** ㉖, das als Museum einen Einblick in die gediegenen Wohnverhältnisse Ende des 18. Jh. vermittelt.

♦ NTS, April bis Oktober Mo bis Sa ⌛ 10:00 bis 16:30, So 14:00 bis 16:30; Erw. £ 3,50, Sen./Stud./Kinder £ 1,80, Familie £ 9,70.

Man geht auf der **George Street**, die als zentrale Achse der Neustadt angelegt war, zurück nach Osten; da die Straße genau auf dem Kamm der kleinen Erhebung zwischen Princes Street im Süden und Queen Street im Norden verläuft, bieten sich über die rechtwinklig verlaufenden Querstraßen immer wieder weite Ausblicke in beide Richtungen.

Vorbei an Banken, Galerien und Geschäften geht es bis zum östlichen Pendant des Charlotte Square, dem **St. Andrew Square** ㉗, wo sich die hohe Säule des 1823 errichteten **Melville Monument** erhebt, die an Henry Dundas (1742-1811), den einflußreichen Viscount of Melville, erinnert. Ansonsten ist der St. Andrew Square bei weitem nicht so homogen wie sein westliches Pendant; viele Neubauten flankieren die

Seiten, und das schönste Haus an der Ostseite, mit korinthischen Säulen und Statuen geschmückt, gehört heute der Bank of Scotland.

⌘ Nördlich des Platzes, an der Queen Street, liegen das **Museum of Antiquities** ㉘ (breite kulturelle Ausstellung von der Steinzeit bis heute) und die **Scottish National Portrait Gallery** ㉙, in der man sich über die dynastische Geschichte informieren und die Portraits berühmter Schotten wie Maria Stuart, Robert Burns, Walter Scott und vielen anderen ansehen kann. Unter den Portraitmalern befinden sich Raeburn, Ramsay und Gainsborough.

♦ Beide: Mo bis Sa 10:00 bis 17:00, So 14:00 bis 17:00; Eintritt frei.

Vom St. Andrew Square ist man wieder schnell am Tourist Office auf der Princes Street, der man nun links nach Osten folgt. Auf der linken Seite sieht man bald das 1774 von Robert Adam gebaute **General Register House** ㉚, in dem heute das Hauptquartier des **Scottish Record Office** mit seinen Archiven ist (hier forschen Leute aus aller Welt nach ihrer schottischen Vergangenheit).

Am Post Office und **Scottish Office** (Hauptverwaltungsbehörde Schottlands) vorbei kommt man zum parkähnlichen **Calton Hill**. Dieser Hügel sollte in den Hochzeiten des Klassizismus Anfang des 19. Jh. von den Architekten Craig (der die Neustadt entwarf) und Playfair als die mit Nationaldenkmälern bestückte Akropolis des Nordens ausgebaut werden.

Auf dem ca. 320 m hohen Hügel, von dem man einen herrlichen Blick über Edinburgh, den im Süden liegenden Hügel Arthur's Seat und den im Norden zu sehenden Firth of Forth genießt, hatte man 1824 zu Ehren der gefallenen Soldaten der napoleonischen Kriege mit dem Nachbau des Athener Parthenon-Tempels begonnen (heute als National Monument bezeichnet), aber die Gelder reichten nicht, und so blieb das "Athen des Nordens" mit 12 Säulen unvollendet.

Neben dem Torso steht das über 30 m hohe **Nelson Monument** ㉛, dessen Besteigung die Ausblicksqualität noch erhöht.

♦ April bis September Mo 13:00 bis 18:00, Di bis Sa 10:00 bis 18:00, Oktober bis März Mo bis Sa 10:00 bis 15:00; £ 1,20.

FUN Auf der Spitze des Hügels steht das **City Observatory** ㉜, in dessen Kino man sich durch eine 3-D-Brille über Edinburgh informieren kann.

♦ April bis Okt. Mo bis Fr 14:00 bis 17:00, Sa und So 10:30 bis 17:00 (Juli bis Sept. 10:30 bis 17:00); Erw. £ 2, Sen./Stud./Kinder £ 1,20, Familie £ 6.

⌘ Im Westen der Stadt an der Belford Road (🚌 LRT 13) liegt in einem Park die **Scottish National Gallery of Modern Art** ㉝, die sich der Malerei, Skulptur und Graphik des 20. Jh. widmet und u.a. Werke von Moore, Matisse und Picasso enthält.

♦ Mo bis Sa 🚪 10:00 bis 17:00, So 14:00 bis 17:00; Eintritt frei; ♿ ☕.

Die Umgebung von Edinburgh ist reich an Sehenswürdigkeiten, ☞ **Lothian**.

Glasgow

- 35 St. Vincent Place, ☏ 0141/2044400; Januar bis Dezember 9:00 bis 18:00 (Richtzeit).
- Glasgow Airport, Januar bis Dezember, ☏ 0141/8484440.
- Royal Infirmary, 84 Castle Street, ☏ 0141/5523535.
- Headquarter, 173 Pitt Street, ☏ 0141/2042626 oder 3321113.
- George Square.
- WM Porteous, 9 Royal Exchange, internationale Zeitschriften.

- **Kino**: Odeon, Renfield Street, ☏ 0141/3328701; Glasgow Film Theatre, 12 Rose Street, ☏ 0141/3328128.
- **Nightclub/Disco**: Victorias, 98 Sauchiehall Street, bis 3:00.
- **Festival**: wer sich für das May Festival interessiert, ☏ 0141/5528000.
- **The Theatre Royal**, Hope Street, ☏ 0141/3329000, Sitz der Scottish Opera und einziges Opernhaus Schottlands, regelmäßige Aufführungen des Scottish Ballet.
- **The Kings Theatre**, Bath Street, ☏ 0141/2275511, großes Theater mit eher klassischen Produktionen.
- **The Citizens Theatre**, Corbals Street, ☏ 0141/4290022, Avantgarde und neuere Produktionen.
- **Tron**, 63 Trongate, ☏ 0141/5524267, modernes Theater, Tanz, unbedingt vorbestellen!
- **Royal Concert Hall**, 2 Sauchiehall Street, ☏ 0141/3326633, Standort des Royal Scottish National Orchestra.
- **City Halls**, Candleriggs, ☏ 0141/2275511, verschiedene Konzerte.
- **Centre for Contemporary Arts**, 346-354 Sauchiehall St., modernes Theater und Musikveranstaltungen.
- **Grand Ole Opry**, 2-4 Govan Road, ☏ 0141/4295396, Country & Western am Wochenende.
- **Jazzfestival** im Juni/Juli, ☏ 0141/3057500.
- Glasgow Zoopark, Calderpark, Uddingston, Januar bis Dezember 10:00 bis 17:00; £ 2, Kinder £ 1; an der M74 nördlich von Uddingston; ScotRail von Central nach Baillieston; u.a. Reptilien, Großkatzen (u.a. weiße Tiger).

- Z.B. Baby Grand, 3 Elmbank Gardens, mit Jazz-Pianisten, nahe Kings Theatre, ca. £ 10.
- The Crannog Seafood Restaurant, 28 Cheapside, gutes Fischrestaurant, ca. £ 10.
- Froggies, 53 West Regent Street, französische Küche, ca. £ 10-20.
- Maxaluna, 410 Sauchiehall St., lateinamerikanische Spezialitäten, ca. £ 10.
- Rab Ha's, 83 Hutcheson Street, schottisch (auch Pub), ca. £ 10-20.
- Ubiquitous Chip, 12 Ashton Lane, schottisch und traditionell, ca. über £ 20.
- Rab Ha's, 83 Hutcheson Street, alle Altersklassen.
- The Old Smiddy, Old Castle Road, rustikal (auch ✕).
- Curlers, 260 Byres Road, Live-Musik, junge Leute (auch ✕).
- Horseshoe Pub, 17 Drury St., preisgünstiges Lunch.
- Blackfriars, 36 Bell St., mit Live-Jazz-Musik.
- Victoria Bar, 55 Farmeloan Road, und viele andere.

- Mehrere, z.B.: Drumchapel Pool, 199 Drumy Road East, oder Pollok Leisure Pool, 27 Cowglen Road, mit Wellenmaschine.

Mehrere, z.B.: Pollok, Barrhead Road, ☎ 0141/6321080.
Tortoise Cycles, 1417 Dumbarton Road, Verleih nur April bis September.
Das Tourist Office bietet von Mai bis September Stadtrundgänge an: Erw. £ 2,50, Sen./Kinder £ 1,50, ⌛ ca. 2 Std.

Adamson Hotel, 4 Crookston Drive, Glasgow G52 3LY, ☎ 0141/8823047; Januar bis Dezember; £ 14-20 B&B; ca. 5 km vom Zentrum entfernt, aber gute .
♦ Willow Hotel, 228 Renfrew Street, Glasgow G3 6TX, ☎ 0141/3322332; Januar bis Dezember; £ 18-27 B&B pro Pers.; nahe Zentrum.
♦ **Guest House**: Mrs Anderson, 3 King Edward Road, Glasgow G13 1QW, ☎ 0141/9548033; April bis September; £ 12-13; im Nordwesten ca. 7 km zum Zentrum, .
♦ Browns Guest House, 2 Onslow Drive, Glasgow G31 5LX, ☎ 0141/5546797; Januar bis Dezember; ab £ 13-15 B&B; östlich der Kathedrale, 2 km zum Zentrum.
♦ Mrs McCubbin, 21 Grosvenor Lane, Glasgow G12 9AA, ☎ 0141/3341677; April bis September; £ 15-16; nördlich der Universität, ca. 3 km zum Zentrum.
Craigendmuir Park, Campsie View, Stepps, Glasgow G33 6AF, ☎ 0141/7794159; Januar bis Dezember; £ 5 Stellplatz. **Caravan/Chalet-Vermietung**: ab £ 95 wöchentlich 2 bis 4 Pers.; an A80 vor Muirhead, Richtung Cumbernauld/Stirling ca. 7 km.
Y.H., 7/8 Park Terrace, Glasgow G3 6BY, ☎ 0141/3323004; Januar bis Dezember; £ 8,75-10,15; nahe Kelvingrove Park, 1 km zum Zentrum.
♦ Glasgow Backpackers Hostel, 8 Park Circus, ☎ 0141/3325412; Juli bis September; £ 8,50, in gleicher Lage wie Y.H.

Taxi: ☎ 0141/3326666 und 3327070.
Autovermieter, z.B. Ritchie, 43 Nithsdale Street, ☎ 0141/4232961, oder AMK Self Drive, 279 Clarence Drive, ☎ 0141/3343044; auch am .
Clyde-Rundfahrten: P.S. Waverley, Anderston Quay, ☎ 0141/2218152.
(U-Bahn) Rundstrecke mit 15 Stationen, Einzelfahrt £ 0,60, Tagesticket £ 1,80; Heritage Trail Ticket £ 1,60, gilt einen Tag, aber Mo bis Fr nicht vor 9:00; Stationen im ***Visitor's Transport Guide***, ☞ .
Stadtbusse: mehrere Gesellschaften, unter denen Strathclyde Transport die wichtigste ist, Einzeltickets im Bus je nach Entfernung ab £ 0,50 (Kleingeld!); Tagesticket "Day Tripper" zusammen mit (Nahverkehr) und U-Bahn ab £ 6; auch Wochentickets (Zonecard) möglich; vor allem am Wochenende fahren vom George Square Nachtbusse in die entfernteren Stadtteile und Vororte; besorgen Sie sich den ***Visitor's Transport Guide*** mit allen eingezeichneten Strecken beim i oder bei: Buchanan Bus Station, Killermont Street, ☎ 0141/3327133, oder Travel Centre, St. Enoch Square, ☎ 0141/2264826.
♦ **Fernbusse**: fahren von Buchanan Bus Station, Killermont Street, ☎ 0141/3327133, in alle Richtungen; Preisbeispiele ☞ Reise-Infos von A bis Z, Reisen im Land.
Zwei Hauptbahnhöfe: **Central Station** (für den Süden Schottlands und England), **Queen Street Station** (für den Norden); Züge in alle Richtungen; die beiden Bahnhöfe werden im 15-Minuten-Takt (außer So) durch Busse

miteinander verbunden. Außerdem betreibt ScotRail ein vorzügliches Nahverkehrsnetz, dessen Streckennetz Sie u.a. dem ***Visitor's Transport Guide*** entnehmen können; ℹ ☎ 0141/2042844 (24 Std.); Tagesticket "Day Tripper" und Wochenkarten ☞ 🚌; Preisbeispiele ☞ Reise-Infos von A bis Z, Reisen im Land.

✈ **Glasgow Airport**: bei Paisley, für europäische und schottische Flüge, ☞ Reise-Infos von A bis Z, Anreise; ☎ 0141/8871111; mit 🚆 von Central Station bis Paisley Gilmour (8 Züge pro Stunde, ⌛ 12 Min.), dann 🚌 60/80 zum Terminal oder direkt mit 🚌 von Buchanan Bus Station (Bahnsteig 1), alle 20 Min., ⌛ 20 Min., £ 2. Für schottische Flüge Preisbeispiele ☞ Reise-Infos von A bis Z, Reisen im Land.

♦ **Prestwick Airport**: für transkontinentale Flüge, ☎ 01292/79822; mit 🚆 von Central Station, ⌛ 40 Min.

Glasgow (gäl. *glas cau* - grüner Grund) ist mit rund 700.000 Ew. **die größte Stadt Schottlands**. Der Legende nach wurde die Siedlung im 6. Jh. von dem heiligen Mungo begründet, der im Clyde-Tal eine Kapelle errichtete, an deren Stelle 500 Jahre später unter Alexander bereits eine zur Kathedrale erhobene Kirche stand (um 1115). Mit der Stadtrechtsverleihung um 1178 begann auch der Ausbau der Kathedrale, der bis 1258 währte. Die Bischöfe, die 1492 zu Erzbischöfen aufstiegen, waren es auch, die die Gründung der Universität um 1451 einleiteten.

Als Schottland und England 1707 vereinigt wurden, begann die eigentliche, d.h. wirtschaftliche Geschichte der Stadt am Clyde. Da sich mit der Vereinigung plötzlich nicht nur England, sondern auch die englischen Kolonien dem schottischen Handel öffneten, stieg die an der Westküste gelegene Stadt (relativ kurzer Atlantikweg) als europäischer Zwischenhändler für Tabak, Rum und Zucker zu einem wichtigen Verteilungszentrum in Europa auf. Die Tobacco-Lords verdienten ein ungeheures Vermögen, das förmlich auf Investitionen drängte. Als folglich mit der amerikanischen Unabhängigkeit 1776 die Tabakphase abrupt ein Ende fand, floß das angesammelte Kapital verstärkt in die vorher schon begründete **Baumwollverarbeitung**, die sich in halbmechanisierten Manufakturen konzentrierte und der Industrialisierung des Landes Vorschub leistete.

Dies war möglich durch zwei wichtige Erfindungen: die Einführung des mechanischen Webstuhls 1786 durch Cartwright und - noch wichtiger - die Nutzbarmachung der Dampfkraft durch die sich ständig verbessernde Dampfmaschine von James Watt (1762), die bereits 1776 Eingang in die Fabriken fand. Die frühkapitalistische Produktionsspirale begann ihren Lauf: Die Investitionen der Tabakbarone ließen nicht nur die von amerikanischen Sklaven billig erwirtschaftete Baumwolle nach Schottland kommen (Import), sie bewirkten über die Manufakturen und frühen

Fabriken vor allem einen steigenden Zustrom von Arbeitern, arme *crofters*, die durch die *Clearances* (☞ Land und Leute, Geschichte, Bevölkerung) von ihrer Hochlandscholle vertrieben wurden (die Hochlandlords importierten statt ihrer eiligst Schafe), und verarmte Handwerker, die mit den Massenproduktionen nicht mehr konkurrieren konnten und zu Tagelöhnern absanken.

Sie alle kamen nach Glasgow, brauchten und verbrauchten zunehmend Energie (Kohle-, Maschinen- und Textilnachfrage), was wiederum das Entstehen einer frühen **Schwerindustrie** begründete. Die veredelten Baumwollprodukte mußten ausgeführt werden (Export), was die Schifffahrt am Clyde initiierte (Werften), die wiederum den Kohle- und Maschinenbau antrieb.

Ab 1799 wurde der Clyde ausgebaut, und bis 1819 war die Baumwollverarbeitung mit 12.000 Arbeitern das stärkste Standbein. Die Einwohnerzahl hatte sich binnen einer Generation im Jahre 1830 auf rund 200.000 Ew. verdreifacht. Die Kapitalisten, d.h. Manufaktur- und Fabrikbesitzer, häuften unvorstellbare Vermögen an, während die Arbeiter, zusammengepfercht in unhygienischen Hütten und Baracken, Glasgow zu einer der ersten kapitalistischen Slumstädte werden ließen. Zu dieser Zeit entstand das viktorianische Stadtbild des reichen Zentrums, umlagert von verwahrlosten Arbeitervorstädten.

Als die billige Sklavenarbeit nach dem amerikanischen Bürgerkrieg 1865 nicht mehr die Baumwolle umsonst lieferte, investierten die Geldbarone verstärkt in die Schwerindustrie (Kohle, Stahl, Schiffsbau). Nach dem Ersten Weltkrieg, und verstärkt nach dem Zweiten, brach dann diese schwerindustrielle Führungsposition in ganz Großbritannien unter dem Druck einer immer stärker werdenden internationalen Konkurrenz zusammen. Die Glasgow-Werften konnten vor allem gegen die asiatischen Konkurrenten nicht mehr mithalten, der Bergbau (Kohle) und die Stahlverarbeitung erlitten das gleiche Schicksal.

Glasgow wurde zum **Sozialfall** (was es eigentlich längst vorher schon war) und einem **Strukturproblemgebiet**. Die Arbeitslosigkeit grassierte, die Stadtviertel, zwischen und um große Fabrik- und Werftanlagen gepreßt, vergammelten vollends, und die viktorianischen Häuser der Innenstadt, ohnehin von den Kohleschornsteinen verrußt, konnten weder Touristen noch moderne Geschäftsleute nach Glasgow ziehen. Diese siedelten sich stilvoll im nahegelegenen schönen Edinburgh an, dem uneingeschränkt nun auch die wirtschaftliche Führungsposition zuzufallen schien, nachdem es die politische schon immer besessen hatte. Glasgow war erledigt, eine postindustrielle Leiche, dreckig und häßlich, und sein

Zentrum und seine Vorstädte wurden selbst von Schotten gemieden. Ein - so meinte alle Welt - hoffnungsloser Fall, für den man nichts tun könne, ein riesiges Black House der Armut.

Als dann die große amerikanische Beratungsfirma McKinsey Anfang der 80er schonungslos von einer "möglichen Spirale des Niedergangs" sprach, reagierte eine kleine Aktionsgruppe aus Geschäftsleuten im Gleichklang mit der Stadtverwaltung und die berühmte "**Glasgow Action**" begann. Ein psychologischer und medienwirksamer Volltreffer war der von der Werbeagentur Saatchi & Saatchi entworfene Slogan *Glasgow's Miles Better*, den man oberflächlich zunächst als "Glasgow ist um Meilen besser" übersetzen kann, der natürlich aber - mit Blick auf die berühmte Royal Mile Edinburghs - eine unmißverständliche Spitze gegen die so feine Stadt am Firth of Forth war (*Glasgow's Miles are better*).

Die Bemühungen konzentrierten sich auf die Innenstadt, wo man nach Inspektion des noch Vorhandenen viele Gebäude unter Denkmalschutz stellte und so lange mit Hochdruckwasserreinigern bearbeitete, bis sie wieder viktorianisch sandbraun waren. Erklärtes Ziel war die Anziehung von Touristen und Unternehmen, die im fernen London und auch in Edinburgh unter den hohen Mietzahlungen stöhnten. In der Stadtmitte entstanden mehrere attraktive Einkaufszentren wie z.B. das **St. Enoch Centre**; Restaurants, Delikatessenläden und Bars schossen plötzlich wie Pilze aus dem Boden. Während 1982 noch magere 700.000 Menschen Glasgow besucht hatten, die ca. £ 68 Mio ausgegeben hatten, kamen 1988 bereits über 2 Mio, die um die £ 190 Mio (!) in die Stadt pumpten.

Als dann noch Glasgow 1990 zur Kulturhauptstadt Europas gewählt wurde, konnten die Initiatoren von "Glasgow Action" ihr Glück kaum fassen: endlich, endlich, nach Jahren des Niedergangs konnte man einen Riesenerfolg vermelden. Die - seien wir ehrlich - mehr als aufsehenerregende Entscheidung stellte Glasgow auf eine Ebene mit Städten wie Florenz, Paris und Athen und brachte 3 Mio Besucher.

Glasgow ist heute *das* Shopping-Centre von Schottland, und zumindestens in diesem Punkt hat die Stadt am Clyde ihre schöne Rivalin Edinburgh in die Schranken verwiesen.

Auch der Tourismus hat sich etabliert, denn die (meist kostenlosen) Museen und das kulturelle Festival- und Musikleben können durchaus mit Edinburgh konkurrieren. Hier sind die **Scottish Opera**, das **Royal Scottish National Orchestra** und das - hinter dem Edinburgher International Festival - zweitgrößte Festival Britanniens, das **Mayfest**, zu Hause. Und in einem wesentlichen Punkt war Glasgow immer und unangefochten an erster Stelle: in der weithin anerkannten, einmaligen Freundlichkeit seiner Bewohner. Direkt, unkompliziert, herzlich und hilfsbereit: niemand im ganzen Land - auch nicht das feine Edinburgh - würde den Glaswegians diese Eigenschaften absprechen ...

Beginnen wir die Besichtigung am **Tourist Office** am **St. Vincent Place ❶**, wo man sich am Ausgang nach links wendet, um sofort in die nächste Straße, **Buchanan Street**, wieder links abzubiegen. Die Straße ist eine Fußgängerzone, auf der Shopping-Freunde schnell ins Stöbern geraten werden.

Die erste Gasse links führt zur kuppelgekrönten **Stirling's Library ❷**. Das 1827 im klassizistischen Stil eines griechischen Tempels errichtete Gebäude diente vormals als Royal Exchange, d.h. als Börse Glasgows.

⌘ Hier hat im Frühjahr 1996 die **Gallery of Modern Art** ihre Tore eröffnet, die sich ausschließlich der modernen Kunst widmet.

♦ Mo bis Sa 10:00 bis 17:00, So 11:00 bis 17:00; Eintritt frei.

Die geschäftige Buchanan-Einkaufsstraße endet an der Argyle Street, auf deren gegenüberliegenden Seite man den **St. Enoch Square ❸** sieht. Auf dem Platz steht in schrillem Kontrast zu dem riesigen, mit einem Glasdach versehenen **St. Enoch Shopping Centre** ein kleines, turm- und erkergeschmücktes Häuschen, das **Travel Centre ❹**, wo man sich mit allen möglichen Fahrplänen versehen kann.

Man geht nun auf der Argyle Street (später Trongate) nach Osten und kommt auf der rechten Seite am **Tron Theatre ❺** vorbei (nettes Café), dessen zeitgenössische Theater-, Tanz- und Musikvorstellungen zumindest bei jungen Leuten sehr beliebt sind.

Dahinter kommt man zur Kreuzung **Glasgow Cross**, wo der Turm des Tolbooth Steeple und das mit dem schottischen Einhorn geschmückte Mercat Cross stehen.

⌘ Überquert man hier die Kreuzung und folgt der London Road, so kommt man außerhalb des unmittelbaren Stadtzentrums rechts am Rande eines Parks zum **People's Palace ❻**, wo außer einem besuchenswerten **Museum der Stadt- und Sozialgeschichte Glasgows** auch ein schöner Wintergarten untergebracht ist.

♦ Mo bis Sa 10:00 bis 17:00, So 11:00 bis 17:00; Eintritt frei.

Nicht weit von hier steht das mit vielen Türmchen geschmückte neugotische Gebäude der **Templeton's Carpet Factory ❼**. Die glasierten Ziegelsteine machen den vielfarbig schillernden Bau, der sich an den Dogenpalast in Venedig anlehnt, zu einem der auffälligsten Gebäude der Stadt. Heute ist hier ein Business Centre untergebracht.

Geht man nun Richtung Glasgow Cross auf der London Road den Weg zurück, sieht man rechter Hand das Budenviertel des über 100 Jahre alten **Barras**, der der bekannteste **Floh- und Wochenendmarkt** Glasgows ist. Über 800 Einzelhändler versuchen in den teilweise überdachten Marktgassen, ihre Sachen an den Mann zu bringen.

♦ Sa und So 9:00 bis 17:00.

Am Glasgow Cross wendet man sich rechts auf die High Street, auf deren rechten Seite man nach 1 km zur Kathedrale von Glasgow kommt.

⌘ Vor der schwarzen, mächtigen Kirche steht das **St. Mungo Museum ❽**, das dem Besucher die großen Weltreligionen vorstellt und dessen berühmteste Exponate der Christus von Salvador Dalí und der buddhistische Zen-Garten im Hinterhof sind.

♦ Mo bis Sa 10:00 bis 17:00, So 11:00 bis 17:00; Eintritt frei; .

✞ Die **Glasgow Cathedral** ist dem Gründer von Glasgow, dem heiligen Mungo, geweiht, der in der Krypta aus dem 13. Jh. begraben ist. Die Kirche selbst, die im Mittelalter wegen der Gebeine des Heiligen ein beliebtes Wallfahrtsziel war, ist eines der wichtigsten gotischen Gotteshäuser Schottlands; sie wurde im 12. Jh. begonnen, aber in den folgenden Jahrhunderten fortwährend ergänzt und renoviert.

Hinter der Kirche (zugänglich über eine Brücke hinter dem St. Mungo Museum) erstreckt sich über einen Hügel der riesige Kirchhof von Glasgow, die **Nekropolis**. Auch wenn der von imposanten Gräbern der Bourgeoisie nur so strotzende Friedhof heute etwas verwahrlost wirkt, lohnt sich der Aufstieg auf den Hügel, wo die Säule des Reformators John Knox steht und sich ein weiter Blick über Stadt und Kathedrale ergibt.

Gegenüber vom St. Mungo Museum steht das älteste Haus Glasgows, **Provand's Lordship ❾**. Das 1471 für den Kaplan des St. Nicholas Hospitals erbaute Haus ist neben der Kathedrale der einzige mittelalterliche Bau Glasgows und wurde unter Bischof Andrew Muirhead erbaut. Später wohnte hier der Verwalter der Kirchengüter (*Provand*).

♦ Mo bis Sa 10:00 bis 17:00, So 11:00 bis 17:00; Eintritt frei.

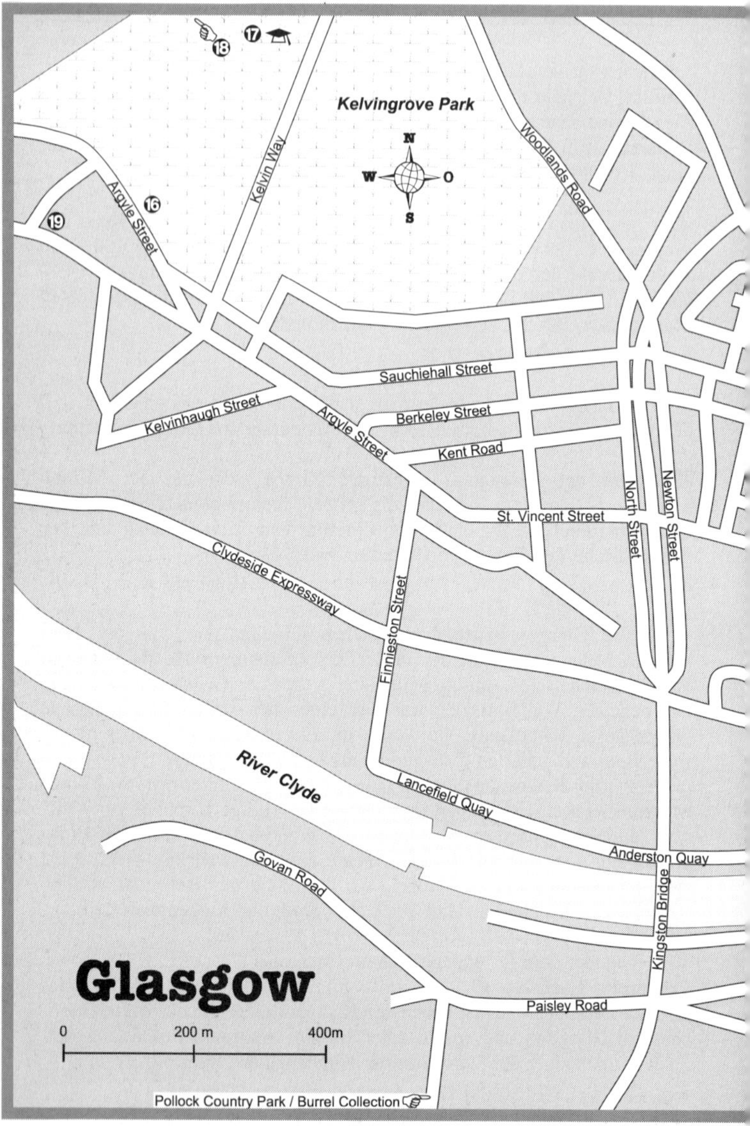

Kelvingrove Park
N
W
O
S
17
18
16
19
Kelvin Way
Woodlands Road
Argyle Street
Sauchiehall Street
Kelvinhaugh Street
Argyle Street
Berkeley Street
Kent Road
St. Vincent Street
North Street
Newton Street
Clydeside Expressway
Finnieston Street
River Clyde
Lancefield Quay
Anderston Quay
Govan Road
Kingston Bridge
Paisley Road
Glasgow
0
200 m
400m
Pollock Country Park / Burrel Collection

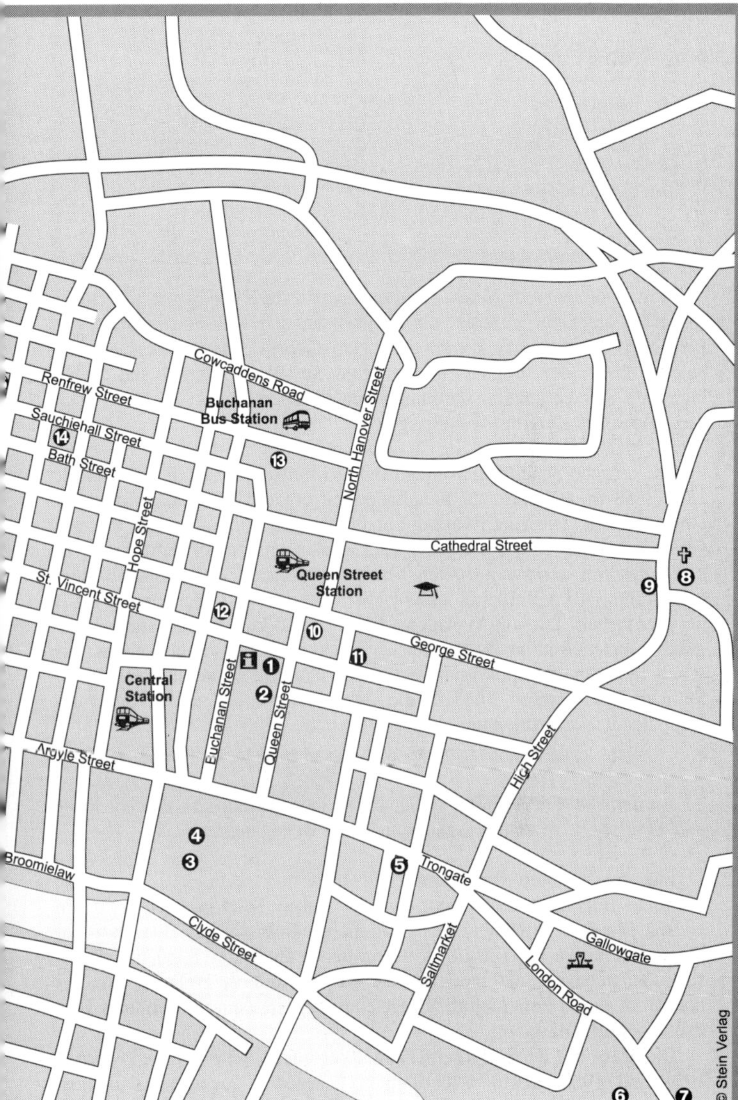
Cowcaddens Road
Renfrew Street
Sauchiehall Street
Bath Street
Hope Street
St. Vincent Street
Buchanan Bus Station
North Hanover Street
Cathedral Street
Queen Street Station
George Street
Central Station
Buchanan Street
Queen Street
Argyle Street
High Street
Broomielaw
Trongate
Clyde Street
Saltmarket
Gallowgate
London Road
1
2
3
4
5
6
7
8
9
10
11
12
13
14
© Stein Verlag

❶	St. Vincent Place	❿	George Square
❷	Stirling's Library	⓫	City Chambers
❸	St. Enoch Square	⓬	International Stock Exchange
❹	Travel Centre	⓭	Royal Concert Hall
❺	Tron Theatre	⓮	Willow Tearoom
❻	People's Palace	⓯	Glasgow School of Art
❼	Templeton's Carpet Factory	⓰	Glasgow Art Gallery & Museum
❽	St. Mungo Museum und Glasgow Cathedral	⓱	Hunterian Museum
		⓲	Hunterian Art Gallery
❾	Provand's Lordship	⓳	Museum of Transport

Man geht nun ein Stück zurück über Castle/High Street und biegt rechts in die George Street ein. Vorbei an den Häuserschluchten der **Strathclyde University** kommt man zum **George Square ❿**. Der stets belebte Platz, der von der hohen Säule Sir Walter Scotts und vielen kleineren Statuen anderer berühmter Schotten geschmückt wird, ist auch heute noch das Zentrum von Glasgow.

Die östliche Seite wird von den mit korinthischen Säulen versehenen, 1883-1888 im italienischen Renaissancestil erbauten **City Chambers ⓫** eingenommen. Die gute Führung durch das mehr als prachtvolle Rathaus Glasgows sollten Sie auf keinen Fall versäumen. Außer dem Treppenhaus, das mit der zweitgrößten Marmortreppe der Welt prunken kann (die größte ist im Vatikan), ist vor allem der Festsaal (Banqueting Hall) hervorzuheben. Die mit Mahagoni, Marmor und kunstvollen Stukkaturen geschmückten Räume lassen ahnen, welche Reichtümer der viktorianischen Industriemetropole zur Verfügung standen, an deren nur wenige Steinwürfe entfernten Rändern die Arbeiterslums die andere Seite des Kapitalismus verdeutlichten.

♦ Kostenlose Führung Mo bis Fr 10:30 und 14:30 außer bei Ratssitzungen.

An der Südseite des George Square kommt man am St. Vincent Place und Tourist Office zum Ausgangspunkt des Rundgangs zurück.

Für den zweiten Rundgang biegt man nun rechts auf die schon bekannte Buchanan Street ein; auf der linken Seite passiert man am Nelson Mandela Place das 1877 stammende Gebäude des **International Stock Exchange ⓬** (Börse). Am nördlichen Ende der Buchanan Street steht die moderne und monumentale **Royal Concert Hall ⓭**, vor der man links in die **Sauchiehall Street** einbiegt, ein weiteres beliebtes Einkaufsparadies Glasgows.

Das Haus mit der Nummer 217 (auf der linken Seite) wurde zwischen 1904 und 1928 von dem berühmten Glasgower Jugendstilarchitekten

Charles Rennie Mackintosh (1868-1928) entworfen, der besonders durch seine formal reinen Möbeldesigns bekannt wurde. In den Räumen des **Willow Tearoom ⑭** (über dem Juwelier Henderson) kann man bei einer Tasse Tee noch die ursprünglichen Glas- und Spiegelarbeiten jener Zeit bewundern.

Biegt man von der Sauchiehall zwei Blöcke weiter rechts in die Dalhousie Street ein und nimmt die erste Straße links - Renfrew Street -, so kommt man zur **Glasgow School of Art ⑮**, die allgemein als Meisterwerk Mackintoshs anerkannt wird (1897-1899 und 1907-1909).

⌘ Es bedarf nun eines ca. 1,5 km langen Spaziergangs durch eine bessere Wohngegend (oder 🚌 42, 49, 57), um am Ende der Sauchiehall rechts im Kelvingrove Park den roten, viktorianischen Bau der **Glasgow Art Gallery & Museum ⑯** zu erreichen, in dem neben einer stattlichen Gemäldegalerie (u.a. Botticelli, Bellini, Tintoretto, Rembrandt, Rubens, Renoir, Picasso, Matisse, Van Gogh) auch archäologische, naturgeschichtliche, zoologische und ethnographische Ausstellungen sowie eine umfangreiche Waffensammlung zu besichtigen sind.

♦ Mo bis Sa 🚪 10:00 bis 17:00, So 11:00 bis 17:00; Eintritt frei; ♿ ☕.

🎓 Hinter der Art Gallery sieht man die Gebäude und den Turm der **Glasgow University**, die man am besten über den Kelvin Way (von der Sauchiehall Street) und die links abbiegende University Avenue erreicht.

⌘ Links im sehenswerten Hauptgebäude der Universität ist das **Hunterian Museum ⑰** untergebracht, das 1807 gegründet wurde und damit das älteste Museum der Stadt ist. Es enthält außer geologischen, archäologischen und technikgeschichtlichen Exponaten auch eine Münzgalerie sowie wechselnde Ausstellungen. Der Name des Museums leitet sich von dem Arzt William Hunter (1718-83) ab, der hier studierte und später eine große Sammlung an Münz- und Kunstgegenständen der Universität vermachte.

♦ Mo bis Sa 🚪 9:30 bis 17:00; Eintritt frei.

⌘ Auf der anderen Straßenseite befindet sich schräg gegenüber an der kleinen Hillhead Street die **Hunterian Art Gallery ⑱**, die mit dem Mackintosh House über eine große Sammlung an Graphiken und Möbeln des Jugendstilarchitekten verfügt. Außerdem können Werke von Rembrandt, Rubens, Sisley und alte sowie moderne schottische Maler (Ramsay, Raeburn, Fergusson, McTaggart) studiert werden.

♦ Mo bis Sa 🚪 9:30 bis 17:00; Eintritt frei; ♿.

⌘ Geht man nun zur Art Gallery & Museum an der Argyle Street (Verlängerung der Sauchiehall) zurück, bietet sich abschließend nach soviel Kunst der Besuch eines ganz anders gearteten Museums an, das sich gegenüber der Art Gallery in der riesigen Sportanlage der Kelvin Hall befindet (Zugang über die Seitenstraße Bunhouse Road): das **Museum of Transport** ⑲. Über Straßenbahnen, Busse, Autos, Feuerwehrwagen, Lokomotiven und andere Instrumente der Fortbewegung, die zur Freude nicht nur der Kleinen alle erklettert und bestiegen werden können, bis zum Nachbau einer Glasgower Straße aus dem Jahre 1938 finden Mobilitätsfans so ziemlich alles, was in die Kategorie Straßengeschichte gehört.

♦ Mo bis Sa 10:00 bis 17:00, So 11:00 bis 17:00; Eintritt frei; .

Für den Weg zurück zur Innenstadt werden die ermüdeten Füsse der meisten nun auf die Beförderung mit einem modernen Bus bestehen (z.B. 6, 8 zum George Square).

Die folgenden Sehenswürdigkeiten, die ca. 4 km weit vom Zentrum entfernt im Südwesten der Stadt liegen, sollte man von vornherein mit dem Auto oder der Bahn angehen.

Wer die Bahn nimmt (ScotRail), fährt von der Central Station am besten bis Pollokshaws West, wo man direkt den Eingang zum **Pollock Country Park** findet. Diese 360 Morgen große Parkanlage besitzt neben mehreren Golfplätzen, Cricketfeldern und Spazierwegen zwei hervorragende Sehenswürdigkeiten.

⌘ Die **Burrell Collection** ist eines der besten Museen Glasgows und nach dem wohlhabenden Reeder und Kunstsammler Sir William Burrell (1861-1958) benannt, der 1944 seine außergewöhnliche, 8.000 Einzelstücke umfassende Kunstsammlung der Stadt Glasgow vermachte. Dies geschah allerdings mit der Auflage, daß die kostbaren Stücke in ländlicher Umgebung und einer Entfernung von mindestens 16 Meilen zum Zentrum auszustellen seien, da der gute Mann der Luftverschmutzung der Industriestadt nicht traute.

Dies war zunächst unmöglich für die Stadt, und erst, als Glasgow 1966 durch eine weitere Schenkung das Pollock-Anwesen erhielt, milderten die Treuhänder des Burrell-Erbes die Bedingungen, und die Stadt baute mitten im Pollock Park eigens eine Kunstgalerie, die die Schätze des Reeders in gelungener und würdiger Weise präsentiert. Von ägyptischen Statuen, persisch-chinesischen Keramikarbeiten und orientalischen

Teppichen über Skulpturen, Möbel, Glasarbeiten, Tapisserien und alten wie impressionistischen Gemälden (Rembrandt, Cranach, Manet, Degas, Cezanne, Renoir) erstreckt sich das Angebot des sehenswerten Museums.

♦ Mo bis Sa 10:00 bis 17:00, So 11:00 bis 17:00; Eintritt frei; ♿ 🍴.

⌘ Man kann nun entweder einen Spaziergang machen oder aber den Parkbus benutzen, der zwischen Haupteingang, Burrell Collection und **Pollock House** verkehrt. Das letztere wurde um 1750 erbaut und zwischen 1890 und 1908 von dem Architekten Robert Rowand Anderson erweitert. Es war das Haus der Maxwell-Familie, die seit dem 13. Jh. hier ansässig war. Das Haus, umgeben von Gärten, steht in einem der schönsten Areale des Parks und besitzt eine sehenswerte, hauptsächlich spanische Gemäldesammlung (u.a. Murillo, Goya, Velázquez), die Sir William Stirling Maxwell im 19. Jh. erwarb.

♦ Mo bis Sa 10:00 bis 17:00, So 11:00 bis 17:00; Eintritt frei; ☕.

Aberdeen

TIC, St. Nicholas House, Broad Street, Aberdeen AB9 1DE, 01224/632727; Januar bis Dezember 10:00 bis 17:00 (Richtzeit); ; auch .

Aberdeen Royal Infirmary, Forresterhill Road, 01224/681818.

Headquarters, Queen Street, 01224/639111.

489 Union Street.

Union Street und Broad Street.

Mehrere, z.B. 198 Holburn Street.

Kino: Cannon und Capitol, beide Union Street.

Music Hall, Union Street, 01224/632080.

Arts Centre Theatre, King Street, und **His Majesty's Theatre**, Rosemount Viaduct, Tickets für beide: 01224/641122.

Viele auf der Union Street.

Bon Accord Baths & Leisure Centre, Justice Mill Lane.

Mehrere, z.B. Hazlehead, 01224/321830.

Hayfield Riding School, Hazlehead, 01224/315703.

Terrace Private Hotel, 1 Springbank Terrace, Aberdeen AB1 2LS, 01224/581278; Januar bis Dezember; £ 14-26 B&B pro Pers.; zentral.

♦ Landale Guest House, 320 Holburn Street, Aberdeen AB1 6DX, 01224/583865; Januar bis Dezember; £ 15-18 B&B pro Pers.; sehr nette Gastgeber; an dieser Straße, nicht weit von der Union Street, mehrere B&Bs.

Hazlehead Caravan Park & Campsite, Beach Leisure Centre, Beach Promenade, Aberdeen AB2 1NR, 01224/321268; April bis September; £ 3,45-6,85; 5 km westlich an A944.

Y.H., 8 Queen's Road, Aberdeen AB1 6YT, 01224/646988; Februar bis Dezember; £ 6,20-7,55; 14, 15 von Union Street.

Taxi: 01224/633535.

Autovermieter, z.B. A. Clark Self Drive, Girdleness Road, 01224/248842.

Aberdeen Airport, Dyce, 4 km NW, 01224/722331, 27 von Guild Street alle 40 Min., Fahrzeit ca. 40 Min. (Reise-Infos von A bis Z, Anreise); Preisbeispiele innerhalb Schottlands Reise-Infos von A bis Z, Reisen im Land.

P&O Scottish Ferries, Jamieson's Quay (von Market Street), 01224/572615, **nach Lerwick** (Shetland, 14 Std.): Januar bis Dezember, fünfmal wöchentlich, Pkw einfach ab DM 256, Pers. einfach ab DM 109; **nach Stromness** (Orkney, 8 Std.): April bis November, zweimal wöchentlich, Pkw einfach ab DM 200, Pers. einfach ab DM 82.

Langstreckenbusse: Guild Street Bus Station, in alle Richtungen, Preisbeispiele Reise-Infos von A bis Z, Reisen im Land.

♦ **Stadtbusse**: Grampian Busline Busse nehmen pro Fahrt exakte Summe (abhängig von Entfernung; Kleingeld bereithalten), eine Travel Information Map mit Routen gibt es beim oder beim City Centre Kiosk, St. Nicholas Street, oder beim Head Office, 395 King Street; telefonische Nachfrage unter 01224/633333; es gibt Explorer Tickets für 1 und 2 Tage.

Guild Street, nach Inverness, Edinburgh, Glasgow usw.; Preisbeispiele Reise-Infos von A bis Z, Reisen im Land.

Aberdeen ist mit ca. 220.000 Ew. die **drittgrößte Stadt Schottlands** und erstreckt sich zwischen den Mündungen der Flüsse Dee und Don, die hier in die Nordsee münden. Ihre Beinamen "Silver City" (Silberstadt) und "Grey City" (graue Stadt) werden oft zitiert und resultieren aus der Tatsache, daß Aberdeen eine Stadt aus Granit ist; ist das Wetter schlecht und der Himmel bewölkt, wirkt Aberdeen eben grau und abweisend, bei schönem Wetter dagegen glitzert die Stadt im Silber des Granitsteins. Gewiß ist das in Maßen zutreffend, aber die in einigen Reiseführern anzufindende Überbetonung der beiden Extreme dient wohl eher der touristischen Griffigkeit von kurzen Schlagwörtern; weder verfallen Aberdonians und Besucher bei schlechtem Wetter einer selbstmordartigen Depression, noch werden sie beim Hervorbrechen der Sonne blind vor Funkeln ...

Die Granitvorliebe der Aberdonians zeigt eher, daß diese Stadt schon immer ihre wirtschaftlichen Interessen wahren konnte. König Wilhelm der Löwe gab dem Ort bereits im 12. Jh. die Stadt- und Hanserechte, und Bischof Elphinstone gründete 1495 mit dem King's College die erste Universität, der als protestantisches Pendant 1593 das Marischal College folgte (1860 zur Universität Aberdeen vereint).

Die Stadt war im 19. Jh. berühmt für ihre schnellen Segler, die sogenannten Aberdeen-Clippers. Mit dem Aufkommen der Dampfschiffahrt entwickelte sich die **Trawler-Fischerei**, aber der wichtigste Boom kam in den 70er und 80er Jahren dieses Jahrhunderts, als Aberdeen **Standort und Zentrum der Nordseeölproduktion** wurde. Zwar fließen die Direkteinnahmen aus dem Öl zum großen Teil nach London, aber eine große Zulieferer- und Versorgungsindustrie schafft Arbeitsplätze und Wohlstand. Mit Sorge sehen die Aberdonians dem absehbaren Ende der Ölförderung entgegen, und die Stadt bemüht sich daher um die rechtzeitige Ansiedlung von Hochtechnologiezentren für die Zukunft.

Das Stadtzentrum vermittelt - bei längerem Aufenthalt - ein schwer beschreibbares Gefühl moderner und internationaler Geschäftigkeit, die sich wenig um politische Fragen kümmert, solange der Laden läuft. Das war hier schon immer so, denn Aberdeen hat wenig politische, aber einige ökonomische Höhepunkte in seiner Geschichte zu vermelden. Dazu paßt, daß im Stadtwappen das Losungswort "Bon Accord" (Eintracht) auch durch "gute Zusammenarbeit" übersetzt werden könnte.

Die Frage einer möglichen Loslösung von Großbritannien wird hier wirtschaftlich, nicht aber traditionell-romantisch diskutiert, und der Rummel um das Versenken der "Brent Spar" verursachte hier eher Stirnrunzeln als ökologische Solidarität. Um es auf den - ein wenig überspitzten - Punkt zu bringen: die Stadt wirkt durch ihren ausschließlich wirtschaftlich-technischen Blick nach vorne fast unschottisch, denn die ansonsten überall gepflegte Liebe der Schotten zur Tradition und ihre Bodenständigkeit haben hier weder politisch noch wirtschaftlich (relativ wenig Touristen) einen großen Nährboden.

Man beginnt die Stadtbesichtigung an der Prachtstraße Aberdeens, der von Geschäften, Pubs und Restaurants gesäumten **Union Street**, die zwischen 1794 und 1805 angelegt wurde und von vielen Granitgebäuden gesäumt wird. An ihrem östlichen Ende kommt man zur **Castlegate ❶**, wo das einhorngeschmückte **Mercat Cross** von 1686 steht; hier sind auch neben den königlichen Wappen die Portraits der 10 Stuart-Könige zu sehen. Der auffallende Turm an der Ostseite des Platzes ist dem Turm von Balmoral Castle nachgebildet (errichtet von James Souttar, 1893-1896); hier sitzt heute die Salvation Army. Castlegate war bis ins 19. Jh. hinein der Mittelpunkt der Stadt, wo auch Märkte abgehalten wurden.

✞ Geht man nun Richtung Union Street, liegt rechts in der King Street die neugotische **St. Andrew's Cathedral ❷**, das erste Gebäude, das der berühmte Stadtarchitekt Archibald Simpson 1817 errichtete (ausnahmsweise aus Sandstein und nicht aus Granit).

⌘ An der Ecke Union Street/Broad Street steht neben dem **Old Town House ❸** von 1874 mit seinem dominierenden Turm das **Tolbooth**, das zwischen 1616 und 1629 gebaut wurde und lange als Stadtgefängnis diente. Heute ist hier ein kleines historisches Museum untergebracht, das auch über eine enge Wendeltreppe zu den kleinen Gefängniszellen führt, wo lebensgroße Figuren und schauriges Gejaule vom Endlosband für Spannung sorgen sollen.

♦ April bis September Di bis Sa ❏ 10:00 bis 17:00, Do 10:00 bis 20:00, So 14:00 bis 17:00; Eintritt frei.

Über der benachbarten Clydesdale Bank wacht eine übergroße Frauenstatue, die oft für Queen Victoria gehalten wird, in Wirklichkeit aber die griechische Göttin Ceres darstellt.

ℹ Biegt man nun rechts in die Broad Street ein, sieht man auf der linken Seite das wie üblich gut ausgestattete **Tourist Office**.

🎓 Auf der anderen Straßenseite befindet sich das aufwendigste und auffälligste Gebäude des Stadtzentrums, das **Marischal College**, das

1593 von dem 5. Earl of Marischal, George Keith, als protestantische Universität auf dem Gelände des ehemaligen Greyfriars-Klosters gegründet wurde. Die neogotische Fassade ist eine der gewaltigsten Granitarbeiten der Welt und stammt aus dem 19. Jh.

⌘ Im College ist das **Marischal Museum ❹** untergebracht, das sich der Völkerkunde widmet.

♦ Mo bis Fr 10:00 bis 17:00, So 14:00 bis 17:00; Eintritt frei.

⌘ Neben dem Tourist Office kann man von der Broad Street zum **Provost Skene's House ❺** gelangen, das das älteste Stadthaus Aberdeens ist (frühes 16. Jh.) und sehenswerte Stuckdecken und Deckenmalereien aus dem 18. Jh. beherbergt. Seinen Namen hat es nach George Skene, der hier von 1676 bis 1685 als *Provost* (Bürgermeister) residierte. Hier stieg auch 1746 der Herzog von Cumberland ab, der Führer der englischen Truppen, die wenige Tage später bei Culloden Bonnie Prince Charlie entscheidend schlugen. Er und seine Truppen sollen das Haus nicht gerade mit Respekt behandelt haben; man aß und trank auf Kosten des Wirtes, verbrauchte alle Kerzen und stahl hinterher noch Teile der Einrichtung.

♦ Mo bis Sa 10:00 bis 17:00; Eintritt frei; ☕.

✞ Biegt man von der Broad Street links in die Upperkirkgate ein, so kommt man zwischen großen Shopping-Centres auf beiden Seiten der Straße links an der **Kirk of St. Nicholas ❻** vorbei. Die Kirche, die einst die größte Parish Church Schottlands war, existiert urkundlich seit dem 12. Jh., wurde aber während der Reformation stark beschädigt und mußte neu aufgebaut werden. Sie beherbergt heute praktisch gleich mehrere Kirchen; der interessanteste Teil ist die im Osten gelegene Krypta der **St. Mary's Chapel**, die aus dem 15. Jh. stammt.

⌘ Danach kommt man auf der rechten Seite zur modernen **Aberdeen Art Gallery ❼**, deren ständige Ausstellung impressionistische und viktorianische Maler umfaßt, aber auch Bilder von Raeburn und der Glasgow School besitzt.

♦ Mo bis Sa 10:00 bis 17:00 (Do bis 20:00), So 14:00 bis 17:00; Eintritt frei; ☕.

Nach der Überquerung der Eisenbahngleise sieht man links den **Union Terrace Garden**, dessen Blumenfelder das Stadtwappen Aberdeens wiedergeben. Vor dem **His Majesty's Theatre** sieht man eine riesige martialische Wallace Statue, dahinter das große Gebäude der **Central Library**. Man kehrt hier links entlang des Union Terrace Garden zur hektischen Union Street zurück und biegt dort rechts ein.

✞ Nach wenigen Metern steht rechts in der Huntly Street die katholische **St. Mary's Cathedral ❽** (1860), deren hoher schlanker Kirchturm 1878 anläßlich der Erhebung zur Kathedralskirche hinzugefügt wurde.

⌘ Noch weiter westlich kann man von der Union Street links in die Bon Accord Terrace einbiegen, um direkt in der nächsten Straße rechts, Justice Mill Lane, auf das interessante **Satrosphere ❾** zu treffen, ein sehr ansprechendes und praktisch orientiertes Technikmuseum für Kinder. Die Kleinen können hier alle möglichen optischen, akustischen und anderen Tests machen, ohne daß etwas kaputtgehen kann. Aber auch Erwachsene werden an den effektvollen Testkonstruktionen - mancher wird sich an den Physikunterricht erinnern - sicherlich ihren Spaß haben.

♦ Mo, Mi bis Sa 10:00 bis 17:00, So 13:30 bis 17:00; Erw. £ 3,50, Kinder £ 1,75; ♿ ☕.

Wer nun über die Union Street nach Osten zurückgeht, kann rechts in die Market Street einbiegen, die nach wenigen Metern zum **Hafen** führt, wo Fähren, Container- und Ölversorgungsschiffe das Bild prägen.

⌘ Die erste Straße links von der Market Street ist die kleine Shiprow-Gasse, die zum alten **Provost Ross's House** (1594) führt, wo das **Aberdeen Maritime Museum ❿** untergebracht ist. Das Museum widmet sich der Geschichte der Seefahrt, die in Aberdeen von der anfänglich lokalen Fischerei über die schnellen Handelsclipper und den folgenden Fischtrawlern bis zu den modernen Ölversorgungsstationen reicht. Viele der berühmten Schiffe sind als nachgebaute Modelle hier zu sehen.

♦ Mo bis Sa 10:00 bis 17:00; Eintritt frei.

❶ Castlegate	❽ St. Mary's Cathedral
❷ St. Andrew's Cathedral	❾ Satrosphere
❸ Old Town House	❿ Aberdeen Maritime Museum
❹ Marischal Museum	⓫ King's College
❺ Provost Skene's House	⓬ Old Aberdeen Town House
❻ Kirk of St. Nicholas	⓭ St. Machar's Cathedral
❼ Aberdeen Art Gallery	

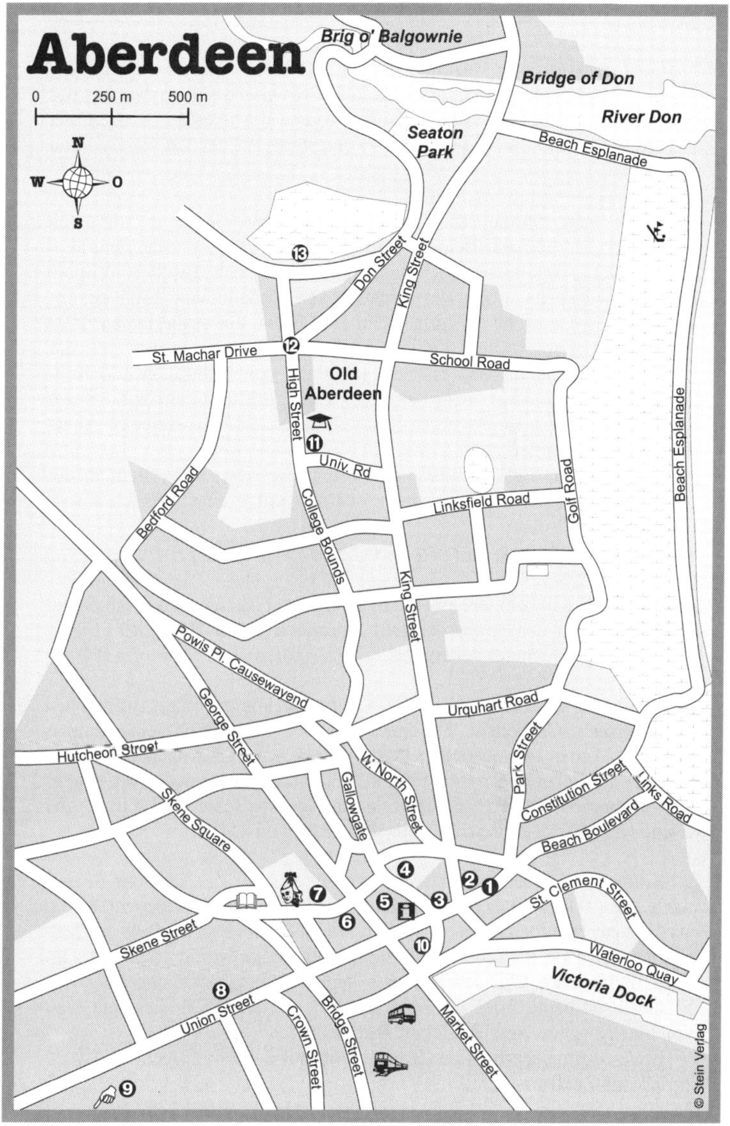

Aberdeen
0
250 m
500 m
N
W
O
S
Brig o' Balgownie
Bridge of Don
River Don
Seaton Park
Beach Esplanade
Don Street
King Street
St. Machar Drive
School Road
High Street
Old Aberdeen
Univ. Rd
Bedford Road
College Bounds
Linksfield Road
Golf Road
Powis Pl. Causewayend
George Street
Urquhart Road
Hutcheon Street
W. North Street
Gallowgate
Park Street
Constitution Street
Links Road
Skene Square
Beach Boulevard
St. Clement Street
Skene Street
Waterloo Quay
Victoria Dock
Union Street
Crown Street
Bridge Street
Market Street
© Stein Verlag

Einen ganz anderen Charakter als das hektische Stadtzentrum um die Union Street hat der geruhsame Stadtteil **Old Aberdeen** im Norden der Stadt. Man nimmt am besten einen der Busse, die über die King Street nach Norden fahren (z.B. 🚌 1 bis 7) und steigt bei der University Road aus.

🎓 Die erste Straße rechts von der University Road ist die High Street, auf der man zum **King's College** ⓫ von 1495 kommt, dem ältesten Universitätsgebäude der Stadt. Es wurde von Bischof William Elphinstone gegründet; in der sehenswerten Kapelle von 1505 ist vor allem das Holzgestühl hervorzuheben. Nachdem die Protestanten 1593 mit dem Marischal College in die New Town umgezogen waren, war das Verhältnis der beiden Universitäten jahrelang von Mißtrauen und Konkurrenz bestimmt, was nicht selten zu Handgreiflichkeiten auf offener Straße führte. Erst 1860 wurden beide Colleges zur **University of Aberdeen** zusammengefaßt.

Wer sich für die Geschichte der Uni interessiert, sollte dem in der alten Unibibliothek untergebrachten **Visitor Centre** einen Besuch abstatten.

♦ Mo bis Sa 🚪 10:00 bis 17:00, So 12:00 bis 17:00; Eintritt frei.

Am Ende der ruhigen, mit Kopfsteinpflaster versehenen High Street steht mitten auf der Straße das **Old Aberdeen Town House** ⓬ (1788), das heute eine Bücherei beherbergt.

✝ Weiter geradeaus über die Chanonry kommt man zur großen **St. Machar's Cathedral** ⓭, deren gegenwärtiges Granitgebäude zwischen 1420 und 1444 errichtet wurde. Hier stand im frühen Mittelalter bereits eine keltische Kirche, der um 1130 ein erster Kathedralbau folgte. St. Machar besitzt eine prachtvolle, mit europäischen, religiösen und schottischen Wappen geschmückte Holzdecke von 1520.

Hinter der Kathedrale erstreckt sich am Südufer des Don der **Seaton Park**. An seiner rechten Seite führt die kleine Don Street zu einem idyllischen, waldbestandenen Weiler, wo die alte Brücke **Brig o' Balgownie** den Don überquert. Die Steinbogenbrücke wurde 1329 fertiggestellt und bildete fünf Jahrhunderte lang den Hauptübergang über den Fluß; sie ist heute für Fahrzeuge gesperrt, die seit 1830 die nicht weit von hier gelegene **New Bridge of Don** benutzen.

Etwas weiter oberhalb der Brücke fährt auf der Don Street der 🚌 20 zurück ins Zentrum.

Der Südosten - Die Scottish Borders

Die südöstlichste Region Schottlands ist ein bewaldetes, bis knapp 900 m hohes Hügel- und Bergland, das im Osten zur Nordsee hin abfällt und im Marschland Merse ein sumpfiges Flachland besitzt. Der Name "Borders" (Grenzland) weist schon darauf hin, daß sich hier jahrhundertelang die ständig umkämpfte Grenze zu England befand, die zudem noch von einheimischen Räuber- und Schmugglerbanden, den berühmt-berüchtigten Border-Reivers, unsicher gemacht wurde. Das Land wird oft als **Scotts Country** bezeichnet, da hier die mächtige Scott-Familie, darunter auch und vor allem natürlich der Dichter Sir Walter Scott (☞ Land und Leute, Kunst und Kultur, Literatur), seit Jahrhunderten eine große Rolle gespielt hat. Touristisch glänzt die Region vor allem durch ihre berühmten **Abteiruinen** und den - im Sommer - fast **idyllisch wirkenden Hügeln und Weiden**, die eine für schottische Verhältnisse geradezu weiche Landschaft prägen.

Wer von Newcastle auf der hügeligen (✋ viele *Blind Summits*, ☞ Reise-Infos von A bis Z, Verkehrsregeln) und von Weiden gesäumten A68 nach Norden fährt, überquert am Pass **Carter Bar** (419 m) den Kamm der **Cheviot Hills**, die hier die Grenze zwischen Schottland und England bilden. Vom baumlosen Paß (P 🚻) hat man einen ersten schönen Blick auf die hügelige Borders-Region. Die nun abwärts führende Straße geht wieder an sanften Vieh- und Schafsweiden vorbei nach Jedburgh, das man nach 17 km erreicht.

Ungefähr 7 km vor der Stadt passiert man den **Jedforest Deer & Farm Park**, einen hauptsächlich von Rotwild belebten Tierpark.

♦ Tägl. Mai bis August 10:00 bis 17:30, September/Oktober 11:00 bis 16:30; Erw. £ 2,50, Sen. £ 2,30, Kinder £ 1,50; ☕.

Jedburgh

- Murrays Green, Jedburgh, Roxburghshire TD8 6BE, ☎ 01835/863435, FAX 01835/864099; Januar bis Dezember 10:00 bis 18:00 (saisonal wechselnd!); ♿; gegenüber der Abtei am Parkplatz.
- Health Centre, Queen Street, ☎ 01835/863361.
- Castlegate, ☎ 01835/862264 (nur tagsüber).
- High Street.
- Jedburgh Sports Centre, Pleasance (Badminton, Tennis, Squash).

- Waterside Fitness Centre, Oxnam Road (25-m-Pool, Sauna).
- The Country Sports Shop, 6-8 Canongate, ☏ 01835/863019, Angelscheine, Ausrüstung und Information.
- Jedburgh Golf Club, Dunion Road, ☏ 01835/864175 (9-Loch-Kurs, £ 5-10, 🍷).
- Forresters Restaurant, Castlegate, ☏ 01835/862380, ca. £ 12 (Dinner), £ 6-10 (Lunch), beliebt, für Dinner Reservierung ratsam.
- Supermarkt, Canongate.
- Royal Hotel, Canongate, Jedburgh TD8 6AJ, ☏ 01835/863152; ganzjährig; ab £ 17,50 B&B, (Arrangement).
- **Guest House**: Mrs Bathgate, Craigowen, 30 High Street, Jedburgh TD8 6AG, ☏ 01835/862604; Januar bis Dezember; £ 13,50-14,50 B&B, P (weitere B&Bs vor allem in der High Street und Castlegate).
- **Cottage-Vermietung**: Mr & Mrs Millward, Larkhall Burn, Jedburgh TD8 6AX, ☏ 01835/862040; Januar bis Dezember; £ 250-620 (pro Woche), 4 bis 5 Pers.
- Nahe der Stadt: Camping and Caravaning Club Park, Elliot Park, Edinburgh Road, Jedburgh TD8 6ED, ☏ 01835/863393; März bis September; £ 6-9.
- Ca. 5 km Richtung Carter Bar an A68: Jedwater Caravan Park, Jedburgh TD8 6QS, ☏ 01835/840219; April bis Oktober; £ 6-9, frei; zu vermieten, April bis Oktober, 4 bis 8 Pers., £ 130-280 wöchentlich.
- Alle Hauptorte der Borders sowie Edinburgh/Perth/Dundee/Arbroath/Stonehaven/Aberdeen und Newcastle (England).

Größte Sehenswürdigkeit des 4.100 Ew. zählenden hübschen Ortes ist die malerisch oberhalb des Jed Water gelegene Ruine der **Jedburgh Abbey**, die besterhaltene der 4 großen Borders-Abteien (die anderen sind Melrose, Dryburgh, Kelso), die unter David I. 1138 gegründet wurde.

- HS ☞ Reise-Infos von A bis Z, Preise, ganzjährig, Mo bis Sa 9:30 bis 18:30 (Winter 16:30), So 14:00 bis 18:30 (Winter 16:30), Erw. £ 2,50, Sen. £ 1,50, Kinder bis 15 Jahre £ 1.

Wenn man von Carter Bar kommt, sollte man noch vor Überquerung des Jed Water vom Fluß (P) einen Blick auf die herrliche, in romanisch-frühgotischem Stil verstrebte Kirchenruine werfen, die bis zur Zerstörung Augustinermönche beherbergte, die aus St. Quentin (bei Beauvais) in Frankreich kamen. Die Abtei ist aus rotem Sandstein erbaut, ein Baumaterial, das man häufig in Schottland sieht. Am auffälligsten ist die schöne Westfront, die ein gotisches Rosenfenster (St. Catherine's Wheel) bewahrt hat. 1153 fand hier die Krönung des schottischen Königs Malcolm IV. statt und 1285 heiratete hier Alexander III. seine zweite Frau Yolande de Dreux.

Im **Visitor Centre** der Ruine bekommt man einen geschichtlichen Überblick über die Entwicklung des Ortes, der seit dem 9. Jh. zum

Gebiet des Bischofs von Lindisfarne gehörte, sowie der Abtei selbst, die beständig unter den Kriegen mit England (seit 1296) zu leiden hatte und oft beschädigt wurde. Besonders schlimm waren die Kriegsverwüstungen der Jahre 1523 und 1544/45, als die Armeen Heinrichs VIII. unter dem Earl von Hertford (☞ Land und Leute, Geschichte) recht drastisch die englische Brautwerbung um Maria Stuart (*The Rough Wooing*) unterstrichen, was die Schotten wiederum dazu veranlaßte, ihre junge Königin zum Schutz an den französischen Hof zu schicken.

Die Abteikirche, deren Mönche nach der Reformation gehen mußten, blieb - als Ruine - noch bis 1875 Pfarrkirche von Jedburgh. Von der Abtei selbst sind nur noch die Fundamente zu sehen.

⌘ Nahe dem Tourist Office liegt in der Queen Street das **Mary Queen of Scots House**. Die 23jährige schottische Königin lebte in diesem Stadthaus während ihres vierwöchigen Aufenthaltes in Jedburgh im Jahre 1566. Von hier unternahm sie den Gewaltritt nach Hermitage Castle, um ihren damaligen Liebhaber Bothwell zu sehen, der in einem der häufigen Borders-Scharmützel verwundet worden war. Das Haus aus dem 16. Jh. beherbergt heute ein Museum, das der dramatischen Geschichte der berühmtesten schottischen Königin (☞ Land und Leute, Geschichte) gewidmet ist.

♦ März bis Mitte November, Mo bis Sa 10:00 bis 16:45, So 10:00 bis 16:30, Erw. £ 1,50, Kinder/Sen./Stud. £ 1.

Geht man vom Merkat Cross am Market Place links die **Castlegate** hoch, wird man zu beiden Seiten der Straße kleine (Fußgänger)gäßchen (***closes***) abgehen sehen, eine für alte schottische Städte ebenfalls typische Erscheinung. An einem der alten Häuser der Castlegate findet man ein Schild, das daran erinnert, das hier Prince Charles Edward Stuart (Bonnie Prince Charlie, ☞ Land und Leute, Geschichte) vom 6. auf den 7.11.1745 übernachtet hat.

♜ Am Ende der bergan führenden Straße steht das **Castle Jail** (1820), das an der Stelle des alten Jethart Castle steht, das 1409 zerstört worden war. Das Castle Jail (alte Schreibweise *gaol*), einst als "modernes" Gefängnis erbaut, beherbergt heute ein sozialgeschichtliches Museum (wird zur Zeit renoviert).

Jedburgh zelebriert im Februar das sogenannte **Handba'-Spektakel** (Handball). Es handelt sich um ein Fest, bei dem ein Ball am Merkat Cross in die Luft geworfen wird, um danach von zwei Parteien, den

Uppies (Oberen) und den *Dounies* (Unteren), hart umkämpft zu werden. Die *Uppies* versuchen mit allen Mitteln, den Ball nach oben auf die Castlegate zu schmuggeln, die *Dounies*, die an der unteren High Street wohnen, halten dagegen und tun so ziemlich alles, um den Ball nach unten in ihr Revier zu befördern.

Die Geschäfte schließen nicht nur sicherheitshalber an diesem Tag, sie verbarrikadieren sogar manchmal ihre Fenster, und die parkenden Autos werden weggefahren, da man sonst damit rechnen muß, daß *Uppies* und *Dounies* über die Wagen klettern. Die wilde Hatz geht also recht derbe ab (man ist ja im Februar auch unter sich!), und einige Einwohner (sicherlich auch in Zukunft die Minderheit) wissen nicht so recht, ob das ganze nicht etwas übertrieben ist. Die *Uppies*, obwohl bergan kämpfend, haben übrigens meistens gewonnen - weil sie so viele sind.

Ach ja, eine Kleinigkeit noch: der Ball soll den Kopf eines Engländers darstellen! Na, wenn das keine überzeugende schottische Liebeserklärung ist ...

Rundfahrt von Jedburgh durch die südöstlichen Borders

Man verläßt Jedburgh über die B6358 (Castlegate) und fährt durch eine schöne Hügel- und Weidelandschaft bis zur Einmündung auf die A698, der man links Richtung **Hawick** folgt, das nur ca. 15 km entfernt im Flußtal des **Teviot** liegt.

4 km vor Hawick passiert man die **Trow Mill**, in der man sich über die Woll- und Webereiproduktion dieser Region informieren kann.

♦ Mo bis Do 9:00 bis 16:00, Fr 9:00 bis 12:00; Eintritt frei.

Hawick (sprich: Hoik,) ist mit ca. 15.700 Ew. der größte Ort der Borders und vor allem durch seine Textilindustrie (Strickwaren) bekannt.

⌘ Neben Ausstellungsläden interessiert im Zentrum des Ortes vor allem der **Drumlanrig's Tower**, dessen Museum mit audiovisueller Unterstützung die Stadtgeschichte verdeutlicht.

Das berühmteste Ereignis war die Eroberung des englischen Banners durch eine Hilfsarmee von örtlichen Halbwüchsigen, die nach der Niederlage der Schotten bei Flodden Field 1513 (☞ Land und Leute, Geschichte) eine eindringende englische Abteilung zurückschlugen (alle erwachsenen Männer der Stadt sollen vorher in der Schlacht bei Flodden Field gefallen sein). Dieses Ereignis ist auch der Hintergrund des berühmtesten lokalen Festes, des Common Riding, das jährlich Anfang Juni gefeiert wird.

Im Drumlanrig's Tower ist auch das **Tourist Office** der Stadt untergebracht. Im August gibt es jährlich ein großes Sommerfestival.

♦ Tägl. Oktober bis Mai ❏ 10:00 bis 17:00, Juni 10:00 bis 18:00 Juli/August 10:00 bis 19:00; Erw. £ 2, Kinder/Sen./Stud. £ 1.

Direkt am Drumlanrig's Tower biegt links die B6399 von der Hauptstraße A689 ab. Die enge und oft von weidenden Schafen gesäumte Straße führt teilweise durch den Border Forest Park nach Hermitage Castle. Dies ist eines der einsamsten Gebiete der Borders, und der Autofahrer, der kleine Steinbrücken und Schafsgatter passiert, wird nicht nur auf die Schafe, sondern auch auf etwaigen Gegenverkehr achten müssen, dem man an den *passing places* ausweichen kann.

♜ Nach 24 km kurvenreicher Fahrt muß man am Hermitage Water links abbiegen und erreicht dann bald die trutzig wirkende, alleinstehende Ruine des **Hermitage Castle**.

Das massive, abweisende Gebäude, das einem kompakten Turm in H-Form gleicht, steht an der Stelle einer nicht mehr erhaltenen Burg aus dem 13. Jh.; das jetzige Gebäude wurde ca. 1360 von einem Engländer, Lord Dacre, begonnen und von dem Schotten William Graf Douglas erobert und um 1400 vollendet. Es war die Hauptfestung des Liddesdale (wie man dieses Tal hier nennt), und während des 16. Jh. wurden jene weiten Schießscharten eingefügt, die heute noch der Burg ein martialisches und feindseliges Aussehen geben.

1556 wurde James Hepburn, der 4. Earl von Bothwell, für kurze Zeit Eigentümer der Burg. Maria Stuart machte ihn 1565 zum militärischen Führer der unruhigen Borders-Region, in der Hoffnung, er könne die vielen Fehden dieser Grenzregion beenden. Am 8.10.1566 wurde Bothwell in einem Scharmützel von John Elliot verwundet und hierhin gebracht. Am 16.10. eilte Maria Stuart in einem Gewaltritt von Jedburgh nach Hermitage Castle, kümmerte sich zwei Stunden um ihren zukünftigen Ehemann (☞ Land und Leute, Geschichte) und ritt noch am gleichen Tag dieselbe Strecke wieder zurück, und das, obwohl seit der Geburt ihres Sohnes erst vier Monate vergangen waren.

Das Resultat dieses Ritts (und auch der Aufregungen) war, daß Maria Stuart in Jedburgh 10 Tage schwer erkrankte und die Ärzte mit ihrem Tod rechneten. Man ist sich bis heute nicht ganz einig, ob der Besuch der

Königin bei Bothwell ihrem politischen Ratgeber und Bundesgenossen oder schon ihrem Liebhaber galt, der später bei der Ermordung ihres Mannes eine große Rolle spielen sollte.

♦ HS, April bis September, Mo bis Sa 9:30 bis 18:00, So 14:00 bis 18:00, Oktober bis März nur Sa 9:30 bis 16:00, So 14:00 bis 16:00; Erw. £ 1,20, Kinder/Sen. £ 0,75.

Newcastleton/Hawick, hält an der Kreuzung Hermitage Water, also nicht direkt am Castle.

Man folgt nun der engen Straße entlang des Hermitage Water und erreicht nach 11 km die Hauptstraße A7, die links nach Langholm, Carlisle (England) und Dumfries führt. Rechts kommt man nach ca. 25 km durch das Tal des Teviot nach Hawick zurück. Kurz vor der Stadt biegt links die B711 Richtung **Roberton** und **Ettrick Valley** ab.

Die Strecke, die zwischen Wald, Weiden und Landwirtschaft wechselt, ist besonders schön, da sie durch die idyllische Landschaft des Ettrick Forest führt, vorbei am Alemoor Loch und Craik Forest. Die Straße mündet schließlich nach der Überquerung des Ettrick Water in die B709, der man rechts folgt (links geht es auf einer ebenfalls sehr schönen Strecke ins Eskdale nach **Ettrick** und weiter nach Lockerbie/Dumfries).

Man bleibt auf der B709, die nun ins **Yarrow-Water-Tal** führt und bei dem Pub "**Gordon Arms**" die A708 kreuzt (Hawick ca. 27 km). In diesem alten Gasthaus trafen sich im Herbst 1830 Sir Walter Scott und der Ettrick-Shepherd James Hogg (s.u.) zum letzten Mal.

♦ Auch , 01750/82232, Lunch/Dinner £ 6-7, empfehlenswert, Selkirk/Peebles.

Wenn man hier auf der A708 links weiterfährt, gelangt man nach ca. 3 km an das schön gelegene **St. Mary's Loch**, den größten See der Borders.

Am Ende des Sees nach weiteren 4 km steht das historische Gasthaus **Tibbie Shiel's Inn**, in dem sich schon die großen Schriftsteller Walter Scott und Robert Louis Stevenson (☞ Land und Leute, Kunst und Kultur, Literatur) stärkten. Stammgast war auch der bekannte Ettrick-Shepherd (Schäfer) **James Hogg** (1770-1835), der sich selbst das Schreiben beibrachte und Gedichte verfaßte. Die ungewöhnliche Begabung dieses Schäfers veranlaßte Sir Walter Scott, ihn nach ☞ Abbotsford einzuladen.

♦ 01750/42231 für Abendreservierung, kein .

Wer von St. Mary's Loch die Borders verlassen und nach Westen weiterfahren will, kommt auf der A708 schnell zu dem Wasserfall **Grey Mare's Tail** und nach **Moffat**; ansonsten fährt man über die A708 zurück Richtung Selkirk (ca. 27 km). Die Straße, die - etwas oberhalb verlaufend - schöne Ausblicke über das idyllische Flußtal erlaubt, folgt dem Lauf des **Yarrow Water**, an dessen Hängen im Frühsommer vor allem der hellgelb blühende Stechginster auffällt.

♜ Ungefähr 4 km vor Selkirk kommt man zum prächtigen Borders-Wohnsitz des Herzogs von Buccleuch, **Bowhill House**, ein im georgianischen Stil (1812) erbautes Landhaus mit schönem Garten, in dessen ansprechenden Räumen man eine beachtliche Kunstausstellung (Canaletto, Raeburn, Ruysdael u.a.) sowie eine viktorianische Küche besichtigen kann.

Die Herzöge von Buccleuch sind auch die Eigentümer von Drumlanrig Castle und anderen Wohnsitzen; sie wurden nach dem Fall der Douglas-Familie die größten Landbesitzer in den Borders (heute größte private Landbesitzer Schottlands, wenn nicht sogar Europas) und das Haus kann nicht nur auf seine familiären Beziehungen zu Walter Scott, sondern auch auf königliche Bekanntschaften hinweisen.

Falls sich jemand persönlich von der Größe des herzoglichen Landbesitzes überzeugen will, hat er hier Gelegenheit dazu, denn das Haus lädt zu selbständigen oder geführten Wanderungen ein.

♦ Haus: 1. bis 31.7. 🚪 13:00 bis 16:30; Park: 30.4. bis 28.8. 🚪 12:00 bis 17:00 (nicht Fr); Haus: Erw. £ 4, Sen. £ 3,50, Kinder £ 1; Park: £ 1; ♿ (Rollstuhl) frei; 🚲-Verleih; 🚶 von Rangern geführt, ☎ 01750/22326; ☕, 🚌 Selkirk/Peebles.

In dem hübschen Ort **Selkirk** (6.000 Ew.) übte Sir Walter Scott 33 Jahre lang das Amt des Sheriffs (Richters) aus.

ℹ Halliwell's Close, Market Place, ☎ 01750/20054; April bis Okt. Mo bis Sa 🚪 10:00 bis 12:30 und 13:30 bis 17:00, So 14:00 bis 16:00; ♿ (Info 🚶 🐎).

⊞ Selkirk Health Centre, ☎ 01750/21674.

📯 Market Place.

🏊 Selkirk Swimming Pool, Victoria Road, Sauna, Fitneßraum.

🎣 J. & K. Screen, Newsagent, Market Place (Angelscheine).

⛳ Selkirk Golf Club, The Hill, ☎ 01750/20621 (£ 12-16; 9-Loch-Kurs).

🚲 Bowhill Trekking Centre, Bowhill, ☎ 01721/722934; ca. 4 km auf A708 Richtung Westen, ☞ Bowhill House.

✕ Philipburn House Hotel, ☎ 01750/20747; schönes Landhaus mit Garten, leider etwas teuer, Dinner (Reservierung) ab £ 17,50.

County Hotel, 3-5 High Street, Selkirk TD7 4BZ, ☏ 01750/21233; ab £ 22,50 (pro Pers. im Doppelzimmer B&B); P; zentral.

♦ **Guest House**: Mrs Todd, 34 Hillside Terrace, Selkirk TD7 4ND, ☏ 01750/20792; £ 13,50 B&B pro Pers.; März bis Oktober; preisgünstig.

♦ **Cottage-Vermietung**: Mrs J. Millar, Nether Whitlaw, Selkirk TD7 4QN, ☏ 01750/21217; £ 150-275 wöchentlich; 6 Pers.; alleinstehendes Haus etwas außerhalb von Selkirk, empfehlenswert.

Caravan and Camping Park, Victoria Park, Buccleuch Road, Selkirk TD7 5DN, ☏ 01750/20897; April bis Oktober; £ 5,10; ♿; am Fluß/Zentrum.

Broadmeadows, Yarrowford, Selkirk TD7 5LZ, ☏ 01750/76262; März bis Oktober; £ 3,30-4 pro Pers.; 6 km westlich auf A708; 🚌.

Hauptorte der Borders sowie Edinburgh und Carlisle (England).

⌘ Am Market Place ist im **Sir Walter Scott's Courtroom** ein Museum untergebracht, das nicht nur dem Dichter Walter Scott, sondern auch dem Ettrick-Shepherd James Hogg und einem weiteren großen Sohn der Stadt, **Mungo Park** (1771-1806), gewidmet ist. Er bereiste als erster Europäer die afrikanischen Gebiete um den Niger, in dessen Fluten er schließlich - bei Kämpfen mit den Eingeborenen der Sokoto-Region - ertrank.

♦ April bis Oktober, Mo bis Sa 10:00 bis 16:00, So 14:00 bis 16:00; Eintritt frei.

⌘ In einer Seitengasse des Market Place, Halliwell's Close, wird im **Halliwell's House Museum**, dem ältesten Wohnhaus Selkirks, wo sich auch gleichzeitig das **Tourist Office** befindet, die Haus- und Stadtgeschichte dargestellt. Viele Ausstellungsstücke machen schnell darauf aufmerksam, daß hier lange Zeit ein Eisenhändler lebte.

♦ April bis Oktober, Mo bis Sa 10:00 bis 12:30 und 13:30 bis 17:00, So 14:00 bis 16:00 (Juli/August bis 18:00); Eintritt frei.

Eine wichtige Schlacht fand in der Nähe von Selkirk statt: bei Philiphaugh im Westen der Stadt schlugen die protestantischen *Covenanters* 1645 die Royalisten vernichtend (☞ Land und Leute, Geschichte). Aber das wichtigste Ereignis der Stadtgeschichte, dem heute noch mit dem alljährlich im Juni stattfindenden Fest **Common Riding** gedacht wird, war ebenfalls - wie in ☞ Hawick - die für die Schotten so katastrophale Schlacht von Flodden im Jahre 1513. Die Stadt hatte 80 ihrer im besten Alter stehenden Männer in die Schlacht geschickt - ein einziger kehrte mit einer blutbeschmierten englischen Flagge zurück.

Von Selkirk gelangt man über die A699 und die schon bekannte A68 nach Jedburgh zurück (➲ 26 km).

Von Jedburgh nach Melrose

Man verläßt Jedburgh über die A68 nach Norden und gelangt nach ca. 16 km zu einer der größten Sehenswürdigkeiten der Borders, der **Dryburgh Abbey**. Zur Abteiruine biegt man rechts von der Hauptstraße A68 in Richtung St. Boswell auf die B6404 ein, um nach ca. 2 km links auf die B6356 abzubiegen (ausgeschildert). Nach weiteren 3 km hat man die außerordentlich idyllisch gelegene Abtei, die einsam in einer friedlichen Park- und Weidelandschaft liegt, erreicht.

Dryburgh Abbey, aus dem uns schon bekannten roten Sandstein bestehend, wurde wie die anderen großen Borders-Abteien ebenfalls während der Regierungszeit Davids I. 1150 für den Prämonstratenser-Orden gebaut. Der eigentliche Gründer war Hugh de Morville, Constable von Schottland, der Mönche aus Northumberland hier ansiedelte. Wie die anderen Grenzlandabteien auch, hatte Dryburgh unter den ständigen Kriegen mit England zu leiden, so 1523 und 1544, als die Armeen Heinrichs VIII. die Borders überfielen.

Die innere Aushöhlung durch zunehmenden Reichtum und das Nachlassen der alten Klosterzucht waren jedoch noch schlimmer, und so verschwanden die Mönche und ihre große Abtei nach dem Sieg der Reformation unter Knox 1560 (☞ Land und Leute, Geschichte). Das Anwesen wurde Eigentum der Erskine-Familie, die auch den auf dem Gelände stehenden Obelisken 1786 aufstellte.

Von der vergangenen Pracht zeugen heute nur noch die teilweise erhaltenen Außenmauern der Kirche und der Abtei (Eingangstor zum Hauptschiff, südliches und nördliches Querschiff, Teile der Sakristei, Dormitorium, Vorratsräume u.a.).

Es sind nicht so sehr die einzelnen Teile, die den Besuch der Abtei zu einem bleibenden Erlebnis machen, es ist das landschaftliche und stimmungsträchtige Zusammenspiel von Ruine und Natur, das die Dryburgh Abbey sicherlich zur romantischsten aller Borders-Abteien macht. Wer früh hier ist, kann vielleicht ganz allein die Ruinen, den schönen Rasen und die alten Bäume (Buchen, Zedern, Wellingtonia) genießen, von denen nicht weit entfernt Schafe weiden.

Vielleicht verfällt man sogar wegen soviel Idylle ein bißchen in nostalgische Wehmut auf das gute alte Mönchsleben, jedenfalls wählte der große Romantiker und Dichter Sir Walter Scott, dessen Schriften sehr zur Popularität der Ruine beitrugen, diesen Ort unter all den anderen schönen Orten der Borders als seinen persönlichen Begräbnisplatz aus, ein Privileg, denn nur drei Borders-Familien - die Erskines, die Haigs von Bemersyde und die Scotts von Abbotsford - haben das Recht, sich hier begraben zu lassen. Im nördlichen Querschiff der zerstörten Kirche liegt sein Grab, sein *domus ultimus* (letzte Wohnung), wie er schon zu Lebzeiten immer wieder diesen Ort bezeichnete, und nicht nur alle Romantiker werden ihn wohl um seine Wahl beneiden …

♦ HS, April bis September Mo bis Sa 9:30 bis 18:30, So 14:00 bis 18:30, Oktober bis März Mo bis Sa 9:30 bis 16:30, So 14:00 bis 16:30; Erw. £ 2, Sen. £ 1,25, Kinder £ 0,75; ♿; nur bis Boswell von Melrose und Kelso, dann laufen.

Man kann nun, anstatt zur A68 zurückzufahren, links auf der B6356 zum **Scott's View** und zur **Wallace Statue** weiterfahren. Die letztere, die man nach Abstellen des Wagens an einem Gatter und über den davon verlaufenden Waldweg erreicht (ausgeschildert), erinnert an den großen mittelalterlichen Freiheitskämpfer der Schotten (☞ Land und Leute, Geschichte). Die riesige, martialische Statue wurde von David Stuart Erskine 1815 errichtet.

Etwas weiter passiert die Straße eine Höhe (181 m, **P**), die wiederum von Sir Walter Scott berühmt gemacht wurde und deshalb **Scott's View** heißt. Von hier hat man einen schönen Ausblick auf den verschlungenen und waldbestandenen Lauf des Tweed und die drei Spitzen der Eildon-Hills. Man sagt, daß die Pferde, die den Sarg des Dichters von Abbotsford zur Dryburgh Abbey zogen, hier noch einmal angehalten hätten.

Man folgt nun der Straße ins Tweed-Tal hinab und erreicht - sich links haltend - nach wenigen Kilometern Newstead und darauf **Melrose** (➲ Jedburg 21 km).

Abbey House, Melrose, ☏ 01896/822555; April bis Oktober 10:00 bis 18:00 (saisonal wechselnd); ♿.

Borders General Hcspital (Unfallstation), ☏ 01896/754333.

High Street, ☏ 01896/822602 (tagsüber).

Melrose Golf Club, Dingleton, Melrose, ☏ 01896/822391; 9-Loch-Kurs; £ 14 pro Tag; .

Angler's Choice, 23 Market Square, ☏ 01896/823070; Angelschein.

Melrose Station Restaurant, Palma Place, ☏ 01896/822546; Lunch/Dinner £ 6-15; Mo geschlossen; untergebracht im historischen Bahnhof von 1849; die Linie wurde 1969 geschlossen.

Station Hotel, Melrose TD6 9PM, ☏ 01896/822038; £ 19 B&B pro Pers.; einfaches, freundliches Hotel.

♦ **Guest House**: Mrs Aitken, The Gables, Darnick, Melrose TD6 9AL, ☏ 01896/822479; Januar bis Dezember; £ 14-16 B&B; ⊗; mehrere B&Bs nahe der Abtei auf der Buccleuch Street.

♦ **Cottage-Vermietung**: Dr Pearson, Harleyburn Coach House, Melrose TD6 9BA, ☏ und FAX 01896/823302; Januar bis Dezember; £ 140-350 wöchentlich; 4 bis 6 Pers.; schönes Steinhäuschen in ruhiger Lage, empfehlenswert.

Gibson Park Caravan Club Site, High Street, Melrose, TD6 9RY, ☏ 01896/822969; April bis September; £ 3-4,50; an der A6091 nahe der Stadt.

Melrose, Priorwood, Melrose TD6 9EF, ☏ 01896/822521; ganzjährig; £ 5,70-6,75.

Hauptorte der Borders sowie Edinburgh/Dundee/Aberdeen/Newcastle und Berwick Bahnhof (England, Anschluß).

Der ca. 2.300 Ew. zählende Ort liegt geographisch fast in der Mitte der Borders und kann deshalb und aufgrund seiner unmittelbaren Nähe zu vielen großen Sehenswürdigkeiten als idealer Standpunkt angesehen werden.

† Nahe dem Zentrum des gemütlichen Ortes stehen an der Abbey Street in schöner Lage die Ruinen der **Melrose Abbey**, eine weitere

Melrose Abbey (mf)

berühmte Grenzlandabtei in rotem Sandstein aus der Zeit Davids I. In der um 1136 gegründeten Abtei waren die arbeitsamen Mönche des 1098 in Frankreich gegründeten Zisterzienserordens zu Hause; die neue Abtei war bald eine der reichsten Stätten Schottlands, mußte aber ebenfalls - wir kennen das jetzt schon - die häufigen Angriffe der Engländer ertragen, die zum letzten Mal 1544 die Abtei plünderten.

Hinzu kam der innere Verfall des Ordens, und 1560, als die Reformation in Schottland siegte, lebten noch gerade 15 Mönche in den bereits zerfallenen Mauern der Melrose Abbey, die nun von protestantischen Beamten, den sogenannten *Commendators*, verwaltet wurde. Die Bevölkerung nutzte, wie so oft bei verlassenen religiösen Stätten, die Ruine als Steinbruch. In der Kirche soll übrigens das Herz eines der größten schottischen Könige, Robert The Bruce (☞ Land und Leute, Geschichte), begraben worden sein.

Das Hauptschiff der Abteikirche und vor allem sein Chorbereich mit dem Querschiff sind relativ gut erhalten und stammen größtenteils aus dem 15. Jh.; dementsprechend reich verziert sind Säulen und Simse des Mauerwerks, unter denen das dudelsackspielende Schwein auf dem Dach (schwer zu sehen) das berühmteste Kunstwerk ist.

♦ HS, April bis September tägl. ❐ 9:30 bis 18:30, Oktober bis März Mo bis Sa 9:30 bis 16:30, So 14:00 bis 16:30; Erw. £ 2,50, Sen. £ 1,50, Kinder £ 1.

⌘ Einige Torsi und frühe Stücke des 13. Jh. kann man auch im auf der anderen Seite der Cloister's Road gelegenen **House of the Commendator** sehen, in dem ein **kleines Museum** (im oben genannten Preis inbegriffen) untergebracht ist, das sich auch dem in der Nähe von Newstead entdeckten römischen Fort Trimontium widmet, wo man römische Tonreste fand.

Es war wiederum Sir Walter Scott, der die Abtei mit seinem Roman *The Monastery* (1820) aus ihrem Ruinenschlaf holte und der Öffentlichkeit bekannt machte. Die Abtei war für Scott mehr als nur ein geistiges Zuhause, denn in der Architektur seines eigenen Hauses Abbotsford finden sich Stilelemente, die die Melrose Abbey direkt nachahmen. Und auch wenn man dem weitverbreiteten Urteil, Melrose sei die romantischste aller Borders-Abteien, mit Blick auf die Dryburgh Abbey nicht zustimmen mag, soll dem berühmten Ratschlag Scotts - der übrigens seine persönliche Wertschätzung und Rangfolge durch die Wahl seines Grabes in der Dryburgh Abbey deutlich offengelegt hat - nicht widersprochen werden:

Und willst du des Zaubers sicher sein,
So besuche Melros' bei Mondenschein;
Die goldne Sonne, des Tages Licht,
Sie passen zu seinen Trümmern nicht.

(Übersetzung nach Theodor Fontane)

Seien Sie aber vorsichtig mit Ihrer Kleidung, wenn Sie nach Schließung der Anlage um Mitternacht übers Geländer klettern ...

⌘ Direkt gegenüber der Abtei liegt das Tourist Office und wenige Meter weiter Richtung Fluß das **Melrose Motor Museum**, in dem Auto- und Motorradliebhaber mit Jahrgängen zwischen 1909 und 1960 auf ihre Kosten kommen.

♦ Ostern bis Oktober tägl. ⌚ 10:30 bis 17:30; Erw. £ 2, Sen. £ 1,50, Kinder £ 0,50; ♿.

⌘ Kinder wird vielleicht das **Teddy Bear Museum** in der kleinen Gasse The Wynd an der High Street interessieren (gegenüber der ✉), das - in einem hübschen kleinen Steinhaus gelegen - verschiedene "Teddybärsorten" seit 1900 aufweist.

♦ Tägl. ⌚ 10:00 bis 17:00; Erw. £ 1,50, Sen./Kinder £ 0,50; ☕.

⌘ Wer sich für das römische Trimontium interessiert, kann Spuren in der **Trimontium Exhibition** im Ormiston Institute nachgehen.

♦ April bis Oktober tägl. ⌚ 10:30 bis 16:30; Erw. £ 1, Sen./Stud./Kinder £ 0,50.

Von Melrose nach Peebles

Nur 3 km von Melrose entfernt auf der A609 Richtung Galashiels kommt man nach einer Abzweigung auf die B6360 nach **Abbotsford**, dem märchenhaften Wohnsitz von Sir Walter Scott (☞ Land und Leute, Kunst und Kultur, Literatur), der das Haus nach seinen eigenen romantischen, ja manchmal mittelalterlich anmutenden Vorstellungen entworfen hat.

Scott bewohnte das Haus von 1812 bis zu seinem Tode 1832. Es war ursprünglich ein Farmhaus aus dem 16. Jh., das Scott 1822 durch den Bau eines neuen Hauses weitgehend ersetzte, welches von ihm den Namen Abbotsford (Mönchsfurt) erhielt, da die Mönche von Melrose einst auf diesem Gelände eine Furt über den Tweed besaßen. Die Architekten waren Edward Blore und William Atkinson, aber Scott selbst war an der von Zinnen und Türmen geprägten Architektur entscheidend beteiligt.

Dabei integrierte oder kopierte Scott Stücke von zahlreichen anderen berühmten schottischen Gebäuden; die Hofmauer imitierte z.B den Kreuzgang der Melrose Abbey und der Haupteingang des Südhofes ahmt das Tor des Linlithgow Palace nach. Die Eichenholztäfelung der Eingangshalle stammt aus der alten Kirche von ☞ Dunfermline, während die Statuen dort wiederum Kopien der Melrose Abbey darstellen.

Im Innern sind das **Schreibzimmer** (hier entstanden die berühmten *Waverley*-Romane), die **Waffensammlung**, der **Dining Room** (wo Scott am 21.9.1832 starb) und die **Bibliothek** mit etwa 9.000 Büchern zu sehen. Unter den vielen Waffen finden sich historisch so berühmte wie der Säbel und das Gewehr von Rob Roy, Bonnie Dundees Pistole und das Schwert von Montrose, die beide im 17. Jh. auf der Seite der Jakobiten kämpften, und Waffen aus Waterloo. Die reich verzierte Holzdecke der prachtvollen Bücherei ist der Rosslyn Chapel (südlich von Edinburgh) nachgebildet. In einer Vitrine befinden sich Rob Roys Geldbörse, eine Haarlocke von Prinz Charlie und eine Mantelspange Napoleons.

Überhaupt ist das Haus mit historischen bis skurrilen Reminiszenzen überhäuft, wenn nicht sogar entschieden überladen, und man könnte Stunden beim Stöbern verbringen. Der **Drawing Room** ist mit handbemalten chinesischen Seidentapeten dekoriert und hat so illustre Gäste wie Wordsworth, Prinz Leopold (von Belgien) und Washington Irving gesehen. Nach dem Tod von Scott zählte auch Königin Victoria zu den ersten Touristen, die von nun an ständig nach Abbotsford pilgerten.

Von den hinteren Räumen hat man immer wieder einen schönen Ausblick über den großen schönen Garten, der terrassenförmig den Besucher über eine anschließende Pferde- und Schafsweide zum Tweed hinunterführt - sicherlich eine erfrischende Erholung nach soviel Vergangenheitsverehrung.

♦ März bis Oktober Mo bis Sa 🚪 10:00 bis 17:00, So 14:00 bis 17:00; Erw. £ 3, Kinder £ 1,50; 🚌 von Galashiels; ♿ ☕.

Von Abbotsford sind es nur noch 3 km auf der A7 bis **Galashiels** (13.300 Ew., kurz Gala genannt, ℹ 🛏 🚌), ein Städtchen, das ähnlich wie Hawick vor allem durch seine Textilindustrie bestimmt ist, aber natürlich auch über alle touristischen Einrichtungen verfügt.

⌘ In der **Peter Anderson Cashmere Woollen Mill** in der Huddersfield Street kann man sich in der Nether Mill von 1804 in einer ca.

Traquair House (mf)

40minütigen Führung die Woll- und Tartanproduktion erläutern lassen. Natürlich werden im Verkaufsshop dann auch dementsprechende Textilien angeboten.

♦ Museum und Shop: Mo bis Sa ⌛ 9:00 bis 17:00, Juni bis September auch So 12:00 bis 17:00; Mühle: April bis Oktober Mo bis Fr 10:30, 11:30, 13:30, 14:30; Erw. £ 1,75, Kinder frei.

Man verläßt Galashiels auf der A72 Richtung Peebles.

⌘ Die Straße folgt weiter dem malerischen Tweed-Tal und nach 16 km passiert man den kleinen Ort **Walkerburn**, in dem sich das **Scottish Museum of Woollen Textiles** befindet.

In diesem kleinen Museum, das sich in einer Ecke der großen Verkaufshalle befindet, kann man sich gut über die Wollverarbeitung - vom Scheren über das Sortieren und Waschen bis zum Nähen/Besticken - informieren. Auch das Färben der Wolle aus den unterschiedlichen Naturstoffen wird auf Tafeln erklärt.

♦ Mo bis Sa ⌛ 9:00 bis 17:30, April bis November auch So 11:00 bis 17:00; Eintritt frei; ☕; 🚌 nach Peebles/Selkirk/Hawick/Melrose.

⌘ 3 km weiter, bei **Innerleithen**, biegt man links auf die B709 ab und erreicht nach 2 km in einem schönen Park mit alten Bäumen das älteste ständig bewohnte Haus Schottlands, das **Traquair House**.

Das Haus, das insgesamt 27 Könige und Königinnen beherbergt hat, stammt in seinen ältesten Teilen - wenn man vor dem Haus steht der linke Teil - aus dem 12. Jh.; bereits 1107 unterzeichnete Alexander I. hier eine Charta, und 1175 verlieh der schottische König Wilhelm der Löwe an diesem Ort der Stadt Glasgow das Stadtrecht. Seitdem war das Anwesen, das ursprünglich eine Burg war, in Friedenszeiten das Refugium und Jagdquartier der schottischen Könige. Die übrigen Teile des Hauses wurden bis 1680 angebaut; seitdem ist es unverändert geblieben, und erst 1958 wurde es an das Stromnetz angeschlossen.

Beim Rundgang durch die vielen Räume des traditionsträchtigen Hauses fallen neben der **Bibliothek** aus dem 18. Jh. und dem **Salon** mit dem kostbaren Cembalo von 1651 vor allem der **King's Room** auf, in dessen Bett 1566 Maria Stuart genächtigt haben soll; die seidene Bettdecke soll sie selbst gearbeitet haben, und am Fußende des Bettes steht die Wiege ihres Sohnes Jakobs I. von England. Das Haus soll übrigens Sir Walter Scott als Vorlage zu dem Haus Tully-Veolan in seinem berühmten Roman *Waverley* gedient haben.

1492 kam das Haus in den Besitz der berühmten Stuart-Dynastie, von der ein Nebenzweig die Grafen (Laird) von Traquair stellte. Auch heute ist das Anwesen noch im Besitz der (indirekten) Nachkommen der Maxwell-Stuart-Familie, und wer einen Blick auf das berühmte Haupteingangstor (das Bärentor) wirft, durch das 1745 der letzte Jakobite Bonnie Prince Charlie eintrat, wird feststellen, das seine Tore geschlossen sind. Man sagt, daß der damalige 5. Graf von Traquair jedem, der die Türen einem anderen als einem Stuart-König öffnen würde, mit einem Fluch gedroht habe - und da es seit 1745 keinen Stuart-König mehr gab und auch nicht mehr geben wird, bleibt dieses Tor wohl für ewig verschlossen, es sei denn, man findet einen beherzten Mann, der sich nichts aus Flüchen macht ...

♦ 15.4. bis 30.9. tägl. 🚪 12:30 bis 17:30, Juli/August tägl. 10:30 bis 17:30, Oktober Fr bis So 14:00 bis 17:00; Erw. £ 3,75, Sen. £ 3,20, Kinder £ 1,75; 🅿 ✕, schöner Teegarten mit Pfauen, Töpferei und anderen Werkstätten; 🚌 Selkirk/Peebles.

Man kann nun entweder zurück auf die A72 oder weiter über die B7062 fahren; beide Strecken halten sich an das bewaldete und malerische Tweed-Tal, in dem man nach ca. 12 km die Kleinstadt **Peebles** erreicht (➲ Melrose 34 km).

High Street, Peebles, ☏ 01721/720138; April bis November 10:00 bis 18:00 (saisonal wechselnd); ♿; geführte Touren Erw. £ 3, Kinder £ 1.

Health Centre, Hay Lodge, ☏ 01721/722080.

Eastgate.

Gegenüber Old Parish Church, ☏ 01721/720637 (nur tagsüber).

Peebles Swimming Pool, Port Brae; am Fluß; Sauna.

Peebles Golf Club, Kirkland Street, ☏ 01721/720197; £ 13-27.

A. P. Drummore, Venlaw High Road, Peebles EH45 8RL, ☏ 01721/722934, FAX 01721/723004; organisiert auch Touren von April bis Oktober.

Tweeddale Tackle Centre, 1 Bridgegate, Peebles, ☏ 01721/720979; Angelscheine, Verleih und Unterricht.

Kailzie Stables, Kailzie Home Farm, Peebles, ☏ 01721/723703; ca. 3 km östlich der Stadt an B7062 in schöner Lage; auch Ponys.

Oven D'Or Restaurant, 24 High Street; Lunch/Dinner £ 7-8; auch Snack.

Green Tree Hotel, 41 Eastgate, Peebles EH45 8AD, ☏ 01721/720582; ab £ 27,50 B&B pro Pers.; guter Service.

♦ **Guest House**: Mrs Davidson, Hillside, 44 Edinburgh Road, Peebles, EH45 8EB, ☏ 01721/729817; £ 14-16 B&B; Januar bis Dezember.

♦ **Cottage-Vermietung**: Mrs Samuel-Till, 47 March St., Peebles EH45 8ES, ☏ 01721/721433; Januar bis Dezember; £ 100-160; 2-4 Pers.; zentral.

Crossburn Caravan Park, Edinburgh Road, Peebles EH45 8ED, ☏ und FAX 01721/720501; April bis Oktober; £ 4-8; an A703 im Norden direkt am Bach; zu vermieten, 3 bis 5 Pers., ab £ 150 wöchentlich.

Hauptorte der Borders sowie Edinburgh und Lanark (Glasgow).

Das sympathische Städtchen (7.000 Ew.) liegt reizvoll im Tal des Tweed, und wenn es auch nicht ganz so berühmte Sehenswürdigkeiten wie Melrose oder Jedburgh aufweisen kann, ist es doch ein idealer Standort für Wanderer und Naturfreunde. Pulsierendes Zentrum des Ortes ist die High Street, wo alle Geschäfte und natürlich auch das gut ausgestattete **Tourist Office** zu finden sind. Von der Straße gehen wieder die kleinen *closes* (Gassen) ab, und am westlichen Ende der High Street sieht man die große **Old Parish Church**.

Die größte Sehenswürdigkeit von Peebles ist das **Neidpath Castle**, das knapp 2 km westlich des Zentrums in schöner Lage über dem Flußufer des Tweed steht (am Fluß entlang, oder mit über die A72 Richtung Glasgow erreichbar). Das typische Turmhaus aus dem 14. Jh. verfügt über 4 m (!) dicke Mauern, und nur einmal - 1650 - gelang es einem Belagerer, in diesem Falle den Truppen Cromwells (☞ Land und Leute, Geschichte), den Turm einzunehmen. Das Castle, das im 17. Jh. modernisiert wurde, beherbergt heute ein kleines Museum.

♦ Ostern bis Sept. Mo bis Sa 11:00 bis 17:00, So 13:00 bis 17:00; Erw. £ 2, Sen./Stud. £ 1,50, Kinder £ 1, Familie (2 Erw., 2 Kinder) £ 5,50; P.

Kelso

- Town House, The Square, ☎ 01573/223464; April bis Oktober 10:00 bis 17:30 (saisonal wechselnd); ♿.
- Kelso Hospital, Inch Road, ☎ 01573/223441.
- Coalmarket, ☎ 01573/223434.
- Kelso Swimming Pool, Inch Road; ; Türkisches Bad.
- Tweedside Tackle, 36-38 Bridge Street, Ausstattung, Angelschein.
- Kelso Golf Club, Berrymoss, Kelso, ☎ 01573/223009; £ 12-20; .
- Black Swan Hotel, Horsemarket, Lunch/Dinner £ 6-7, einfache Gaststätte.
- Black Swan Hotel, Horsemarket, Kelso TD5 7HE, ☎ 01573/224563; Januar bis Dezember; £ 19-23 B&B; kleines, familiäres Haus im Zentrum.
- **Guest House**: Mrs Hawkins, Wester House, 155 Roxburgh Street, Kelso, ☎ 01573/224428; £ 11-15 B&B; ; nahe Floors Castle.
- (kein !) Springwood Caravan Park, Kelso TD5 8LS, ☎ 01573/224596; April bis Oktober; £ 7; auf A699 Richtung St. Boswell.
- Kirk Yetholm, Kelso TD5 8PG, ☎ 01573/420631; März bis Oktober; £ 4,30-5,25; 13 km (!) südlich von Kelso, Nr. 81 von Kelso.
- Hauptorte der Borders sowie Edinburgh und Berwick (England).
- Taxi: ☎ 01573/224596 oder 223935.

Die am Zusammenfluß von Teviot und Tweed gelegene Kleinstadt (ca. 6.000 Ew.) ist von Jedburgh auf der A698 nur 18 km entfernt. Sie liegt im sumpfigen und flachen Marschgebiet **The Merse** und war seit alters ein wichtiger Vieh- und Pferdemarkt. Noch heute findet hier an jedem zweiten Freitag im September der große, jahrhundertealte Ram-Sale (Viehmarkt) statt, zu dem Verkäufer aus allen Landesgebieten kommen.

Das historische Zentrum ist die von David I. 1128 gegründete **Kelso Abbey**, die sich südlich des Marktplatzes () an der Bridge Street befindet. Obwohl diese Tironenser-Abtei (nach dem Gründer des französischen Reformordens Benedikt von Tiron 1109) einst die größte unter den vier großen Borders-Abbeys war, sind die heutigen Ruinen - gemessen an den anderen Abteien - spärlich. Erhalten sind vor allem das westliche Eingangstor, Teile des südwestlichen und des nordwestlichen Querschiffs sowie einige Überreste der Südmauer des Hauptschiffes. Die Kirche hatte - wie alte vatikanische Aufzeichnungen bezeugen - zwei Querschiffe, war also nach dem Plan eines Doppelkreuzes gebaut.

Wer die romantische Ausstrahlung der Dryburgh-, Melrose- und Jedburgh Abbey kennt, wird - bedingt durch die beengte Lage der Ruine in der Stadt - von den Resten dieser ehemals großen Abtei enttäuscht sein.

♦ Tägl. 9:30 bis 18:00, So 14:00 bis 18:00; Eintritt frei.

⌘ Gegenüber der Ruine liegt in einer Sackgasse, Abbey Court, das **Turret House**, das eines der ältesten Häuser der Stadt ist (17. Jh.) und ehemals eine Schule war. Heute enthält es ein Museum zur Lokalgeschichte und kleinere Ausstellungen.

♦ NTS, Ostern bis Oktober Mo bis Sa ◨ 10:00 bis 12:00 und 13:00 bis 17:00, So 14:00 bis 17:00, Erw. £ 1, Sen./Stud./Kinder £ 0,50.

Folgt man der Bridge Street noch wenige Meter, so erreicht man die von dem berühmten Architekten John Rennie zwischen 1800 und 1804 gebaute **Kelso Bridge**, die hier über den Tweed führt. Die Brücke diente der Waterloo Bridge in London, die 1811 bis 1817 gebaut wurde und ebenfalls neun Bögen hat, gewissermaßen als Vorbild. Als die Londoner Brücke zwischen 1934 und 1936 zerstört wurde, wurden zwei ihrer Lampenständer hier wieder aufgestellt. Von der Brücke hat man einen guten Ausblick über Kelso bis nach Floors Castle.

Geht man vom großen Square in die der Abtei entgegengesetzte Richtung über die Roxburgh Street nach Norden, so sollte man vor dem

Jedburgh Abbey (mf)

Supermarkt "Presto" das Hufeisen eines Pferdes mitten auf der Straße notieren, das angeblich von dem Pferd des fliehenden Bonnie Prince Charlie stammt, der 1745 hier durchkam (achten Sie aber beim Suchen auf den Verkehr!).

♜ Am Ende der Roxburgh Street kommt man zum Eingang von **Floors Castle**. Der herrschaftliche Sitz des Herzogs von Roxburgh liegt in einer großen prachtvollen Parkanlage, die zum Spazierengehen einlädt (großes Gartenzentrum).

Das monumentale Schloß, dessen Hauptbau und Flügel beim Beschauer den Eindruck eines Gewirrs an Türmen hervorrufen, wurde 1721 von William Adam für den ersten Herzog von Roxburgh gebaut, dessen Familie von Queen Anne die Herzogswürde erhielt, weil sie sich für das Zustandekommen der Union zwischen England und Schottland eingesetzt hatte (☞ Land und Leute, Geschichte).

Später, zwischen 1838 und 1849, ergänzte der Architekt Playfair das von Türmen und Kuppeln nur so wimmelnde Aussehen des Schlosses. Von der luxuriösen Inneneinrichtung sind besonders die Brüsseler Tapisserien, die chinesische und europäische Porzellansammlung und die Bilder von Matisse und Gainsborough erwähnenswert. Im Sommer marschieren anläßlich verschiedener Feste vor dem Schloß ganze Heerscharen an Dudelsackspielern auf.

Das Anwesen stellte übrigens bei den Dreharbeiten des berühmten Tarzanfilms *Greystoke* den Familiensitz des edlen Lianenschwingers dar.

♦ Ostern/Mai bis September tägl. ⎘ 10:30 bis 16:45, Oktober So/Mi 10:30 bis 16:30; Erw. £ 3,80, Sen. £ 3, Kinder £ 1,90, Familie £ 10; ✕ 🅿.

Ausflug von Kelso nach Mellerstain und Thirlestane

Dieser Ausflug (ca. 30 km) läßt sich bei ca. gleichen Entfernungen auch von Jedburgh oder Melrose machen.

♜ Man verläßt Kelso an der Mauer des Floors Castle vorbei auf der A6089 Richtung Norden und kommt nach ca. 12 km links über eine kleine Straße zum **Mellerstain House**. Das prachtvolle, in einer schönen Parklandschaft stehende herrschaftliche Anwesen des Earl von Haddington gilt als ein Meisterwerk der Architekten- und Designerfamilie Adam (☞ Land und Leute, Kunst und Kultur, Architektur). Das Haus wurde 1725 durch William Adam begonnen und durch seinen noch berühmteren Sohn Robert Adam 1778 vollendet.

Es ist vor allem die **Innenausstattung der berühmten Library**, die den Besucher mit ihrer Pracht fast erschlägt. Neben klassizistischen Friesen und Büsten beeindruckt besonders das Stuckwerk der Decke, die noch in den ursprünglichen Adam-Farben gehalten ist. Unter den Gemälden des Hauses sind Werke von Van Dyck, Ramsay und Gainsborough. Hinter dem Haus hat man von der Terrasse und der prachtvollen Treppe einen schönen Blick über den See bis zu den Cheviot Hills.

♦ Ostern/Mai/Juni/September Mi, Fr und So 12:30 bis 16:30; Juli/August So bis Fr 12:30 bis 16:30; Erw. £ 3,50, Sen. £ 3, Kinder £ 1,50; P; von Galashiels und Kelso.

Wer auf der A6089 weiter nach Norden Richtung Lauder fährt, kommt nach ca. 18 km kurz vor dem kleinen Ort zum **Thirlestane Castle**, eines jener Bilderbuch-Castles, die schloßsüchtige Besucher in helles Entzücken versetzen. In einer gepflegten, herrlichen Parkanlage steht ein mit Türmchen und Balustraden geschmücktes Märchenschloß, das im 16. Jh. von der Maitland-Familie bezogen wurde, die es auch heute noch besitzt.

Zwischen 1664 und 1676 wurde der Architekt Sir William Bruce - der auch am Holyrood Palace in Edinburgh arbeitete - beauftragt, mit seinem Assistenten William Adam das Schloß zu verschönern. Bruce zitierte u.a. die Stukkateure des Königs Karl II. herbei, George Dunsterfield und Jon Halbert, die in den State Rooms des Castles eine der schönsten Stuckdecken Schottlands schufen.

Neben diesem unbestreitbaren Höhepunkt beherbergt das Schloß noch eine sehenswerte Möbeleinrichtung und eine große Sammlung historischer Kinderspielsachen sowie alte Kücheneinrichtungen. Übrigens soll genau derjenige Herzog, der die Verschönerung in Auftrag gegeben hatte, heute immer noch nicht seine Ruhe gefunden haben ...

♦ Ostern/Mai bis September Mo, Mi, Do und So 14:00 bis 16:30, Juli/August So bis Fr 14:00 bis 16:30, Park zu diesen Terminen 12:00 bis 18:00; £ 3,50, Familienticket (Eltern und schulpflichtige Kinder) £ 9, Garten allein £ 1; ♿ auf Anfrage, ☎ 01578/722430; P; in Lauder, ca. 1 km.

im Park, Ostern bis September, £ 6.

In der kleinen benachbarten Stadt **Lauder** () trifft man wieder auf die A68. Wer hier weiter nach Norden und die Borders verlassen will, hat bis Edinburgh noch 42 km zurückzulegen. Wer nach Kelso zurück will, kann von hier auch über die Dryburgh Abbey fahren, die man auf der A68 Richtung Süden nach ca. 17 km erreicht.

Der Küstenweg nach Eyemouth/St. Abbs

Wer von England die nahe der Küste verlaufende A1 für seinen Weg nach Schottland wählt, kommt hinter Berwick-upon-Tweed über die Grenze, von der es noch ca. 7 km bis Eyemouth sind. Die Küste der Borders verfügt zwar bei St. Abbs über eine eindrucksvolle Steilküste, aber man ist relativ weit von den historischen Höhepunkten im Innern der Region entfernt, und so ist es kein Wunder, daß sich die freundlichen Örtchen der Region über mangelndes touristisches Interesse beklagen. Wer sich hier zu einem Aufenthalt entschließt, kann deshalb sicher sein, Ruhe und Abgelegenheit genießen zu können.

Eyemouth/St. Abbs

Eyemouth, Auld Kirk, Manse Road, ☎ 018907/50678; 10:00 bis 17:00 (Richtzeit); ♿.

Health Centre, Houndlaw Park, Eyemouth, ☎ 018907/51101.

Coldingham Road, Eyemouth, ☎ 018907/50217.

Eyemouth Leisure Centre, North Street, Eyemouth, auch Sauna.

St. Abbs Marine Services, St. Abbs Harbour, ☎ 018907/71412.

Eyemouth Golf Club, Gunsgreen House, 9-Loch-Kurs, £ 4-10.

Dolphin Hotel, North Street, Eyemouth, Lunch/Dinner £ 5-10.

Dolphin Hotel, North Street, Eyemouth, ☎ 018907/50280; Januar bis Dezember; £ 15-18 B&B.

♦ **Guest House**: Mrs McGovern, Ebba House, Upper Houndlaw, Eyemouth TD14 5BU, ☎ 018907/50350; Januar bis Dezember; £ 15 B&B.

♦ Wilma Wilson, 7 Murrayfield, St. Abbs TD14 5PP, ☎ 018907/71468; Januar bis Dezember; £ 13,50 B&B pro Pers. im DZ; ; auf Murrayfield noch mehrere B&Bs.

(kein) Northburn Holiday Home Park, Fort Road, Eyemouth, ☎ 018907/51050; März bis November; £ 5,50-7; Caravans zu vermieten, £ 90-295 wöchentlich; 4 bis 8 Pers.; März bis November.

Drone Hill Caravan Park, Coldingham, ☎ 01890/71785; April bis Oktober; £ 3,50; 3 m nördlich von Coldingham auf A1107.

In Coldingham (zwischen Eyemouth-St. Abbs), Coldingham Sands, TD14 5PA, ☎ 018907/71298, März bis Oktober, £ 4,30-5,25; St. Abbs/Eyemouth/Berwick.

Eyemouth/St. Abbs haben eine gute Verbindung nach Berwick (England), dort Anschluß ; außerdem von Eyemouth nach Duns/Galashiels/Kelso und Edinburgh.

Der kleine, 3.500 Ew. zählende Fischerort Eyemouth geht bis auf das 13. Jh. zurück und ist heute noch der Heimathafen einer kleinen Fischereiflotte, die schon seit langer Zeit das wirtschaftliche Rückgrat des Ortes war.

Thirlestane Castle bei Lauder (mf)

⌘ In der Auld Kirk am Market Place in der Manse Road befindet sich nicht nur das freundliche Tourist Office, sondern auch das kleine **Eyemouth Museum**, das dem Besucher von dem schlimmsten Ereignis der Stadtgeschichte erzählt. Am 14.10.1881 an einem klaren Freitagmorgen war eine Flotte von 45 Booten und 279 Fischern ausgelaufen, um vor der Küste ihrem täglichen Geschäft nachzugehen. Am Nachmittag verdüsterte sich urplötzlich der Himmel und einer der schrecklichsten Stürme zog auf, den die Küste jemals erlebt hatte. Nur 26 Schiffe kamen wieder zurück. Der Sturm kostete 189 Fischern das Leben und machte 73 Frauen auf einen Schlag zu Witwen; 263 Kinder hatten ihre Väter verloren. Alle Orte der Küste hatten Menschenleben zu beklagen, aber Eyemouth war besonders betroffen.

♦ Ostern bis Mai Mo bis Sa ⍈ 10:00 bis 16:30, Juni Mo bis Sa 10:00 bis 17:00, Juli/August Mo bis Sa 9:30 bis 18:00, So 13:00 bis 17:30, September Mo bis Sa 10:00 bis 17:00, So 14:00 bis 15:30, Oktober Mo bis Sa 10:00 bis 16:00; Erw. £ 1,50, Kinder £ 1.

Nach einem Spaziergang durch den kleinen Hafen sollten Sie sich entscheiden, ob Sie in Eyemouth oder dem 7 km entfernten Küstenflecken

St. Abbs (200 Ew.) übernachten wollen, der über die A1107 und die bei Coldingham rechts abführende B6438 erreicht wird. Das Tourist Office in Eyemouth betreut auch diesen kleinen Ort, der auf einer vorspringenden Landzunge auf den 100 m hohen Klippen das Hauptziel des örtlichen Fremdenverkehrs ist. Sollten Sie sich für St. Abbs entscheiden, können Ihnen Ruhe und einsame Klippenspaziergänge garantiert werden.

Ganz in der Nähe des kleinen Ortes auf einem vorspringenden Felsrücken ist vom NTS und Scottish Wildlife Trust das **St. Abbs Head Nature Reserve** (192 Morgen) eingerichtet worden, das vor allem vielen Seevögeln einen natürlichen Lebensraum und Spaziergängern einen herrlichen Blick über die Klippen bietet. Wer es eilig hat, kann auch mit dem Auto auf einer kleinen Straße (biegt noch vor dem Ort St. Abbs ab) zum Leuchtturm fahren, der mitten im Nature Reserve liegt; ansonsten bietet sich der Spaziergang über die baumlose Hochebene an den Klippen an.

Rundfahrt von Eyemouth/St. Abbs durch die östlichen Borders

Man verläßt Eyemouth auf der B6355 Richtung Ayton/Duns und kommt bereits nach 4 km (beim Schnittpunkt mit der A1) zum 1846 gebauten viktorianischen Familienschloß **Ayton Castle**, das einen sonntäglichen Einblick in die privaten Wohnverhältnisse erlaubt.

♦ Mai bis September So 14:00 bis 17:00, oder nach Verabredung: ☏ 018907/81212; Erw. £ 2, Kinder frei; ♿ auf Anfrage; in Ayton nach Eyemouth.

⌘ Man bleibt auf der B6355 und kommt nach **Chirnside**, von wo man auf der A6105 Richtung Duns nach ca. 14 km zum vor Luxus strotzenden **Manderston House** kommt. Der in einer riesigen, wunderschönen Parkanlage stehende Landsitz aus dem 18. Jh. wird werbewirksam als "Schwanengesang der großen klassischen Häuser" gepriesen.

Der Höhepunkt der üppigen Inneneinrichtung ist die sogenannte *silver staircase*, eine Treppe, deren Stufen aus Marmor und deren Geländer aus Silber ist. Daneben verblaßt dann fast schon das andere, keineswegs viel billigere Inventar: die Porzellansammlungen, der klassizistische Deckenstuck und die Medaillons, Gläser, Bilder, Emaille-Arbeiten aus Limoges usw. Natürlich verfügte man damals auch schon über den hauseigenen Billardtisch, und selbst die im Keller zu besichtigenden Kücheneinrichtungen - die der Verköstigung verpflichteten Bediensteten lebten immer auf der untersten Etage - können als fortschrittlich gelten.

Die interessante Frage, wie man als Mensch zu solch pompöser Wohnkultur gelangt, können Sie bei einem Spaziergang im 56 Morgen großen Park unter Azaleen, Rhododendren und Springbrunnen erörtern. Wenn Sie dabei auf die Ställe stoßen, können Sie sicher sein, daß sie die größten weit und breit sind. Die Molkerei des Landsitzes, erbaut von italienischen und französischen Handwerksmeistern, besteht aus dem Marmor von sieben verschiedenen Ländern.

♦ Mai bis September Do und So 14:00 bis 17:30 und Bank Holidays im Mai/August; Erw. £ 5, Kinder £ 1; nur Garten: Erw. £ 2,50, Kinder £ 0,50; P.

Von hier sind es nur noch 3 km bis **Duns** (2.300 Ew.), ein sympathischer kleiner Ort, der einen der größten mittelalterlichen Philosophen, Johannes Duns Scotus, hervorgebracht hat (Hauptorte der Borders sowie Berwick).

⌘ Vom hübschen kleinen Market Square (im Cherry Tree Jewellery-Geschäft) können Formel-1-Anhänger zunächst zur 44 Newtown Street gehen, wo der **Jim Clark Room** liegt. Dies ist ein kleines Museum, das dem 1968 am Hockenheim-Ring tödlich verunglückten Formel-1-Rennfahrer gewidmet ist. Jim Clark, der zweimal Weltmeister war, hat in den Borders lange auf einer Farm bei Chirnside gelebt, wo sein Vater eine Farm unterhielt.

♦ Ostern bis Oktober Mo bis Sa 10:00 bis 13:00 und 14:00 bis 17:00, So 14:00 bis 17:00, Erw. £ 1, Sen./Stud./Kinder £ 0,50; ♿.

Von der Newtown Street kann man über die North Castle Street zum **Duns Castle** laufen, vor dessen zweitem Tor, dem Innentor, sich eine abgestumpfte Säule als Gedenkstein für den Franziskanerphilosophen Duns Scotus (1266-1308) befindet (vom Außentor ca. 300 m zu Fuß). Er war einer der größten Lehrer und Denker des Mittelalters und unterrichtete in Cambridge, Oxford, Paris und Köln, die berühmtesten Lehrstätten der damaligen Zeit. Wegen seines Scharfsinns wurde er auch "Doctor Subtilis" genannt. Das Castle selbst ist nicht zugänglich.

Von Duns fährt man auf der A6112 weiter nach Süden Richtung Coldstream und biegt nach 10 km in Swinton links auf die B6461 Richtung Berwick ab.

⌘ Nach ca. 15 km erreicht man nahe der englischen Grenze das **Paxton House**. Das Landhaus wurde 1758 von den Adam-Brüdern im neopalladianistischen Stil erbaut, ein klassizistischer Architekturstil, der sich von dem italienischen Baumeister Andrea Palladio (16. Jh.) ableitet und durch strenge Symmetrie hervorsticht. Der tempelartige Portikus mit seinen weiten Treppen und die geschwungenen Flügel und Pavillons sind typisch für diese in der georgianischen Epoche beliebte Bauweise.

Das klassizistische Dekor der Inneneinrichtung - Säulen, Decken- und Wandstuck - ist bemerkenswert. Vor allem aber beherbergt das Haus die größte Chippendale-Möbelkollektion Schottlands (auch Regency-Stücke von Trotter sind zu sehen) und verfügt seit 1811 über eine außergewöhnlich umfangreiche Bildergalerie italienischer, französischer und niederländischer Künstler. Das Haus wird von einem 70 Morgen großen Park umgeben, welcher bis zum Tweed reicht, der hier die Grenze zu England bildet.

♦ Ostern bis Oktober tägl. Haus: 12:00 bis 16:15, Garten: 10:00 bis Sonnenuntergang; Erw. £ 3,50, Sen. £ 3, Kinder £ 1,75; P ♿; von Kelso und Berwick.

Der schnellste Weg zurück nach Eyemouth führt zunächst auf der B6461 weiter Richtung Berwick, wo man wieder auf die A1 Richtung Norden stößt (ca. 21 km).

Lothian - Rund um Edinburgh

Lothian ist die Region rund um die Hauptstadt Edinburgh, die oft in **East-Lothian**, **Midlothian** und **Forth Valley** (für West-Lothian) unterteilt wird. Ich biete Ihnen analog dazu drei Wege, wobei die beiden ersten, East und Midlothian, als Rundweg von Edinburgh beschrieben werden. Die dritte Strecke, das Forth Valley, dient als Anreiseweg nach Norden (Stirling).

East-Lothian

Wir verlassen Edinburgh über die London Road nach Osten Richtung Portobello und biegen dann rechts nach **Musselburgh** ab. Die Fahrt geht nahe der Küste auf der B1348 weiter nach **Prestonpans**.

⌘ Kurz hinter Musselburgh kommt man dabei nach ca. 12 km zum **Scottish Mining Museum** (Prestongrange Industrial Heritage Museum), wo man auf dem Gelände einer 1963 stillgelegten Mine einen lebendigen Einblick in die Geschichte der 800 Jahre dauernden Kohleförderung bekommen kann.

♦ April bis September tägl. 11:00 bis 16:00; Eintritt frei; ; mehrere, z.B. 4N.

Immer entlang der Küste und an der gigantischen **Cockenzie Power Station** vorbei führt die B1348 schließlich auf die A198; die dichte Besiedlung der Küste seit Edinburgh hört hinter Cockenzie endgültig auf. Die Landschaft wird freundlicher, bleibt aber ziemlich flach.

♜ Nach ca. 11 km (vom Mining Museum) erreicht man das **Gosford House**, ein schloßähnliches Landhaus, das der Earl of Wemyss bewohnt. Das Zentralgebäude wurde von Robert Adam um 1800 erbaut, die Nord- und Südflügel wurden erst 1890 von William Young hinzugefügt. Im Südflügel befindet sich die berühmte Marmorhalle.

♦ Juni/Juli Mi, Sa, So 14:00 bis 17:00; Erw. £ 1, Sen. £ 0,75, Kinder £ 0,50.

Man durchfährt nach weiteren 2 km das kleine, hübsch am Meer gelegene **Aberlady** und passiert ca. 5 km weiter in **Gullane** eine malerisch verfallene Kirchenruine.

♜ Nach 3 km (ausgeschildert) erreicht man **Dirleton Castle**. Die sehenswerte, von schönen Gärten umgebene Burgruine, die man über eine Zugbrücke betritt, datiert von 1225 und wurde um 1650 von Cromwells Truppen zerstört. Teile der Küche, des Back- und Brauhauses sowie der Kellergewölbe und des Gefängnisses können noch besichtigt werden. Das Castle erfuhr mehrmals Ergänzungen und Renovierungen; dazu zählt auch ein runder **Dovecot** (Taubenturm) aus dem 16. Jh., der heute noch zu sehen ist.

♦ HS, April bis September Mo bis Sa 9:30 bis 18:30, So 14:00 bis 18:30, Oktober bis März Mo bis Sa 9:30 bis 16:00, So 14:00 bis 16:00; Erw. £ 2, Sen. £ 1,25, Kinder £ 0,75, Familie £ 4,50; z.B. 124 North Berwick/ Edinburgh.

Von hier sind es auf der A198 noch ca. 4 km bis **North Berwick**, ein hübscher kleiner Ferienort mit schönen Stränden.

Quality Street, ☏ 01620/892197, FAX 01620/893667; Januar bis Dezember 10:00 bis 17:00 (Richtzeit, saisonal wechselnd).
Health Centre, St. Baldred's Road, ☏ 01620/893263.
High Street, ☏ 01620/893585.
North Berwick Sports Centre, Grange Road; Squash, Badminton.
The Buttercup, 92 High Street.
Outdoor-Swimmingpool (beheizt) am Hafen, Juni bis August.
North Berwick Glen, ☏ 01620/895288, £ 14-26.
The Pennyfarthing, 23-25 Quality Street.
The County Hotel, High Street, North Berwick EH39 4HH, ☏ und FAX 01620/892989; Januar bis Dezember; ab £ 20 B&B pro Pers.
♦ **Guest House**: Mrs G. Duns, Windrow, 20 Marmion Road, North Berwick EH39 4PG, ☏ 01620/892066; April bis September, ab £ 12,50 B&B pro Pers.
Tantallon Rhodes Caravan Park, Lime Grove, North Berwick EH39 5NJ, ☏ und FAX 01620/893348; März bis Oktober; £ 5,50-9,50; Verleih von Caravans, 6 Pers., £ 100-325 wöchentlich; östlich des Ortes an A198.
Nach Edinburgh/Haddington und Dunbar.
Nach Edinburgh.
Taxi: ☏ 01620/893319.

✞ Nahe dem Tourist Office und dem Hafen kann man noch die Grundmauern der **Auld Kirk St. Andrew** aus dem 12. Jh. sehen. 1590 sollen sich hier häufig Hexen mit dem Teufel getroffen haben, um die Ermordung von König Jakob VI. zu beschließen; prompt wurden denn auch mehrere Personen aus den zwingenden Gründen des Verrats und der Hexerei hingerichtet.

Hauptattraktion sind jedoch die der Küste vorgelagerten Inseln **Fidra** und **Bass Rock**, wo viele Seevögel beheimatet sind. Insbesondere der

110 m hohe Bass Rock zieht als **drittgrößte Baßtölpelkolonie der Welt** viele Besucher an. Mr Fred Marr (ein Bilderbuchseemann mit Bart und Pfeife) befördert auf der "Sula II." von Mai bis Oktober Passagiere nahe an die Felsen, und im Sommer, wo zwei Touren täglich gefahren werden (ca. 11:00 und 14:00), kann man sich eventuell sogar auf dem Bass Rock absetzen lassen.

☎ 01620/892838, Erw. £ 4, Kinder £ 2, Schild am Hafen.

Weiter auf der A198 nach Osten Richtung Dunbar kommt man nach ca. 5 km zum mächtigen und schön gelegenen **Tantallon Castle**. Die Ruine aus rotem Stein erhebt sich auf einem vorspringenden Felsen direkt gegenüber dem Bass Rock. Das Castle stammt aus dem 14. Jh. und gehörte lange Zeit der mächtigen Douglas-Familie; es ist ca. 25 m hoch und besitzt 4 m dicke Wälle. Man kann den vierstöckigen Zentralturm sowie die Flankentürme besteigen, die einen weiten Ausblick ermöglichen.

Lange galt Tantallon als uneinnehmbar, und Archibald Douglas konnte es sich sogar leisten, König Jakob IV. zu trotzen, der 1492 umsonst das Castle belagerte. Erst im Jahre 1651 zerstörten Cromwells Kanonen den Glauben an die Uneinnehmbarkeit des Castles.

♦ HS, April bis September Mo bis Sa 9:30 bis 18:30, So 14:00 bis 18:30, Oktober bis März Mo bis Sa 9:30 bis 16:00 (geschlossen Donnerstagnachmittag und Fr), So 14:00 bis 16:00; Erw. £ 2, Sen. £ 1,25, Kinder £ 0,75; 120 nach North Berwick und Dunbar.

Nach weiteren 16 km erreicht man über die A198/A1 die kleine Hafenstadt **Dunbar** (6.000 Ew., Edinburgh/Berwick). Über dem Victoria Harbour (östlich davon liegt ein zweites Hafenbecken, Broad Haven) liegen die völlig zerfallenen Überbleibsel eines Castles aus dem 14. Jh.

⌘ Auf der High Street kann man das **John Muir House** besuchen, Geburtsstätte von John Muir (1838-1914), der sich als einer der ersten Landschaftspfleger für die Einrichtung der amerikanischen Nationalparks stark machte. Nach ihm ist auch der Klippenweg (John Muir Clifftop Trail) benannt, der vom Castle zum westlich gelegenen John Muir Country Park führt, wo Ranger geführte Wanderungen anbieten. Man sieht, die Stadt ist stolz auf ihren Sohn ...

♦ Mai bis September Mo bis Sa 11:00 bis 13:00 und 14:00 bis 17:30, So 14:00 bis 17:30 (Mi geschlossen außer August); Eintritt frei.

John Muir Trail von Johann Schinabeck, OutdoorHandbuch (Band 27), Conrad Stein Verlag, Kronshagen, 1996, DM 22.

Auf der A1 geht es nun zurück nach Westen. Nach ca. 9 km kommt man bei **East Linton** zur **Preston Mill**, eine malerische alte Wassermühle, die einzig noch erhaltene ihrer Art in Schottland

Die mit einem spitzen Dach versehene Mühle mit *Kiln* (Brennofen) aus dem 16. Jh. liegt in idyllischer Lage an einem Weiher und arbeitet manchmal noch heute. An der Außenwand der Mühle kann man die verschiedenen Hochwasser des hiesigen Flusses Tyne ablesen, der noch im April 1992 die Wiesen hier überflutete.

♦ NTS, April bis September Mo bis Sa 11:00 bis 13:00 und 14:00 bis 17:30, So 13:30 bis 17:30, Oktober Sa und So 13:30 bis 16:00; Erw. £ 1,50, Sen./Kinder £ 0,80, Familie £ 4,20; P; 120 von North Berwick und Dunbar.

Ganz in der Nähe auf der anderen Seite des Tyne steht der **Phantassie Doocot** (Taubenturm), der einst 500 Tauben ein Zuhause bot.

Weiter auf der A1 Richtung Haddington führt nach ca. 2 km links eine kleine Straße durch ein schönes Tal zum **Hailes Castle**, dessen Ruinen aus dem 13./15. Jh. stammen. Auch dieses Castle am Tyne, das u.a. der Hepburn-Familie gehörte, wurde durch Cromwells Truppen 1650 zerstört. In der Kapelle (16. Jh.) kann man noch eine schöne *Piscina* (Weihwasserbecken) sehen.

♦ HS, April bis September Mo bis Sa 9:30 bis 19:00, So 14:00 bis 19:00, Oktober bis März Mo bis Sa 9:30 bis 16:00, So 14:00 bis 16:00; Eintritt frei.

Man kann nun auf dieser kleinen Straße weiterfahren oder auf die A1 zurückkehren, auf der man nach weiteren 9 km **Haddington** (Edinburgh/Dunbar) erreicht.

Das hübsche Städtchen, das an der High Street mehrere alte Häuser aufzeigen kann, rühmt sich, mit der **St. Mary's Church** aus dem 14. Jh. die größte Parish Church Schottlands zu haben (über 60 m lang). Die in der Tat riesige gotische Kirche, die wie der ganze Ort unter der englischen Armee von 1547/48 zu leiden hatte, wurde in den 70er Jahren restauriert; in der Lauderdale Seitenkapelle sieht man das Alabaster-Grab der mächtigen Maitland-Familie. Am Hauptportal befindet sich ein 600 Jahre alter Bündelpfeiler, der ein von Dornen umgebenes Herz zeigt, aus dem die Hände von Christus hervorzeigen.

Im Süden der Stadt, an der B6369 Richtung Gifford, kommt man nach 2 km zum **Lennoxlove House**, das wahrscheinlich im 15. Jh. erbaut wurde und 300 Jahre der Maitland-Familie gehörte. 1672 erwarb die

Herzogin von Lennox das Haus, dessen Name bis dahin Lethington war. Die Dame (La Belle Stewart) hatte gute Beziehungen zu König Karl II., was sie zum Britannia-Vorbild auf Münzen werden ließ. Sie vererbte das Haus Lord Blantyre und bestimmte, daß es zur Erinnerung an ihren geliebten Gatten von nun an Lennox-love genannt wurde. Heute gehört es dem Herzog von Hamilton.

Zu sehen sind Gemälde und Einrichtungsgegenstände sowie Erinnerungsstücke an Maria Stuart, z.B. ihre Totenmaske, ein Saphirring und die Silberschatulle, in der die für die Anklage entscheidenden Briefe gefunden wurden, die ihre Verurteilung in England bewirkten.

Im herrlichen Park sieht man Weiße Rinder (*White Cattle*), die eine alte Verbindung zu den Opfertieren der frühen Druiden haben sollen; es sind wilde Tiere, und man sollte sich nicht zu sehr nähern …

♦ Ostern/Mai bis September Mi, Sa und So 🚪 14:00 bis 16:30, Erw. £ 3, Kinder £ 1,50; ♿ ☕; 🚌 von Haddington.

Die A1 führt von Haddington nach ca. 22 km zurück nach Edinburgh.

Preston Mill bei East Linton (mf)

Midlothian

Man verläßt Edinburgh über die Dalkeith Road (A68) Richtung Süden und erreicht nach 8 km den kleinen Ort **Dalkeith** (**i**).

♜ Nach weiteren 7 km kommt man nach **Pathhead**, wo man links auf die B6367 abzweigt und nach 3 km am Tyneufer **Crichton Castle** erreicht. Die mächtige Ruine im rötlichen Sandstein gehörte ursprünglich dem Baron von Crichton und wurde im 14. Jh. gegründet. Die heutigen umfangreichen Ruinen datieren aber größtenteils aus dem 15./17. Jh., als das Castle der mächtigen Bothwell-Familie gehörte. Der 5. Earl of Bothwell, James Francis Stewart, brachte von einer Italienreise 1581 Anregungen und vielleicht sogar einen italienischen Architekten mit, denn rechts im Innenhof sieht man eine von Arkaden und Bögen bestimmte Renaissancefassade, die den Palazzo Sterepinto in Sciacca auf Sizilien als Vorbild haben soll.

Ganz normal sind die pikanten Geschichten, die dieses Castle mit allen anderen teilt. So gibt es z.B. Anzeichen dafür, daß Maria Stuart hier mit ihrem zweiten Ehemann Darnley einen Teil ihrer Flitterwochen verbracht hat, ein gefundenes Fressen für eifrige posthume Hofberichterstatter, denn der damalige 4. Earl of Bothwell, James Hepburn, sollte kurze Zeit später Anführer des Mordkomplotts gegen Darnley und Maria Stuarts Liebhaber und dritter Ehemann werden. Man sieht, der Königstratsch steht dem vom Buckingham Palace in nichts nach ...

Eine andere Geschichte sollten Sie auch kennen, falls Sie um Mitternacht hier sind und eine Trompete hören sollten. William Crichton, damaliger Burgverwalter von Edinburgh Castle, wollte die mächtige und um Einfluß konkurrierende Douglas-Familie entmachten. Deshalb lud er 1440 den jungen Earl of Douglas und seinen einzigen Bruder von ihrem Stammsitz Tantallon Castle nach Edinburgh ein, wo die beiden zunächst freundlich empfangen wurden. Plötzlich ließ Crichton den beiden an der Tafel einen Stierkopf vorsetzen, ein damals übliches Zeichen in Schottland, daß jemand von den Anwesenden hingerichtet werden sollte. Crichton beschuldigte die beiden formell noch des Verrats, und kurz vor der Hinrichtung soll ein Reiter mit Trompete und dem Wappen der Douglas-Familie erschienen sein, einmal geblasen haben und dann schleunigst weggeritten sein. Die Hinrichtung wurde vollzogen, und seitdem sollen mehrere einsame Besucher um Punkt Mitternacht hier ein Trompetensignal durch das Gemäuer schallen gehört haben ...

♦ HS, April bis September, Mo bis Sa 9:30 bis 18:30, So 14:00 bis 18:30; Erw. £ 1,20; Kinder £ 0,75.

♜ 🛏 Wer den ultimativen Geistertest nicht machen will, setzt die Fahrt auf einer kleinen, durch eine wunderschöne Landschaft führende Straße Richtung Borthwick/North Middleton fort und kommt nach nur 3 km nach **Borthwick Castle**, einer über 30 m hohen und hervorragend gepflegten Doppelturmburg aus dem 15. Jh., wo sich auch Maria Stuart und Bothwell aufgehalten haben. Hier wurden im Zweiten Weltkrieg Schottlands Kunstschätze zum Schutz vor der deutschen Luftwaffe deponiert. Heute ist es ein Hotel vom Feinsten und damit nicht ohne weiteres zugänglich; wer keine £ 80 übrig hat, um in den Räumen Maria Stuarts zu schlafen, kann sich auch - Reservierung obligatorisch - beim Dinner im Restaurant umsehen.

♦ Borthwick Castle Hotel, North Middleton EH25 4QY, ☏ 01875/820514, FAX 01857/821702; ⌷ März bis Dezember; ab £ 80 B&B pro Pers.; ✕; 🚌 PB5b von Gorebridge.

Bei North Middleton stößt die kleine Straße auf die A7, der man rechts Richtung Edinburgh folgt. Nach ca. 3 km zweigt bei **Gorebridge** links die B6372 Richtung Temple/Penicuik ab. Man folgt der schönen Strecke entlang der Moorfoot Hills (Grenze zu den ☞ Scottish Borders im Süden) und erreicht nach ca. 18 km noch vor Penicuik eine Kreuzung, wo die B7026 rechts nach Roslin/Edinburgh führt.

✞ Achten Sie nun auf die Wegweiser zur **Rosslyn Chapel**, die Sie bei dem kleinen Ort **Roslin** nach ca. 6 km erreichen. Die kleine Kapelle enthält wahre **Meisterwerke der Steinmetzarbeit**. Sir William St. Clair ließ 1446 die Kapelle erbauen. Auf einem Architrav beim Eingang zu den Kellergewölben sind die 7 Tugenden den 7 Todsünden (erkennbar am alles verschlingenden Höllenmaul) auf der jeweils gegenüberliegenden Seite des Balkens zugeordnet. Links von dem nächsten Balken sieht man vorne in der Kapelle den berühmtesten Pfeiler des Gebäudes, den mit Ornamenten reich geschmückten **Apprentice Pillar** (Säule des Lehrlings). Dem steht etwas weiter der **Mason Pillar** (Säule des Steinmetzmeisters) zur Seite.

Die beiden herrlichen Steinsäulen verbindet folgende Geschichte: Der linke Pfeiler, Mason Pillar, wurde von dem damaligen Baumeister angefertigt. Sir William St. Clair wollte aber noch eine zweite Säule im südlichen Stil, und so machte sich der Baumeister zu Studienzwecken nach Italien auf. Sein Lehrling hatte in der Zwischenzeit einen Traum, nach dem er die prachtvolle rechte Säule anfertigte. Der Meister kam zurück, erblaßte vor Neid und erschlug den Lehrling. Die Kirche mußte wegen des vergossenen Blutes neu geweiht werden, Meister Mason wurde gehenkt.

♦ April bis Oktober Mo bis Sa 10:00 bis 17:00, So 12:00 bis 16:45; Erw. £ 2,25, Sen. £ 1,50, Kinder £ 0,75; ; 70, 87a von Edinburgh.

In Roslin bieten sich schöne Spaziergänge im Esk-Tal an; zwei nicht weit von hier gelegene geschichtsträchtige Castles, **Rosslyn Castle** und **Hawthornden Castle**, befinden sich heute noch in Privatbesitz und sind nur von fern zu bewundern.

Von Roslin sind es über die A703 nur noch 11 km zurück nach Edinburgh.

Forth Valley - Von Edinburgh nach Stirling

⌘ Man verläßt Edinburgh auf der A8 Richtung Flughafen (11 km), in dessen unmittelbarer Nähe sich an der Ingliston Road auf dem Ausstellungsgelände des Royal Highland Showground das **Scottish Agricultural Museum** befindet, das in einer großen Halle einen umfassenden Überblick über ältere und neuere Geräte der Landwirtschaft und der Viehzucht bietet.

♦ April bis September tägl. 10:00 bis 17:00, Oktober bis März Mo bis Fr 10:00 bis 17:00; Eintritt frei; ; 16,17,18, LRT 63, 64 vom Zentrum.

Zurück auf der A8 biegt man nach 2 km auf die A8000 Richtung Forth Bridges ab und folgt nun der ausgeschilderten Touristenroute nach Stirling, die sich auf kleinen Straßen immer entlang des Firth of Forth orientiert. Zunächst kommt man nach ca. 5 km nach **South Queensferry** (47, 48 von Edinburgh, von Edinburgh), dem auf der anderen Seite des Forth **North Queensferry** gegenüberliegt. Der Name deutet darauf hin, daß sich Königin Margarete regelmäßig an dieser engen Stelle des Forth im 11. Jh. auf ihrem Weg nach ☞ Dunfermline übersetzen ließ.

Heute überspannen zwei berühmte und gefeierte Brücken den Meeresarm, die 1883 bis 1890 gebaute Eisenbahnbrücke, die mit ca. 1,6 km Länge als Meisterwerk ihrer Zeit galt, und die 1964 von der Königin eröffnete Autobahnbrücke, eine elegant wirkende Hängebrücke, die es auf ca. 2 km Länge bringt (£ 0,40 in jede Richtung). An der hübschen Uferpromenade des kleinen Ortes, direkt zwischen den beiden Brücken, hat man rechts die Eisenbahn- und links die Hängebrücke gut im Blick.

Die Forth Bridge (mf)

🕯 Vom **Hawes Pier** an der Eisenbahnbrücke legt die Fähre zur Insel **Incholm** ab, eine kleine Insel im Forth, auf der in schöner Lage die gut erhaltene **Incholm Abbey** aus dem 12. Jh. zu besichtigen ist

♦ HS, April bis September Mo bis Sa 🚪 9:30 bis 18:00, So 14:00 bis 18:00; Eintritt im 🚢 Preis enthalten, s.u.

🚢 Hawes Pier, April bis September 1 bis 3 Fahrten tägl. je nach Saison; Erw. £ 6,25, Sen./Stud. £ 3, Kinder £ 2; inklusive Eintritt in Abbey; einige Nachmittagsfahrten umrunden die Insel nur (ermäßigt); ⌛ 2½ Std. mit Landung).

Außer der ehemaligen Augustinerabtei lockt die Insel auch als **Vogelschutzgebiet**; auch Seehunde sind zu sehen.

⌘ Ungefähr 1½ km östlich von South Queensferry liegt in einem herrlichen Park **Dalmeny House**, der im gotischen Tudorstil 1815 erbaute Herrensitz des Earl of Rosebery. Das feudale Anwesen beherbergt eine Rothschild-Kollektion, wertvolles Porzellan und französische Möbel sowie eine Gemäldeausstellung (Gainsborough, Raeburn).

♦ Juli/August So 🚪 13:00 bis 16:45, Mo und Di 12:00 bis 16:45; Erw. £ 3,60, Sen. £ 3, Kinder £ 1,80; ☕ ♿.

♜ Westlich von South Queensferry kommt man auf der A904 nach 2 km zum direkt am Forth gelegenen **Hopetoun House**, das sich öffentlich als "Scotland's finest stately home" anpreist.

Das Haus, das man eher ein Schloß nennen sollte, wurde 1699 nach den Plänen von Sir William Bruce begonnen und zwischen 1721 und 1754 von William und John Adam erweitert. Ein nach hinten versetzter Zentralbau wird von zwei Flügeln harmonisch begrenzt und von einem 40 Hektar großen Park umgeben, durch den Wanderwege führen und der auch einen Wildpark mit Rehen hat.

Auch das sehenswerte prunkvolle Innere des Hauses wurde großenteils von den Adams gestaltet; hervorzuheben sind besonders die Tapisserien, die Meissen-Keramik, die wirklich großartigen Rokoko-Decken von John Dawson, die Holzverkleidungen sowie die Gemälde von Raeburn und Canaletto. Das Haus wird heute vom NTS geführt; die ursprünglichen Besitzer, Marquis von Linlithgow, bewohnen nur noch einen Teil des Schlosses.

♦ NTS, Ostern bis September tägl. 10:00 bis 16:45; Erw. £ 4,20, Sen. £ 3,50, Kinder £ 2,10, nur Garten: Erw. £ 2,10 Kinder £ 0,75; ♿ ✕; 🚌 47,48 von Edinburgh an der A904.

⌘ Weiter auf der A904 gelangt man nach 3 km zum **House of The Binns**, das aufgrund seines Übergangscharakters von einem burgähnlichen Haus zu einem großzügigen Landsitz einen Besuch lohnt.

Das Anwesen, seit 350 Jahren von den Dalyells bewohnt, datiert aus dem frühen 17. Jh. und erinnert mit seinen Türmen und Zinnen noch an die mittelalterliche Wohnburg, obgleich die Fassade schon eher einem neuzeitlichen Landsitz gleicht. Im Innern sind besonders die Stuckdecken von 1630 erwähnenswert sowie einige Einrichtungsstücke, die an den berühmtesten Bewohner dieses Hauses, General Tam Dalyell (1615-1685), erinnern.

Der General war im wahrsten Sinne des Wortes ein Teufelskerl, der auf Seiten des Königs gegen Cromwells Truppen kämpfte, im Londoner Tower inhaftiert wurde, ausbrach und für zehn Jahre die russische Armee des Zaren ausbildete, bevor er Colonel eines schottischen Regiments wurde. Er soll hier oft mit dem Teufel Karten gespielt haben, und seine Stiefel, die nach seinem Tod schon ruhelos herumgewandert sein sollen und Wasser zum Kochen bringen können, sind heute noch am Kamin des Dining Rooms zu bewundern.

♦ NTS, Ostern/Mai bis September Sa bis Do 13:30 bis 17:00 (gute Führungen in kleinen Gruppen); Erw. £ 3, Sen./Stud./Kinder £ 1,50; 🚌 47,48 an A904.

♜ Von hier sind es nur 6 km über die B903/A803 zum etwas landeinwärts liegenden Ort **Linlithgow** (ℹ), in dessen Zentrum der bedeutende und wuchtige **Linlithgow Palace** liegt. Die gegenwärtige Ruine des Königspalastes der Stuart-Könige stammt aus dem 15. Jh., obwohl hier auf dem Weg zwischen Edinburgh und Stirling schon seit 1301 eine Burg gestanden haben muß. Bekannt ist der Palast als Geburtsort Maria Stuarts (1542) und ihres Vaters Jakob V. (1513), der wenige Tage nach der Geburt Marias im Falkland Palace starb.

Auf dem Platz vor dem Südportal sieht man rechts die von einer futuristisch anmutenden Aluminiumspitze gekrönte **St. Michael's Kirche** (erinnert mit ihrer Spitze an St. Giles in Edinburgh), die zwischen 1424 und 1532 erbaut wurde. Die Aluminiumkrone (*Crown of Thorns* - Dornenkrone) ist erst 1964 hinzugefügt worden, da man die alte Turmspitze 1821 wegen Einsturzgefahr abgetragen hatte. Im Hof des Palastes befindet sich ein gotischer Brunnen, der ein Hochzeitsgeschenk von Jakob V. an die Mutter Marias, Maria von Guise, war.

Auch die Great Hall und die Renaissancefassade des Innenhofs (von William Wallace zwischen 1618 und 1624 gebaut) ist gut erhalten. Es lohnt sich ein Spaziergang um den Palast, der südlich des Lochs in einem Garten liegt; einen schönen Blick auf den alten Osteingang des Schlosses mit den königlichen Wappen und zwei Seitennischen hat man vom Garten, wo der Besucher von unten auf die mächtige Anlage schaut. Man kann sich im Sommer auch ein Boot mieten, um das Schloß vom Loch aus zu bewundern. Der Palast wurde durch ein Feuer 1746 beschädigt.

♦ HS, April bis September Mo bis Sa 9:30 bis 18:00, So 14:00 bis 18:00, Oktober bis März Mo bis Sa 9:30 bis 16:00, So 14:00 bis 16:00; Erw. £ 2, Sen. £ 1,25, Kinder £ 0,75; P; Edinburgh/Stirling.

Von Linlithgow fährt man auf der Autobahn M9 Richtung Stirling und biegt nach ca. 17 km Richtung Kincardine Bridge ab, wo man nach ca. 3 km wiederum auf die A905 Richtung Airth fährt. Nach dem kleinen Ort biegt links die B9124 nach Cowie ab.

Nach wenigen Metern hat man das **Dunmore Pineapple House** erreicht, eine wahrhafte Architekturkuriosität. In einem großen, waldreichen Park steht das 1761 erbaute Gartenhaus, dessen Ananasturmspitze (Pineapple) wohl einmalig ist. Der spleenige Architekt dieses pflanzlichen Wunderwerks aus Stein ist unbekannt.

♦ Haus und Park gehören heute zum NTS (Eintritt frei).

Von hier sind es nur noch 11 km bis Stirling.

Die Central-Region - Stirling und die Trossachs

Dieses Gebiet, das sich von der Ebene der Central Lowlands im Süden bis in das Hochland der südlichen Grampian Mountains erstreckt, ist auch für Schotten eines der beliebtesten Ausflugsziele, da es nahe der Metropolen Edinburgh und Glasgow eine herrliche Wald- und Seenlandschaft (**The Trossachs**) bietet, die zudem noch reich an Geschichte und Geschichten ist. An den Wochenenden und im Juli/August kann es dabei an den berühmtesten Stellen, **Loch Lomond** und **Loch Katrine**, für schottische Verhältnisse fast schon voll werden. Wanderer und Spaziergänger werden aber auch zu dieser Zeit genug kleine Flecken und Orte finden, die abseits der großen Sehenswürdigkeiten einen Vorgeschmack auf die Highlands geben.

Stirling

- Dumbarton Road, 41 Stirling FK8 2QQ, ☎ 01786/475019, FAX 01786/471301; Januar bis Dezember 10:00 bis 18:00 (Richtzeit, saisonal wechselnd); ♿.
- ♦ Royal Burgh of Stirling Visitor Centre, ☎ 01786/479901; direkt am Castle; April bis Sept. tägl. 9:30 bis 17:15, Okt. bis März tägl. 9:30 bis 16:15.
- Stirling Royal, ☎ 01786/434000.
- Headquarters, ☎ 01786/456000.
- Barnton Street.
- Superwash, 9 Barnsdale Road, St. Ninians, im Südosten an A905.
- Allan Park Cinema, 28 Allan Park, tägl. Filme.
- MacRobert Arts Centre, University of Stirling, Theater- und Konzertbühne.
- Pierre Victoire, 41 Friar St.; Art französisches Bistro, Lunch/Dinner £ 5-10.
- The Barnton Bar and Bistro, Barnton Street, 10:30 bis 1:00; gutes Pub/Café, im Zentrum gegenüber ; lockere Atmosphäre.
- Rainbow Slides Leisure Centre, Goosecroft Road; Sauna; ♿.
- Swanswater Fishery, Sauchieburn, Stirling, ☎ 01786/814805; Angelscheine pro Tag £ 16.
- C-N-Do Scotland Ltd., 77/78 John Player Building, Springbank Road, Stirling FK7 7RP, ☎ 01786/445703; geführte Wanderungen.
- Countrysports, 3 Victoria Place, Stirling, FK8 2QX, ☎ 01786/447400; arrangiert Jagden in West- und Zentralschottland.
- Wildcat Mountain Activities, 15A Henderson Street, Bridge of Allan, Stirling FK9 4HN, ☎ und FAX 01786/832321; geführte Radtouren und Mountainbike-Verleih, nördlich der Universität in Bridge of Allan.
- Stirling Golf Club, Queen's Road; 18-Loch-Kurs; ab £ 10/Runde.
- Sports Centre, University, ☎ 01786/466900; Kanukurse im Juli/August.

- Garfield Hotel, 12 Victoria Square, Stirling FK8 2QU, ☏ 01786/473730; Januar bis Dezember; ab £ 22 B&B pro Pers. im DZ; ab £ 27 Single.
- ♦ **Guest House**: Mr & Mrs Dunbar, Ravenscroft, 21 Clarendon Place, Stirling FK8 2QW, ☏ 01786/473815; Januar bis Dezember; £ 15-20 B&B; sonst viele B&Bs an der A9 Richtung Universität.
- Auchenbowie Caravan Site, Auchenbowie, Stirlingshire FK7 8HE, ☏ 01324/822141; April bis Oktober; £ 4-6; Caravanverleih: £ 100-160, 6 Personen, im Süden von Stirling an A872.
- ♦ An der Cornton Road, Richtung University, nach Brücke über Forth erste Straße links.
- St. John Street, Stirling FK8 1DU, ☏ 01786/473442; Januar bis Dezember; £ 8,75-10,15 (inklusive Continental Breakfast); direkt im Zentrum.

- Taxi: ☏ 01786/445550.
- Europcar Inter-Rent, Drip Road, Stirling, ☏ 01786/472164.
- In alle Richtungen, Goosecroft Road nahe Station.
- Bei Goosecroft Road: Edinburgh/Glasgow/Aberdeen/Inverness.

Die ca. 30.000 Ew. zählende alte Königsstadt am River Forth hat neben der mächtigen Königsburg und dem Schlachtfeld von Bannockburn eine

Bei Jedburgh (mf)

interessante Altstadt mit lebendiger Atmosphäre zu bieten, letzteres nicht zuletzt deshalb, weil Stirling seit 1967 auch Universitätsstadt ist.

Aus dem **Tourist Office** an der Dumbarton Road tretend, wendet man sich rechts, um unten an der Kreuzung links in die Fußgängerzone **Bastion Wynd** zu gehen (deren Verlängerung, Murray Place, führt in das heutige Zentrum der Stadt). Man folgt links der King Street bergan, die später als Spittal/St. John Street hinauf zum Castle führt. In Höhe der links gelegenen Jugendherberge und den Barracks steht gegenüber in der Seitenstraße Jail Wynd das **Tolbooth** von 1703, das der Architekt Sir William Bruce entworfen hat.

✞ Links kommt man weiter bergan zur gotischen **Church of the Holy Rude** von 1414, in der 1567 nach der Zwangsabdankung seiner Mutter Maria Stuart im Alter von 13 Monaten Jakob VI. gekrönt wurde; John Knox war es, der die Messe hielt.

Links von der Kirche, nahe am Friedhof, steht die 1637 bis 1649 erbaute sehenswerte **Guildhall** (Cowane's Hospital), die als Altersheim für bedürftige Mitglieder der Kaufmannsgilde diente.

Wenige Schritte weiter sieht man links die Ruine von **Mar's Wark**, ein vom Regenten Mar (Vormund von Jakob VI.) um 1570 gebautes Haus mit teilweise erhaltener Renaissancefassade. Der Graf von Mar war traditionell der Kommandant des Schlosses in Stirling.

Kurz vor dem Castle sieht man rechts **Argyll's Lodging**, ein um 1630 gebautes Stadthaus, das der Marquis von Argyll 1655 erwarb und eine interessante Fassade hat.

♜ **Stirling Castle** liegt ähnlich wie Edinburgh auf einem langsam ansteigenden 80 m hohen Basaltfelsen und ist geschichtlich eine der wichtigsten Burgen des Landes.

Schon im 9. Jh. soll es hier eine Holzburg gegeben haben. Seit dem 13. Jh. stand die strategisch wichtige Burg im Zentrum des schottischen Befreiungskampfes gegen die Engländer, die nach der Schlacht von Bannockburn 1314 das Castle an die Schotten zurückgeben mußten. Von dieser Burg ist allerdings heute nichts mehr übrig, denn in den folgenden Jahrhunderten wurde hier eifrig gebaut. Jakob II. wurde 1430 hier geboren und auch die anderen schottischen Könige und Königinnen lebten häufig in diesen Mauern. Die neun Monate alte Maria Stuart wurde in der Kapelle der Burg am 9.9.1543 zur schottischen Königin gekrönt.

Die schönsten Teile der Burg sind heute die **Great Hall** aus dem 16. Jh. (von hier haben Sie einen schönen Blick auf die Ebene von

Stirling), der **Renaissance-Palast** von Jakob V. (1540) und die königliche **Kapelle** von 1594. Von dem Platz, auf dem die Kanonen stehen, hat man einen herrlichen Blick über den Fluß auf das gigantische Wallace Monument. Nach der Vereinigung von Schottland und England wurde das Castle als Offiziers- und Mannschaftsquartier benutzt; heute ist hier ein Regimentsmuseum untergebracht.

♦ HS, April bis September tägl. 9:30 bis 17:15, Oktober bis März tägl. 9:30 bis 16:15; Erw. £ 3,50, Sen. £ 2, Kinder £ 1; ♿.

Wer auf Murray Place und der folgenden Barnton Street das Zentrum Richtung Norden durchquert, kann über die schmucklose Wallace Street weiter zur **Stirling Old Bridge** von 1400 weiterlaufen (ca. 800 m vom Zentrum). Die alte, typische Steinbrücke, die heute nur noch Fußgängern über den Forth hilft, war lange Zeit die südlichste Brücke über den Fluß, also von enormer strategischer Bedeutung.

Ganz in der Nähe hat 1297 die berühmte und von Schotten gern zitierte **Schlacht von Stirling Bridge** stattgefunden, in der William Wallace die englischen Truppen gerade dann attackierte, als sie die alte, heute nicht mehr existierende Brücke überquerten. Der Sieg über die verhaßten Engländer war Balsam für die oft in der Defensive kämpfenden Schotten, und wenn auch Wallace letztendlich nicht erfolgreich war, führte sein Beispiel weiter zur siegreichen Schlacht von Bannockburn (☞ Land und Leute, Geschichte).

⌘ Von hier hat man noch ca. 1 km auf der Hauptstraße A9 nach Norden zu fahren/gehen, um den Aufstieg zum weithin sichtbaren **National Wallace Monument** von 1869 zu erreichen.

Der auf dem waldreichen Hügel Abbey Craig stehende 70 m hohe Turm (246 Stufen, herrliche Aussicht!) erzählt in mehreren Räumen die Geschichte des Nationalhelden Wallace, sein Aufbegehren gegen die Engländer, seine Siege und die schreckliche Hinrichtung in England (Verstümmelung und Vierteilung ☞ Land und Leute, Geschichte).

♦ Februar/November Wochenende 10:00 bis 16:00; März/April/Mai/Oktober tägl. 10:00 bis 17:00, Juni/September tägl. 10:00 bis 18:00, Juli/August tägl. 9:30 bis 18:30; Erw. 2,50, Sen./Kinder £ 1,50; Shuttle zum P.

Noch weitere 500 m nördlich von hier liegt in einer gepflegten Parkanlage die moderne und doch hübsche Universität (was man ja bekanntlich nicht von jeder modernen Uni sagen kann).

⌘ ⚔ Wer über die Burghmuir Road (A9) und folgende Glasgow Road (A872) 3 km nach Süden fährt, kommt zum **Bannockburn Heritage Centre**, ein vom National Trust eingerichtetes audiovisuelles Informationszentrum, das an die erfolgreichste Schlacht der schottischen Geschichte erinnert: die **Schlacht von Bannockburn**.

♦ NTS, April bis Oktober tägl. 10:00 bis 17:30, März/November/Dezember tägl. 11:00 bis 15:00; Erw. £ 2, Sen./Kinder £ 1, Familie £ 5,50; ♿.

Die Schlacht fand am 24.6.1314 ca. 1 km östlich von hier und nördlich des kleinen Orts Bannockburn statt, ein Name, den jedes Schulkind in Schottland kennt. Die Schotten haben viele Schlachten geschlagen, aber - seien wir ehrlich - die Reihe ihrer tragischen Schlachten ist länger als die der erfolgreichen.

Bei Bannockburn aber - mehr noch als bei Stirling Bridge - erfuhr das nationale Selbstbewußtsein einen gewaltigen Aufschwung, denn König Robert The Bruce, der größte König Schottlands und ein ebenso gefeierter Held wie Wallace, beendete hier erfolgreich den fast 30jährigen Befreiungskampf gegen England. Als die schottischen Speerträger sich am Morgen des 24. Juni aufstellten und in Sichtweite des Feindes noch einmal zum Beten auf die Knie sanken, soll der englische König Eduard II. angeblich gespottet haben: "Schaut, sie knien, um uns um Gnade zu bitten." Wenige Stunden später entkam er selbst mit knapper Not den Schotten, die in dem sumpfigen Gelände die überlegene englische Reiterei ausmanövrierten und den Sieg und reiche Beute errangen.

Hinter dem Heritage Centre steht auf dem Rasen das meist fotografierte Reiterstandbild Schottlands, das Robert The Bruce in Rüstung und mit der Streitaxt zeigt, eingeweiht 1964 von der Queen persönlich ...

Die Trossachs und Central-Region

Wir verlassen Stirling auf der A9 nach Norden (an der Uni vorbei) und kommen nach 9 km zum hübschen kleinen Ort **Dunblane** (7.300 Ew.).

- Stirling Road, ☎ 01786/824428, April bis September 10:00 bis 17:00 (Richtzeit).
- Health Centre, Well Place, ☎ 01786/822595.
- Perth Road, ☎ 01786/822222.
- Stirling Road.
- Drumbrae Riding Centre, Bridge of Allan, ☎ 01786/832247.
- Dunblane New Golf Club, Perth Road, ☎ 01786/823711 (Reservierung).

Mr Harding, Stirling Road, ☏ 01786/824903.

Dunblane Hotel, Stirling Road, Dunblane, Perthshire FK15 9EP, ☏ 01786/822178; Januar bis Dezember; £ 20-30 B&B pro Pers.

♦ **Guest House**: Mrs C. A. Nash, The Arns, Perth Road, Dunblane, Perthshire FK15 0JE, ☏ 01786/824737; April bis Oktober; £ 14-15 B&B; ⊗.

Nach/von Stirling/Perth u.a.

Stirling/Perth/Aberdeen/Inverness/Edinburgh/Glasgow u.a.

✞ Die mächtige gotische Kathedrale aus dem 13./14. Jh., **Dunblane Cathedral**, lohnt einen Besuch. Die Kirche, die nach der Reformation wie so viele andere mittelalterliche Kirchen ihres Daches beraubt wurde, hat am Ende des 19. Jh. eine vollständige Restauration erfahren; besonders das Holzschnitzwerk des Chors und die Fenster an der Südseite sind erwähnenswert.

Richtung Ortszentrum liegt die **Leighton Library**, die 1688 fertiggestellt wurde und die älteste private Bücherei Schottlands ist. Ihren Namen hat sie von Bischof Leighton (1611-1684), der seine 1.400 Bücher der Kathedrale vermachte und auch die kleine Bücherei mit Steinen des alten Bischofspalastes bauen ließ. Erst 1990 bemühte sich die Universität von Stirling um eine Wiedereröffnung der lange geschlossenen Library, deren älteste Bücher aus dem 15. Jh. stammen.

♦ Mai bis Oktober Mo bis Fr 10:30 bis 12:30 und 14:30 bis 16:30; Eintritt frei; falls geschlossen: ☏ 01786/822850 (Kustode).

Von Dunblane sind es auf der A820 ca. 5 km bis nach **Doune Castle**, einer gut erhaltenen Ruine des 14./15. Jh., die von dem Herzog von Albany gebaut wurde und direkt am Eingang des kleinen, gleichnamigen Ortes auf einem Hügel steht.

♦ HS, April bis September 9:30 bis 18:00, So 14:00 bis 18:00, Oktober bis März 9:30 bis 16:00, So 14:00 bis 16:00; Erw. £ 2, Sen. £ 1,25, Kinder £ 0,75; Dunblane/Stirling.

⌘ Ungefähr 2 km hinter Doune kommt man auf der A84 Richtung Callander am schön gelegenen **Doune Motor Museum** vorbei. In dem Privatmuseum des Earl of Moray kann man alte Limousinen und Motorräder wie z.B. Hispano Suiza, Jaguar, Bentley und den zweitältesten Rolls Royce der Welt sehen. Dem Earl, der nicht weit von hier einen Landsitz hat (bei der Weiterfahrt rechts der Straße zu sehen), gehören höchstpersönlich 40 der Wagen (es kommen Ausstellungsstücke hinzu).

♦ April bis Oktober 10:00 bis 17:00, Erw. £ 2,75, Sen./Kinder £ 1,50; ♿ ✕; Doune/Callander.

Die Gegend wird nun waldreicher und hügeliger und man erreicht nach ca. 13 km den kleinen Touristenort **Callander** (2.800 Ew., Stirling/Killin/Aberfoyle), neben ☞ Aberfoyle das Hauptstandbein für Wanderer und Urlauber, die die Naturschönheiten der Trossachs erkunden wollen.

⌘ Hauptattraktion des Ortes ist das **Rob Roy and Trossachs Visitor Centre**, das uns endlich die Gelegenheit gibt, dem schottischen Robin Hood die Ehre zu erweisen

♦ März bis Dezember tägl. 10:00 bis 17:00, Juni bis September tägl. 9:30 bis 18:00; Erw. £ 2, Sen./Kinder £ 1,50; ♿.

Das Visitor Centre erzählt die Geschichte des **Rob Roy MacGregor** (1671-1734), der bei Glengyle am ☞ Loch Katrine geboren wurde. Der Clan Gregor stammt angeblich von einer uralten keltischen Familie ab, hatte aber mit der Zeit durch ständige Fehden mit dem Clan Campbell fast alle Ländereien in den Trossachs verloren und war zu der damals üblichen, keineswegs ehrenrührigen Praxis von Viehdiebstählen an den Nachbarn übergegangen. Wie gesagt, die "Beschlagnahmung" von Vieh (*cattle raiding*) war damals allgemein üblich im Hochland, denn erstens galt für den Chieftain das Vieh im gewissen Sinne als Gemeingut, zweitens garantierte er dabei künftiges Wohlverhalten und sogar gewisse Dienste, wie z.B. den Schutz von herrschaftlichem Vieh auf dem Trail zu den großen Viehmärkten. (Um nicht öfter und exzessiv beraubt zu werden, ließen sich die Viehbesitzer oft auf eine "kontrollierte", mit Schutzrechten vor anderen Dieben versehene "Abgabe" ein. Der ehemalige Dieb wurde so zum Wachpersonal umerzogen; dafür mußte der Viehbesitzer ihn mit Vieh oder mit etwas anderem entlohnen.)

Diese Doppelmoral - erst stehlen, dann gegen Lohn als Beschützer einstellen lassen - war gang und gäbe und auch das Geschäft unseres Rob Roys. Als aber im Sommer 1712 sein eigener Viehtreiber, ein gewisser MacDonald, sich mit £ 1.000, die Roy für den Viehkauf vom Herzog von Montrose bekommen hatte, auf und davon machte, begannen schlechte Zeiten für unseren Helden, der das Geld nicht zurückzahlen konnte. Montrose schickte seinen Verwalter, Grahame of Killearn, und zwang Roys Familie aus ihrem Haus; er selbst wurde zum Outlaw (vogelfrei) erklärt, seine Ländereien gingen an den Herzog von Montrose.

Nun erst beginnt das Robin-Hood-Leben von Rob Roy, der in den nächsten Jahren einen erbitterten Klein- und Raubkrieg gegen die Ländereien und Viehherden des Herzogs von Montrose führt. Als sich einmal eine kleine Pächterin, die ihre Pacht nicht zahlen kann, an ihn um Hilfe bittet, gibt er ihr zunächst das Geld für den Pachteintreiber, rät ihr, eine Quittung zu verlangen, und überfällt den Eintreiber auf dem Heimweg, um ihm das gleiche Geld wieder abzunehmen. Montrose ist schließlich derartig aufgebracht, daß er sogar das Militär auf die Spuren des Outlaws hetzt, und - als auch dieses erfolglos bleibt - sich schließlich selbst an die Spitze einer Truppe auf den Weg macht.

1717 gelingt es ihm endlich, den in einer Hütte bei Balquihidder schlafenden Roy zu überraschen und festzunehmen. Als der Gefangenenkonvoi jedoch einen Fluß überquert, stürzt sich Roy in das Wasser und entkommt; der völlig genervte Montrose gibt daraufhin die Verfolgung auf. Zwar gelingt es seinem Bundesgenossen, dem Duke of Atholl, Rob Roy noch zweimal zu fangen, aber nur, um ihn auch durch zweimalige Flucht wieder zu verlieren. Erst 1725 kommt es durch General Wade zu einer formalen Aussöhnung der Parteien, und der mittlerweile weit und breit bekannte Hochland-Robin Hood stirbt im Dezember 1734 in Balquihidder friedlich im Kreis seiner Familie.

Daniel Defoe veröffentlichte sein Buch *Highland Rogue* 1723 (also noch zu Lebzeiten Roys), Sir Walter Scott schrieb den Roman *Rob Roy*, und natürlich existiert nun auch ein Kinofilm, der mit dem Namen dieses berühmten Viehdiebs sein Geld eintreibt ...

Man nimmt nun die A81 Richtung Süden und folgt der Beschilderung Glasgow/**Lake of Menteith** (ca. 12 km), dem einzigen Lake (See) Schottlands neben all den Lochs. Von der Uferstraße am See kann man sich in einem kleinen Boot zur auf einer Insel liegenden **Inchmahome Priory** übersetzen lassen (ist das Boot nicht da, müssen Sie die weiße Seite einer Tafel in Richtung Insel drehen, der Fährmann kommt dann).

✝ Auf der schönen, ruhigen Insel stehen die malerischen Ruinen eines **Augustiner-Priorats** von 1238, wo die Schotten während des Krieges mit England 1547 die junge Maria Stuart vor dem Zugriff Heinrichs VIII. in Sicherheit brachten

♦ HS, April bis September Mo bis Sa ◷ 9:30 bis 18:30, So 14:00 bis 18:30; Erw. £ 2, Sen. £ 1,25, Kinder £ 0,75; Preis beinhaltet Bootstransfer; 🚌 von Aberfoyle nach Port of Menteith.

An einem schönen Tag ist der Besuch von Inchmahome sehr zu empfehlen, nicht zuletzt deshalb, weil der See nicht so tief ist und deshalb im Sommer von Schwimmern durchaus mal ausprobiert werden kann.

Zurück zur A81 biegt man Richtung **Aberfoyle** ab, das man nach ca. weiteren 10 km erreicht.

Main Street, ☏ 01877/382352, April bis Oktober 10:00 bis 18:00 (Richtzeit); ♿.
The surgery, Main Street, ☏ 01877/382421; kein Zahnarzt.
Main Street, ☏ 01877/382222.
Main Street.

Easterhill Farm, Gartmore, ☏ 01877/382875; auch Ponys.
Aberfoyle Golf Club, Braeval, ☏ 01877/382493; ab £ 12; 18-Loch-Platz.
Queen Elizabeth Forest Park Visitor Centre, ☏ 01877/382258.
Forest Cycle Hire, Main Street, ☏ 01877/382802; Verleih.

The Forth Inn, Main Street, Aberfoyle, Perthshire FK8 3UQ, ☏ 01877/382372; Januar bis Dezember; £ 21 B&B pro Pers.; zentral.
♦ **Guest House**: Mrs Fiona Oldham, Main Street, Aberfoyle, Perthshire FK8 3UQ, ☏ 01877/382845; April bis Oktober; £ 13,50; Garten.
♦ **Cottage-Verleih**: Mrs L. Stott, Crag Darach, Milton of Aberfoyle, Perthshire FK8 3TD, ☏ 01877/382476; £ 155-360 wöchentlich; 5 Pers.
Mehrere, z.B.: Trossachs Holiday Park, Aberfoyle, Perthshire FK8 3SA, ☏ 01877/382614, FAX 01877/382732; April bis Oktober; £ 6,50-7,50; Caravanverleih: 2 bis 6 Pers., £ 99-399 wöchentlich; 5 km südlich an A81 Richtung Glasgow.

Glasgow/Stirling/Callander.
Taxi: ☏ 01877/382737.

Der nur 900 Ew. zählende Touristenort liegt mitten im **Queen Elizabeth Forest Park** und dem südlichen Trossachs-Gebiet und ist damit geographisch ein idealer Standpunkt für Fahrradfahrer, Angler und Wanderfreunde.

Wer sich genau über das Gebiet informieren möchte, kann dem **Forest Park Visitor Centre** (ca. 1 km nördl. an A821) einen Besuch abstatten.

♦ Ostern bis Oktober 10:00 bis 18:00; Eintritt frei, ✕.

Im riesigen touristischen **Scottish Wool Centre** in Aberfoyle kann man das Spinnen und Weben selbst ausprobieren - und natürlich alle möglichen Wollprodukte kaufen

♦ März bis Oktober 9:30 bis 18:00, November bis Februar 10:00 bis 16:30; Show Erw. £ 2,50, Kinder £ 1,50.

Von Aberfoyle zweigt die B829 Richtung Stronachlachar ab, eine ca. 25 km lange Sackgasse (!), die an das westliche Ende von **Loch Katrine** und weiter an das östliche Ufer des **Loch Lomond** führt (☞ Die am nördlichen Ufer des Loch Katrine entlangführende Straße ist nur für und).

Man kommt am waldreichen Nordufer des herrlich gelegenen **Loch Ard** zum kleinen Flecken **Kinlochard**.

Kinlochard, 01877/387256, Februar bis Oktober, £ 5,70-6,75.
Von Aberfoyle.
Verleih.
im Forest Hills Hotel.

Man erreicht dann den kaum weniger schönen **Loch Chon**. Danach hört der Queen Elizabeth Forest Park, ein aufgeforstetes Waldgebiet, plötzlich auf und macht einer kargen Heidelandschaft Platz; links sieht man den 974 m hohen **Ben Lomond**, der Schottlands südlichster Munro (Land und Leute, Geographie und Landschaft) ist. Nach ca. 17 km kommt man beim **Loch Arklet** zu einer Kreuzung, wo es rechts nach **Stronachlachar** geht, ein winziger Ort, der am westlichen Ende des 16 km langen Loch Katrine liegt (von Aberfoyle). Hier befindet sich die westliche Anlegestelle des Ausflugsdampfers "S.S. Sir Walter Scott".

Biegt man an der erwähnten Kreuzung links ab, kommt man am baumlosen Loch Arklet entlang nach weiteren 8 km zum **Inversnaid Hotel**, das direkt oberhalb des Loch Lomond liegt. Rechts vom Hotel befindet sich ein kleiner Wasserfall mit natürlichem Pool.

♦ Inversnaid Hotel, ab £ 26 B&B pro Pers.; von Aberfoyle.

Inversnaid, das auf der Strecke des West Highland Wanderwegs liegt (Reise-Infos von A bis Z, Wandern), wird durch eine Personenfähre mit Inveruglas am westlichen Ufer verbunden und unterhält im Sommer auch gelegentliche Schiffsverbindungen nach Tarbet und Balloch.

Inveruglas, März bis Januar zweimal täglich, £ 2 pro Fahrt.

West Highland Way von Hartmut Engel, OutdoorHandbuch (Band 26), Conrad Stein Verlag, Kronshagen, 1996, DM 22.

Autofahrer haben nun keine andere Alternative, als den Weg bis Aberfoyle zurückzufahren, um dann links auf die A821 abzubiegen. Von hier sind es auf einer kurven- und waldreichen Straße über den Dukes Pass zu den **Trossachs Pier** am östlichen Ende des **Loch Katrine** ca. 9 km; man befindet sich nun im Zentrum der Trossachs und an jener Stelle, der Sir Walter Scott durch sein Poem *The Lady of the Lake* (1810) fortwährenden Ruhm und ewigen Tourismus beschert hat.

Jeder pilgert zu der waldreichen Anlegestelle (, Visitor Centre), von wo seit 1900 (!) von März bis Oktober der alte Dampfer "**S.S. Sir Walter Scott**" die Touristen an den pittoresken Ufern des Sees vorbei nach Stronachlachar und wieder zurück fährt.

♦ März bis Oktober Mo bis Fr viermal tägl., Sa zweimal tägl.; Erw. £ 3,40, Sen./Kinder £ 2.

Der See ist für andere Motorboote strikt gesperrt (auch Wildcampen ist ausnahmsweise nicht erlaubt!), denn das saubere Wasser des Loch Katrine versorgt seit 1859 die Haushalte von Glasgow und Umgebung. Pro Tag werden ca. 386 Mio Liter nach Glasgow geleitet, eine Trinkwasserqualität, die sich nicht jede Großstadt leisten kann ...

Wer nur eine Strecke mit dem Schiff fahren will, kann von Stronachlachar eine am Nordufer für / gesperrte Straße zurücknehmen (ca. 29 km; ideal für); unterwegs, ganz im Westen des Sees, kommt man auch an **Glengyle** vorbei, wo Rob Roy geboren wurde.

Man fährt nun an der Nordseite des **Loch Venachar** weiter auf der A821 Richtung Callander, um nach 16 km links auf die A84 abzubiegen, wo man den Pass of Leny überquert und die **Leny Falls** ausgeschildert sind (P auf rechter Straßenseite; zu den Stromschnellen müssen Sie durch ein Tor auf der linken Straßenseite, ca. 800 m).

Entlang des **Loch Lubnaig** (schön gelegene P) und durch den **Strathyre Forest** führt die herrliche Strecke nach ca. 18 km bei Kingshouse zur Abzweigung nach **Balquihidder** (für ungeeignet), das man nach weiteren 3 km erreicht. Auf dem alten, herrlich gelegenen Kirchhof des kleinen Fleckens (200 Ew.), der in einem schönen Tal am östlichen Ende des einsamen **Loch Voil** liegt, steht das einfache Grab von Rob Roy, seiner Frau und zwei ihrer vier Söhne. Das Grab trägt eine ermunternde Inschrift, die eines Robin Hood würdig ist: *Despite them* (Trotz ihnen). Wer die Einsamkeit sucht, hat von hier die Möglichkeit, die Hänge der Braes of Balquhidder am Nordufer des Loch Voil zu erwandern (, von Callander, seltene Verbindung).

Zurück zur Hauptstraße A84 biegt man links ab und kommt nach 5 km nach **Lochearnhead** am westlichen Ende des **Loch Earn** (; Killin/Callander; Watersports Centre: , , Wasserski). Hier biegt die A85 nach Osten Richtung Crieff und Perth ab (Perth und die Halbinsel Fife, Der direkte Weg von Stirling nach Perth).

Nach Norden fährt man nun durch das **Glen Ogle**, welches in das nördlich der Trossachs gelegene Gebiet von **Breadalbane** führt, das bereits den Südteil der Grampian Highlands bildet. Die Berge werden schroffer, und nach 8 km kommt man an eine Kreuzung, wo die A85 links weiter durch das schöne Tal von Glen Dochart in die West Highlands und nach Oban und Ft. William führt.

Wer hier rechts auf die A827 abbiegt, kommt nach 3 km zum hübsch gelegenen Ferienort **Killin** (800 Ew., viele B&Bs), der am Westende des wunderschönen **Loch Tay** liegt und als Standort für Ausflüge in die Berge und Täler der Umgebung gut geeignet ist.

Breadalbane Folklore Centre, Main Street, ☏ 01567/820254; März bis Oktober tägl. 10:00 bis 17:00, November bis Dezember 10:00 bis 16:00 nur am Wochenende; ♿.

Doktor, ☏ 01567/820213.

Main Street, ☏ 01567/820222.

Alle Main Street.

Pedlars, Main Street, Ausstattung und Verleih, ☏ 01567/820652; Killin ist das nördliche Ende des Glasgow-Killin Cycle Way; Karte beim i erhältlich.

Vorschläge und Karten bei i.

Killin Golf Club, ☏ 01567/820312; März bis Oktober; ab £ 10; 18-Loch-Kurs.

Rough & News, Fishing Tackle Shop, Main Street; Angelschein.

Clachaig Hotel, Killin, Perthshire FK21 8SL, ☏ 01567/820270; Januar bis Dezember; £ 21 B&B pro Pers.; ⊗; nahe der Falls of Dochart.

♦ **Guest House**: Fairview House, Main Street, Killin, Perthshire FK21 8UT, ☏ 01567/820667; Januar bis Dezember; £ 15-17 B&B; viele B&Bs in der Main St.

♦ **Cottage-Vermietung**: Mr & Mrs Mardon, Fagus, Manse Road, Killin, Perthshire FK21 8UY, ☏ 01567/820248; £ 150-210 wöchentlich; 6 Pers.; traditionelles Stein-Cottage nahe Falls Of Dochart.

3 Plätze, 7 B. Cruachan Farm Caravan & Camping Park; ☏ 01567/820302; März bis Oktober; £ 5-6,50; an A827 5 km östlich von Killin.

Killin Youth Hostel, ☏ 01567/820546; März bis Oktober; £ 4,30-5,25.

Stirling/Callander/Crianlarich.

Taxi: ☏ 01567/820386.

Direkt am Eingang des Hochland-Dorfes liegen links der Straße an der Brücke die viel fotografierten **Falls of Dochart** (Stromschnellen).

Nach Überqueren der Brücke kommt man links zum i, wo sich auch in der St. Fillans Wassermühle das besuchenswerte **Breadalbane Folklore Centre** befindet, das über die Kultur-, Clan- und Hexengeschichte(n) der Umgebung informiert.

Hier stehen auch neben dem Wasserrad die heilenden Steine von St. Fillan (**Healing Stones**), der als Lokalheiliger ca. um 777 n.Chr.

gestorben sein soll und Schutzpatron der Müller war. Die Healing Stones, von St. Fillan gesegnet, müßten konsequenterweise 1.200 Jahre alt sein; sie wurden als Heiligenrelikte bis zum 19. Jh. zum Heilen von Krankheiten ausgestellt. Der 20.1. (Todestag St. Fillans) ist heute noch ein lokaler Feiertag.

♦ März bis Oktober tägl. 10:00 bis 17:00, Juli/August 9:00 bis 18:00, November/Dezember/Februar 10:00 bis 16:00 nur am Wochenende; Erw. £ 1, Sen./Kinder £ 0,75.

Die A827 führt nun weiter am Nordufer des Loch Tay nach Aberfeldy und in das Ben Lawers Massiv.

Perth und die Halbinsel Fife

Der direkte Weg von Stirling nach Perth (55 km) führt über die schnelle A9, von der sich vielleicht ein Abstecher in die Gegend um Crieff einplanen läßt; bedeutend länger ist der Weg, wenn man die von großen Sehenswürdigkeiten und netten Fischerdörfchen bestimmte Halbinsel Fife erkunden will, wo allein schon die älteste schottische Universitätsstadt St. Andrews einen Aufenthalt lohnt. Vor allem der Osten der Halbinsel ist für schottische Verhältnisse relativ flach und von der Landwirtschaft geprägt. Beide Wege werden im folgenden beschrieben.

Der direkte Weg von Stirling nach Perth

Man verläßt Stirling an der Universität und dem nachfolgenden Städtchen Dunblane vorbei (☞ Stirling und die Trossachs) auf der A9 Richtung Perth und biegt nach ca. 17 km auf die A822 Richtung Crieff ab. Nach ca. 14 km kommt man durch den kleinen Ort **Muthill** (sehenswerte Ruinen einer Kirche aus dem 15. Jh. und eines Towers aus dem 12. Jh., Eintritt frei).

♜ Nach weiteren 2 km biegt links ein ausgeschilderter Weg zu den **Drummond Castle Gardens** ab. Man fährt durch die wunderschöne, von alten Buchen bestandene Allee, die allein schon den Ausflug lohnt, auf das von einem großen Park umgebene Castle zu. Tritt man aus der Eingangspforte in den Castlehof und schaut links über die Balustrade, mag so manchem ein Ausruf der Bewunderung entfahren: unterhalb der kunstvollen viktorianischen Terrasse liegt **einer der schönsten Formalgärten Schottlands**, der das Design des schottischen St. Andreaskreuzes (☞ Land und Leute, Flagge, Wappen und Distel) verkörpert und zudem heraldische Symbole der Drummond-Familie enthält.

Es waren die Gartenkünstler Lewis Kennedy und vielleicht auch der Landschaftsgärtner Charles Barry, die Anfang des 19. Jh. dieses Meisterwerk an Harmonie und Struktur vollbrachten. In der Mitte der symmetrischen Gartenanlage steht eine obeliskartige **Sonnenuhr**, die von John Mylne stammt und 1630 aufgestellt wurde.

Das Castle selbst gehört der Drummond-Willoughby-Familie, die seit dem 15. Jh. hier ihren Sitz hat und die Earls of Perth stellte; das Haus ist nicht zugänglich.

Mai bis Oktober tägl. 14:00 bis 17:00; Erw. £ 3, Sen. £ 2, Kinder £ 1,50; nur Garten zugänglich; ♿ auf Anfrage, ☏ 01764/681257; 🚌 47 von Stirling/Dunblane/Crieff.

Von hier sind es noch ca. 5 km bis **Crieff** (🅸 High Street im Glockenturm des Rathaus, 🛏, 🚌 Perth/Stirling), ein netter kleiner Ort, der früher berühmt für seine Viehmärkte war und heute als Ausgangspunkt für Wanderungen und Ausflüge im Earn-Tal beliebt ist.

♦ Ungefähr 2 km nordwestlich von Crieff an der A85 Richtung Comrie liegt am Ausgang des Glen-Turret-Tals Schottlands älteste Whiskybrennerei, die **Glenturret Distillery** von 1775.

Der Besuch ist unter all den vielen Destillen Schottlands deshalb empfehlenswert, weil die Brennerei sehr klein ist - hier arbeiten nur vier Leute - und die Führung oft auch nur kleine Gruppen umfaßt (vorausgesetzt Sie haben nicht das Pech und kommen mit einer Reisegruppe zusammen an); man wird Ihnen also gern alle Fragen über das Wasser des Lebens beantworten. Eine audiovisuelle Präsentation und ein Visitor Centre erwarten Sie ebenfalls - und natürlich eine hervorragende Kostprobe am Ende des Rundgangs ... (☞ Land und Leute, Whisky).

♦ März bis Dezember Mo bis Sa 🕘 9:30 bis 16:30, So 12:00 bis 16:30; Januar/Februar Mo bis Fr 11:30 bis 14:30; Erw. £ 2,90, Sen. £ 2,40, Kinder £ 1,70, Familie £ 7,50; ♿ ☕ ✕.

♜ Von Crieff sind es über die A85 noch 28 km bis Perth. Ungefähr 5 km vor der Stadt liegt etwas abseits der Hauptstraße das **Huntingtower Castle**. In dem gut erhaltenen Castle aus dem 15. Jh. herrschte bis 1600 die mächtige Ruthven-Familie, die 1582 den 16jährigen Jakob VI. hier 10 Monate gefangenhielt. Der junge König vergaß diese Tat nicht; er entmachtete und bestrafte in den folgenden Jahren nicht nur die ganze Familie, er ordnete auch an, daß der Name Ruthven geächtet und das Castle von nun an als Huntingtower bezeichnet wurde. 1912 entdeckte man im Castle wertvolle Decken- und Wandmalereien von ca. 1540, die eine Rarität innerhalb Schottlands darstellen.

♦ HS, April bis September Mo bis Sa 🕘 9:30 bis 18:00, So 14:00 bis 18:00, Oktober bis März Mo bis Mi und Sa 9:30 bis 16:00, So 14:00 bis 16:00; Erw. £ 1,50, Sen. £ 1, Kinder £ 0,75.

Perth

🅸 45 High Street, ☎ 01738/638353, Januar bis Dezember 🕘 10:00 bis 17:00 (Richtzeit); ♿.

⊞ Perth Royal Infirmary, ☎ 01738/623311.

☆ ☎ 01738/621141.

📯 South Street.

⛳ North Inch, ☎ 01738/636481, 18-Loch-Kurs; ab £ 5,50.

🎣 Leisure & Recreation Department, District Council, 3 High Street, ☎ 01738/639911; Angelscheine.

Perth Leisure Pool, Glasgow Road.
Perth Theatre, High Street, ☏ 01738/621031.

Caledonian Hotel, 5 Caledonian Road, Perth PH1 5QU, ☏ 01738/629347; Januar bis Dezember; £ 20 B&B pro Pers.

♦ **Guest House**: Abbotsford, 23 James Street, Perth PH2 8LX ☏ 01738/635219; Januar bis Dezember; £ 14-16 B&B pro Pers.; ansonsten viele B&Bs an A93 Richtung Scone.

Cleeve Caravan Park, Glasgow Road, April bis Oktober; £ 5,30-8.

Y.H., Glasgow Road, ☏ 01738/623658; Februar bis Oktober; £ 5,70-6,75.

Struan Peugeot, Crieff Road, ☏ 01738/632222.
Leonard Street: in alle Richtungen.
King's Place: Edinburgh/Aberdeen/Inverness/Glasgow.

Die ca. 45.000 Ew. zählende Stadt Perth, die in schöner Lage im Tal des Tay liegt, ist mit ihrer strategisch und wirtschaftlich günstigen Position am Unterlauf des längsten Flusses von Schottland seit Jahrtausenden ein Siedlungszentrum gewesen. Unter dem schottischen König Kenneth MacAlpin (☞ Land und Leute, Geschichte) wurde Perth im 9. Jh. Hauptstadt Schottlands - eine Position, die es erst mit dem Tod des Dichterkönigs Jakob I. 1437 endgültig an Edinburgh verlor. Um so erstaunlicher ist es, daß die Stadt innerhalb ihres Zentrums nur wenige Sehenswürdigkeiten besitzt; allerdings eignet sie sich hervorragend als Standort zum Besuch der alten **Krönungsstätte von Scone**, die ca. 3 km nördlich liegt.

✞ Vom Tourist Office an der High Street sind es nur wenige Meter zur **St. John's Kirk**, die 1242 vom Bischof von St. Andrews eingeweiht und zwischen 1923 und 1928 als Kriegsgedenkstätte renoviert wurde. Der um 1440 gebaute Chor ist heute der älteste Teil der Kirche. Das wichtigste Ereignis in der Geschichte der Kirche war die am 11.5.1559 gehaltene berühmte Rede von John Knox. Allgemein gegen die Eitelkeit und den Götzendienst gerichtet, im besonderen natürlich gegen die katholische Kirche, nahmen einige Hörer die Rede zum Anlaß, den katholischen Priester zu steinigen, um danach die Kirche von allen papistischen Elementen zu reinigen. Ein wahrer Bildersturm brach in ganz Schottland aus, und viele Kirchen und Abteien wurden geplündert.

Auf der West Mill Street sind noch die **Lower City Mills** zu erwähnen, wo Sie dem Müller der restaurierten und heute noch arbeitenden Wassermühle beim Arbeiten über die Schulter schauen können. Die Mühle stammt aus dem späten 18. Jh. und produziert heute noch täglich Hafermehl und andere Getreideprodukte für die umliegenden Hotels und

Tea-Rooms. Der Besuch bietet die seltene Gelegenheit, einer noch voll funktionierenden alten Mühle mit einem großen Wasserrad von 4,50 m Durchmesser beim Arbeiten zusehen zu können.

♦ April bis Oktober Mo bis Sa 10:00 bis 17:00, Erw. £ 1,50, Sen./Stud./ Kinder £ 0,75.

Die größte Sehenswürdigkeit liegt aber 3 km nördlich der Stadt an der A93: **Scone Palace**. Der in einer schönen Parkanlage stehende neugotische Palast aus dem 16./17. Jh. (renoviert 1803) gehört dem Earl of Mansfield. In dem prachtvollen, luxuriösen Haus kann man neben einer großen Anzahl von Möbeln und Porzellan des 18. Jh. auch eine der reichsten Sammlungen von Elfenbeinstatuen sehen. Der Palast steht an der Stelle der heute verschwundenen Scone Abbey, die während der Reformationsplünderungen von 1559 vollständig zerstört wurde.

Dort, wo sich die Begräbniskapelle der Mansfields befindet, erhebt sich der **Moot Hill**, ein kleiner Hügel, wo seit dem 9. Jh. auf dem berühmten **Stone of Destiny** (gäl. *lia-fàil*, ☞ Land und Leute, Geschichte) die schottischen Könige gekrönt worden sind. 1296 raubte Edward I. den Stein und ließ ihn nach London bringen, wo er noch heute in Westminster unter dem englischen Thron liegt - obwohl viele Schotten behaupten, die Engländer hätten nichts anderes als eine Kopie. Eine solche können Sie hier auch auf jeden Fall sehen.

♦ Ostern bis Oktober Mo bis Sa 9:30 bis 17:00, So 13:30 bis 17:00 (Juli/ August 10:00 bis 17:00); Erw. £ 4,50, Sen. £ 3,70, Kinder £ 2,50, Familie £ 13; ♿ ☕.

Von Stirling über die Halbinsel Fife nach Perth

Man verläßt Stirling über die A9, biegt aber sofort am Wallace Monument rechts auf die A907 ab (Richtung Alloa), um dann nach ca. 1 km wieder links Richtung Alva auf die A91 einzubiegen.

Nach ca. 27 km kommt man auf dieser Strecke über Alva und Tillicoultry nach **Dollar** (🛏, 🚌 Stirling), an dessen nördlichem Rand in schöner Lage am **Dollar Glen** das **Castle Campbell** steht.

Wer einen der wenigen Parkplätze ergattert hat, muß die letzten 500 m zu Fuß gehen, um das auf einem steilen Felsen am Ausgang des Dollar Glen gelegene Castle zu erreichen. Es wurde im 15. Jh. von der mächtigen Familie der Campbells von Argyll gebaut, die hier eine Bastion nahe des Königsschlosses in Stirling unterhielten. Die Burg war lange als Castle Gloom (Trauerburg) bekannt, ein Name, der darauf hindeutet, daß hier nicht nur harmlos die schöne Aussicht bewundert wurde. Im Kampf mit Cromwells Truppen wurde das Castle 1654 von Gegnern der Campbells zerstört.

Von den Ruinen, insbesondere vom noch gut erhaltenen Turm, hat man einen herrlichen Blick über Dollar bis zur Forth-Ebene im Süden. Der National Trust besitzt in der Umgebung des Castles 60 Morgen an Waldland, das am Wochenende gerne von Ausflüglern besucht wird, die die Täler der im Norden liegenden **Ochill Hills** erwandern (☝ Steile Wege, sehr rutschig, wenn naß).

♦ HS, April bis September Mo bis Sa 9:30 bis 18:30, So 12:00 bis 18:30, Oktober bis März Mo bis Sa 9:30 bis 16:30, So 14:00 bis 16:30; Erw. £ 2, Sen. £ 1,25, Kinder £ 0,75; kleiner P unterhalb des Schlosses, sehr steile Straße!

Man fährt zurück in das Zentrum des Ortes und biegt auf die B913 Richtung Dunfermline ein; nach ca. 2 km fährt man rechts auf die A977 Richtung Kincardine, wo man nach ca. 14 km wieder den Firth of Forth erreicht. Hier biegt man - vor der Kincardine-Brücke über den Forth! - auf die B9037 Richtung **Culross** ab, das man an der gigantischen und abschreckenden Longannet-Power-Station vorbei nach 6 km erreicht (B&Bs an der Ausfallstraße Richtung Dunfermline, Dunfermline/ Stirling).

Das vom National Trust for Scotland seit 1931 restaurierte Ortszentrum von Culross ist sozusagen ein Open-air-Museum, denn nicht nur die kleinen Häuser (*little houses*), sondern auch die Straßen des kleinen Fischerdorfs wurden im Stil des 16./17. Jh. wiederhergestellt. Viele *little houses* haben kleine Vortreppen, die zum Eingang hinaufführen und typisch für diese Region sind. Vergessen Sie beim Herumstöbern aber nicht, daß die Häuser bewohnt sind!

⌘ Das Zentrum des kleinen Orts ist der gelb angestrichene **Palace**, so genannt, weil das zwischen 1597 und 1611 erbaute Haus des Sir George Bruce ganz einfach das größte des Ortes war. Das zweite Fenster rechts von der Haupttreppe läßt deutlich das Baudatum 1597 erkennen. Der NTS erwarb und renovierte dieses im holländischen Stil errichtete Kaufmannshaus ab 1932 und richtete es mit Möbeln des 17./18. Jh. ein. (Die Handelsverbindungen mit Holland waren auf Fife im 16./17. Jh. besonders stark ausgeprägt, wie man bei der Weiterfahrt durch Fife noch bemerken wird.)

Die schönen Holzverkleidungen sind erwähnenswert; ursprünglich waren alle Wände und Decken bemalt, heute kann man noch im Painted

Chamber (1597) 16 allegorische Deckenmalereien sehen, die von lateinischen Sentenzen umgeben und von der flämischen Schule des 16. Jh. beeinflußt sind.

♦ NTS, Ostern bis Sept. tägl. 11:00 bis 16:15; Erw. £ 3,50, Sen./Stud./Kinder £ 1,80, der Preis beinhaltet den Besuch des **Town House** und **Study**.

⌘ Ein paar Schritte weiter am Platz liegt das **Town House** von 1626 (Fassade von 1783), das eine Ausstellung über die restaurierten *little houses* von Culross beherbergt.

♦ NTS, Ostern/Mai bis September tägl. 13:30 bis 17:00, Oktober nur Wochenende 13:30 bis 17:00; Eintritt ☞ Palace.

Nicht weit von hier führt der Back Causeway langsam bergan. Achten Sie auf den erhöhten Mittelteil des Kopfsteinpflasters, den man **Crown o' the Causie** (Krone des Dammwegs) nannte; hier durften die hochgestellten Bürger der Stadt - sicher vor dem rechts und links abfließenden Unrat - trockenen Fußes zur Kirche schreiten.

⌘ Man kommt schließlich zum Haus **The Study**, der 1610 gebaute Wohnsitz eines Kaufmanns und zeitweilige Aufenthaltsort des Bischofs Leighton aus ☞ Dunblane.

♦ Ostern/Mai bis September tägl. 13:30 bis 17:00, Oktober nur Wochenende 13:30 bis 17:00; Eintritt ☞ Palace.

Rechts kann man das älteste Haus des Ortes sehen; am Giebel steht die Jahreszahl 1577. Das **Mercat Cross** des kleinen Platzes stammt ursprünglich von 1588, wurde aber 1902 restauriert.

✞ Noch weiter bergauf kommt man zur **Culross Abbey Church**, der 1633 an der Stelle eines alten Zisterzienser-Klosters erbauten Pfarrkirche von Culross. Die Ruinen der Abtei, die 1217 gegründet wurde, stehen in unmittelbarer Nachbarschaft zur Kirche, die einen schönen alten Friedhof besitzt. Man sagt, daß der heilige Serf, der hier im 5. Jh. das Christentum verbreitete, einst am Strand eine junge Frau mit einem Kind fand, das später Kentigern genannt wurde. St. Serf schützte und unterrichtete den Jungen, der später nach Westen zog und unter dem bekannteren Namen **Mungo** die Stadt Glasgow gründete.

Von Culross sind es noch 11 km bis zur alten Königsstadt **Dunfermline** (ca. 55.000 Ew., Edinburgh/Stirling/Perth, Edinburgh/Kirkcaldy).

Man kann die ein wenig verbaute und graue Stadt wohl kaum als Touristenschönheit bezeichnen, auch wenn der Altstadtkern und einige dort zu findende Sehenswürdigkeiten wie z.B. die Abtei sicherlich einen Besuch lohnen. Dunfermline wurde im 11. Jh. von Malcolm III. zur Hauptstadt erhoben, und hier wirkte auch in unermüdlicher Glaubensarbeit seine später heiliggesprochene Königin Margarete, die in der Abtei begraben ist.

⌘ Vom Tourist Office in der Maygate Street sind es nur wenige Schritte zum roten **Abbot House**, das in einigen Teilen noch von 1460 stammt und heute als Heritage Centre die Geschichte Dunfermlines vermittelt.

♦ Januar bis Dezember tägl. 10:00 bis 16:15; Ausstellung in der ersten und zweiten Etage: Erw. £ 3, Sen./Stud./Kinder £ 2; .

Hier saß ursprünglich der Abt (*Abbot*) der benachbarten Benediktinerabtei, die eine der mächtigsten und einflußreichsten Abteien Schottlands war.

‡ Deren Ruinen liegen direkt hinter dem Haus; Königin Margarete ließ im 11. Jh. hier ihre Kirche und ein Benediktinerpriorat errichten, ihr frommer Sohn und landesweiter Abteigründer König David I. ließ 1128 die Gründung der großen **Dunfermline Abbey** folgen.

Das Kirchenschiff der Benediktinerabtei ist spätromanisch und auf den Fundamenten der früheren Kirche erbaut. Eine Messingplatte am Hochaltar der neuen, daneben stehenden Kirche (19. Jh.) bezeichnet das Grab von Robert The Bruce, außerhalb davon steht am Osteingang das von einem Gitter umgebene Grab der 1093 verstorbenen Margarete. Ihr Ruf und ihre Heiligsprechung machten Dunfermline zu einem mittelalterlichen Pilgerplatz. Die Abtei diente von Malcolm III. bis zu Robert The Bruce als Begräbnisstätte der schottischen Könige, auch wenn man heute - mit Ausnahme von Robert The Bruce - die einzelnen Positionen nicht mehr ausmachen kann.

♦ HS, April bis September Mo bis Sa 9:30 bis 18:00, So 14:00 bis 18:00, Oktober bis März Mo bis Sa (außer Fr) 9:30 bis 16:00, So 14:00 bis 16:00; Erw. £ 1,50, Sen./Stud. £ 1, Kinder £ 0,75.

⌘ Geht man die östlich der Abtei liegende Margret Street hinunter, so kommt man an der Moodie Street zum **Andrew Carnegie Birthplace Museum**. In diesem kleinen Haus wurde 1835 Andrew Carnegie als Sohn eines armen Webers geboren. Die Familie emigrierte 1848 nach

Pittsburgh in die USA, wo Andrew seine Karriere vom Tellerwäscher zum Stahlkönig begann. Im Alter von 13 bekam er bei seinem ersten Job gerade mal etwa 1,20 $ pro Woche, wobei der Junge einen 10-Stunden-Arbeitstag hatte; als er 30 war, verdiente er schon 50.000 $ im Jahr, und 1901 verkaufte er seine Stahlfirma für damals astronomische 400 Mio $.

Carnegie stellte sich - wie alle großen Kapitalisten - gerne als Philanthrop dar; er stiftete über 2.800 Büchereien, zudem noch Schulen und Colleges und nicht zuletzt die berühmte Carnegie-Stiftung. Alles in allem hatte er bis zu seinem Tod ca. 350 Mio $ für gemeinnützige Zwecke investiert - Geld, daß er vorher durch knochenharte Arbeitsbedingungen im amerikanischen Hochkapitalismus den Arbeitern abgerungen hatte. Aber wer kratzt in der freien Marktwirtschaft schon am glänzenden Lack desjenigen, der mit vollen Händen den Wohltäter spielen kann; auch seine Heimatstadt profitierte reichlich von den Fähigkeiten des self-made-man, der 1919 in New York starb.

Das kleine Museum zeigt die Einrichtung eines Weberhauses aus den 40er Jahren des 19. Jh. und natürlich den Raum, in dem Carnegie in engen Verhältnissen aufwuchs.

♦ April bis Oktober Mo bis Sa 11:00 bis 17:00, So 14:00 bis 17:00, November bis März tägl. 14:00 bis 16:00; Erw. £ 1,50, Sen./Stud./Kinder £ 0,75; ♿.

Von Dunfermline - Ausfallstraße A907 Richtung Kirkcaldy - sind es auf der Autobahn M90 nach Norden nur 18 km bis zum kleinen Ort **Kinross**, der direkt am Ufer von **Loch Leven** liegt (, Perth/Dunfermline u.a.). Der See ist zwischen September und April ein bevorzugter Rastplatz von Wildenten und Gänsen und heute ein National Nature Reserve.

Vom Ufer des Sees kann man sich auf einem kleinen Boot zum auf einer kleinen Insel gelegenen **Loch Leven Castle** übersetzen lassen, wo Maria Stuart 1567 nach ihrer Abdankung von ihren protestantischen Gegnern gefangengehalten wurde. Die Gefangene besaß weder Tinte, Papier noch Bücher, damit sie keine gefährliche Korrespondenz führen konnte. Trotzdem gelang es ihr mit Hilfe des in sie verliebten Pagen William Douglas, der die Schlüssel des Burgwächters stahl, nach 11 Monaten zu fliehen, nur um in der folgenden Schlacht von Langside 1568 endgültig besiegt zu werden (☞ Land und Leute, Geschichte).

Die Schlüssel des Castles sollen die Fliehenden, nachdem sie die Burg von außen abgeschlossen hatten, in den See geworfen haben; Sir Walter Scott hat die angeblich wiedergefundenen Schlüssel in seinem Wohnsitz ☞ Abbotsford ausgestellt. Die Ruine des fünfstöckigen Turms datiert aus dem 14. oder 15. Jh.; nur wenige Räume - Halle, Küche, Latrine - sind noch zu besuchen.

♦ HS, April bis September Mo bis Sa 9:30 bis 17:30, So 14:00 bis 17:30; Erw. £ 2, Sen. £ 1,25, Kinder £ 0,75, Fähre inbegriffen.

Nördlich von Kinross fährt man auf der A91 nach Osten, um nach 15 km bei Strathmiglo rechts auf die A912 Richtung **Falkland** abzubiegen (7 km, , Kirkcaldy/Perth).

Der kleine malerische Ort, dessen hübsche Häuser die historische Atmosphäre eines alten Marktstädtchens wachrufen, wird dominiert von der wuchtigen Fassade des mächtigen **Falkland Palace**. Der Königspalast wurde 1501 bis 1541 im französischen Renaissancestil erbaut und war der Lieblingsort Jakobs V., der hier wenige Tage nach der Geburt seiner Tochter Maria Stuart in Linlithgow Palace (☞ Lothian - Forth Valley) starb. Die Gestaltung der Innenhoffassade, die mit ihren Medaillons und Fenstersäulen das früheste Beispiel einer kompletten Renaissancefassade in Großbritannien ist, wurde von französischen Handwerkern unter der Leitung von Nicolas Roy gefertigt.

Einige im 19. Jh. von Lord Bute renovierte Räume werden noch heute von der Crichton-Stuart-Familie bewohnt, die die gegenwärtigen Schloßverwalter (*keeper*) sind. Im Keeper's Room steht ein von 1618 stammendes prachtvoll dekoriertes Holzbett, das Jakob VI. gehört haben soll. Die 1893 restaurierte Deckenbemalung der königlichen Kapelle stammt ursprünglich von 1633; die Räume werden von mehreren königlichen Portraits und flämischen Tapisserien aus dem 17. Jh. geschmückt.

Ein Rundgang durch die Ruinen der übrigen Gebäude führt auch in den sehenswerten Garten und zum ältesten Tennis Court Großbritanniens (1539), wo heute noch gespielt wird. Der Palace gehört heute der britischen Königin.

♦ NTS, April bis Oktober Mo bis Sa 11:00 bis 16:30, So 13:30 bis 16:30; Erw. £ 4, Sen./Stud./Kinder £ 2, Familie £ 11.

Der Weg führt nun wieder an die Küste. Der **Kirkcaldy-Distrikt** im Süden von Falkland besitzt von **Burntisland** über **Kirkcaldy** bis nach **Leven** (alle drei **i**) mehrere besuchenswerte Orte am Meer, die über alle wichtigen touristischen Einrichtungen und schöne Strände verfügen. Der berühmteste und schönste Küstenabschnitt beginnt aber östlich davon und wird **East Neuk** genannt (*neuk* = Ecke, also östliche Ecke der Halbinsel). Hier liegen in kurzen Abständen zwischen Elie und Crail die sehenswerten kleinen Fischerdörfchen, die East Neuk neben St. Andrews zu einem der beliebtesten Ferienziele Fifes gemacht haben. Von hier wurde im Spätmittelalter ein reger Handelsverkehr mit Holland und Skandinavien betrieben, und von hier fuhren die Heringsflotten in die Nordsee aus, deren große Zeit heute auch längst vorbei ist. Das für schottische Verhältnisse relativ trockene Klima sowie die schönen Strände und Orte ziehen viele Besucher an, die bezüglich des Standorts nun die Qual der Wahl haben.

Man fährt also von Falkland auf der A912 und der folgenden A92 Richtung Glenrothes (7 km,) und biegt dort auf die A911 Richtung **Buckhaven/Leven** ein. Bei dem letztgenannten Ort (, Strandpromenade) erreicht man nach 8 km die Küste und folgt nun der A915, um bei Largo auf die East-Neuk-Küstenstraße A917 einzubiegen. Nach 19 km (von Leven) erreicht man bei **Elie** das erste Fischerdorf von East Neuk (800 Ew., , Leven/Kirkcaldy/St. Andrews/Dundee/ Edinburgh). Der sehr ruhige und von langen Sandstränden umgebene Ort liegt mit dem benachbarten **Earlsferry** um einen natürlichen Hafen; hier findet man auch das **Elie-Watersports-Centre**.

♦ , Jet-Bikes, 01333/330962, Mai bis September.

Die A917 führt etwas oberhalb des Meeres und durch eine von Landwirtschaft geprägte Gegend zum nur 5 km entfernten **St. Monance** (1.400 Ew., , Elie). Der Name des Ortes weist auf den heiligen Monan hin, der im 9. Jh. hier das Christentum gepredigt hat; im Jahre 875 soll er von heidnischen Wikingern erschlagen worden sein. Am westlichen Rand des Ortes liegt in schöner Lage direkt am Meer die **Auld Church**, die aus dem 13. Jh. datiert, aber 1820 vollständig renoviert wurde.

Von hier führt ein Pfad weiter zu den Ruinen des völlig verfallenen **Newark Castle**, wo der schottische König Alexander III. einen Teil seiner Jugend verbracht haben soll. Die weißen Häuser des Ortes mit ihren abgestuften Giebeln und roten Dachziegeln sowie den kleinen Vortreppen sind typisch für East Neuk. Am östlichen Ende ist noch eine kleine renovierte Windmühle aus dem 18. Jh. erwähnenswert.

Nur 2 km weiter liegt **Pittenweem** (1.400 Ew., , Elie). Der Ort ist wegen seines morgendlichen **Fischmarktes** am Hafen bekannt. Ganz in der Nähe gibt es in der Gasse Cove Wynd mitten im Ort eine kleine Höhle, **St. Fillan's Cave**, in der im 7. Jh. der heilige Fillan gelebt haben soll.

Wer sich bisher noch nicht entschieden hat, in welchem der Orte von East Neuk man übernachten sollte, dem sei **Anstruther** empfohlen (kurz: Anster), das so ziemlich in der Mitte der East-Neuk-Küste liegt. Der Ort ist nur 3 km von Pittenweem entfernt und mit 3.300 Ew. der größte und lebendigste der Neuk-Fischerdörfer.

Scottish Fishery Museum, Harbourhead, ☏ 01333/311073; Ostern bis September 10:00 bis 17:30 (Richtzeit).

The Surgery, High St. West, ☏ 01333/310352.

☏ 01333/310333, sonst in Cupar 33 km entfernt: ☏ 01334/652226.

♦ Küstenwache, in Crail: ☏ 01333/450666.

36 Shore Street.

Auf der Rodger Street.

Anstruther Golf Club, Marsfield, Shore Road, ☏ 01333/310956; direkt am Meer; Preise auf Anfrage (saisonbedingt); 9-Loch-Kurs.

Mr Raeper (derselbe, der zur Isle of May fährt), Hochseeangeln, ☏ 01333/310103.

East Neuk Outdoors, Cellardyke Park, Anstruther, ☏ 01333/311929; verleiht Fahrräder und organisiert Kanukurse.

Bootscharter, ☏ 01333/310768.

Smuggler's Inn, High Street, Anstruther KY10 3DQ, ☏ 01333/310506; Januar bis Dezember; £ 27,50 B&B pro Pers.

♦ **Guest House**: Joyce Watson, 8 Melville Terrace, Anstruther KY10 3EW, ☏ 01333/310453; April bis Oktober; £ 10-15 B&B pro Pers.;

♦ **Cottage-Vermietung**: Mrs Wotherspoon, Rennyhill House, Kilrenny, Anstruther KY10 3JF, ☏ 01333/312234; Januar bis Dezember; £ 225-450 wöchentlich, 4 Pers.

Anstruther Holiday Village, Toll Road, ☏ 01333/310484, £ 6-8.

The Bunkhouse, West Pitkierie, ☏ 01333/310768, Januar bis Dezember, £ 6-8.

St. Andrews/Kirkcaldy/Edinburgh/Dundee u.a.

Taxi: ☏ 01333/312000.

⌘ Am Hafen neben dem Tourist Office steht das **Scottish Fisheries Museum**, das über die Geschichte von East Neuk und die Fischerei informiert.

♦ April bis Oktober Mo bis Sa 10:00 bis 17:30, So 11:00 bis 17:00, November bis März Mo bis Sa 10:00 bis 16:30, So 14:00 bis 16:30; Erw. £ 2,50, Sen./Kinder £ 1,50, Familie £ 7,50.

Von Anstruther kann man mit einem Schiff zur baumlosen **Isle of May** übersetzen, die heute ein Naturreservat ist und deren westliche Klippen und Steilhänge im Frühjahr vielen Seevögeln als Nistplätze dienen, darunter auch den spektakulären Papageitauchern (*puffins*); auch eine Seehundkolonie ist hier zu Hause. Auf der Insel befinden sich zudem die Ruinen einer alten Abtei aus dem 12. Jh. sowie der älteste Leuchtturm Schottlands. Die ganze Fahrt dauert ca. vier Stunden (mit Aufenthalt), und man sollte unbedingt wasserfeste Kleidung (Spritzwasser bei offenem Boot!) und gute, rutschfeste Schuhe mitnehmen.

♦ Mai bis September tägl. vom Kiosk am Hafen bei entsprechendem Wetter, Erw. £ 9, Sen./Stud. £ 8, Kinder £ 4, ☏ 01333/310103.

Wer lieber festen Boden unter den Füßen behalten will, aber trotzdem einige Seevögel zu Gesicht bekommen möchte, kann dies auf dem Küstenwanderweg versuchen, der die Orte St. Monans, Pittenweem und Anstruther verbindet.

Nach 7 km erreicht man auf der A917 den letzten der East-Neuk-Orte, das kleine, aber pittoreske **Crail** (1.300 Ew., i, St. Andrews/Anstruther). Der Ort mit seinem von den weißen *little houses* umstandenen Hafen ist der malerischste und älteste von East Neuk. Bereits im 12. Jh. wurde Crail ein Royal Burgh (mittelalterliches Privileg, das einem Ort die königlichen Stadt- und Marktrechte garantierte), und 1310 erhielt es von Robert The Bruce das Recht, am Sabbat (Samstag) einen großen Markt abzuhalten. Vom Hafen kann man bei schönem Wetter bis zur 9 km entfernten Isle of May und sogar hinüber nach ☞ East-Lothian (Bass Rock und Tantallon Castle) sehen.

⌘ i Ein Spaziergang durch die hübschen Gassen führt auch zum oberhalb am Marketgate gelegenen **Tourist Office**, wo sich auch in einem Cottage aus dem 18. Jh. das **Crail Museum** befindet, das über die lokale Geschichte informiert.

♦ Ostern/Juni bis September Mo bis Sa 10:00 bis 12:30 und 14:30 bis 17:00 (gilt auch für i); Eintritt frei.

An der Marketgate stehen auch das **Tolbooth** aus dem 16. Jh. sowie das **Merkat Cross** (17. Jh.).

Die A917 macht nun einen Knick nach Norden, und nach 17 km erreicht man durch eine leicht gewellte Küstenlandschaft den wichtigsten Ort von Fife und einen der Höhepunkte einer Schottlandreise überhaupt: die alte Universitätsstadt **St. Andrews**.

St. Andrews

i Tourist Information Centre, 70 Market Street, St. Andrews, Fife KY16 9NU; ☏ 01334/479463/472021, FAX 01334/478422; Januar bis Dezember 9:30 bis 18:00 (Richtzeit); ♿.

Cottage Hospital, Abbey Walk, 01334/472327.
100 North Street, 01334/472222.
South Street.

Kino: New Picture House, 115 North Street.
The Byre Theatre, Abbey Street.

Viele, z.B. The Merchant's House, 49 South Street, auch vegetarische Gerichte.

Z.B. Pub, Central, Market Street (gegenüber).

Geführte Stadtrundgänge: oder June Riches, 01334/850638.
Die Stadt hat 6 Golfplätze, aber wenn schon, denn schon: Old Course, 01334/475757 (Reservierung); £ 55 pro Runde!

Homelea Hotel, 1 Pilmour Place, North Street, St. Andrews KY16 9HZ, 01334/473252; Januar bis Dezember; £ 20-25 B&B pro Pers.; klein/zentral.

- **Guest House**: Burness House, Murray Park, St. Andrews KY16 9AW, 01334/474314; Januar bis Dezember; £ 14-22 B&B pro Pers.
- Cadzow Guest House, 58 North Street, St. Andrews KY16 9AH, 01334/476933; Februar bis November; £ 15-22 B&B pro Pers.; .
- **Cottage-Vermietung**: Roberta Deighton, 25 Newlands Road, Newlands, Glasgow G43 2JD, 0141/6320617; £ 250-300 wöchentlich, 4 bis 5 Pers.

Mehrere, z.B.: Craigtoun Meadows Holiday Park, Mount Melville, St. Andrews KY16 8PQ, 01334/475959, FAX 01334/476424; März bis Oktober; £ 10,75-11,75; Caravanvermietung: £ 115-330 wöchentlich, 6 Pers.

Station: City Road, nahe St. Andrews Museum; alle Richtungen.
Taxi: 01334/477788.
Ian Cowe Coachworks, 77/78 Argyle Street, 01334/472543.

Die von schönen Sandstränden umgebene und einem historischen Stadtbild geprägte Kleinstadt (ca. 10.000 Ew.) besitzt die **älteste Universität Schottlands** (1412) und ist mit seinem berühmten **Old Course** die Metropolis of Golf, das unbestrittene Mekka aller Golfspieler (☞ Reise-Infos von A bis Z, Sport und Hobby). Der Stadtname leitet sich vom Apostel und schottischen Nationalheiligen St. Andreas ab, dessen Gebeine im frühen Mittelalter durch den heiligen Regulus (St. Rule) von Griechenland hierhin gebracht worden sein sollen. Dem Apostel, der an einem Schrägkreuz das Martyrium erlitt, erweisen die Schotten bis heute durch die schottische Andreasflagge (☞ Land und Leute, Flagge, Wappen und Distel) ihre Verehrung.

Wir beginnen den Stadtrundgang im Süden am **West Port**, eines der wenigen befestigten Stadttore, die in Schottland überlebt haben (1589 gebaut, 1843 restauriert); die West Port kopiert dabei das frühere Netherbow-Tor in Edinburgh. Man folgt nun der von vielen kleinen

Läden gesäumten **South Street**, von der die uns schon von Edinburgh bekannten typischen Gassen (*closes*) abgehen.

✞ Rechts sieht man nach wenigen Metern die freistehende Ruine der **Blackfriars Chapel** (15. Jh.), die vor der Reformation dem Dominikanerorden gehörte. Zur Reformationszeit brannte die Dominikanerkirche aus und die nun ungeliebten Mönche wurden 1559 endgültig ausgewiesen.

✞ An der Ecke South Street/Queen's Gardens steht die **Town Hall** (1858), und ihr gegenüber, am Church Square, sieht man die heutige Parish Church von St. Andrews, die **Holy Trinity Church** (gegründet um 1140, neu erbaut 1412), wo John Knox 1559 zum Sturm auf alle katholischen Einrichtungen predigte.

🎓 Etwas weiter erreicht man auf der rechten Seite den mit den berühmten Worten *"in principio erat verbum"* (Am Anfang war das Wort) geschmückten Eingang des ehrwürdigen **St. Mary's College**, das seit 1537 Teil der Universität ist. Im schönen Innenhof sieht man eine von einem Zaun umgebene und von Stangen gestützte 280 Jahre alte riesige Eiche; gegenüber steht am Glockenturm ein unscheinbarer Dornenbaum, der noch älter ist und angeblich von Maria Stuart gepflanzt worden sein soll.

Kurz vor der Kathedrale endet die South Street rechts mit dem **Queen Mary's House**, wo 1563 Maria Stuart wohnte und heute eine Bücherei untergebracht ist. Rechts sieht man das zweite Tor der Stadt, **The Pends**, das im 14. Jh. den Haupteingang des damaligen Augustinerpriorats bildete.

✞ ⌘ Auf der anderen Straßenseite liegen in herrlicher Lage die Ruinen der ehemals größten Kirche Schottlands, die **St. Andrews Cathedral**. Von der riesigen Kathedrale sind noch das Westtor, einige Reste des Kirchenschiffes sowie Teile des östlich gelegenen Chors erhalten; der Rest der Kirche ist bis auf wenige Teile einem gepflegten Rasen gewichen. Trotzdem sind die hochstrebenden Ruinenwände der im 12. und 13. Jh. erbauten Kathedrale noch imposant genug. Bischof Arnold soll 1160/62 mit dem Bau der Kathedrale begonnen haben; 1318 wurde die wichtigste mittelalterliche Kirche Schottlands dann eingeweiht. Auch diese Kirche wurde nach dem Sturm der Reformation als Steinbruch von den Bewohnern ausgeschlachtet.

Neben der Ruine liegt das **Visitor Centre**, wo u.a. wiedergefundene Einzelteile der Kathedrale sowie frühchristliche Kreuze und Sarkophage der Piktenzeit (9. Jh.) ausgestellt sind. Dahinter erhebt sich der **St. Rule's Tower**, der das einzig übriggebliebene Bauwerk des ursprünglichen Augustinerpriorats ist; von seiner Spitze hat man einen herrlichen Ausblick über Stadt und Küste. Hinter der südlichen Chorwand steht nahe am Meer an der Promenade die aus dem 12. Jh. datierende Kirchenruine **St. Mary on the Rock**, die an der Stelle einer noch früheren, keltisch-christlichen Kirche erbaut wurde.

♦ HS, April bis September 9:30 bis 18:00, So 14:00 bis 18:00, Oktober bis März 9:30 bis 16:00, So 14:00 bis 16:00; nur für St. Rule's Tower und Museum Eintritt: Erw. £ 1,50, Sen./Kinder £ 0,75.

Von hier ist es über die North Castle Street nicht mehr weit zum direkt am Meer gelegenen alten **Castle**, das um 1200 von den mächtigen Bischöfen von St. Andrews erstmals erbaut wurde; es wurde von Engländern und Schotten hart umkämpft, so daß es öfter - zuletzt am Ende des 14. Jh. - wieder aufgebaut werden mußte.

♦ April bis September Mo bis Sa 9:30 bis 18:00, So 14:00 bis 18:00, Oktober bis März 9:30 bis 16:00, So 14:00 bis 16:00; Erw. £ 2, Sen. £ 1,25, Kinder £ 0,75.

Bevor man das Castle betritt, sieht man beim Überqueren der Straße die markierte Stelle "GW", an der im Jahre 1546 der Reformator George Wishart von dem damaligen Kardinal Beaton wegen Häresie verbrannt wurde. Seine Freunde und Mitstreiter - darunter auch John Knox - verschworen sich gegen den Kardinal, und am 26.5.1546 verschafften sie sich - als Steinmetze verkleidet - Einlaß zum Castle und töteten Beaton, um seinen Körper dann an die Zinnen zu hängen.

Die aufständischen Protestanten, die sich im Castle verschanzten, wurden durch den damaligen Regenten Earl of Arran belagert und mußten sich schließlich, nachdem eine französische Flotte Arran zu Hilfe gekommen war, ergeben; bei dieser Belagerung erlitt das Castle durch französische Kanonen schweren Schaden. Die Reformatoren wurden nach Frankreich geschafft und teils zu Galeerensklaven, teils zu Gefangenen gemacht; John Knox selbst mußte für 19 Monate als Galeerensklave arbeiten. Erst 1559 kam Knox zurück; die Machtverhältnisse hatten sich geändert, und seine Predigten gaben dem Katholizismus in Schottland den Todesstoß (☞ Land und Leute, Geschichte).

Viel ist vom Castle nicht mehr zu sehen; im Sea-Tower, einem am Meer gelegenen Eckturm, kann man das **Bottle Dungeon** sehen, das flaschenhalsförmige Burggefängnis, in dem zuletzt der Peiniger Beaton selbst landete. Die aufständischen Freunde von Wishart hatten den toten Kardinal während der Belagerung hier in eine Salzlauge gelegt.

Auf der North Street kommt man rechts zum von Bischof Kennedy 1450 gegründeten **St. Salvator's College**, dem ältesten Universitätsgebäude der Stadt. Der Gründer liegt in der Kirche des College begraben. An der Einfahrt zum College findet man Initialen im Boden, die die Stelle markieren, wo 1528 der 24jährige Reformator Patrick Hamilton von der Kirche verbrannt wurde; er war damit der erste Märtyrer der schottischen Protestanten.

Biegt man gegenüber dem College in die Union Street ein, kommt man zur Market Street mit ihren vielen kleinen Geschäften; hier liegt auch in der Nähe des Springbrunnens das **Tourist Office**.

Am Ende der North Street kommt man rechts zum Allerheiligsten der Golfwelt, zum **Royal & Ancient Golf Club**, der 1754 als Society of St. Andrews Golfers ins Leben gerufen wurde und acht Jahre später den obigen Namen bekam. Das Clubhaus ist für nichtspielende Touristen nicht zugänglich; Golffrauen ist der Zugang nur am St.-Andreas-Tag (30.11.) gestattet. Hier liegt die ultimative Hoheit über alle Golffragen; auf dem hinter dem Clubhaus liegenden **Old Course** zu spielen, ist der Traum eines jeden Golfers. Natürlich verkaufen die umliegenden Geschäfte - insbesondere das nahe gelegene "Auchterlonie's" - auch das richtige Outfit.

⌘ Ein paar Schritte weiter Richtung Strand liegt das moderne **British Golf Museum**. Hier wird Ihnen mit audiovisuellen Techniken alles über die 500jährige Geschichte dieses schottischen Nationalsports erzählt.

♦ April bis Oktober tägl. 10:00 bis 17:30, Nov. bis April Do bis Mo 11:00 bis 15:00; Erw. £ 3,50, Sen./Stud. £ 2,50, Kinder £ 1,50, Familie £ 9; ♿.

Hinter dem Museum liegt das **Sea Life Centre**, ein riesiges Aquarium, wo man täglich um 11:30 und 15:00 der Fütterung der Seehunde zusehen kann.

♦ Tägl. 10:00 bis 18:00 (Juli/August bis 21:00); Erw. £ 4,25, Sen. £ 3,75, Kinder £ 2,95.

Über die A91/A919 kommt man nach 21 km nach **Newport-on-Tay**, wo die **Tay-Brücken** Fife mit Dundee verbinden. Die heutige Eisenbahnbrücke wurde zwischen 1883 und 1887 gebaut; die Autobrücke

(£ 0,80 nur von Norden nach Süden) wurde 1966 eröffnet und ist ca. 2,4 km lang. Zwischen den beiden Brücken sieht man noch die Stümpfe der ersten Eisenbahnbrücke, die noch nicht einmal zwei Jahre nach ihrer Fertigstellung am 28.12.1879 während eines Sturmes zerstört wurde; ein Zug und 75 Menschen wurden in die Tiefe gerissen. Auf der anderen Seite des Firth of Tay sieht man die am Hang sich hinaufziehenden Häuser von Dundee.

Wer schnell nach Norden will, kann hier den Weg beträchtlich abkürzen, indem er nach Dundee (☞ Tayside/Deeside, Route ❶) übersetzt.

Von Newport sind es über die A914/A913 30 km bis Newburgh; ungefähr 5 km weiter kommt man auf der A913 zum 23 m hohen **Round Tower** (11. Jh.) von **Abernethy** (🛏, 🚌 Perth), eine aus Irland stammende Turmkonstruktion, die es ansonsten nur noch in Brechin zu sehen gibt (☞ Tayside/Deeside, Route ❷). Man behauptet, hier hätte König Malcolm Canmore dem englischen Normannenkönig Wilhelm dem Eroberer gehuldigt. Nach weiteren 16 km erreicht man Perth.

Tayside/Deeside - Von Perth nach Aberdeen

Die Region zwischen Perth und Aberdeen wird touristisch oft nach den beiden hier verlaufenden Flüssen des **Tay** und **Dee** als Tayside/Deeside bezeichnet. Von den **drei** vorgeschlagenen Routen ist Route ❸ touristisch sicherlich die meistbenutzte, da sie durch die spektakulären Highlands und das schöne, bewaldete Dee-Tal verläuft. Die beiden ersteren sind keineswegs weniger empfehlenswert, wenn man die Reize von sehr ruhigen und touristisch etwas abgelegenen Gebieten schätzt (gilt vor allem für Route ❷). Der erste Weg folgt der schnellen Küstenstraße, der zweite hält sich etwas landeinwärts am Rande der Highlands. Zwischen Route ❶ und ❷ lassen sich auch mit Blick auf die Karte Sehenswürdigkeiten leicht kombinieren.

Route ❶ - Die Küstenstraße von Perth nach Aberdeen

Auf der Schnellstraße A90 erreicht man nach ca. 35 km durch die flache, leicht gewellte Landschaft Carse of Bowrie die viertgrößte Stadt Schottlands, **Dundee** (ca. 180.000 Ew.; 🅸 🛏, 🚆 🚌 in alle Richtungen).

Die Industrie- und Universitätsstadt am Firth of Tay, die noch um die Jahrhundertwende einer der größten Walfanghäfen Großbritanniens war, gehört mit ihren meist modernen Bauten nicht gerade zu den Touristenorten Schottlands. Hauptanziehungspunke für Durchreisende sind zwei Schiffe, die am Hafen beim **Discovery Point** liegen (Riverside Drive, Ausschilderung an der Küstenstraße, kurz vor der Tay-Autobrücke, 🅿).

Im Visitor Centre erfährt man, daß Dundee die Stadt der drei traditionellen J-Wirtschaften ist: Jam (Marmelade, wird heute noch produziert), Jute und Journalism (das ehemalige Zeitungsimperium von Thompson & Legs ist heute stark geschrumpft).

⌘ Nicht weit von der modernen Rotunde des Visitor Centre liegt das erste britische Forschungsschiff "**RRS Discovery**" (Royal Research Ship Discovery), das 1901 vom Stapel lief und dem berühmten Antarktisforscher Robert Scott (1868-1912) als Operationsbasis seiner Forschungsreise 1901 bis 1904 diente.

♦ April bis Oktober Mo bis Sa 🚪 10:00 bis 17:00, So 11:00 bis 17:00, November bis März tägl. 10:00 bis 16:00; Erw. £ 4, Sen./Stud./Arbeitslose/Kinder £ 2,90, Familie £ 11.

⌘ Man geht nun zu Fuß vom Discovery Point am großen **Dundee Leisure Centre** (≋) vorbei und unterquert die Tay-Brücke, um am Victoria Dock beim zweiten Schiff, der 1824 gebauten Fregatte "**Unicorn**", anzukommen.

Das ehemalige Kriegsschiff mit dem Einhorn (*Unicorn*) am Bug ist von außen bei weitem nicht so ansehnlich wie die "Discovery", denn man hat dem Schiff die Masten genommen, so daß es wie ein plumper schwarzer Klotz im Wasser liegt. Die Fregatte verfügte über 46 Kanonen und ist heute das älteste noch schwimmende britische Kriegsschiff (obwohl man eine Überquerung der Nordsee in diesem Klotz wohl tunlichst unterlassen würde). Auch dieses Schiff, dessen Quartiere erheblich primitiver als die der "Discovery" waren, kann man besichtigen; ein Gang auf dem Kanonendeck und im unten gelegenen Mannschaftsraum ist für Hochgewachsene nicht ohne Gefahren, denn man muß ständig den Kopf einziehen.

♦ Tägl. 10:00 bis 17:00, Erw. £ 3, Sen./Kinder £ 2.

Man verläßt Dundee auf der A92 Richtung Arbroath. Das Gebiet zwischen Highlands und Küste, von Landwirtschaft und vereinzelten Wäldern geprägt, entspricht der alten Grafschaft **Angus**. Die Küste kann sich in puncto Szenerie zwar nicht mit der Steilküste Westschottlands messen, hat aber dafür interessante Städtchen und fast ebenso einsame Strände zu bieten.

Nach 28 km erreicht man an der Küste die alte Klosterstadt **Arbroath** (ca. 25.000 Ew.).

Market Place, ☎ 01241/872609; Januar bis Dezember 9:30 bis 18:00 (Richtzeit).

Abbey Health Centre, East Abbey Street, ☎ 01241/430303.

☎ 01241/872222.

Safeway Supermarket, Gravesend.

Hochseeangeln und Bootsfahrten: D. C. Ferrier, 3-5 Commerce Street, ☎ 01241/873360, oder : Dennis Beattie, ☎ 01241/874510.

Arbroath Golf Club, Elliot, ☎ 01241/875837; Preise auf Anfrage.

The Old Brewhouse, High Street.

Inverpark Hotel, 31 Bank Street, Arbroath DD11 1RH, ☎ 01241/873378; Januar bis Dezember; £ 15 B&B pro Pers.

♦ **Guest House**: Blairdene Guest House, 216 High Street, Arbroath DD11 1HY, ☎ 01241/872380; Januar bis Dezember; £ 13-15 B&B pro Pers.

♦ **Cottage-Vermietung**: Mrs Soutar, Peasiehill Farm, Arbroath DD11 2NR, ☎ 01241/872514; £ 80-110 wöchentlich, 2 bis 3 Pers.

Mehrere, z.B. Seaton Estate Caravan Park; März bis Oktober; £ 7.

Kerr's Self Drive, 41 Lindsay Street, ☏ 877990.
Dundee/Aberdeen/Brechin/Montrose/Stonehaven u.a.
An Strecke Dundee/Aberdeen.

Die Stadt ist vor allem wegen ihrer Abtei und der dort abgefaßten berühmten Unabhängigkeitserklärung von 1320 bekannt. In dieser Arbroath-Deklaration wiesen die Schotten den Papst auf ihre Souveränität hin und baten ihn, Robert The Bruce als rechtmäßigen König anzuerkennen und beim englischen König zugunsten der Schotten zu intervenieren. Der in Rom feierlich übergebenen Note schenkte der Papst zunächst kaum Gehör; erst acht Jahre später erkannten beide - Papst und englischer König - die Unabhängigkeit Schottlands an (☞ Land und Leute, Geschichte).

Der unangefochtene Höhepunkt des Stadtrundgangs ist die Besichtigung der in rotem Sandstein erbauten mächtigen **Arbroath Abbey**, deren Ruine relativ gut erhalten ist. Die Abtei wurde von William the Lion 1178 gegründet und beherbergte Mönche des Tironenser Ordens. Hier wurde die Unabhängigkeitserklärung an den Papst abgefaßt und vom damaligen Abt Bernard of Linton, der zugleich Kanzler Schottlands war, unterzeichnet. Während der Reformation wurde die Abtei zerstört. Vor allem das Haus des Abtes ist aber noch in erstaunlich gutem Zustand; hier informiert ein Video über die Geschichte der Abtei. Auch Teile des Schiffs und des Presbyteriums sind noch zu sehen.

♦ HS, April bis September Mo bis Sa 9:30 bis 18:00, So 14:00 bis 18:00, Oktober bis März 9:30 bis 16:00, So 14:00 bis 16:00 (zwischen 12:30 bis 13:30 geschlossen); Erw. £ 1,20, Sen./Kinder £ 0,75.

Von der A92 Richtung Montrose, die etwas im Hinterland der Küste verläuft, zweigen immer wieder Stichstraßen zur vom roten Sandstein geprägten Steilküste ab (es gibt keine Direktstrecke entlang des Meeres). Nach ca. 10 km kann man über eine dieser Straßen ans Meer zum **Red Castle** abbiegen, ein - wie schon der Name anzeigt - im typischen roten Sandstein errichtetes Castle des 15. Jh.; es liegt direkt an der von einem langen Sandstrand begrenzten **Lunan Bay**.

Von hier sind es noch 11 km bis **Montrose** (, Aberdeen/Dundee). Die Kleinstadt (ca. 12.000 Ew.), die eine hübsche High Street und einen weithin sichtbaren, ca. 70 m hohen Kirchturm besitzt, ist von drei Seiten von Wasser umgeben; im Westen liegt das **Montrose Basin**, das heute teilweise ein Wildreservat ist und im Winter Tausenden von Wildgänsen eine vorübergehende Heimat bietet.

⌘ Von hier lohnt sich auf der A935 ein kurzer Abstecher landeinwärts zum 6 km entfernten **House of Dun**. Das in einem schönen Park am Rande des Montrose Basin gelegene Haus wurde 1730 von William Adam im neuklassischen Palladiostil für die Erskine-Familie erbaut. Es enthält herrliche Stuckarbeiten von Joseph Enzer, unter denen besonders das Neptun-Relief des Salons hervorzuheben ist. Heute gehört das Haus dem National Trust, der hier gelegentlich auch Musik- und Theateraufführungen organisiert.

♦ NTS, Ostern bis September tägl. 13:30 bis 17:00 (Juli/August 11:00 bis 17:00), Oktober Sa/So 13:30 bis 17:00; Erw. £ 3, Sen./Kinder £ 1,50, Familie £ 8,25; ♿ ✕; 🚌 30 Montrose/Brechin.

Zurück nach Montrose folgt man der A92 Richtung Stonehaven (37 km), wobei man vorher nach ca. 6 km am **St. Cyrus Nature Reserve** (, 🚌 Montrose/Aberdeen) vorbeikommt; Vogelfreunde können hoffen, in den Dünen dem Eissturmvogel (*fulmar*) und Austernfischer (*oystercatcher*) zu begegnen.

Kurz vor der Stadt Stonehaven kommt man rechts an der Steilküste zum sehenswerten **Dunnottar Castle**. Auf einem nur von einer Seite zugängigen steilen Felsen im Meer, umgeben von weidenden Schafen und schreienden Möwen, stellt diese Festungsruine eine der großartigsten natürlichen Burganlagen Schottlands dar.

Dunnottar wurde im 14. Jh. erbaut und spielte während des Bürgerkrieges zwischen Parlament und König für Schottland eine wichtige Rolle, denn hier wurden die schottischen Kronjuwelen (☞ Edinburgh, Edinburgh Castle) vor Cromwell in Sicherheit gebracht. Als dessen Truppen dennoch 1652 das Castle besetzten, schmuggelte die Frau des Pfarrers von Kinneff (10 km südlich) die Juwelen heraus und versteckte sie unter dem Altar der Ortskirche.

Wenige Jahre später - 1685 - wurde eine Gruppe von gefangenen *Covenanters* (☞ Land und Leute, Geschichte), 122 Männer und 45 Frauen, im schlauchartigen Kellerraum des "Whig's Vault" zusammengepfercht über einen Monat lang gefangengehalten. Der Raum ist heute noch, wie auch einige andere Teile des verwahrlost wirkenden Innern, zu besichtigen. Gerade dieser schmuddelige und vernachlässigte Zustand des Burginnern, wo in jeder Ecke die Möwen nisten, gibt dem Besuch des Castles gegenüber all den andern gepflegten Anlagen etwas Einmaliges.

♦ März bis Oktober Mo bis Sa 9:00 bis 18:00, So 14:00 bis 17:00, November bis Februar Mo bis Fr 9:00 bis Dunkelheit; Erw. £ 2,50, Kinder £ 1.

Die fast 10.000 Ew. zählende Kleinstadt **Stonehaven** liegt in schöner Lage in der geschützten Bucht der **Strathlethan Bay** (ℹ 🛏 ⛺, 🚌 Aberdeen/Montrose/Dundee, 🚆 Aberdeen/Perth/Dundee u.a.).

⌘ Nahe dem hübschen Hafen am Old Quay kann man sich im ältesten Gebäude der Stadt, dem Tolbooth (um 1600), das kleine **Tolbooth Museum** ansehen, das über die Zeiten informiert, in denen das Städtchen noch ein bedeutender Fischereihafen war.

♦ Juni bis September Mo/Do bis Sa ⏾ 10:00 bis 12:00 und 14:00 bis 17:00, Mi und So 14:00 bis 17:00; Eintritt frei.

Von Stonehaven sind es auf der A90 noch 25 km bis ☞ Aberdeen.

Route ❷ - Von Perth über Brechin nach Aberdeen

♜ Von Perth fährt man auf der A94 Richtung Coupar Angus, das man nach 22 km durchfährt; auf der gleichen Landstraße Richtung Forfar bleibend sind es nun noch 21 km bis zum berühmten Prachtschloß **Glamis Castle**. Nachdem man den herrlichen Park mit seinem Nature Trail und italienischen Garten auf einer Allee durchfahren hat, steht man vor einem der meistbesuchten und malerischsten Schlösser Schottlands.

Das gegenwärtige Castle mit seinen spitzen Türmchen und Balustraden stammt aus dem 17. Jh., obwohl an dieser Stelle schon seit dem 11. Jh. eine Burg stand. Das fünfstöckige Schloß, das im Grunde dem L-Turm-Typus angehört, ist seit 1372 im Besitz der Königsfamilie und Sitz des mit ihr verwandten Grafen von Strathmore und Kinghorne. Hier wuchs die gegenwärtige Königinmutter Elizabeth auf, und hier wurde auch Prinzessin Margaret geboren (was allein schon eine überdurchschnittliche Anziehungskraft nicht nur auf britische Touristen ausübt). Man kann sich denken, daß die Räume reichlich mit Portraits, kostbaren Möbeln, Tapisserien und Porzellanstücken versehen sind. Die im Schloß befindliche Duncan's Hall erinnert daran, daß Shakespeare die Ermordung Duncans durch Macbeth in einem Schloß angesetzt hat (was falsch ist, denn der historische Macbeth tötete Duncan in offener Schlacht nahe Elgin).

Auch in Glamis Castle sollen übrigens - wie im House of the Binns, ☞ Lothian, Forth Valley - frühere Herrschaften sonntags in einer heute zugemauerten Krypta mit dem Teufel Karten gespielt haben. Von außen ist ein Fenster zu sehen, dessen zugehöriger Raum von innen nicht erreichbar ist. Und natürlich wird die Hauskapelle von einer Lady unsicher gemacht, die sich sogar manchmal während der Besichtigung unter die Touristen mischen soll ...

♦ April bis Oktober tägl. 10:30 bis 16:45, Führungen: Erw. £ 4,50, Sen/Stud. £ 3,50, Kinder £ 2,40, Familie £ 13; ✗; Dundee/Perth/Kirriemuir.

⌘ Nach dem Touristenrummel wirkt das **Angus Folk Museum** im benachbarten Dorf Glamis fast wie eine Oase der Ruhe. In einer gut erhaltenen Reihe von Cottages aus dem 19. Jh. kann man sich umfassend über die Lebensweise auf dem Lande im 19. Jh. informieren.

♦ NTS, April bis September tägl. 11:00 bis 16:30, Erw. £ 2, Sen./Stud./ Kinder £ 1, Familie £ 5,50; ♿; wie Glamis Castle.

Unsere Route führt weiter über die A94 bis **Forfar** (9 km,), um dort auf die B9134 Richtung Brechin zu kommen. Nach ca. 10 km erreicht man hier die **Aberlemno Stones** (Brechin), von denen drei direkt an der Straße stehen, der vierte und schönste aber auf dem Kirchhof des kleinen Ortes zu bewundern ist. Es handelt sich um Steinkreuze (*cross-slab*) des 7. bis 9. Jh., die mit piktischen Symbolen und Szenen geschmückt sind. So sind auf dem besterhaltenen Stein des Kirchhofs neben dem Kreuz deutlich Tiere sowie eine Schlachtszene auf der Rückseite noch gut zu erkennen.

Die B9134 führt weiter in den kleinen Ort **Brechin** (10 km, ca. 5.000 Ew.), der vor allem wegen seines **Round Tower** bekannt ist. Es handelt sich um einen schmalen Verteidigungsturm irischen Stils, der um 1000 errichtet wurde und in Schottland sonst nur noch in Abernethy (☞ Perth und die Halbinsel Fife) vorkommt. Man beachte, daß die Tür aus Sicherheitsgründen sehr hoch angebracht ist; bei Gefahr konnten Leiter oder Seil schnell eingezogen werden.

✞ Das mit einem spitzen Häubchen geschmückte Gebäude steht direkt neben der **Kathedrale**, die im Innern alte piktische Steine und Kreuze des 8./9. Jh. ausstellt.

St. Ninian's Place, ☏ 01356/623050; April bis September 9:30 bis 17:00 (Richtzeit).

Infirmary Street, ☏ 01356/624411.

Clerk Street, ☏ 01356/622222.

Brechin Golf & Squash Club, Trinity, ☏ 01356/622383.

Saugh Loch, Brechin, ☏ 01356/622491.

Balhall Riding Stables, Menmuir, ☏ 01356/660284; auch Ponys.

Northern Hotel, 2 Clerk Street, Brechin DD9 6AE, ☏ 01356/622156, FAX 01356/622714; Januar bis Dezember; £ 15-22 B&B pro Pers.

♦ **Guest House**: Mrs Bryce, Syde Farm House, Stracathro, Brechin DD9 7QB, ☏ 01356/622944; Januar bis Dezember; £ 13 B&B pro Pers.

Eastmill Caravan Park, Eastmill Road, ☏ 01356/622810; April bis Oktober; £ 3,50-7 Stellplatz; Caravanvermietung: £ 70-110, 6 Pers.

Ritchie's Self Drive, 2 Montrose Street, ☏ 01356/622343.

Dundee/Stonehaven/Montrose/Arbroath.

Caledonian Railway, nur im Sommer, alter viktorianischer Zug mit Dampflokomotive nach Bridge of Dun (House of Dun).

Von Brechin empfiehlt sich eine Steppvisite auf der A935 Richtung Montrose zum nahegelegenen House of Dun (☞ ❶).

Von Brechin erreicht man auf der B966 Richtung Edzell/Fettercairn nach ca. 7 km die kleine Straße, die links zu den **Caterthuns** führt (blaue Ausschilderung beachten, an Hauptstraße B966 nach Brechin). Es handelt sich um auf mehreren Hügeln stehende Befestigungen der Eisenzeit, die ca. 2.500 Jahre alt sind und wie einfache konzentrische Steinanhäufungen aussehen.

Von hier führt die Straße nach weiteren 3 km durch den kleinen Ort Edzell (man fährt durch den seltsamen Torbogen "Dalhousie Arch" von 1887) nach **Edzell Castle & Garden**. Die Ruine des L-förmigen Castles datiert aus dem 15. Jh., aber sie und selbst die hier nachts umgehende White Lady (☞ Land und Leute, Ungeheuer und Geister) sind diesmal nicht die Hauptattraktionen.

♦ HS, April bis September Mo bis Sa 9:30 bis 18:00, So 14:00 bis 18:00, Oktober bis März Mo bis Sa 9:30 bis 16:00, So 14:00 bis 16:00; Erw. £ 2, Sen. £ 1,25, Kinder £ 0,75; ♿; Montrose/Brechin.

Neben dem Castle liegt ein von einer Mauer umgebener Garten, dessen **symbolische Wandskulpturen** in Schottland einmalig sind. Er wurde 1604 von David Lindsay angelegt, der die Meinung vertrat, daß ein Garten nicht nur die Sinne, sondern auch den Kopf ansprechen müsse. Die drei Mauern des Gartens (die vierte grenzt an das Castle) regen folglich durch recht anspruchsvolle symbolische Platten zum Nachdenken an: so finden sich hier die 7 planetarischen Gottheiten an der einen Wand (Saturn, Jupiter, Mars, Sonne, Venus, Merkur, Mond) in der Gesellschaft der 7 freien Künste an der anderen Wand (Grammatik, Rhetorik, Dialektik, Arithmetik, Musik, Geometrie und Astronomie); gegenüber dem Garteneingang finden Sie höchst belehrend die Steingravuren der 7 Kardinaltugenden (Glaube, Hoffnung, Gerechtigkeit, Barmherzigkeit, Klugheit, Tapferkeit, Besonnenheit).

Die Zahl 7 hatte im Mittelalter göttliche Symbolik, denn bekanntlich wurde die Welt in 7 Tagen erschaffen, und - wie man sieht - David Lindsay war ein frommer Mensch. Der formal geschnittene Garten selbst läßt beim genauen Hinsehen in den Hecken die Mottos erkennen: *Dum spiro spero* (Solange ich atme, hoffe ich) und *Endure forte* (Ertrage mit Kraft).

So geläutert und belehrt geht es auf der B996 weiter (an der Straße:) bis **Gannochy** (3 km), wo diejenigen, die viel Zeit haben, links auf einer kleinen Stichstraße ins einsame und schöne **Glen-Esk-Tal** abzweigen können (, können sich bei Brechin informieren).

♦ Ansonsten kommt man nach 5 km nach **Fettercairn** (, Montrose/Brechin), wo die **Fettercairn Distillery** von 1824 zu einer kostenlosen Whiskyführung und anschließendem *dram* (Whiskyprobe) einlädt.

♦ Mai bis September Mo bis Sa 10:00 bis 16:30; Eintritt frei.

Im kleinen Ort fällt der gotische **Arch** (Torbogen) auf, der anläßlich des Besuches von Queen Victoria 1861 errichtet wurde.

Von Fettercairn sind es noch ca. 30 km bis **Stonehaven**, wo man auf die Route ❶ trifft.

Route ❸ - Von Perth über Braemar nach Aberdeen

Die folgende Route führt zunächst durch das spektakuläre **Glen-Shee-Tal** nach Norden ins Hochland, um dann einem der schönsten Flußtäler Schottlands - dem Tal des Dee - nach Osten zu folgen.

Auf der ganzen Strecke von Perth bis Aberdeen folgt man dabei der A93, die Perth am Scone Palace vorbei Richtung Blairgowrie/Rattray verläßt. Nach diesen Orten (ca. 25 km) folgt die Straße dem Fluß Ericht ins **Glen-Shee-Tal** und erreicht bei Lair (21 km) die Stelle, wo die Seitenstraße von **Glen Isla** auf die A93 mündet. Von nun an geht es ohne Abzweigungsmöglichkeiten hinauf nach **Spittal of Glenshee**, einer der Orte, die sich als Winter- und Skiparadies verstehen (10 km, , Perth/Aberfeldy/Aberdeen).

Tatsächlich sieht man bei der Weiterfahrt durch das baumlose Hochlandtal nach 10 km auf der Paßhöhe **Devil's Elbow** (665 m) die Skilifte, die den **Cairnwell** (932 m) hinaufsteigen. Fahren Sie nicht zu schnell, sonst verpassen Sie die zwei rechts der Straße stehenden Skulpturen, die behäbig und nicht gerade enthusiastisch auf die Skihänge blicken.

Danach führt die weiterhin kahle Hochlandstraße durchs **Glen Clunie** hinunter nach **Braemar** (16 km), wo man das Flußtal des Dee erreicht und es endlich etwas waldiger wird.

- Tourist Information, The Mews, Mar Road, Braemar, ☏ 013397/41600; Januar bis Dezember 9:30 bis 17:00 (Richtzeit); ♿.
- Doktor, ☏ 013397/41202.
- Mar Road, ☏ 013397/41222.
- Mar Road.
- Braemar Golf, ☏ 013397/41618; ab £ 10; höchster Golfplatz Großbritanniens.
- Braemar Mountain Sports, Mar Road, ☏ 013397/41242; Skiverleih Langlauf; Mountainbikes.
- Invercauld Estates Office, ☏ 013397/41224; Forellenangelschein.
- Pony Trekking, Balmoral Estate, ☏ 013397/42334; ab 12 Jahre.
- Karten beim .
- Schiehallion House, Glenshee Road, Dinner ca. £ 10, .
- Callater Logde Hotel, 9 Glenshee Road, Braemar AB35 5YQ, ☏ und FAX 013397/41275; Januar bis Oktober; £ 19-25 B&B pro Pers.
- **Guest House**: Schiehallion House, Glenshee Road, Braemar AB35 5YQ, ☏ 013397/41679; Januar bis Dezember; £ 14,50-16,50; .
- **Haus-Vermietung**: Mrs Fraser, 52 Sandfield Road, Headington, Oxford OX3 7RJ, ☏ 01865/61000; Januar bis Dezember; £ 220-340 wöchentlich; 5 bis 7 Pers.
- Invercauld Caravan Club Site, Glenshee Road, Braemar AB35 5YQ, ☏ 013397/41373; Dezember bis September; £ 6-10,50.
- Braemar Bunkhouse, Mar Road, Braemar AB35 5YL, ☏ 01339/741242, FAX 01339/741496; Januar bis Dezember; £ 7-8; im Zentrum.
- Y.H. Corrie Feragie, 21 Glenshee Road, Braemar AB35 5YQ, ☏ 013397/41659; Januar bis Oktober; £ 5,70-6,75; im Süden des Ortes.
- Ballater/Aberdeen/Perth/Pitlochry; Postbus nach Linn of Dee.

Der kleine Ort (410 Ew.), der sich als Standbein für Ausflüge in das obere Dee-Tal und Wanderungen in die Berge geradezu anbietet, ist einmal im Jahr der Mittelpunkt Schottlands; an jedem ersten Samstag im September finden hier die mittlerweile weltberühmten **Braemar Highland Games** (Braemar Gathering) statt (☞ Land und Leute, Highland Games).

Es ist nicht irgendein Gathering unter all den vielen anderen, es ist das Royal Highland Gathering, bei dem die dann in Schottland weilende Königsfamilie höchstpersönlich aus ihrem nahegelegenen Schloß Balmoral kommt, um die Schirmherrschaft über die Spiele zu übernehmen.

Pipers, Tänzer und Athleten gibt es zuhauf, ganz zu schweigen von den entzückten Touristenschwärmen, die aus aller Welt anreisen, um Hochlandhelden und mehr noch das königliche Haus unter die Linse nehmen zu können.

Wer dabeisein will, sollte früh handeln; ab dem 1.2. eines jeden Jahres können Sie sich bei folgender Adresse um Tickets (ab £ 7) bewerben:

♦ The Bookings Secretary, B.R.H.S., Coilacriech, Ballater, Aberdeenshire AB35 5UH (frankierter Rückumschlag, Visa-/Mastercard akzeptiert).

Jetzt haben Sie die Karte, vergessen Sie nicht, sich rechtzeitig - ebenfalls Monate vorher! - ein Dach überm Kopf zu organisieren (bei **i**).

Von dem Ort lohnt sich ansonsten auf der einzigen Nebenstraße der Ausflug zum schönen **Linn of Dee** (ca. 11 km). Hier zwängt sich der Dee durch eine kaum einen Meter breite Stromenge hindurch, und hier ist auch der Punkt, wo man den **Cairngorms** im Norden (Teil der Grampian Mountains) schon sehr nahe ist; Langstrecken-Wanderwege führen von hier bis zum **Macdui** (1.309 m) und weiter auf die nördliche Seite der Grampians. In der Umgebung der kleinen Straße kann man oft Rotwild sehen.

♜ Nur 1 km nördlich von Braemar an der A93 liegt das 1628 von dem Earl of Mar erbaute **Braemar Castle**. Das um einen Zentraltower gruppierte L-förmige Castle wurde nach dem letzten Jakobitenaufstand 1745 von der Regierung renoviert und diente als Stützpunkt. 1732 kauften die Farquharsons das Schloß, das ein wenig einladendes Burgverlies sowie einige viktorianisch eingerichtete Wohnräume zur Besichtigung freigibt. Fährt man ein wenig weiter auf der A93, sieht man links des Dee die (nicht zugängliche) Hauptresidenz der Farquharson-Familie.

♦ Mai bis Oktober Sa bis Do 🚪 10:00 bis 18:00; Erw. £ 1,90, Sen. £ 1,50, Kinder £ 0,90.

Die Strecke nach Aberdeen folgt nun immer dem idyllischen und waldreichen **Dee-Tal**, das eines der beliebtesten Urlaubs- und Wandergebiete des östlichen Schottlands ist.

♜ Nach 15 km erreicht man die schottische Urlaubsresidenz der englischen Königsfamilie, **Balmoral Castle**. Der Ehemann von Queen Victoria, Prinz Albert, kaufte hier 1852 ein älteres Schloß, das die von der Umgebung begeisterte Königsfamilie selbst noch 1848 gesehen hatte. Albert ließ durch den Architekten William Smith und nach eigenen

Plänen ein neues, aus weißem Granit erbautes Castle errichten, das 1855 fertiggestellt wurde.

Das Schloß ist im Baronialstil (☞ Land und Leute, Kunst und Kultur, Architektur) gehalten und wird durch den ca. 30 m hohen Ostturm dominiert. In zweifellos herrlicher Lage hat die romantisierende Kreation von Prinz Albert nichtsdestoweniger prominente Kritiker gefunden; der englische Premier Disraeli verabscheute das Castle, und selbst der Sohn von Königin Victoria, Prinz Leopold, war nicht zu einem Aufenthalt im Schloß zu bewegen. Die Gemächer im Innern sind natürlich nicht zugänglich, und insofern hat das Castle außer einer königlichen Bildergalerie im Ballsaal sowie einigen Königskutschen nicht sehr viel zu bieten. Trotzdem geben sich natürlich die Touristen hier die Klinke in die Hand ...

♦ Mai bis Juli Mo bis Sa ⌚ 10:00 bis 17:00 (außer bei plötzlichen Besuchen der Königsfamilie); Erw. 2,50, Sen. £ 2, Kinder frei; ♿; 🚌 wie Braemar.

Nach weiteren 13 km kommt man in den schmucken Urlaubsort **Ballater**, der - obwohl selbst ohne größere Attraktion - alles bietet, was Urlauber von einem Standquartier erwarten (1.260 Ew., ℹ 🚗 🛏 🚐⛺, 🚌 Aberdeen/Braemar). Von hier kann man auf einer kleinen Stichstraße ins **Glen Muick** abzweigen, wo man von Spittal of Glenmuick das **Loch Muick**, den 1.156 m hohen **Lochnangar** und sogar das auf der anderen Seite der Berge gelegene **Glen Isla** erwandern kann.

Von Ballater geht es im immer lieblicher und waldreicher werdenden Flußtal weiter über **Aboyne** (ℹ 🛏, 🚌 Aberdeen) nach **Banchory** (34 km), dem größten der Urlaubsorte im Tal des Dee (6.050 Ew., ℹ 🛏 ⛺, 🚌 Aberdeen).

♜ 4 km hinter der Kleinstadt kommt man zu **Crathes Castle and Gardens**. Inmitten eines 600 Morgen großen Landbesitz, der von 17 km Wanderwegen durchzogen wird, steht an einem hügeligen Abhang das Turmhaus der Familie Burnett von Leys, die dieses Land bereits von Robert The Bruce um 1323 erhalten hatte (bis 1951 war die Familie im Besitz von Crathes, dann NTS).

Das gegenwärtige Haus datiert aus dem 16. Jh. und enthält hervorragende und seltene Deckenmalereien dieser Zeit, die der National Trust restaurieren ließ. In der sehenswerten **High Hall** hängt über dem Kamin das elfenbeinerne Horn of Leys (1323), quasi eine symbolische Urkunde von Robert The Bruce, die als Beweis der Schenkung dieses Gebietes an die Burnett-Familie ging. Im **Laird's Room** ist ein altes, reich dekoriertes Holzbett von 1594 hervorzuheben.

Der **Green Lady's Room** ist nach einer dieser farbigen schottischen Damen benannt, die keine Ruhe finden und ständig durch die Räume geistern; im 17. Jh. soll hier eine junge Frau ein Kind bekommen haben, das - ebenso wie die Mutter - kurz nach der Geburt starb. Die Hintergründe der ominösen Geschichte weiß niemand so genau, aber unter dem Kamin dieses Raumes hat man bei Restaurierungsarbeiten tatsächlich das Skelett eines Kindes gefunden ...

Wer nach dem Besuch des schönen, ummauerten Gartens auch das waldreiche Parkland der Umgebung besuchen will, kann sich vom Visitor Centre Informationen und Karten besorgen.

♦ NTS, April bis Oktober tägl. 11:00 bis 16:45, Garten: Januar bis Dezember 9:30 bis Dunkelheit; Erw. £ 4, Sen./Kinder £ 2; ✕; Aberdeen.

Nach 9 km führt die A93 zu einem weiteren bekannten Castle, **Drum Castle**. Das Castle setzt sich - wie die meisten schottischen Burgen - aus verschiedenen Epochen zusammen. Der rechteckige große Turm stammt von 1286 und ist damit einer der ältesten erhaltenen Turmhäuser Schottlands; seine Mauern sind über 3 m dick. 1619 wurde diesem Turm eine L-förmige Erweiterung gegeben, und 1876 wurden die letzten viktorianischen Zusätze um den Hof mit dem nördlichen Toreingang errichtet, so daß man fast von einem Querschnitt schottischer Castle-Architektur sprechen kann.

Im Innern sind die Möbel des 17./18. Jh., die herrliche Bibliothek, Bilder von Raeburn sowie die Fenster der Kapelle aus dem 16. Jh. hervorzuheben. In der in dem alten Turm untergebrachten Bibliothek sollten Sie auf das (nachträglich eingebaute) Fenster achten; es gibt Ihnen eine Vorstellung über die mehr als 3 m dicken Mauern. Das Castle ist seit 1323 - also zu Zeiten von Robert The Bruce - der Familiensitz der Irvine-Familie gewesen, die erst 1976 - also nach 653 Jahren! - das Haus dem NTS vermachen mußte; die Steuer macht auch vor mittelalterlichen Familien nicht halt ...

Der umzäunte Garten ist berühmt für seine Rosen; zwei Wanderwege führen durch das Anwesen.

♦ NTS, Ostern bis Juni/September tägl. 13:30 bis 16:45, Juli/August tägl. 11:00 bis 16:45, Garten: April bis Oktober tägl. 10:00 bis 18:00; Park: Januar bis Dezember 9:30 bis Sonnenuntergang; Erw. £ 3,50, Sen./Kinder £ 1,80, Gärten: Erw. £ 1,50, Sen./Kinder £ 0,80; ♿ ☕; Aberdeen/Banchory.

Von hier sind es noch 16 km bis ☞ Aberdeen.

Whisky und Castles - Von Aberdeen nach Inverness

Durch die alten Grafschaften Aberdeenshire, Banff und Moray bieten sich zwei Wege an, die sich in puncto Attraktivität kaum voneinander unterscheiden. Der erste verbindet die etwas landeinwärts liegenden Schlösser und Castles des Hinterlands und mündet an der Küste, der zweite ist landschaftlich spektakulärer, denn er läuft am nördlichen Rand der Grampian Mountains ins Spey Valley, wo der Whisky nur so in Strömen fließt. Die Route ❷ folgt deshalb teilweise den berühmten **Whisky und Castle Trails**; individuelle Kombinationen sind aufgrund des dichten Straßennetzes natürlich jederzeit möglich. Keiner der Wege nimmt die kürzeste Strecke nach Inverness, es gibt abseits der Durchgangsstraßen einfach zuviel zu sehen ...

Route ❶ - Von Aberdeen über Huntly und Elgin nach Inverness

Man verläßt Aberdeen über die A92 (King Street) nach Norden und biegt bei Mundurno auf die B999 Richtung Longdrum/Craigie ab.

⌘ Die Fahrt geht durch eine flache, von Landwirtschaft bestimmte Region, und nach ca. 23 km erreicht man **Pitmedden Garden**, dessen 100 Morgen großes Gelände einen herrlichen formalen (französischen) Garten besitzt, der von Sir Alexander Seton um 1675 gegründet wurde.

Der NTS hat 1950 mit der Restaurierung des ummauerten Gartens begonnen; da die Originalversion nicht mehr rekonstruierbar war, benutzte man Motive des 17. Jh., die sich an Holyrood Palace in Edinburgh orientieren. In vier Carrés zeigen sorgsam gepflegte Blumen und Hecken verschiedene Embleme und Mottos, darunter auch die schottische Andreasflagge (☞ Land und Leute, Flagge, Wappen und Distel) und das berühmte Wort *"Tempus Fugit"* (Die Zeit enteilt/verfliegt). In dem Carré des *"Tempus Fugit"* steht eine Sonnenuhr, die noch dem Originalgarten von 1675 entstammt.

Auf dem Gelände befindet sich auch ein kleines **Museum**, das über Geräte und einzelne Bereiche der Landarbeit informiert.

♦ NTS, Mai bis September tägl. 10:00 bis 17:00; Erw. £ 3, Sen./Kinder £ 1,50; ♿ ☕; 🚌 290/291 Aberdeen.

♜ Nicht weit von hier (ca. 1 km) liegt ebenfalls an der B999 der ehemalige Sitz der Forbes-Familie, **Tolquhon Castle**. Der älteste Teil des Castles, der rechteckige Preston Tower, stammt aus dem 15. Jh., während die angebaute Wohnanlage zwischen 1584 und 1589 gebaut worden ist. Über dem Eingang zwischen den beiden Rundtürmen sieht man auf zwei skulpturierten Tafeln Wappen und Figurationen im Renaissancestil.

♦ HS, April bis September Mo bis Sa 9:30 bis 18:30, So 14:00 bis 18:30, Oktober bis März 9:30 bis 16:30, So 14:00 bis 16:30 (immer geschlossen zwischen 12:30 bis 13:30); Erw. £ 1,50, Sen. £ 1, Kinder £ 0,75; nach Pitmedden 290/291 von Aberdeen.

⌘ Von hier sind es weiter auf der B999 (ausgeschildert) nur ca. 5 km bis zum völlig anders gearteten **Haddo House**. In einem 180 Morgen großen Park steht das von William Adam 1731 im Palladiostil entworfene Haus für William Gordon, den zweiten Earl von Aberdeen.

Im 19. Jh. erfuhr die Anlage durch den Stadtarchitekten von Aberdeen, Archibald Simpson, einige Veränderungen, die die neuklassizistisch strenge Form von Adam beeinträchtigte. Das Innere des Hauses stammt großenteils von 1880, als man im "Adam-Revival-Stil" ebenfalls große Veränderungen durchführte; bemerkenswert sind unter den Gemälden Domenichino und Anthony van Dyck, und unter den reich möblierten Räumen sticht die prachtvolle Bibliothek aus Zedernholz hervor.

♦ NTS, April bis Juni tägl. 13:30 bis 17:30, Juli/August tägl. 11:00 bis 17:30, September 13:30 bis 17:30, Oktober nur Wochenende 13:30 bis 17:30, Garten: Januar bis Dezember 9:30 bis Sonnenuntergang; Erw. £ 3,50, Sen./Kinder £ 1,80; ♿ ✕; 290 Aberdeen.

♜ Vom Haddo House führt die B9005 über Methlick zum ca. 11 km entfernten sehenswerten **Fyvie Castle**. In einem 118 Morgen großen Park mit schönen Gärten steht eines der schönsten Schlösser der schottischen Baronialarchitektur. Fünf Türme schmücken das Märchenschloß, das in 600 Jahren fünf Familiengeschlechtern gehörte, von denen jedes angeblich einen Turm baute.

Der älteste Teil datiert aus dem 13. Jh., als Wilhelm der Löwe und sogar Eduard I. von England hier übernachteten. Fotofreunde sollten die restaurierte Südfront des Castles nicht auslassen, wo zwischen zwei mit spitzen Türmchen geschmückten Ecktürmen ein mächtiges Eingangsportal aufragt. Im Innern sind die große Steinwendeltreppe aus dem 16. Jh., der holzgetäfelte und von einer herrlichen Stuckdecke geschmückte **Morning Room** (17. Jh.) sowie die Gemälde von Raeburn und Ramsay hervorzuheben. Die **Galerie** mit ihrer selbstspielenden Orgel und den Brüsseler Tapisserien als auch der **Drawing Room** mit seiner heraldischen Decke (1890) verraten in puncto Einrichtung und Gestaltung den bohèmehaften Luxus der spätviktorianisch-eduardischen Zeit vor dem Ersten Weltkrieg.

♦ NTS, April bis Juni/September tägl. 13:30 bis 17:30, Juli/August tägl. 11:00 bis 17:30; Oktober nur Wochenende 13:30 bis 17:30, letzter Einlaß jeweils 16:45, Park bis Sonnenuntergang geöffnet; Erw. £ 3,50, Sen./Kinder £ 1,80, Familie £ 9,70; ♿ ☕; 🚌 305 Aberdeen.

Von Fyvie Castle sind es auf der A947 ca. 15 km bis zum kleinen Ort **Turriff**, der schon im 6. Jh. als Sitz des piktischen Prinzen Lathmon erwähnt wird (ℹ 🛏 ⛺, 🚌 Banff/Aberdeen). Der Ort ist trotz seiner langen Geschichte kein Rummelplatz für Touristen geworden, aber einmal im Jahr, Anfang August, strömen über 50.000 Besucher in das Städtchen, wenn nämlich die zweitägige **Turriff Show**, die größte landwirtschaftliche Ausstellung Schottlands, ihre Produkte feilbietet.

💧 Die B9024/B9001 führt von Turriff Richtung Huntly an der ca. 15 km entfernten **Glendronach Distillery** von 1824 vorbei.

♦ Januar bis Dezember Mo bis Fr 10:00 bis 14:00, besser vorher anmelden, ☎ 01466/730202; Eintritt frei.

An der folgenden Kreuzung mit der A97 biegen Sie links ab; nach ca. 14 km durch hügeliges Farmland sind Sie in der Kleinstadt **Huntly**.

ℹ The Square, ☎ 01466/792255; April bis Oktober 10:00 bis 17:00 (Richtzeit); ♿.

⊞ Bleachfield Street, ☎ 01466/792114.

☆ Castle Street, ☎ 01466/792246.

✉ BANK The Square.

41b Duke Street.

🚶 Karten und Info bei ℹ oder Forest Enterprise, Ordiquihill, Portsoy Road, Huntly, ☎ 01466/794161.

🏊 Indoor-Swimmingpool, Castle Street; Sauna; ☕.

⛳ Huntly Golf Club, Cooper Park, ☎ 01466/792643; 18-Loch-Kurs.

🎣 Castle Hotel, ☎ 01466/792696, Angelscheine.

🦌 🎣 Game International Ltd., Inverkeithny House, Inverkeithny, Huntly, ☎ 01466/730305.

🐎 Westerton Trekking Centre, Forgue, ☎ 01466/730294; auch Ponys.

🚲 ⛷ Huntly Nordic Ski Centre, Hill of Haugh, ☎ 01466/794428; künstliche Skipiste und Mountainbike-Verleih.

✕ Huntly Hotel, The Square, und Tony's Restaurant, 109 Gordon St.

🛏 Huntly Hotel, The Square, Huntly AB54 5BR, ☎ und FAX 01466/792703; Januar bis Dezember, ab £ 15 B&B pro Pers.

♦ **Guest House**: Mrs Manson, Greenmount, 43 Gordon Street, Huntly AB54 5EQ, ☎ 01466/792482; Januar bis Dezember; £ 14-20 B&B pro Pers.; 🚭.

♦ **Cottage-Vermietung**: Mr Fraser, 30 Salisbury Terrace, Aberdeen AB1 6QH, ☎ 01224/573300; April bis Oktober; £ 200-300; 6 Pers.

Aberdeen/Inverness/Elgin/Keith/Macduff u.a.
Station Bogie Street: Aberdeen-Inverness-Linie.
Taxi: ☎ 01466/792410.

Der rund 4.500 Ew. zählende Ort ist seit dem Mittelalter der Sitz des mächtigen Herzogs und Marquis von Gordon gewesen, nach dem auch der ganze Distrikt seinen Namen hat.

Hauptattraktion ist das am Südufer des Deveron-Flusses im Norden der Stadt gelegene **Huntly Castle**, dessen mächtige, von alten Bäumen umstandene Ruine an der Stelle des alten Strathbogie Castles steht, das bis 1544 Sitz der Gordons war. Dieses erste Castle (vor dem nochmals eine Holzburg hier gestanden haben muß) war ein L-förmiges Tower House und wurde 1452 bei einem Angriff des konkurrierenden Grafen von Moray bis auf wenige Reste zerstört; es dauerte bis 1602, bis das gegenwärtige prachtvollere Castle fertig war. Bereits in der zweiten Hälfte des 17. Jh. verließ der Herzog das Schloß, das bald zerfiel, und zog nach Fochabers, das im Norden liegt.

Imposant ist die Südseite des Castles, die man direkt von der Straße sieht; ihre Fensterreihen sollen dem Schloß in Blois (Frankreich) nachgebildet worden sein. Auch die heraldischen und symbolischen Darstellungen von 1602 an der Eingangspforte zum Palast (am Nordostturm) sind bemerkenswert. In den oberen Räumen ist noch ein hervorragend erhaltener Kamin von 1606 zu sehen, der ebenfalls Renaissance-Einfluß zeigt.

♦ HS, April bis September Mo bis Sa 9:30 bis 18:30, So 14:00 bis 18.30, Oktober bis März Mo bis Sa 9:30 bis 16:30, So 14:00 bis 16:30; Erw. £ 2, Sen. £ 1,25, Kinder £ 0,75.

Wer genügend Zeit hat, kann von Huntly einen Abstecher zur südlich gelegenen **Leith Hall** machen (11 km); fahren Sie auf der A97 Richtung Rhynie, dann links auf die B9002. Das schöne Landhaus, das in einem 286 Morgen großen Park ( ) steht, ist seit 1650 im Besitz der Leith-Familie. Die Lords waren meist im Militärdienst tätig, so daß es nicht verwundert, daß das mit Türmchen und spitzen Fenstergiebeln geschmückte weiße Haus im Innern die militärische Ausstellung "For Crown and Country" enthält.

♦ NTS, Ostern bis September tägl. 13:30 bis 16:45; Erw. £ 3, Sen./Stud./ Kinder £ 1,50; ; 301 Huntly.

Von Huntly führt die A920 nach **Dufftown** (1.700 Ew., 23 km, ℹ, 🛏, 🚌 Elgin/Aberdeen), ein freundliches Städtchen, dessen zentraler **Clock Tower** am Square auch das **Tourist Office** und das kleine **Dufftown Museum** mit lokalen Ausstellungsstücken beherbergt.

♦ April, Mai, Oktober Mo bis Sa 🚪 10:00 bis 17:30, Juni, September Mo bis Sa 9:30 bis 18:00, So 14:00 bis 18:00, Juli, August Mo bis Sa 9:30 bis 18:30, So 10:00 bis 12:30 und 13:30 bis 18:00; Eintritt frei.

Der Clock Tower selbst ist für eine Geschichte bekannt, die sich hier vor ca. 300 Jahren abgespielt hat: ein bei der Bevölkerung beliebter Räuber namens MacPherson wurde endlich von den Behörden geschnappt und zum Tode verurteilt. Die Bevölkerung lief Sturm gegen das Urteil und erreichte beim König eine Begnadigung. Der berühmte Bote des Königs war schon unterwegs, als der Sheriff die Uhr am Turm um eine Stunde nach vorne stellte. Der Bote kam so zu spät, MacPherson wurde gehängt, und die Uhr - als ob sie etwas dafür könnte - hatte ihren Spitznamen weg: *the clock that hanged MacPherson.*

💧 Gleich acht (!) Whiskybrennereien sind in Dufftown angesiedelt. Die berühmteste ist die am Nordrand der Stadt stehende **Glenfiddich Distillery** von 1887, die auch als einzige Brennerei des Hochlands die Flaschenabfüllung direkt vor Ort vornimmt; die Führungen werden in sechs Sprachen angeboten. Wer nicht gerade ein Verehrer von Glenfiddich ist, tut besser daran, sich eine andere, kleinere Destille auszusuchen; die Führungen hier haben phasenweise den Charakter von Massenabfertigungen.

♦ Januar bis Dezember Mo bis Fr 🚪 9:30 bis 16:30, Ostern bis Oktober auch Sa 9:30 bis 16:30, So 12:00 bis 16:30; Eintritt frei; ♿.

♜ Nicht weit von hier steht in schöner Lage die Ruine von **Balvenie Castle** aus dem 13. Jh., das einst vom mächtigen Alexander Comyn, dem Earl von Buchan, bewohnt wurde.

♦ April bis September Mo bis Sa 🚪 9:30 bis 18:30, So 14:00 bis 18:30; Erw. £ 1,20, Sen./Kinder £ 0,75.

Von Dufftown sind es auf der A941 Richtung Elgin 7 km bis **Craigellachie** (🚌 Elgin/Aberdeen/Dufftown), wo die Böttcherei **Speyside Cooperage** einen Einblick in die Reparatur von Whisky-Eichenfässern zuläßt.

♦ Januar bis Dezember Mo bis Fr 🚪 9:30 bis 16:30, Ostern bis September auch Sa; Erw. £ 1,70, Sen./Kinder £ 1,20, Familie £ 4,90; ♿.

Nördlich des Ortes steht die **Craigellachie Bridge**, die eine der schönsten Brücken des Architekten Thomas Telford ist; sie wurde 1814 eröffnet und war bis zur Eröffnung der neuen Straßenbrücke 1973 in Betrieb. (Wer sich hier auf den **Malt Whisky Trail** begeben will, der außer den hier beschriebenen Brennereien fünf weitere enthält, biegt hinter Craigellachie links auf die B9102 ab, ☞ Route ❷.)

Ansonsten führt die A941 nach 5 km zur **Glen Grant Distillery**, die 1840 von den Brüdern Grant gegründet wurde.

♦ März bis Oktober Mo bis Fr 9:30 bis 16:00, Juni bis September auch Sa; Eintritt frei; ♿; Kinder unter 8 Jahren nicht zugelassen; Elgin/Dufftown.

Nach weiteren 15 km kommt man nach **Elgin**.

17 High Street, ☎ 01343/542666; Januar bis Dez. 10:00 bis 17:00 (Richtzeit).
Elgin Medical Centre, 10 Victoria Crescent, ☎ 01343/547512.
♦ Dr. Gray's Hospital, Pluscarden Road, ☎ 01343/543131.
Moray Street, ☎ 01343/543101.
South Street.
Monarch Coin Laundry, 216 High Street.

Kino: Moray Playhouse Cinemas, 195 High Street.
♦ **Disco**: Joanna's Disco, High Street.
♦ **Nightclub**: Lido Club, 29a South Street.

Viele, z.B: High Spirits, Moss Street.
Thunderton House, Thunderton Lane.

Wander- und Fahrradrouten von: Forest Enterprise, Balnacoul, Mosstodloch, ☎ 01343/820223, FAX 01343/821159.
Moray Leisure Centre, Borough Briggs, Sauna; ☕ ✕.
Angling Centre, Moss Street, oder Millbuies Country Park, Longmorn, ☎ 01343/860234; Angelscheine und Infos.
Elgin Golf Club, Hardhillock, Birnie Road, ☎ 01343/542338.
Gleitflug: Highland Gliding Club, Easterton, Birnie, ☎ 01343/860272 (oder: ☎ 01343/820834); Besucherflüge arrangierbar.

Pinegrove Hotel, Pinefield Crescent, Elgin, Moray IV30 3HP, ☎ 01343/544268; Januar bis Dezember; £ 12,50-15 B&B; einfach, aber preiswert.
♦ **Guest House**: Mrs Milne, 57 Main Street, New Elgin, Elgin IV30 3BH, ☎ 01343/545806; Januar bis Dezember; £ 12-15 B&B; 🚭; an A941.
Riverside Caravan Park, West Road, April bis Oktober; £ 5,50-8.
Saltire Lodge, Pluscarden Road, Elgin, Moray IV30 3TE, ☎ 01343/550624; Januar bis Dezember; £ 6-8,50.

Taxi: ☎ 01343/542204.
Autovermietung: B and J Hire, The Wards, ☎ 01343/542625.
St. Giles Bus Station: Inverness/Aberdeen/Lossiemouth/Pluscarden Abbey (316 nur Di/Do) u.a.
Station Road: Linie Aberdeen-Inverness.

Die Stadt (20.000 Ew.), die bereits im 13. Jh. von Alexander II. den Status eines Royal Burgh (Stadt- und Marktrechte) bekam, ist das administrative und kommerzielle Zentrum des Moray-Distrikts. Sie besitzt mit der großartigen Ruine der Elgin Cathedral zugleich einen hervorragenden touristischen Anziehungspunkt und eignet sich aufgrund ihrer Mittellage zwischen den Fischerdörfern am Moray Firth und dem nicht weit entfernten Whisky Trail gut als Standbein für Ausflüge in die Umgebung.

✞ Die als "Lantern of the North" (Leuchte des Nordens) gepriesene **Elgin Cathedral** vermittelt selbst als Ruine noch etwas von ihrem ehemaligen Glanz als einst schönste Kathedrale Schottlands. Sie wurde 1224 gegründet und 1390 von dem Earl of Buchan, ein Feind des Bischofs, niedergebrannt; derartige Aggressivität brachte dem Earl den zweifelhaften Spitznamen eines "Wolf of Badenoch" ein. Die mächtige Kathedrale wurde langsam wiederaufgebaut, zerfiel aber endgültig nach dem Sieg der Reformation 1560 und wurde bis ins 19. Jh. als Steinbruch benutzt.

Die heutigen Ruinen - südliches und nördliches Querschiff, Presbyterium und Chor und vor allem der Westeingang mit den beiden Türmen - datieren aus dem 13. bis 15. Jh. und geben eine genügende Vorstellung von der Größe und Dekoration dieser Kirche. Im Chorbereich steht ein piktischer Stein des 9. Jh., der 1823 gefunden wurde und piktische Symbole und Jagdszenen darstellt. Das ebenfalls erhaltene **Chapter House** besitzt eine herrliche Mittelsäule, deren gebündelte Pfeiler zur Decke hin harmonisch auseinanderstreben.

♦ HS, April bis September Mo bis Sa ❐ 9:30 bis 18:30, So 14:00 bis 18:30, Oktober bis März Mo bis Sa 9:30 bis 16:30, So 14:00 bis 16:30; Erw. £ 1,20, Sen./Kinder £ 0,75.

Von Elgin sind es auf der A96 ungefähr 20 km bis Forres; kurz vor dem Ort biegt rechts die B9011 zum 5 km entfernten **Findhorn** (🛏 ⛺, 🚌 Forres/Elgin) ab, einem großen Dünengebiet, das über schöne Sandstrände und Wassersportmöglichkeiten verfügt (⛵ 🏄, Moray Watersports, ☎ 01309/690239; auch Wasserski und 🏄). Von dem kleinen Ort (640 Ew.) hat man einen schönen Blick über den **Moray Firth**, in dem Delphine und auch Seehunde zu Hause sind.

✋ Das Schwimmen in der Findhorn Bay wird nicht empfohlen, benutzen Sie den Back Shore Strand nördlich des Ortes; die Ostküste der Bay kann bei Ebbe auch für 🚶 gefährlich sein, da man in dem morastigen Sand leicht einsinkt!

In Findhorn befindet sich seit 1962 die **Findhorn Foundation**, eine ökologisch-spirituelle Vereinigung (das Wort Sekte will ich vermeiden), die sich der Naturpflege und insbesondere der Gärtnerei widmet.

♦ Führungen im Sommer tägl. 14:00 von Phoenix Book Shop, Findhorn Bay Caravan Park, ☎ 01309/690311.

Der Ort **Forres** (9.000 Ew., , Elgin/Inverness, Inverness/Aberdeen) fällt vor allem durch seine vielen Blumenanlagen auf, die teilweise zu recht einfallsreichen Figuren geformt worden sind. Die größte Sehenswürdigkeit des Ortes (direkt am Ortseingang erste Straße rechts, wenn man von Elgin/Findhorn kommt) ist aber der **Sueno's Stone**, ein 7 m hoher, reich skulpturierter piktischer Stein, der wahrscheinlich 1.000 Jahre alt ist und deutlich ein Ringkreuz sowie Schlachtszenen erkennen läßt. Der sehenswerte Stein steht seit 1992 unter Glas, um weitere Beschädigungen zu verhindern.

Links der A96 kommt man nach 5 km hinter Forres zum **Brodie Castle**, das seit 1160 Familiensitz der Brodies ist, die auch heute noch einen Seitenflügel des Hauses bewohnen. Das Haus, das 1645 abbrannte, wurde häufig erweitert und umgebaut. Basis ist die Z-förmige Tower-House-Grundstruktur aus dem 16. Jh.; das Haus besitzt französisches Mobiliar und eine große Porzellan- und Gemäldesammlung. Die größte Sehenswürdigkeit ist jedoch die phantastische, barock verzierte Decke des **Dining Room**, die aus dem 17. Jh. stammt.

♦ NTS, April bis September Mo bis Sa 11:00 bis 16:30, So 13:30 bis 16:30, Oktober Sa 11:00 bis 16:30, So 13:30 bis 16:30, Gärten: Januar bis Dezember 9:30 bis Sonnenuntergang; Erw. £ 3,50, Sen./Kinder £ 1,80, Familie £ 9,70; Inverness/Elgin.

Etwa 5 km weiter biegt man bei Auldearn links von der A96 auf die B9101 ab; diese Straße geht - nach Überquerung der A939 - in die B9090 über, der Sie Richtung **Cawdor Castle** folgen, das nach ca. 8 km erreicht wird. Das gut erhaltene Schloß wird als eines derjenigen gehandelt, wo Macbeth König Duncan ermordet haben soll, eine Behauptung, die dem Schloß Ruhm (und hohe Eintrittspreise!) brachte, aber ohne Grundlage ist. Macbeth tötete Duncan in offener Schlacht bei Elgin um 1040, der älteste Teil des Castles, der große Zentralturm, datiert aber von 1372, so daß weder Duncan noch Macbeth dieses Castle jemals gesehen haben.

Das größtenteils aus dem 16. Jh. stammende Schloß besitzt herrliche Wandteppiche aus dem 17. Jh. (z.B. Thema "Don Quixote" von 1680) sowie eine gut erhaltene alte Küche von 1645. Interessant sind auch die

Renaissance-Verzierungen des Kaminsims im **Dining Room** (1511), wo man neben dem Motto "Be Mindful" verschiedene phantastische Figuren sieht, so Affen, die ins Horn blasen, und Füchse, die Pfeife rauchen. Das romantisch wirkende Schloß, Sitz der Cawdor-Familie, liegt in einer schönen Park- und Waldlandschaft.

♦ Mai bis September tägl. 10:00 bis 17:00; Erw, £ 4,50, Sen. £ 3,50, Kinder £ 2,50, Familie £ 12,50, nur Gärten und Park £ 2,50; .

Die B9090 führt - über die A96 hinweg - als B9006 nach ca. 9 km zum auf einer Landzunge im Moray Firth gelegenen **Fort George**, das nach dem letzten Jakobitenaufstand unter Bonnie Prince Charlie ab 1748 aufgebaut wurde. Das riesige, für die damaligen Zeiten moderne und praktisch uneinnehmbare Fort, das die Einfahrt nach Inverness kontrollierte, sollte für alle Zeiten einen neuen Aufstand der Highlanders unmöglich machen. Von seinen Wällen hat man einen schönen Blick über den Firth auf die gegenüberliegende Black Isle; hier können öfter spielende Delphine beobachtet werden, die im Firth heimisch sind.

♦ HS, April bis September Mo bis Sa 9:30 bis 18:30, So 14:00 bis 18:30, Oktober bis März Mo bis Sa 9:30 bis 16:30, So 14:00 bis 16:30; Erw. £ 1,95, Kinder £ 0,75; .

Fahren Sie nun die B9006 zurück; nach erneuter Überquerung der A96 folgen Sie der Ausschilderung "**Culloden**". Noch vor diesem berühmten Ort führt links eine kleine Straße in das Tal des Nairn, wo die **Clava Cairns** stehen, eine Ansammlung von Grabsteinen, die für die Ring- und Ganggräber (*cairns*) der Bronzezeit typisch sind; man nimmt an, daß die Begräbnisstätten am Nairn um 2000 v.Chr. errichtet wurden.

Von hier sind es noch 2 km bis zum in ganz Schottland bekannten **Culloden Moor**, wo der National Trust ein **Visitor Centre** errichtet hat.

♦ NTS, Februar/März/Nov./Dez. tägl. 10:00 bis 16:00, April bis Okt. tägl. 9:00 bis 18:00; Erw. £ 2, Sen./Stud./Kinder £ 1; ; von Inverness.

Während ich bei Bannockburn und Stirling Bridge von den erfolgreichsten Schlachten der schottischen Geschichte sprach, gilt es nun, an die letzte Schlacht auf britischem Boden zu erinnern, eine Schlacht, die das Ende der schottischen Hochlandidentität ein für allemal zu besiegeln schien. Das flache, unansehnliche Feld, auf dem nur ein paar Steine und eine Hütte zu sehen sind, zieht Schotten und Besucher, Schulklassen und Senioren gleichermaßen an, und es gibt wohl niemanden in Schottland, dem der Name Culloden unbekannt wäre.

Der junge Prinz Charles Edward Stuart, besser als Bonnie Prince Charlie bekannt, war 1745 von Frankreich kommend an der Westküste gelandet, hatte die Clans und Lairds der Highlands für sich gewonnen und die ersten Schlachten gegen die Engländer und ihre "Hannoversche" Dynastie (Georg II. von England entstammte dem Haus Hannover) gewonnen. Der Young Pretender (der junge Thronprätendent), wie er von den Engländern nur genannt wurde, war guter Dinge, die Stuarts wieder auf den Thron zu bringen und die Krone für seinen Vater (The Old Pretender) zu erobern, die derselbe vor 30 Jahren in dem Jakobitenaufstand von 1715 erfolglos angestrebt hatte.

Der junge Prinz, redegewandt und selbstsicher, hielt mit seinem Hochlandheer in Holyrood Palace in Edinburgh Einzug und fing an, glanzvolle Bälle zu geben und Ämter zu verteilen. Danach zog er nach Süden, immerhin bis Derby (England), wo sich seine Hoffnung auf den Zustrom englischer Jakobiten endgültig als Fehleinschätzung erwies. Man kehrte um, und das schottische Heer wich vor dem herannahenden Herzog von Cumberland immer weiter nach Norden zurück.

Am 15. April 1746 feierte Cumberland, der sein Lager im 20 km entfernten Nairn aufgeschlagen hatte, seinen 25. Geburtstag; das schottische Hochlandheer (viele Tieflandschotten kämpften auf der Seite der Engländer) versuchte in einem Nachtmarsch, die Truppen von Cumberland zu überraschen, die man wegen des Geburtstags im Vollrausch wähnte. Aber man kam zu spät, die Truppen waren wach, und so marschierten die Schotten, müde und hungrig, am frühen Morgen nach Culloden zurück, wo sie sich direkt zur Schlacht aufstellten. Cumberland folgte auf dem Fuße und postierte seine Soldaten in dreifacher Linie vor dem Feind.

Das flache Feld, das den schlechter bewaffneten Schotten kaum Deckung bot, war für die Kampfweise der Highlander eine Katastrophe. Als sie in gewohnter Manier schreiend und vorstürmend die englischen Truppen zu erreichen versuchten, wurden sie von den dreifach gestaffelten Linien Cumberlands über den Haufen geschossen. Die nachrückenden Clanmitglieder mußten über ihre Toten steigen, um nur in die Nähe der feindlichen Linien zu kommen, die im perfekten Drill und aus der sicheren Distanz immer weiter feuerten.

Die Schlacht war in weniger als einer Stunde entschieden; der Prinz floh vom Schlachtfeld und mußte sich in einer wochenlangen Flucht in Erdlöchern und Frauenkleidern verstecken, bis ein französisches Schiff ihn in Sicherheit brachte (☞ Skye). Auf dem Schlachtfeld ließ Cumberland, der später von den Schotten den Beinamen "The Butcher" (Der Schlächter) erhielt, gefundene Verwundete noch nach Tagen töten.

In der Folge wurde den Hochlandschotten das Tragen von Tartan und Kilt und das Spielen der *bagpipe* verboten (ein Gericht in York hatte die Sackpfeife als Waffe bezeichnet und den *piper* hinrichten lassen). Die keltisch-gälische Kultur sollte ausgemerzt und der eigensinnige Charakter der Clans ein für allemal zerstört werden (☞ Land und Leute, Geschichte, Bevölkerung, Kunst und Kultur). Einige ihrer Führer wurden geköpft, ihre einfachen Kriegsleute dagegen gehenkt, noch lebend wieder abgenommen und danach gevierteilt; viele andere wurden in die Kolonien deportiert.

Cumberland wurde in London triumphal empfangen, und der Komponist Händel hatte extra für seinen Empfang die neue Komposition "Seht, er kommt mit Preis gekrönt" verfaßt. Bonnie Prince Charlie sollte Schottland nie wieder sehen; er starb 1788 als Säufer in Rom.

Auch wenn man bezweifeln muß, daß der gewandte Prinz wirklich die Interessen der Hochlandschotten im Auge hatte (vielmehr dachte er wohl an die Zurückgewinnung des Throns mit Hilfe der Highlander), verbindet sich mit seinem Namen der letzte Aufstand gegen die Engländer, die das keltisch-clanorientierte Schottland danach systematisch zerstörten.

Es gibt nicht viel zu sehen in Culloden; ein im Sommer übervolles Visitor Centre informiert in mehreren Sprachen über die Schlacht; einige Steine draußen tragen die Namen der gefallenen Clans; eine Hütte - Old Leannach Cottage - erinnert an die früher hier stehende Scheune, in der 30 verwundete Jakobiten von den Siegern verbrannt worden waren, und an dem 1881 errichteten Steinhügel versammelt sich jährlich der gälische Verein von Inverness, um der Toten zu gedenken ...

Von hier sind es noch 7 km bis ☞ Inverness.

Route ❷ - Von Aberdeen durch die Grampians/Speyside nach Inverness

Man verläßt Aberdeen im Westen über die A944 (Queen's Road) Richtung Alford und kommt nach 19 km in den kleinen Flecken Dunecht.

♜ Von hier sind es auf einer kleinen Straße noch 7 km bis **Castle Fraser** (ausgeschildert), ein prachtvolles Turmschloß inmitten einer schönen Parkanlage. Das Bilderbuchcastle wurde 1575 von Michael Fraser begonnen; der Baumeister Bell - dem Sie weiter unten bei Craigievar Castle wiederbegegnen werden - verstand sein Handwerk, denn er schuf hier das schönste und größte Tower House der Z-Bauweise, bei dem einem rechteckigen Zentralbau zwei diagonal versetzte Ecktürme beigegeben wurden. Erst 1636 war das Bauwerk fertig, von dessen imposantem Rundturm man einen schönen Ausblick genießt. Die Inneneinrichtung datiert großenteils aus dem 19. Jh.

♦ NTS, Ostern bis Juni/September tägl. 13:30 bis 16:45, Juli/August tägl. 11:00 bis 16:45, Oktober Sa und So 13:30 bis 16:45; Garten: Januar bis Dezember 9:30 bis 18:00; Erw. £ 3,50, Sen./Kinder £ 1,80; Aberdeen von Guild Street Bus Station.

Zurück auf der A944 gelangt man nach ca. 22 km in den kleinen Ort **Alford** (1.400 Ew., Aberdeen).

Von Alford sollte man einen Ausflug nach **Craigievar Castle** auf keinen Fall versäumen; man biegt hinter Alford links auf die A980 Richtung Banchory ab und erreicht nach ca. 10 km eines der schönsten und typischsten Tower-House-Castles Schottlands. In einem herrlichen Park mit großen, teilweise so exotischen Bäumen wie *Araucaria araukana* und *Sequoiadendron giganteum* aus Kalifornien steht der Idealtypus eines schottischen Turmhauses.

Das Schloß wurde 1624 von William Forbes, dessen Spitzname "Danzig Willie" auf seine Handelsbeziehungen mit dem Baltikum hinweist, vollendet; es ist wahrscheinlich die Arbeit des Meisters John Bell. Als Grundlage des Castles steht wieder die uns schon bekannte L-förmige Tower-Struktur, wobei nun allerdings ein zentraler, von einer Balustrade gekrönter Turm in die L-Form eingebaut ist, so daß das Gebäude gleichzeitig kompakt und elegant wirkt.

Die sehenswerte Inneneinrichtung, darunter vor allem die Eichenvertäfelung und der herrliche Deckenstuck, stammt fast ausschließlich aus dem 17. Jh. und ist ein gutes Beispiel für die gehobenen Ansprüche des Baronialstils; das gilt auch für den prachtvollen Kamin der Halle, der das schottische Wappen zeigt.

♦ NTS, Mai bis September tägl. 13:30 bis 16:45 (der Park ist ganzjährig bis Sonnenuntergang); Erw. £ 5, Sen./Stud./Kinder £ 2,50.

Zurück zur Straßenkreuzung bei Alford folgt man der A944 Richtung Huntly, um nach 10 km links auf die A97 Richtung Ballater abzubiegen.

Durch eine hügelige und von Landwirtschaft geprägte Landschaft erreicht man nach 5 km **Kildrummy Castle**. Die Ruine, deren vier Rundtürme, Halle und Kapelle aus dem 13. Jh. stammen, zählt zu den ältesten Steinburgen Schottlands und gehörte dem Earl of Mar. Kaum vorstellbar, aber in jenen frühen Zeiten stellten diese zugigen Steinburgen noch Luxuswohnungen dar - gemessen an den leicht verwundbaren Holzburgen der ärmeren Ritter. Während der Kriege gegen Edward I. von England (☞ Land und Leute, Geschichte) zwang 1306 ein verräterischer Schmied im Innern der Burg die schottische Besatzung zur Aufgabe, indem er in der Halle den gelagerten Weizen anzündete.

♦ HS, April bis September Mo bis Sa 9:30 bis 18:00, So 14:00 bis 18:00; Erw. £ 1,50, Sen. £ 1, Kinder £ 0,75; 220 Alford/Aberdeen Mo bis Fr.

Direkt daneben - aber in anderem Besitz - liegen etwas unterhalb in einem alten Steinbruch die **Kildrummy Castle Gardens**; ein schöner weitläufiger alpiner Fels- und Landschaftsgarten lädt hier zu weitläufigen Spaziergängen ein.

♦ April bis Oktober tägl. 10:00 bis 17:00, Erw. £ 1,70, Kinder £ 0,50; ♿ mit Hilfe. Neben dem Garten liegt ein Hotel.

Nach den nächsten 10 km biegt man von der A97 rechts auf die A944 ab, um nach weiteren 11 km wiederum rechts auf die A939 Richtung Tomintoul einzuschwenken.

Durch eine eindrucksvolle, kahle Berglandschaft sind noch 5 km zurückzulegen, bis man das einsam stehende **Corgarff Castle** erreicht. Aus der Ferne erkennt man besonders gut die 1748 angebrachte sternförmige Umwallung des Turmcastles. Corgarff Castle, ein typisches Tower House, wurde in der Mitte des 16. Jh. erbaut; 1571 legte der auf der Seite von Maria Stuart stehende Adam Gordon, Bruder des Earl of Huntly, in Abwesenheit des Schloßherrn Forbes (der ein Gegner Maria Stuarts war) das Schloß in Flammen. Die Frau von Forbes, ihre Kinder sowie die Knechte verbrannten. In den Räumen ist nicht allzuviel zu sehen, aber wer seine Nase in die schloßeigene, noch mit altem Inventar versehene Destille (*still-room*) steckt, kann den Whisky und Torf vergangener Zeiten riechen.

♦ HS, April bis September Mo bis Sa 9:30 bis 18:30, So 14:00 bis 18:30; Erw. £ 2, Sen. £ 1,25, Kinder £ 0,75; schwierig, "The Heatherhopper" von Juli bis September von/nach Tomintoul/Ballater.

Die Straße führt nun steil hinauf zum **Lecht Ski Centre** (4 km, , ☏ 019756/51440, oder in ☞ Tomintoul), das sich besonders auf Anfänger spezialisiert hat.

Danach geht es in die Grafschaft Moray hinab in den kleinen Ort **Tomintoul** (10 km, 320 Ew.), der einer der höchstgelegenen Orte der

Highlands ist (345 m) und sich gut als Standquartier für Wanderer zwischen Grampians und Speyside eignet.

The Square, ☏ 01807/580285; 10:00 bis 17:00 (Richtzeit).
Doktor, Rattray's Lane, Tomintoul, ☏ 01807/580219.
Tomnabat Lane, ☏ 01807/580222, falls unbesetzt ☏ 01343/543101.
The Square.

Glenlivet Estate Office, Main Street, ☏ 01807/580283, FAX 01807/580319; die Ranger bieten geführte Wanderungen an; viele Kurz- und Langstreckenwanderwege.
Gordon Hotel, The Square, Verleih; Karten beim i.
Highland Sporting Estate, Kylnadrochit Lodge, ☏ 01807/580230; Angelscheine für River Avon beim Post Office.
Tomintoul Riding Centre, St. Bridget Farm, ☏ 01807/580210.
Lecht Ski Centre, ☏ 019756/51440.
Glenmulliach Nordic Ski Centre, ☏ 01807/580356.

The Clock House und Cromdales Restaurant, beide am Square.

Glenavon Hotel, The Square, Tomintoul, Banffshire AB37 9ET, ☏ 01807/580218; Januar bis Dezember; £ 17-21 B&B pro Pers.
♦ **Cottage-Vermietung** (16. Jh.!): Mrs Shearer, Croughly Farm, Tomintoul AB37 9EN, ☏ 01807/580476; Januar bis Dezember; £ 180-280 wöchentlich, 4 Pers.
Y.H., Tomintoul, Main Street; kein ☏!; Mai bis Oktober; £ 3,30-4.

Schwierig! Regelmäßig nach Keith; nur von Juli bis September: "The Heatherhopper" von/nach Ballater/Dufftown/Huntly/Aviemore/Elgin.
Taxi: ☏ 01807/580267.

Im Ort informiert am südlichen Ende der Main Street das **Glenlivet Estate Office** über die Wander- und Fahrradwege im 56.000 Morgen großen Glenlivet-Gebiet (gutes Kartenmaterial, auch im i erhältlich).

Wer es nun eilig hat - oder sich nichts aus Whisky macht -, kann über **Grantown-on-Spey** (A939) und **Bridge of Carr** (A938, dann A9) am schnellsten nach Inverness gelangen (ca. 78 km).

Ansonsten ist Tomintoul ein guter Ausgangspunkt, um sich in das Tal des River Spey auf den **Malt Whisky Trail** zu begeben (☞ Land und Leute, Whisky). Dies ist selbstverständlich nicht die einzige Ecke Schottlands, wo man Brennereien besichtigen kann, aber nirgendwo sonst sprudelt das Wasser des Lebens so dicht beieinander und erfolgreich wie hier. Sie können auf einer kurzen Strecke und bei frühmorgendlichem Start sieben Brennereien hintereinander (!) inspizieren, und trinkfeste Beifahrer - die Betonung liegt auf Beifahrer! - werden natürlich jede Besichtigung mit dem anschließenden *dram* beendigen.

Von Tomintoul nimmt man die B9008 Richtung Dufftown, die durch das riesige Gebiet des **Glenlivet Estate** führt.

💧 Nach ca. 8 km kommt man zur schön gelegenen **Tamnavulin-Glenlivet Distillery**, die in einer alten Mühle untergebracht ist.

♦ März bis Oktober Mo bis Fr 🚪 9:30 bis 16:30, April bis September auch Sa 9:30 bis 16:30; letzte Führung 15:45; Eintritt frei; ♿; 🚌 schwierig, Juli bis September "The Heatherhopper" Tomintoul/Huntly/Elgin.

💧 Die schroffen Berge weichen nun zunehmend einer sanfter werdenden Hügellandschaft, und die nächsten 7 km bringen uns zu einer der berühmtesten Brennereien Schottlands, der 1824 gegründeten **Glenlivet Distillery**, deren Führungen in kleinen Gruppen empfehlenswert sind.

♦ März bis Oktober Mo bis Sa 🚪 10:00 bis 16:00 (Juli/August bis 18:00); Eintritt frei; ♿; Kinder unter 8 Jahren nicht zugelassen; 🚌 ☞ Tamnavulin-Glenlivet Distillery.

💧 Man folgt dann der B9008 nach Bridge of Avon (ca. 7 km) im Spey-Tal, wo man rechts auf die A95 abbiegt und nach ca. 4 km zur **Glenfarclas Distillery** von 1838 kommt.

♦ Januar bis Dezember Mo bis Fr 🚪 9:00 bis 16:00, Juni bis September auch Sa 10:00 bis 16:00 und So 12:30 bis 16:30; £ 2 inklusive Gutschein; ♿; 🚌 Juli bis September Tomintoul/Elgin.

💧 Während Ihr Beifahrer Hymnen anstimmt, fahren Sie ein kleines Stück zurück auf der A95, um dann rechts den Spey zu überqueren und auf der folgenden B9102 zur **Cardhu Distillery** (ca. 10 km) von 1824 zu kommen, eine Brennerei, die als einzige von einer Frau gegründet wurde und heute zur berühmten Johnnie Walker Company gehört.

♦ Januar bis Dezember Mo bis Fr 🚪 9:30 bis 16:30, Mai bis September auch Sa; £ 2 inklusive Gutschein - unter 18 Jahren freier Eintritt; ♿; 🚌 Elgin, Juli bis September Tomintoul.

💧 Praktisch auf der anderen Seite der B9102 bei Knockando können Sie sich in der **Tamdhu Distillery** nun selbst als Whiskyführer einstellen lassen, denn mittlerweile können Sie den Produktionsprozeß des Lebenswassers vorwärts und rückwärts pfeifen.

♦ April bis Oktober Mo bis Fr 🚪 10:00 bis 16:00, Juni bis September auch Sa; Eintritt frei; 🚌 Elgin, Juli bis September Tomintoul.

Ihren Beifahrer sanft auf den Rücksitz bettend, fahren Sie auf der B9102 weiter nach **Craigellachie**, wo Sie nach 13 km auf die Route ❶ treffen. (Sollte Ihr Beifahrer wieder wach werden und stürmisch auf die noch verbleibenden zwei Brennereien bestehen - Glen Grant und Glenfiddich -, beruhigen Sie ihn und schauen bitte dort nach.)

Grampian Mountains - Von Perth nach Inverness

Von Perth führt die stark benutzte Schnellstraße A9 nach Norden; sie garantiert für Eilige zwar ein schnelles Fortkommen, führt aber deshalb auch genauso schnell an hübschen Tälern und Orten vorbei, so daß ich für diejenigen, die den wahrhaften Luxus von viel Zeit genießen, im folgenden auch Umwege abseits dieser Straße miteinbezogen habe. Hinzu kommt, daß diese Nebenstrecken nicht nur für Radfahrer ruhiger, sondern für alle landschaftlich auch viel interessanter sind, da sie die Windungen und Buchten der Täler mitmachen und viel näher an die Landschaft heranführen. Die Orte an der A9 sind mit Ausnahme des erstgenannten alle hochtouristisiert, d.h. sie sind im Sommer stark besucht und - obwohl meist schön gelegen und auch sehenswert - nicht unbedingt als urig zu bezeichnen.

Die genannte Ausnahme ist das sympathische kleine Städtchen **Dunkeld** (ca. 1.000 Ew.), das man schnell auf der A9 nach 25 km erreicht.

The Cross ☎ 01350/727688; April bis Dezember 9:30 bis 17:30 (Richtzeit).

Doktor, ☎ 01350/727269, Zahnarzt, ☎ 728826.

Kettles of Dunkeld, Atholl Street, ☎ 01350/727556; Angelschein.

Viele Wanderwege (auch Führungen möglich), Erkundigungen bei der Touristeninformation.

Tim Edwards, Tay Terrace, ☎ 01350/728744; Mountainbikes.

Dunkeld and Birnam Golf Club; ab £ 11; 9-Loch-Kurs.

Merryburn Hotel, Station Road, Birnam, Dunkeld PH8 0DS, ☎ 01350/727216; Januar bis Dezember; £ 21-26 B&B pro Pers.

♦ **Guest House**: Mr & Mrs Jack, Torlee, Perth Road, Birnam, Dunkeld PH8 0DN, ☎ 01350/728891; April bis Oktober; £ 12-14; in Birnam an der Hauptstraße sind mehr B&Bs zu finden als in Dunkeld selbst.

♦ **Cottage-Vermietung**: Mrs Bryce, Tomnagrew, Trochry, Dunkeld PH8 0BY, ☎ und FAX 01350/723228; Mai bis Dezember; £ 200-260; 7 bis 8 Pers.; 1 Haus.

Inver Mill Farm Caravan Park, Inver Mill, Dunkeld PH8 0JR, ☎ 01350/727217; April bis Oktober; £ 8; Caravanverleih: £ 90-95 wöchentlich 4 bis 6 Pers.; an der A822 Richtung Crieff; schöne Lage.

Perth/Crieff/Pitlochry/Inverness/Aberfeldy u.a.

An der Strecke Perth-Inverness.

Der etwas verschlafen wirkende Ort liegt am Ausgang des Strath-Tay-Tals und kann deshalb mit Fug und Recht den Titel "Gateway to the Highlands" (Tor zu den Highlands), den viele beanspruchen, tragen. Das Städtchen, das seine Wurzeln bis in die piktische Zeit zurückdatiert, wurde unter Kenneth MacAlpin im 9. Jh. das christliche Zentrum des Landes, als nämlich die Gebeine des heiligen Columban aus Angst vor den Wikingern von Iona hierhin überführt wurden.

✞ Vom Marktplatz (The Cross, ℹ), der von den in den 50er Jahren restaurierten weißen ***little houses*** aus dem 17./18. Jh. umgeben ist, führt die Cathedral Street direkt zur schön am Fluß gelegenen **Kathedrale**, deren Chor heute noch als Parish Church benutzt wird.

Die sehenswerte Kirche, größtenteils eine Ruine, wurde im 12. Jh. an der Stelle eines bereits bestehenden Gotteshauses gebaut. Das dachlose Hauptschiff von 1447 und der große Nordwestturm von 1501 sind die ältesten Originalteile der Kirche, deren spitzzulaufende Fensterbögen und Seitenstützen noch gut den gotischen Einfluß erkennen lassen. Mit dem Sieg der Reformation 1560 wurde die Kathedrale, wie so viele andere Kirchen und Klöster, von den Bilderstürmern geplündert. Im Chor informiert ein kleines Museum über die Geschichte von Kirche und Ort.

♦ April bis September ☐ 9:30 bis 19:00, So 14:00 bis 19:00, Oktober bis März 9:30 bis 16:00, So 14:00 bis 16:00; Eintritt frei.

Von der Kathedrale kann man auf einem Fußweg entlang des Tay zur **Dunkeld Bridge** zurückkehren; die siebenbögige Brücke wurde von dem berühmten Architekten Thomas Telford 1809 gebaut. Überquert man die Brücke und hält sich auf einem Fußweg links Richtung Birnam, kommt man nach ca. 700 m am Fluß zu einer riesigen alten Eiche, der **Birnam Oak**, die eines der letzten Exemplare des in Shakespeare's *Macbeth* so berühmten mittelalterlichen Birnam-Walds sein soll.

Dem Königsmörder Macbeth wird von den Hexen geweissagt, daß er solange nichts zu befürchten habe, bis der Wald von Birnam zu seinem Schloß käme - ein wahrhaft sibyllinisches Orakel, denn der Sohn des ermordeten Königs, Malcolm, läßt beim Anmarsch seine Soldaten die Bäume von Birnam fällen und vor sich hertragen, um die Größe des Heeres zu verdecken. Man kann sich vorstellen, wie dem armen Bösewicht zumute sein mußte, als ein perplexer Bote ihm meldet: *"The wood began to move"*; nur den Baum, vor dem Sie jetzt stehen, hat man für die Moral von der Geschichte übriggelassen ...

Von Dunkeld sind es auf der A9 auf dem direkten Wege nur 21 km bis Pitlochry. Man kann aber auch einen landschaftlich sehr lohnenden - allerdings auch weiten und zeitintensiven - Umweg machen, wenn man nach 13 km in Ballinluig von der A9 auf die A827 abbiegt und dem schönen Tay-Tal folgt.

Nach 16 km erreicht man hier **Aberfeldy** (, Dunkeld/ Perth/Pitlochry), wo man auf die B846 einbiegt und nach 3 km **Castle Menzies** erreicht, eine Burg des Menzies-Clan-Chief aus dem 16. Jh.

Das Haus ist ein schönes Beispiel für eine Z-Plan-Konstruktion, d.h. um einen Zentralturm gruppieren sich zwei diagonal entgegengesetzte Seitentürme. Im Südturm im ersten Stock ist der Raum zu sehen, in dem Bonnie Prince Charlie auf seinem Weg nach Inverness 1746 übernachtete. In den 70er Jahren dieses Jahrhunderts ist das Castle innen und außen renoviert worden.

♦ April bis Oktober Mo bis Sa 10:30 bis 16:30, So 14:00 bis 16:30; Erw. £ 2,50, Sen. £ 2, Kinder £ 1; ♿.

Von Castle Menzies folgt man der B846 nach Norden (links Blick auf den 1.083 m hohen **Schiehallion**, oft als schönster Berg Großbritanniens bezeichnet) und erreicht nach 19 km **Tummel Bridge**, wo man links Richtung **Kinloch Rannoch** abbiegt (11 km).

Doktor, ☎ 01882/632216 (kein Zahnarzt).
☎ 01882/632313, auch ☎ 632216.
Woods of Rannoch, auch So vormittags.
Geführte Wanderungen, ☎ 01882/632317, 632338; Wanderkarten können Sie bei Woods of Rannoch bekommen.
Loch Rannoch Hotel.
Angelscheine in .
Auch Windsurfing und Ruderboote, Loch Rannoch Hotel, ☎ 01882/632201.
♦ Bootsverleih, J. Brown, ☎ 01882/632268.
Verleih Duncan's Garage, ☎ 01882/632348.
Bunrannoch Hotel; auch Pub.
Bunrannoch House, Kinloch Rannoch, Perthshire PH16 5QB, ☎ 01882/ 632407; Januar bis Dezember; £ 17-18 B&B pro Pers.; ehemaliges Jagdhaus in schöner Umgebung.
♦ **Guest House**: Mr Wilson, The Gardens, Dunalastair, Kinloch Rannoch PH16 5PB, ☎ 01882/632434, Februar bis November; £ 16-18,50 B&B pro Pers.; ⊘.
♦ **Cottage-Vermietung**: D. & J. Buxton, Copperfield, Hammer Lane, Grayshott, Hindhead, Surrey GU26 6JD (England); ☎ 01428/713861, FAX 01428/717690; April bis Oktober; £ 170-270 wöchentlich; Bungalow 5 bis 6 Pers; ⊘.
Kilvrecht Caravan Park, Kinloch Rannoch, ab £ 3 Stellplatz.
Mo bis Sa Pitlochry.
und Taxi: ☎ 01882/632331.

Der kleine ruhige Ort liegt am westlichen Ende des **Loch Rannoch**; Sie befinden sich hier mitten in den Grampian Mountains. Die B846 führt von hier als Stichstraße noch bis zur **Rannoch Station** im Westen (28 km), wo außer dem einsamsten Bahnhof Schottlands (🚆 Linie Ft. William-Glasgow) nicht viel zu sehen ist. Wer hier aussteigt, begibt sich meistens auf die einsame Hochmoorwanderung Richtung Norden zum mythisch abgelegenen **Loch Ossian**, wo in **Corrour** die vereinsamten Wanderer eine 🏠 und eine weitere einsame Bahnstation erwartet (Verpflegung mitnehmen! Sicherheitsvorkehrungen nötig! ☞ Reise-Infos von A bis Z, Wandern).

🏠 🚪 Januar bis Dezember; £ 4; ☎ 01397/732236.

Kinloch Rannoch hat Wanderern und Naturfreunden, die die Einsamkeit schätzen, dagegen schon mehr Komfort zu bieten; von hier lassen sich zudem herrliche Ausflüge in die Täler rund um den See machen, an dessen Südufer es noch Restbestände des alten Kaledonischen Urwalds gibt (Black Wood von Dall, ca. 2,5 km²).

Von Kinloch Rannoch nimmt man die B846 zurück Richtung Pitlochry. Hinter Tummel Bridge geht die Fahrt auf der B8019 weiter am spektakulären, waldbestandenen Nordufer des **Loch Tummel** entlang.

Nach ca. 24 km kommt man auf dieser landschaftlich sehr lohnenden Strecke durch den **Tay Forest Park** zum berühmten Aussichtspunkt **Queen's View**. Den Namen hat diese wahrhaft sehenswerte und natürliche Aussichtsplattform von Königin Victoria, die 1866 von diesem Ort derart begeistert war, daß die Schotten flugs durch einen anziehungskräftigen Namen alle künftigen Geschlechter auf die besuchenswerte Schönheit dieser Umgebung hinwiesen.

Und auch wenn man einer Königin nicht immer alles nachmachen soll, muß man zugeben, daß es hier schön, ja geradezu romantisch schön ist; der Blick geht über den malerischen, waldbestandenen Loch Tummel bis zum kahlen Gipfel des Schiehallion im Westen.

ℹ Ein Visitor Centre (☕ 🅿) unterrichtet über Wander- und Fahrradwege der näheren Umgebung.

Von hier sind es nur noch 6 km bis zum Touristenort **Pitlochry** (ca. 3.500 Ew.), wo man wieder auf die Hauptstrecke der A9 stößt.

ℹ 22 Atholl Road, Pitlochry, Perthshire PH16 5BX, ☎ 01796/472215, FAX 01796/474046; Januar bis Dez. tägl. 🚪 9:00 bis 18:00 (Richtzeit); ♿.

⊞ Irvine Memorial Hospital, Nursing Home Brae, ☎ 01796/472052.

☆ Atholl Road, ☎ 01796/472222.

✉ Atholl Road.

Festival Theatre, Mai bis Oktober, £ 9,50-14, Ticket 01796/472680.
Viele herrliche Wanderwege um Loch Tummel; Karten im i.
Mitchells of Pitlochry, 23 Atholl Road, 01796/472613, oder Pitlochry Angling Club, 01796/472484 (abends).
Pitlochry Golf Course, Golf Course Road, ab £ 16, 472792.
Armoury Stables, 01796/472102; Mountainbikes und Ponys.
Boreland Riding Centre, Fearnan, 01887/830212.

Poplars Hotel, 27 Lower Oakfield, Pitlochry PH16 5DS, 01796/472129; April bis Oktober; £ 17-21 B&B pro Pers.; kleines, preisgünstiges Hotel; sonst noch viele andere in etwas höherer Preislage.
- **Guest House**: Mrs Sanderson, Ferryman's Cottage, Port-na-Craig, Pitlochry PH16 5ND, 01796/473681; März bis November; £ 14,50-17; schönes Steincottage.
- **Cottage-Vermietung**: Craigroyston Lodge, 2 Lower Oakfield, Pitlochry PH16 5HQ, 01796/472053; Januar bis Dezember; £ 135-440 wöchentlich; 4 Personen; hübsches Steinhäuschen nahe Zentrum.

Milton of Fonab Caravan Park, Pitlochry PH16 5NA, 01796/472882; März bis Oktober; £ 5,50-8,50 Stellplatz; Caravanvermietung: £ 160-310 wöchentlich, 6 Pers.
Knockard Road, Pitlochry PH16 5HJ, 01796/472308; Januar bis Dezember; £ 5,70-6,75.

19 West Moulin Road, und FAX 01796/473066.
Perth/Inverness/Kinloch Rannoch/Edinburgh/Aberdeen u.a.
An Strecke Perth-Inverness.

Wer den obigen Umweg mitgemacht und eventuell sogar im Gebiet des Tummel einige Tage verbracht hat, der wird uns zustimmen, daß man das ganz auf den Tourismus eingestellte Pitlochry (zumindest im Sommer) als fast schon überfülltes und kommerzialisiertes Massenzentrum bezeichnen muß. Der Ort ist durch seine Lage an der Hauptverbindungsstraße A9 und durch seine Nähe zum Loch Tummel einer der meistbesuchten Hochlandferienorte überhaupt.

An dementsprechenden Bemühungen, die Touristen zum Wiederkommen zu bewegen, mangelt es nicht. Pitlochry liegt schön im Tal des Tummel und bietet alles, was ein moderner Ferienort haben muß.

i Das **Tourist Office** im Zentrum des Ortes ist folglich im Sommer stark frequentiert, denn hier kann man von der Unterkunft über Wanderungen bis zu Festivalkarten so ziemlich alles bekommen und erfragen.

Das moderne **Festival Theatre** ist auf der anderen Seite des Flusses errichtet worden und vom Zentrum über eine Fußgängerbrücke erreichbar. Hinter dem Bahnhof kommt man zum **Pitlochry Dam**, wo eine Power Station zur Energieerzeugung das Wasser des gestauten **Loch**

Faskally nutzt. Auf der anderen Seite des Damms befindet sich die berühmte **Salmon Ladder**, die in den 50er Jahren angelegt wurde und den Lachsen bei ihrer Wanderung nach oben helfen soll; 20 m sind bis zur Dammhöhe zu erklettern. Ein Zählwerk beweist, daß jährlich ca. 5.400 Lachse die Einladung der Ingenieure benutzen. Die Leiter, mehr eine Röhre, besitzt Fenster, so daß man zwischen April und Oktober den Lachszügen zusehen kann - vorausgesetzt, die lieben Fische halten sich an den Röhrenplan und sind nicht technikfeindlich eingestellt ...

⚔ An der A9 liegt 5 km nördlich von Pitlochry der **Pass of Killicrankie**, wo der National Trust in schöner Lage über der Schlucht ein Visitor Centre eingerichtet hat, das an die 1689 hier stattgefundene Schlacht erinnert und auch eine Ausstellung zu Flora und Fauna der Umgebung unterhält.

♦ NTS, April bis Oktober tägl. 🕘 10:00 bis 17:00, Juni bis August 9:30 bis 18:00; £ 1; ☕ ♿.

Als in London 1689 der letzte Jakobitenkönig, Jakob II., abgesetzt wurde, formierten sich die schottischen Jakobiten der Highlands unter dem königstreuen John Graham of Claverhouse, kurz Bonnie Dundee genannt, zum Widerstand. Die englische Regierung schickte General Mackay mit einer 4.000 Mann starken Truppe nach Norden, und am 27.7.1689 errangen die nur 2.500 Mann starken Highlanders unter Bonnie Dundee hier einen glänzenden (aber nur vorläufigen) Sieg.

Dundee selbst wurde allerdings gleich zu Beginn der Schlacht tödlich getroffen, und die Highlander - ihres militärischen Kopfes beraubt - mußten später eine entscheidende Niederlage hinnehmen. Man kann zur waldreichen Schlucht des Garry hinuntergehen, in der Schilder zum "Soldier's Leap" (Sprung des Soldaten) weisen, wo ein in die Enge getriebener Soldat sich durch einen gewagten Sprung von einem Felsen in den Fluß rettete.

♜ Nach weiteren 7 km kommt man etwas abseits der A9 in den kleinen Hochlandort **Blair Atholl** (🛏 ⛺, 🚌 Pitlochry/Perth, 🚆 Linie Perth-Inverness), wo in einem schönen Park **Blair Castle** einen Besuch lohnt, das auch als "Weißes Schloß" bekannt ist.

Das ansehnliche Castle aus dem 13. Jh., eines der meistbesuchten Castles Schottlands, ist seit keltischen Zeiten der Sitz des Herzogs von Atholl, der zugleich Chief des Murray-Clans ist. Das Haus, das im 19. Jh. renoviert wurde, ist heute eines der besten Beispiele des Baronial Style (☞ Land und Leute, Kunst und Kultur, Architektur), ein mit

Türmchen, Zinnen und großzügiger Innenausstattung geschmückter repräsentativer Landsitz. Der Herzog ist der einzige unter all den britischen Untertanen seiner Majestät, dem nach wie vor eine kleine Privatarmee an Highlandern zugestanden wird. Jedes Jahr, normalerweise Ende Mai, marschiert anläßlich der Annual Parade die Privatarmee der Atholl Highlanders vor dem Schloß auf, begleitet von *pipers* und den mit Fotoapparaten bewaffneten Touristen.

Als das Castle während des letzten Jakobitenaufstands von 1745/46 auf der Seite des britischen Königs stand, wurde es von Truppen von Bonnie Prince Charlie belagert, die letzte Belagerung eines britischen Castles überhaupt. Das Schloß beherbergt in 32 Räumen eine Unmenge an Möbeln (Chippendale), Portraits (Raeburn), Waffen (u.a. Kanonen der spanischen Armada), China- und Sèvres-Porzellan und jakobitischen Erinnerungsstücken. Berühmt - und typisch für das Interieur des Baronial Style - ist die luxuriöse Innenarchitekur von Rokoko-Wänden und -Decken, die von dem großen Stukkateurmeister Thomas Clayton und dem Zimmermann Abraham Swan im Stil des 18. Jh. dekoriert wurden.

Im großen Park gibt es verschiedene Wanderwege und ein Rotwildgehege.

♦ April bis Oktober tägl. 10:00 bis 17:00; Erw. £ 5, Sen./Stud./Kinder £ 4, Familie £ 14; ✕ ♿.

Durch das **Glen Garry** geht es nun auf der A9 endgültig hinauf zum 460 m hohen **Pass of Drumochter**; die Berge rechts und links der Straße reichen fast an die 1.000 m heran. Auf der Nordseite der Grampian Mountains kommt man nun zunächst in das **Glen Truim** und erreicht nach ca. 53 km den kleinen Ferienort **Kingussie** (1.000 Ew., an der Strecke Perth-Inverness).

⌘ Hier sollte man dem **Highland Folk Museum** einen Besuch abstatten. Das Museum stellt in seinem Außenbereich eines jener Black Houses dar, welches im 19. Jh. für arme Crofterfamilien auf den Hebrideninseln und im Hochland typisch war (☞ Land und Leute, Kunst und Kultur, Architektur). Außerdem können die verschiedenen Arbeitsbereiche einer Farm sowie Kostüme, Musikinstrumente und Möbel des Hochlands studiert werden.

♦ April bis Oktober Mo bis Sa 10:00 bis 18:00, So 14:00 bis 18:00; November bis März Mo bis Fr 10:00 bis 15:00; Erw. £ 2,50, Sen./Kinder £ 1,50; ♿.

Nach weiteren 21 km erreicht man **Aviemore** (2.000 Ew.), das im Sommer und Winter gleichermaßen auf Tourismus eingestellt und der meistbesuchte Wintersportort Schottlands ist; dementsprechend viele (große) Hotels gibt es.

Grampian Road, ☏ 01479/810336; Januar bis Dezember 10:00 bis 18:00 (Richtzeit).
Health Centre, Aviemore, ☏ 01479/810258.
Grampian Road, ☏ 01479/810222.
Kino: Aviemore Speyside Cinema, ☏ 01470/810624.
Z.B. The Old Bridge Inn, Dalfaber Road.
Coylumbridge Leisure Centre, Coylumbridge Hotel, ca. 2 km zum Zentrum.
Aviemore Mountainbikes, Aviemore Mountain Resort; Verleih.
Abernethy Angling Association, Speyside Sports, 64 Grampian Road, ☏ 01479/810656; Angelscheine und Ausrüstung.
Ptarmigan Mountain Activities, 26 Corrour Road, Aviemore PH22 1SS, ☏ 01479/811857; Kurse für Bergsteiger und -wanderer; auch .
Scottish Norwegian Ski School, Speyside Sports, Grampian Road.
Loch Morlich Watersports, Glen More Forest Park, ☏ und FAX 01479/861221; Verleih und Unterricht.

Balavoulin Hotel, Grampian Road, Aviemore PH22 1RI, ☏ 01479/810672, FAX 01479/811575; Januar bis Dezember; £ 18-22,50 B&B pro Pers.; kein Betonklotz (von denen Aviemore zu viele hat).
♦ **Guest House**: Mrs Whelan, The Shelter Stone, Grampian Road, Aviemore PH22 1RL, ☏ 01479/810031; Januar bis Dezember; £ 14-15 B&B pro Pers.
♦ **Cottage-Vermietung**: Mrs Clark, 21 Walton Street, Oxford OX1 2HQ, ☏ 01865/516414; Mai bis November; £ 120-250 wöchentlich, 6 Pers.; Steincottage.
Mehrere, in schöner Lage: Glenmore Camping & Caravan Park, Forestry Commission, Glenmore, ☏ 01479/861271; Weihnachten bis November; £ 5-7,10.
Y.H., 25 Grampian Rd., ☏ 01479/810345; Weihnachten bis November; £ 6,20-7,55.

Rent-a-Car, 62 Grampian Road, ☏ 01479/810232.
Inverness/Perth, Orte der Umgebung.
An der Linie Inverness-Perth.

Der Ort, in dem selbst nicht viel zu sehen ist, bietet sich als Standquartier für Ausflüge in die **Cairngorm Mountains** an, deren gleichnamiger Hauptberg es immerhin auf 1.245 m Höhe bringt. Eine kleine Straße bei Coylumbridge im Südosten von Aviemore führt zunächst in den **Glen More Forest Park** (10 km, ⛺), ein 5.000 Morgen großes Waldgebiet, in dem Rentiere, Rotwild, Wildkatzen, Schneehühner, Auerhähne und der seltene Steinadler leben (Visitor Centre); das mitten im Park gelegene **Loch Morlich** bietet Wassersportlern die Gelegenheit zum Segeln oder Windsurfen. Die kleine Straße endet nach weiteren 4 km unterhalb des Cairngorm Gipfels beim Skilift (von Aviemore), an dessen oberem Ausgangspunkt die "Ptarmigan Snack Bar" liegt, mit fast 1.100 m das höchste Aussichtsgebäude Großbritanniens.

Von Aviemore fährt im Juli/August täglich (außer Sa) der Touristenzug der **Strathspey Railway** in 20 Minuten zum 10 km entfernten Boat of Garten; die 1978 wiederbelebte Linie stammt noch aus dem 19. Jh., und stilgerecht werden die Wagen daher mit einer Dampflokomotive gezogen.

Wer sich nicht mit dem touristischen Aviemore anfreunden kann oder will, sollte es 12 km weiter im gemütlicheren **Carrbridge** (500 Ew., , Inverness-Perth-Linie) versuchen.

Im **Landmark Visitor Centre** können Sie einer mit Dampfkraft betriebenen Sägemühle beim Arbeiten zusehen, einen Waldlehrpfad besuchen und sich im Visitor Centre über die Geschichte des Hochlands informieren.

♦ Tägl. 9:30 bis 17:00 (Juli/August bis 20:00); Erw. £ 4,90, Sen./Kinder £ 3,20, Familie £ 14,95; .

Keinesfalls versäumen sollten Sie auch den Besuch der **Carr Bridge**, eine einbogige malerische Brücke, die der Steinmetz John Niccelsone 1717 erbaut hat.

Von Carrbridge sind es auf der A9 noch ca. 40 km bis ☞ Inverness.

Inverness und Great Glen

Inverness

Castle Wynd, Inerness IV2 3BJ, ☏ 01463/234353, FAX 01463/710609, Januar bis Dezember 10:00 bis 18:00 (Richtzeit).
Raigmore, Old Perth Road, Inverness, ☏ 01463/704000.
Headquarters, Perth Road, ☏ 01463/715555.
Queensgate.
Young Street (kurz hinter der Brücke).

Z.B. Pancake Place, 25-27 Church Street.
Pubs auf Castle Street und um Academy Street, z.B. The Phoenix.

Bootsverleih für Fahrt auf dem Caledonian Canal und Loch Ness: Caley Cruisers Ltd., Canal Road, Inverness, ☏ 01463/236328, FAX 01463/714879; 2 bis 8 Pers.; ab £ 350 pro Boot wöchentlich.
- Organisierte Fahrten auf dem Mory Firth: Moray Firth Cruises Ltd., 24 Glenburn Drive, Inverness, ☏ 01463/242881.
- Segelkurse: Highland Drascombe Sailing School, Culnacraig, Drumderfit, North Kessock, Inverness, ☏ 01463/731493, April bis Oktober.

Thornton Cycles, 23 Castle Street, Fahrradverleih.
Inverness Golf Club, ☏ 01463/239882.

Crown Hotel, 19 Ardconnel Street, Inverness IV2 3EU, ☏ 01463/231135; Januar bis Dezember; £ 16,50-18,50 B&B pro Pers.; zentral.
- **Guest House**: Cedar Villa Guest House, 33 Kenneth Street, Inverness IV3 5DH, ☏ 01463/230477; Januar bis Dezember; ab £ 12 B&B pro Pers.; B&Bs überall in der Stadt, besonders um Kenneth Street.

Bught Caravan & Camping, ☏ 01463/ 236920; April bis Oktober; £ 2,20-7; am River Ness südlich vom Zentrum.
- **Caravanverleih**: W. A. MacLeod, The Croft, 9 Leachkin, Inverness IV3 6NW, ☏ 01463/230225, April bis Oktober; £ 80-105 wöchentlich, 6 Pers.; 3 km vom Zentrum entfernt.

Inverness Student Hotel, 8 Culduthel Road, Inverness IV2 4AB, ☏ 01463/ 236556, FAX 0131/5562981; Januar bis Dezember; £ 7,90-8,90.
- Y.H., 1 Old Edinburgh Road, Inverness IV2 3HF, ☏ 01463/231771; Februar bis Dezember; £ 6,20-7,55; nahe Zentrum.

Eurodollar Rent-a-Car, Shore Street, ☏ 01463/238084.
Inverness Airport, Dalcross, ☏ 01463/232471; 13 km zum Zentrum, Taxi £ 7,50, Bus; nach: Aberdeen, Dundee, Glasgow, Kirkwall, Stornoway, Wick; Preisbeispiele ☞ Reise-Infos von A bis Z, Reisen im Land.
Farraline Street (nahe Academy Street): in alle Richtungen; Preisbeispiele ☞ Reise-Infos von A bis Z, Reisen im Land.
Academy Street: Wick/Thurso/Kyle of Lochalsh/Aberdeen/Edinburgh/Glasgow usw.
Taxi: ☏ 01463/790000.

"Mit Inverness hatten wir den äußersten Punkt unseres Reiseziels erreicht", so schrieb Fontane bei seiner Schottlandreise 1858, und ihm folgen bis heute viele Reisende, die nördlich von Inverness entweder - wie Fontane - eine Region "arm an Plätzen historischer Erinnerung" lokalisieren oder - und das ist heute der Hauptgrund - ganz einfach nicht genug Zeit haben. So machen die Schotten sich schmunzelnd über jenen Amerikaner oder Japaner lustig, der auf einer Europatour einen Tag in Edinburgh und einen Tag in Inverness verbringt und dann einem neidvollen Landsmann am Flughafen von Paris oder Rom erzählt, er kenne Schottland und sei sogar in den Highlands gewesen.

Die Stadt an der Mündung des Ness (Inver-ness, ca. 42.000 Ew.) gilt in der Tat als Hauptstadt des schottischen Nordens. Sie ist einfach und schnell zu erreichen, verfügt über alle modernen Annehmlichkeiten und ist eine der von Ausländern meistbesuchten Städte Schottlands, hat aber - außer ihrer schönen Lage und ihrem lebendigen Stadtleben - eigentlich nur wenig Sehenswertes zu bieten und ist insofern für informierte Reisende mehr Ausgangspunkt bzw. Standbein als Zielpunkt einer Reise.

Die Stadt selbst ist zwar gut 1.000 Jahre alt, wurde aber wegen ihrer strategischen Lage immer wieder angegriffen und zerstört, so daß von einer historischen Bausubstanz keine Rede mehr sein kann. Der Königsmörder Macbeth soll im Mittelalter auf dem Burghügel ein Schloß errichtet haben; auch davon ist keine Spur geblieben. Nach den Zerstörungen des letzten Jakobitenkampfes unter Bonnie Prince Charlie wurde die Stadt während des 19. Jh. praktisch ganz neu aufgebaut.

♜ Im Zentrum um die Bridge Street bzw. High Street herrscht wochentags reger Shoppingbetrieb, und hier steht auch auf dem Burghügel das einfache **Castle**, das im 19. Jh. als Garnison erbaut wurde und heute als Verwaltungssitz benutzt wird. Von hier hat man einen schönen Ausblick über die Stadt und Moray Firth. Vor dem Castle steht die Statue von Flora MacDonald, jene schottische Hochlandheldin, die Bonnie Prince Charlie auf der Flucht vor den Engländern half.

⌘ Geht man nun Castle Wynd (🅸) hinunter, kommt man zum **Inverness Museum & Art Gallery**, das sich der Geschichte, Archäologie und Kultur der Highlands widmet.

♦ Mo bis Sa 🕘 9:00 bis 17:00, Juli/Aug. So 14:00 bis 17:00; Eintritt frei; ♿ ☕.

Etwas weiter, an der Bridge Street, steht das **Town House**, das im späten 19. Jh. im gotischen Stil errichtet wurde. Schräg gegenüber, an der Ecke Bridge St./Church St., steht das **Steeple**, das Gerichtsgebäude von 1791. In der Church Street ist auch das **Abertarff House** von 1593, ehemaliger Wohnsitz eines Hochlandlairds und ältestes Haus der Stadt.

✞ Am nördlichen Ende der Church Street gelangt man zur **Old High Church**, die 1770 neu aufgebaut wurde, deren Turm aber noch aus dem 14. Jh. stammt.

⌘ 𝄞 Von hier ist es nicht weit zum Ufer des Ness, wo man auf einer etwas schaukelnden Fußgängerbrücke den Fluß überquert und direkt auf das **Balnain House** zuläuft, das über die Hochlandmusik informiert und auch Konzerte veranstaltet.

♦ Di bis So 10:00 bis 17:00, Juli/August 10:00 bis 21:00; Erw. £ 1,50, Sen./Stud./Kinder £ 1; ☕.

Fahrt durch das Great Glen - Von Inverness nach Ft. William

Zwischen dem Loch Linnhe im Westen und dem Moray Firth im Osten zieht sich zwischen den Grampian Mountains im Süden und den North-west Highlands im Norden der 110 km lange Graben des Great Glen wie

ein diagonaler Strich von Südwesten nach Nordosten. 1803 begann der Ingenieur Thomas Telford den Bau des **Kaledonischen Kanals**, der die drei Inlandlochs - **Loch Ness**, **Loch Oich**, **Loch Lochy** - miteinander verband und so die Fahrt von der West- zur Ostküste und umgekehrt erheblich verkürzte. Insgesamt mußte Telford bis zur Fertigstellung 1822 die Höhenunterschiede zwischen den Lochs mit 22 Schleusen bewältigen. Der wirtschaftliche Nutzen des £ 1,3-Mio-Projekts hielt sich in Grenzen; heute benutzen mehr Touristenkreuzer die Schleusen als Fischerboote.

Nicht nur auf dem Wasser, auch auf der Straße A82 geht es im Sommer für schottische Verhältnisse lebhaft zu; die Fahrt durch den Great Glen gehört - obwohl sie landschaftlich keineswegs zu den spektakulärsten gehört - zu den beliebtesten Touristenstrecken Schottlands, was nicht zuletzt an der Popularität von **Nessie** liegt, jenem **Monster im Loch Ness**, das das werbewirksamste Image besitzt, das man sich nur vorstellen kann: eine von modernster Technik ernstgenommene Erscheinung, die eigentlich in das Reich der Unmöglichkeiten (oder Gags) gehört.

Blick über Edinburgh auf den Firth of Forth (mf)

565 war der heilige Columban von Iona aufgebrochen, um bei den Pikten zu missionieren. Er kam nach Loch Ness, und als einer seiner Schüler ins Wasser sprang, um ein Boot an Land zu ziehen, erschien brüllend und mit offenem Maul ein Monster. St. Columban zeigte sich unbeeindruckt, schlug ein Kreuz und rief dem Monster zu, es solle sich davonmachen. Etwas besseres kann einem Missionar nicht passieren, und die heidnischen Pikten liefen daraufhin massenhaft zum christlichen Glauben über. Aber auch Nessie muß so beeindruckt gewesen sein, daß es sich über 1.300 Jahre nicht blicken ließ, denn in der ganzen Zeit gab es keine Erwähnung des Monsters.

Spätestens 1933 muß der Fluch des Heiligen seine Wirkung verloren haben, denn plötzlich, als mit dem Bau der A82 viele Leute ans Ufer herankamen, wollten gleich mehrere Personen das Monster mit dem langen Schlangenhals und massigen Körper gesichtet haben. Das berühmteste Bild stammt von 1934 und wurde von Kenneth Wilson gemacht; es zeigt einen schmalen Kopf auf einem langen Hals, zu dem offensichtlich ein großer Körper unter Wasser gehört. Das Bild wurde in der *Daily Mail* veröffentlicht und löste hektische Betriebsamkeit und Spekulationen aus. Einerseits wurden attraktive Belohnungen auf die Ergreifung des Monsters ausgesetzt - die £ 500.000 der Guinness Brauerei können Sie sich heute noch verdienen -, andererseits tippten sich die meisten Wissenschaftler an die Stirn, wenn im Sommer wieder mal Monstersichtung angesagt war.

Aber mit plumpem Empirismus war Nessie nicht beizukommen, im Gegenteil, das Ungeheuer drehte den Spieß um und dosierte seine werbewirksamen Auftritte so, daß auch die Wissenschaftler neugierig wurden. Nach all den ungenügenden Bildern, Berichten und natürlich auch vielen fragwürdigen Aufnahmen beschlossen 1962 u.a. der Biologe Peter Scott und der Parlamentarier David James, das Loch Ness Investigation Bureau zu eröffnen, eine Untersuchungskommission, der ab 1968 auch amerikanische Sponsoren und Wissenschaftler beitraten. Man fing an, mit Sonargeräten den See zu durchleuchten und auszuloten, und tatsächlich entdeckte ein Sonarscanner der Universität Birmingham am 28. August 1968 zwei größere Objekte, die mit einer Geschwindigkeit von 12-25 km/h das Wasser durcheilten; Baumstämme konnten eine solche Geschwindigkeit kaum erreichen, und die kompakten Meßdaten schlossen Fischschwärme als Erklärung aus: kein Zweifel, da unten lebte irgend etwas Großes.

Als dann noch am 19. Oktober 1971 der durchaus ernstzunehmende Pater Gregory Brusey von der Benediktinerabtei in Ft. Augustus aus einer Entfernung von ca. 300 m den drei Meter hohen Kopf eines auftauchenden Tieres bezeugte, das nach wenigen Sekunden wieder weg war, holte man zum Generalschlag aus, wobei sich auf der wissenschaftlichen Pro-Nessie-Seite inzwischen folgende These etabliert hatte:

Vor 500 Mio Jahren lag Schottland im Bereich tropischer Zonen und wurde durch Kontinentalverschiebungen langsam nach Norden gedrückt. Dabei schloß sich das Loch zum Meer hin, gleichzeitig wirkte die folgende Eiszeit wie ein Konservierungsdeckel, der vor ca. 12.000 Jahren langsam abschmolz. Loch Ness ist fast 40 km lang und stellenweise über 300 m tief (tiefste gemessene Stelle bisher 325 m). Das Problem der Forscher - und das Glück von Nessie - ist, daß das an Torfpartikeln reiche Wasser auch Sonarstrahlen verschluckt und die Sicht unter Wasser nach bereits wenigen Metern in völlige Dunkelheit übergeht.

Fische gibt es genug für Nessie; wenn diese bei warmem Wetter in die oberen Schichten gelangen, folgt ihnen - so die gängige These - das Monster natürlich, was die Tatsache erklärt, daß Berichte und Bilder von Nessie immer nur bei schönem Wetter registriert wurden. Kurz, es handle sich, so die These der Paläontologen (die Zoologen der Frühgeschichte), um einen ca. 15 m langen Plesiosaurus, der bei einem Bestand von ca. 50 Tieren im See überlebt haben könnte. Nur eine Tatsache macht den Nessie-Freunden noch etwas zu schaffen: wie kann ein Kaltblüter in den ungefähr 5,5 °C kalten Tiefen des Loch Ness überleben?

Nach 1972 rückten nun namhafte amerikanische Spezialisten mit der neuesten Technik dem Saurier zu Leibe; ein paar interessante, aber weiterhin undeutliche Bilder konnten das Parlament und Nessie-Kritiker 1975 nicht überzeugen. 1982 ortete das Sonar 40 (!) größere Objekte (was der These der Population von ca. 50 Sauriern etwas Nahrung gab), und die "Operation Deepscan" 1987, bei der eine Flottille von 24 sonarbestückten Booten systematisch den See durchkämmte, erbrachte ebenfalls drei große Signale, unter denen eines in 67 m Tiefe sich schnell bewegte.

Klar, daß sich die Hoteliers und Fremdenführer über die geschickte PR-Politik von Nessie freuen. Und wenn Sie nun am Ufer des mysteriösen Sees entlangfahren, drücken Sie Ihrem Beifahrer am besten für 40 km den Fotoapparat in die Hand, vor allem bei schönem Wetter, man weiß ja nie. Viele Nessie-Freunde teilen heute übrigens die Meinung von Dr. Bellamy, einem Umweltschützer, der über das Monster sagte: "Ich hoffe, daß es existiert. Aber ich hoffe auch, daß sie es nicht finden, denn wenn sie es finden, werden sie irgend etwas Schlimmes mit ihm machen." Nervöse Großwildjäger mit dementsprechendem Kaliber im Anschlag dürfen übrigens nicht tätig werden - seit 1934 stehen Nessie und seine Familie unter striktem offiziellen Naturschutz ...

Wir verlassen Inverness auf der A82, um bald den Nordrand des Loch Ness zu erreichen; nach ca. 15 km kommen Sie zum **Clansman Hotel**, wo Sie für läppische £ 69,50 pro Person mit dem **Loch Ness Submarine** für eine Stunde in die dunklen Wasser des Sees tauchen können. Das kleine U-Boot bietet fünf Passagieren Platz, ist mit Sonar und Unterwasserscheinwerfern ausgerüstet und verlangt wegen großer Nachfrage eine frühzeitige Voranmeldung.

♦ Clansman Hotel, Loch Ness Side, Inverness IV3 6LA, ☏ 01456/450326.

⌘ Nach weiteren 9 km erreicht man in einer Bucht des Lochs den kleinen Flecken **Drumnadrochit** (, Inverness/Ft. William), wo Sie sich im 1989 eröffneten **Loch Ness Monster Exhibition Centre**, das sich touristisch-effektvoll mit Nessie beschäftigt, selbst von dem Ungeheuerlichen überzeugen lassen können.

♦ Tägl. April bis September 9:30 bis 17:30 (Juli/August bis 21:30), Oktober bis März 10:00 bis 16:00; Erw. £ 4, Sen./Stud. £ 3, Kinder £ 2,50, Familie £ 10,50; .

Wir folgen auf der A82 weiter dem Touristenstrom und kommen nach 3 km zu den malerisch am See gelegenen Ruinen von **Urquhart Castle**. Die rötlichen Ruinen, die auf einem kleinen Hügel oberhalb des Sees liegen (schöner Blick), datieren aus dem 13./14. Jh. und stehen an der Stelle eines früheren piktischen Forts; das Castle war lange eine wichtige königliche Verteidigungsposition gegen den westlichen Lord of the Isles (☞ Land und Leute, Geschichte), der im 14. und 15. Jh. immer wieder versuchte, die Highlands unter seine Kontrolle zu bringen.

1692 wurde das Castle zerstört, damit es nicht in die Hände aufständischer Jakobiten fallen konnte. Teile des Tower House (16. Jh.) und der Umwallung sind noch erhalten.

♦ HS, April bis September tägl. 9:30 bis 18:30 (Juli/August bis 20:30), Oktober bis März Mo bis Sa 9:30 bis 16:30, So 10:30 bis 16:30; Erw. £ 3, Sen. £ 2, Kinder £ 1; kleiner P in Kurve, im Sommer oft voll.

Die A82 folgt dem Nordufer des Loch Ness und erreicht nach 18 km bei **Invermoriston** die Abzweigung der A887 nach Kyle of Lochalsh (Skye); von hier sind es noch 11 km bis zum südlichen Ende des Sees, wo der hübsche Ort **Fort Augustus** (500 Ew.) einen Aufenthalt lohnt.

- Am Car Park Zentrum, ☏ 01320/366367; April bis Oktober 10:00 bis 17:00 (Richtzeit).
- Fort Augustus Police Station, ☏ 01320/366222.
- Cruise Loch Ness, Richmond House, ☏ 01320/366221.
- ♦ Loch Ness Ferry Co. Ltd., Fort Augustus, ☏ 01320/366233 (10:00-18:00).
- Fort Augustus Riding Centre, Pier House, ☏ 01320/366418.
- Fort Augustus, Forestry Commission, Wanderwege durch Inchnacardoch Forest, 2 bis 5 km lang, ca. 1 Std.
- Fort Augustus Golf Course, ☏ 01320/366460, Preise auf Anfrage.
- The Coffee House, bei i; von Haggis bis Lachs ...
- Caledonian Hotel, Fort Augustus PH32 4BQ, ☏ 01320/366256; April bis September; £ 15-25 B&B pro Pers.
- ♦ **Guest House** in der Abtei: Fort Augustus Abbey, ☏ 01320/366233, FAX 01320/366228; Januar bis Dezember; £ 13,50-15 B&B pro Pers.;
- Sehr guter Campingplatz an der A82 Richtung Ft. William, 2 km vom Zentrum entfernt; £ 3-6.
- Abbey Backpackers Lodge, Ft. Augustus Abbey; Jan. bis Dez.; £ 7,50-8.
- Ft. William/Inverness.

Edinburgh Castle (cs, mt)

Der ausgefallene Name verweist auf den Herzog William Augustus von Cumberland, den jüngsten Sohn des englischen Königs Georg II., den wir schon als Sieger und "Schlächter" von Culloden kennen (☞ Whisky und Castles, Von Aberdeen nach Inverness, Route ➊). Bereits nach dem ersten Jakobitenaufstand von 1715 bis 1719 erhielt General Wade den Auftrag, die Highlands mit Straßen und Forts zu versehen, so daß künftigen Aufständen rechtzeitig begegnet werden konnte. Eines dieser Forts war das 1729 bis 1742 gebaute Ft. Augustus, in dessen Mauern heute die Benediktinermönche leben.

In dieser **Fort Augustus Abbey** kann man heute ein **Heritage Centre** besuchen, das ausführlich über die Geschichte und Kultur der Highlands unterrichtet; über Kopfhörer (deutschsprachig) werden Ihnen detailliert die einzelnen Räume erläutert, so daß dies für Englischunkundige eine gute Gelegenheit ist, sich einen historischen Überblick zu verschaffen.

Die Abtei, die direkt am Südufer des Loch Ness steht, veranstaltet auch Bootsfahrten (£ 4) auf dem See und bietet Wanderern außerdem die preiswerte Übernachtung in ihrer (Jugend)Herberge an. Wie man sieht, tun die Benediktinermönche schon einiges, um Besucher auf sich aufmerksam zu machen.

♦ Mai bis September tägl. 9:00 bis 17:00; Erw. £ 3,50, Sen./Stud. £ 2,50, Kinder (8 bis 16 Jahre) £ 2, Familie £ 10.

Versäumen Sie nicht einen Spaziergang durch den kleinen Ort, an dessen Schleusen Sie tagsüber gut den Bootsverkehr auf dem Kaledonischen Kanal studieren können, während abends das **Lock Inn** die Besucher zu Pintstudien verleitet.

Von Ft. Augustus sind es noch 12 km bis **Invergarry** am Loch Oich, wo rechts die A87 nach ☞ Kyle of Lochalsh und Skye abbiegt. Die A82 führt über das Südufer des Loch Lochy und Spean Bridge (schöner Blick auf den Ben Nevis) nach **Ft. William** (41 km, 11.500 Ew.).

Cameron Centre, Cameron Square (High Street), ☎ 01397/703781, FAX 01397/705184; Januar bis Dezember 9:00 bis 18:00 (Richtzeit); großes Tourist Office.

Tweeddale Practise, High Street, ☎ 01397/703136.

High Street, ☎ 01397/702361.

BANK High Street.

MacKleeners, High Street.

Kino: Studios 1 und 2, Cameron Place (bei), ☎ 01397/705095.

Viele in der High Street.

Forest Enterprise, ☎ 01397/702184. Karten und Routen, oder Ionad Nibheis Visitor Centre, Glen Nevis, Ranger Service, ☎ 01397/705922.

Torlundy Farm Riding Centre, ☎ 01397/703015; 6 km nördlich der A82.

und Klettern: Snowgoose Activities, The Old Smiddy, Station Road, Corpach, Ft. William, ☎ 01397/772467; organisiert Abenteuertouren und 2- bis 5tägige Kurse.

Nevis Range, Torlundy, Ft. William, ☎ 01397/705825, FAX 01397/705854; Winter- und Sommeraktivitäten: (Verleih).

Off Beat Bikes, High Street, Verleih, auch Tandems.

Alan Scott Fishing Charters, Fort William, ☎ 01397/703746.

Seal Island Cruises, Town Pier, Ft. William, ☎ 01374/207135, FAX 01397/705026.

♦ Discovery Cruising "Quiraing", Onich, Ft. William, ☎ und FAX 01855/821371; Bootscharter für 6 bis 8 Pers.

Clan Mac Duff Hotel, Achintore Road, Fort William PH33 6RW, ☎ 01397/702341, FAX 01397/706174; April bis Oktober; £ 15-30 B&B pro Pers.

♦ **Guest House**: Mrs McKay, 22 Douglas Place, Fort William PH33 6HL; ☎ 01397/702473; Januar bis Dezember; £ 13-14 B&B pro Pers.; zentral.

♦ **Cottage-Vermietung**: A. Heger, Chalet Finnisgaig, Alma Road, Fort William PH33 6HD; ☎ 01397/702453; Januar bis Dezember; £ 160-320 wöchentlich, 4 Pers.

Glen Nevis Caravan & Camping Park, Glen Nevis, Fort William PH33 6SX, ☎ 01397/702191, FAX 01397/703904; März bis Oktober; £ 4,80-9; auch Caravanverleih: April bis Oktober, £ 150-310 wöchentlich, 2 bis 6 Pers.

Fort William Backpackers, Alma Road, ☎ 01397/700711, FAX 0131/5562981; Januar bis Dezember; £ 7,90-8,90.

♦ Ben Nevis Bunkhouse, Achintee Farm, Glen Nevis, Fort William, ☎ und FAX 01397/702240; Januar bis Dezember; £ 6; ideale Lage für Wanderungen im Nevis-Gebiet.

Budget Rent-a-Car, Fillind Station Lochybridge, Ft. William, ☎ 01397/702500, FAX 01397/706167.

Beim Safeway Supermarkt (neben Bahnhof); in alle Richtungen.

Station am nördlichen Ende der High Street: Glasgow/Edinburgh/Mallaig; nach Mallaig fährt Juli bis September ein Touristendampfzug, pro Fahrt ⌛ 2 Std., ⇔ £ 18 (£ 12 einfach), Kinder ⇔ £ 9 (£ 6 einfach).

Die Stadt am **Loch Linnhe** hat ihren Namen von Wilhelm von Oranien, der 1689 vom Parlament zum englischen König gewählt wurde und damit die Stuart-Dynastie verdrängte (☞ Land und Leute, Geschichte). Der Ort liegt in einer verkehrsmäßigen Schlüsselposition der westlichen Highlands, was die Tatsache erklärt, daß er trotz weniger eigener Sehenswürdigkeiten im Sommer und Winter als Touristenstandort beliebt ist. Die **High Street** ist ein einziges geschäftiges Konsumentenparadies, in dem die Urlauberströme nie versiegen.

Abgesehen von der günstigen Ausflugslage rechtfertigt eigentlich nur der Ausflug zum höchsten Berg Großbritanniens einen etwas längeren

Aufenthalt in Ft. William. Eine kleine Stichstraße führt in das südöstlich gelegene **Glen Nevis**, wo vom **Ionad Nibheis Visitor Centre** geführte Wanderungen um und auf den 1.344 m hohen **Ben Nevis** angeboten werden.

Autofahrer sollten auf der kleinen Straße nicht nur wegen der Aussicht sehr langsam fahren; die gesamten 11 km der Stichstraße werden auch von Wanderern und Fahrradfahrern stark benutzt. Man wundert

sich fast schon, daß der Berg überhaupt noch steht, so viele Kletterer und Wanderer aus aller Welt umschwirren im Sommer seine Gipfel.

Und dennoch fordert der eigentlich leicht zu ersteigende Berg jedes Jahr einige Todesopfer, da manche touristische Erstbesteiger die Sache auf die leichte Schulter nehmen oder aber die schottischen Wetterkapriolen unterschätzen.

Hafen von Anstruther auf der Halbinsel Fife (mf)

Falls Sie im Winter hier sein sollten, finden Sie im 9 km östlich der Stadt gelegenen **Torlundy** (an der A82) das **Nevis Range**, ein Outdoor-Zentrum, das auch die Gondeln zum Skigebiet betreut. Die acht Lifte liegen an den Hängen des **Aonach Mor** (1.219 m), der zum Massiv des Ben Nevis gehört. Mit der Gondel selbst kommen Sie auf ca. 650 m Höhe, wo Sie im **Snowgoose Restaurant** die Aussicht genießen können. Auch von Torlundy werden im Sommer Wanderungen in das Nevis-Massiv angeboten.

Gondelpreise: Erw. ⇔ £ 5,50, Sen. £ 4,95, Kinder £ 3,75, Familie £ 14,95, auch im Sommer.

Die Northwest Highlands

Der Nordosten - Von Inverness nach Thurso

Diese Route führt zum nördlichsten Punkt des schottischen Festlands; die Ostküste der Highlands ist landschaftlich nicht so spektakulär wie die buchten- und fjordenreiche Westküste, besitzt aber dafür einige historisch interessante Sehenswürdigkeiten und ermöglicht zudem über die A9 einen schnellen Weg nach Norden, von wo sich eine Umrundung des Festlands nach Südwesten anbietet (☞ Von Thurso nach Ullapool).

Man kann bei wenig Zeit von Inverness direkt auf der A9 den Moray Firth überqueren, um über die Halbinsel **Black Isle** schnell nach Norden zu kommen; man kann aber auch auf der A862 zunächst westwärts zum 20 km entfernten **Beauly** (, Inverness/Dingwall, an Linie Inverness-Thurso) fahren, wo die Ruinen der 1230 gegründeten **Beauly Priory** zu besichtigen sind (falls geschlossen, Schlüssel beim nahe gelegenen Beauly Priory Hotel abholen). Als Maria Stuart 1564 diesen Ort besuchte, soll sie gesagt haben *Oui, c'est un beau lieu* (Das ist ein schöner Ort), womit auch der Name Beau-ly erklärt wäre. Übrigens hat das Urteil der Königin auch heute noch Bestand, denn Beauly ist ein sehr beschaulicher Flecken.

Von Beauly lohnt sich auf der A831 der landschaftlich reizvolle Abstecher über das Strathglass-Tal nach **Cannich** (16 km,), von wo zwei Stichstraßen in das schön gelegene, waldreiche **Glen Affric** oder aber ins **Glen Cannich** führen.

Vor allem von Glen Affric läßt sich auf einer einsamen Hochlandwanderung die alleinstehende **Glen Affric Jugendherberge** bei **Alltbeithe** (kein ☎, £ 3,30-4) erreichen, von der man über die **Falls of Glomach** (☞ Das westliche Hochland - Von Ullapool nach Ft. William) zum an der Westküste gelegenen **Loch Duich** wandern kann; Kompaß und eine gute Karte verstehen sich hier von selbst (☞ Reise-Infos von A bis Z, Wandern).

Von Beauly sind es noch 5 km bis **Muir of Ord**, wo man links auf die A832 abbiegt, die nach Ullapool und Kyle of Lochalsh an der Westküste führt. Nach 11 km biegt man rechts Richtung **Strathpeffer** ab (A834), ein schöner Urlaubsort am Fuße der Highlands, der eine Pause lohnt und als Standort für Wanderungen in die Umgebung sehr empfehlenswert ist (900 Ew. , Inverness).

Direkt am Square befindet sich das Tourist Office und der **Water Sampling Pavilion**, in dem Sie unentgeltlich das schwefelhaltige Wasser pumpen und kosten dürfen, das Strathpeffer einst zu einem beliebten Kurort machte.

⌘ Ein kleiner Spaziergang bringt Sie entlang der Hauptstraße (Richtung Dingwall) zum rechts liegenden **Museum of Childhood**, das in der alten Eisenbahnstation untergebracht ist und sich der Geschichte der Kindheit in den Highlands widmet.

♦ März bis Oktober Mo bis Sa 10:00 bis 17:00 (Juli/August bis 19:00), So 14:00 bis 17:00; Erw. £ 1,25, Sen./Stud./Kinder £ 1, Familie £ 3; ♿ .

Wenn Sie auf der Hauptstraße noch wenige Meter weitergehen, kommen Sie links zu einem Pfad, der zum **Eagle Stone** führt, ein piktischer Symbolstein, der einen Adler zeigt.

Von Strathpeffer sind es nur 7 km bis **Dingwall**, wo man links auf die A862 Richtung **Tain** abbiegt (ca. 36 km, , , Inverness, Inverness-Thurso). Tain bekam schon 1066 die Stadtrechte und war im Mittelalter ein beliebtes Pilgerziel, da hier die Reliquien des heiligen St. Duthac verehrt wurden, der hier um 1000 gewirkt hatte.

⌘ Im Zentrum steht beim Merkat Cross in der Tower Street das turmartige **Tolbooth** (1706); in der benachbarten Castle Brae kommt man zur **St. Duthac Collegiate Church** von 1360 (renoviert 1870), wo einst die Reliquien aufbewahrt wurden und der ein kleines lokales Museum zugeordnet ist.

♦ April bis Oktober tägl. 9:30 bis 17:30, November bis März tägl. 12:00 bis 16:00; Erw. £ 2,75, Sen./Kinder £ 1,40, Familie £ 7,50.

Hinter Tain überquert die A9 auf einer Brücke den **Dornoch Firth**, eine erhebliche Abkürzung für denjenigen, der schnell nach Norden will. Durchaus empfehlenswert ist aber eine Umrundung des Firth auf der A836 zum 25 km entfernten **Bonar Bridge**.

✞ Kurz vor diesem Ort biegt bei **Ardgay** eine *single track road* ab, an deren Ende nach 17 km die **Croick Parliamentary Church** steht. Sie wurde 1827 von Thomas Telford errichtet, der auch der Architekt des Kaledonischen Kanals war. Berühmt aber ist die kleine Kirche deshalb, weil hier 1845 die kleinen Farmer (*crofter*) des Glen Calvie auf dem Kirchhof Schutz suchten.

Der Landlord und sein Verwalter hatten sie, um Platz für Schafherden zu schaffen, aus ihren seit Generationen bewohnten Hütten vertrieben,

Garten von Drummond Castle (mf)

teilweise mit Gewalt und ohne ihnen Alternativen zu bieten. Die Vertriebenen - Frauen, Kinder und Alte - mußten über eine Woche auf dem Kirchhof schlafen, bevor man sie nach Übersee "verfrachtete"; im Ostfenster ritzten die Verzweifelten ihre Namen ein (von Inverness/Tain nur bis Ardgay!).

Von Bonar Bridge hat man auf der A836 noch 8 km zu den Falls of Shin zurückzulegen; auf dem Weg dorthin haben Sie bei **Culrain** von der Straße einen Blick auf das 1914 gebaute **Carbisdale Castle**, das heute in puncto Architektur und Landschaft die spektakulärste Jugendherberge Schottlands ist.

☎ 01549/421232, März bis Oktober; £ 6,20-7,55; kein , aber Inverness, Station Culrain aussteigen; -Verleih in .

Die **Falls of Shin** (Inverness/Tain) sind malerische Stromschnellen, die Sie rechts der Straße vom Visitor Centre () leicht erreichen können. Wer sich angesichts der wilden und malerischen Umgebung entschließen sollte, direkt die Westküste anzusteuern, kann von hier aus weiter nach **Lairg** (Info, Unterkunft, Camping, Bus Inverness/Tain/Durness/Laxford Bridge/Tongue) und dann auf der einsamen A838 am langgestreckten **Loch Shin** vorbei nach **Laxford Bridge** fahren, wo man die Nordwestküste erreicht (☞ Der Nordwesten - Von Thurso nach Ullapool).

Ansonsten fährt man nach Bonar Bridge zurück und hält sich nun auf der A949 nördlich des Dornoch Firth; nach ca. 19 km (von Bonar Bridge) erreicht man den hübschen Hauptort der Grafschaft Sutherland, **Dornoch** (1.500 Ew.).

The Square, ☏ 01862/810400, FAX 01862/810644; Januar bis Dezember 10:00 bis 17:00 (Richtzeit); informiert über ganz Sutherland.

Health Centre, Dornoch, ☏ 01862/810213.

Main Office, Dornoch, ☏ 01862/810222.

High Street/The Square.

Dornoch Castle Hotel, Castle Street.

Dornoch Inn, The Square.

Dornoch & District Angling Association, Poles Road, ☏ ☞ Info.

Royal Dornoch Golf Club, ☏ 01862/810219; Preise auf Anfrage.

Trentham Hotel, The Poles, Dornoch, Sutherland IV25 3HZ, ☏ 01862/810391; Januar bis Dezember; £ 15-18 B&B pro Pers.; außerhalb, aber preiswert.

Guest House: Mrs Matheson, Tordarroch, Castle Street, Dornoch, Sutherland IV25 3SN, ☏ 01862/810855; April bis Oktober; £ 14-16,50 B&B pro Pers.; mehrere B&Bs in der Castle/High Street.

♦ **Cottage-Vermietung**: Mrs Hartwell, Dall, Rannoch, Perthshire PH17 2QQ, ☏ 01882/632228; Januar bis Dezember; £ 200-350 wöchentlich, 6 Pers.; sehr hübsch.

U.a. Dornoch Links Caravan & Camping Site; April bis Oktober; £ 4-7.

John Gordon, High Street, Motor Hirer, ☏ 01862/810503.

Inverness/Thurso und Orte der Umgebung.

Taxi: ☏ 01862/810162.

Die **Dornoch Cathedral** wurde 1224 vom Bischof von Caithness gegründet, 1570 durch ein Feuer zerstört und in den folgenden Jahrhunderten wiederaufgebaut und öfter renoviert (zuletzt 1924). Ihren alten Kirchturm kann man im Sommer unter Aufsicht auf einer engen Wendeltreppe besteigen (nur Sa 19:30 bis 21:00); Teile des Mauerwerks aus dem 13. Jh. sind noch zu sehen.

Gegenüber befindet sich der **Bishop's Palace** aus dem 16. Jh., der heute ein Hotel ist.

Von Dornoch folgt man nun immer der Küstenstrecke der A9 nach Norden; kurz hinter **Golspie** (19 km) erreicht man nach 2 km rechts in einem schönen Park das berühmt-berüchtigte **Dunrobin Castle**, das nördlichste der großen Prachtschlösser Schottlands. Das direkt mit seinem sehenswerten Garten (1850) am Meer gelegene Märchenschloß ist seit 1275 der Sitz der Grafen (später Herzöge) von Sutherland. Damals erbaute Robert (Robin) von Sutherland ein Turmhaus, an dessen Stelle später immer wieder Ergänzungen und Umbauten stattfanden.

♦ Ostern bis Mai/Oktober Mo bis Sa 10:30 bis 16:00, So 13:00 bis 16:00, Juni bis September Mo bis Sa 10:30 bis 17:00, So 12:00 bis 17:00, Garten Januar bis Dezember; Erw. £ 3,70, Sen. £ 2,30, Kinder £ 1,90, Familie £ 9,40; ♿ auf Anfrage; ; Haltestelle in Golspie, 2 km bis zum Castle, Inverness/Dornoch/Wick/Thurso.

Das gegenwärtige prächtige Schloß datiert größtenteils aus den Veränderungen zwischen 1845 und 1850. Im Innern sind die Familienportraits des **Dining Room** (u.a. von Ramsay), die Bilder von Canaletto im **Drawing Room** und die prächtige **Bibliothek** hervorzuheben. All diese Räume zeigen heute die Einrichtung um 1915, als Sir Robert Lorimer nach einem Feuer die Neuausstattung der Räume übernahm. Das Schloß ist heute immer noch der Wohnsitz der Herzogin von Sutherland.

Es ist nicht ohne Witz, daß sich eines der reichsten Familienschlösser der Welt im Drawing Room mit Wandteppichen schmückt, die den kynischen Philosophen Diogenes zum Thema haben, der bekanntlich in einer Tonne lebte und jeglichen materiellen Besitz ablehnte. Die Herzöge und Herzoginnen von Sutherland verfolgten entschieden die entgegengesetzte Maxime. Im 18. und 19. Jh. gehörten sie zu den reichsten Familien der Welt und waren hinter dem Zaren von Rußland die zweitgrößten Landbesitzer Europas (1,3 Mio Morgen Land, das entspricht fast der Gesamtgröße der Grafschaft Sutherland).

Wer viel hat, kann immer noch mehr bekommen; nach dieser ehrenwerten Auffassung handelte die Gräfin Elizabeth von Sutherland auch im 19. Jh., nachdem sie 1785 den Marquis von Stafford, einen der reichsten Männer Europas, geheiratet hatte.

Der Marquis war Engländer und stand insofern dem alten sozialen Gefüge der Highlands nicht gerade nahe, ein typischer Fall nach Culloden (☞ Land und Leute, Geschichte, Bevölkerung); in den Glens (Tälern) von Sutherland - wie überall sonst im Hochland - lebten seit Jahren die Kleinbauern mit ihren Familien auf kleinen Gehöften. Sie bezahlten regelmäßig ihre Pacht an die jeweiligen Landlords, die sie in alter Hochlandtreue immer noch als ihre Beschützer und Oberhäupter (Chiefs) ansahen. Diese traditionsorientierten und loyalen Untertanen merkten nicht, daß sie nach Culloden für ihre Chiefs und Lairds längst nicht mehr die militärische und soziale Bedeutung von früher hatten.

Fassungslos waren sie, als Anfang des 19. Jh. die Landlords ihre Vorteile in der Ansiedlung von riesigen Schafherden sahen und anfingen, das Land und seine Täler von Menschen zu "säubern" (*Clearances*, in Sutherland ab 1807). Die *factors* (Verwalter) der Landlords, darunter auch und vor allem unsere cleveren Sutherlands, kündigten die uralten Pachten auf; oft kamen diese Verwalter aus England, wo der "Fortschritt" des neuen Kapitalismus längst in voller Blüte und Ehre stand.

Die Menschen - falls sie überhaupt begriffen, was geschah - suchten verzweifelt nach neuen Unterkünften; dann kamen die Verwalter, begleitet von devoten Polizisten und Knechten, setzten am festgesetzten Termin die Familien - Frauen, Kinder, Alte und Kranke - vor die Tür und brannten nicht selten sofort die Häuser nieder. Einige siedelte man in entlegene Gebiete am Meer um, wo sie sich von der Fischerei ernähren sollten, viele verschiffte man unter unmöglichen Bedingungen nach Amerika und Australien, ein Grund, warum es heute überall in der Welt schottische Namen gibt.

Die Vertriebenen mußten nicht selten tagelang auf der nackten Erde schlafen; sie irrten entwurzelt - im wahrsten Sinne des Wortes - und verstört umher, und viele Alte und Kinder wurden krank oder starben sogar. Die Landlords aber scheuten sich nicht, die Vertreibungen (*evictions*) dreist als *improvements* (soziale Verbesserungen) zu qualifizieren.

Erst als Reporter, Kirchenvertreter und andere engagierte Menschen das Vorgehen öffentlich machten (Karl Marx schrieb z.B. über die Praktiken der Sutherlands), bemühten sich die ehrenwerten "Verbesserer" um ein menschlicheres - sprich: weniger auffälligeres - Vorgehen. Es dauerte bis 1883 - die einst so bevölkerten Hochlandtäler waren längst "gesäubert" -, als das Parlament endlich den "Crofters Act" erließ, der die Willkür der "Verbesserer" eindämmte. Aber das alte Sozialgefüge der Highlands - mit all seinen Schwächen und Stärken - war für immer zerstört, denn auch die kleinen Leute hatten endlich die Triebfedern des neuen "Fortschritts" kapiert: Profitgier und rücksichtsloser Eigennutz.

Wer die Berichte der *Clearances* liest (☞ Literatur), wird wohl mit anderen Gefühlen die prächtige Fassade von Dunrobin Castle betrachten; nicht, daß die Sutherlands die einzigen Landlords gewesen wären, die so vorgingen, aber sie waren sicherlich die reichsten und die cleversten. Hoch über Golspie thront auf einem Berg die Statue unseres "fortschrittlichen" Marquis von Stafford, des Herzogs von Sutherland, der ein glühender Verfechter des englischen Wirtschaftsliberalismus war. Er wie auch seine Frau, Herzogin Elizabeth von Sutherland, haben sich zeit ihres Lebens als Philanthropen und Wohltäter verstanden ...

⌘ Zügig geht es nun auf der A9 nach Norden. Nach 8 km durchfährt man Brora und nach weiteren 18 km hat man den kleinen Ort **Helmsdale** (ℹ 🛏 ⛺ 🏠, 🚆 🚌 Inverness/Wick/Thurso) erreicht, in dem das **Timespan Heritage Centre** die Geschichte des Hochlands von den Wikingern bis zur Gegenwart mit audiovisueller Technik präsentiert. Hier können Sie sich auch über die *Clearances* informieren.

♦ Ostern bis Oktober Mo bis Sa 🚪 10:00 bis 17:00, So 14:00 bis 17:00; letzter Eintritt eine Stunde vorher; Erw. £ 2,75, Stud. £ 2,20, Kinder £ 1,65, Familie £ 7,20; ♿.

Durch die baumlose kahle Landschaft führt die Straße nun in die Grafschaft Caithness und überquert landeinwärts bei Ousdale einen kleinen Fluß, hinter dem Sie rechts einen Parkplatz mit dem Schild "Badbea" sehen (ca. 13 km). Wer hier stoppt und rechts über einen schmalen Weg zur kargen Küste geht, erreicht das ehemalige Dorf **Badbea**, von dem heute nur noch wenige Steine übriggeblieben sind. Hier sollten 1840 während der *Clearances* 12 vertriebene Familien, ca.

Blair Castle - The White Castle (mf)

80 Menschen, eine neue Heimat "aufbauen", nachdem man sie aus ihren alten Hütten vertrieben hatte. Der karge steinige Boden gab aber kaum etwas her, und man sagt, daß die Bewohner bei stürmischem Wetter ihr Vieh und ihre Kinder anbinden mußten, damit sie nicht über die Klippen gerissen wurden. Badbea wurde bald aufgegeben - die Menschen emigrierten nach Neuseeland.

⌘ Nach 20 km erreicht man **Latheron** (🚌 Inverness/Wick), wo am Ortsende Richtung Wick in der alten Parish Church das **Clan Gunn Heritage Centre & Museum** untergebracht ist. Es stellt die Geschichte des Clan Gunn dar, der seinen Ursprung von den Wikingern ableitet.

♦ Juni bis September Mo bis Sa 11:00 bis 17:00, So (nur Juli/August) 14:00 bis 17:00; Erw. £ 1,20, Sen./Kinder £ 0,75.

Nach 10 km Richtung Wick biegt hinter **Lybster** von der A9 links eine kleine, schnurgerade Straße zu den **Grey Cairns of Camster** ab, gut erhaltene megalithische Grabstätten aus dem 4. Jahrtausend vor Christus, die man innerhalb einer flachen Weide- und Moorlandschaft nach 9 km erreicht. Besichtigen kann man einen Round Cairn von 12 m Höhe und einem Durchmesser von 18 m sowie ein Passagegrab, das mehrere Kammern enthält (bei der Besichtigung muß man kriechen).

Zurück auf der A9 kommt man durch eine flache, trostlose Heide- und Moorlandschaft nach ca. 20 km in die Hafenstadt **Wick** (8.500 Ew., 🚆 🚌 Inverness/Thurso, ✈ Aberdeen/Edinburgh/Glasgow/Orkneys/Shetlands).

Die Kleinstadt war einst ein geschäftiger Heringshafen und ist heute vor allem durch die Glasfabrik **Caithness Glas** an der George Street bekannt, wo man von Zuschauergalerien den Glasmachern bei ihrer Arbeit zusehen kann.

♦ Januar bis Dezember Mo bis Sa 9:00 bis 17:00, So (nur Sommer) 11:00 bis 17:00; Eintritt frei; ♿.

♜ Im Norden von Wick, am Flughafen vorbei, erreicht man nach 4 km Richtung Noss Head von einem Parkplatz zu Fuß die Ruinen der Doppelburg **Castle Girnigoe** und **Castle Sinclair**. Von den beiden Castles, die in herrlicher Lage direkt über den Klippen liegen (✋ ungesichert!), ist Girnigoe das ältere (15. Jh.); Sinclair wurde 1606/07 angebaut und war der Sitz der Sinclairs, der Earls von Caithness. Bereits 1679 wurde das Castle von ihnen verlassen.

Von Wick sind es auf der A9 durch eine völlig flache Landschaft noch 28 km bis zum winzigen **John o' Groats** (🅸 🛏 ⛺ 🏠 (bei Canisbay 3 km), 🚌 Thurso/Wick), dem nördlichsten Ort des schottischen Festlands. Der für Schottland seltsame Name stammt von dem Holländer Johan de Groot, der bereits im 16. Jh. hier sein Haus baute und einen Fährdienst zu den **Orkneys** unterhielt. Auch heute bietet die Personenfähre von hier noch die billigste Überfahrt zu den Inseln.

⛴ Mai bis September 2- bis 3mal tägl., 45 Min. pro Fahrt; Erw. ⇔ ab £ 18 (einfach £ 13), Kinder die Hälfte, 🚲 £ 2 pro Fahrt; für Fährpassagiere tägl. einmal freier Bus von Thurso nach John o' Groats am Nachmittag.

Nicht versäumen sollte man den Abstecher nach **Duncansby Head** (🐦) im Osten (3 km), an dessen spektakulärer und 66 m hohen Steilküste im Süden die **Duncansby Stacks** - spitze, im Meer aufragende Felsklippen - liegen; vom Leuchtturm am 🅿 hat man bei schönem Wetter einen guten Blick über den Pentland Firth auf die Orkneys.

Die A836 führt nun nach Westen Richtung Thurso; nach ca. 18 km biegt bei Dunnet die B855 links zum auf einer vorgestreckten Halbinsel gelegenen **Dunnet Head** ab (5 km, 🐦), der nördlichste Punkt des schottischen Festlands. Die Winterstürme sollen hier eine solche Kraft haben, daß die aufgewirbelten Steine manchmal die Scheiben des hier stehenden Leuchtturms zerschlagen.

Zurück auf der A836 umkurvt man die **Dunnet Bay** und gelangt nach 13 km nach ☞ **Thurso**.

Der Nordwesten - Von Thurso nach Ullapool

Die folgende Strecke führt durch die einsamsten Gebiete des schottischen Festlands. Keine Castles, keine Visitor Centres, keine großen Museen oder gar Städte erwarten Sie hier; vor allem im westlichen Teil dieser Route können Sie statt dessen eine grandiose Naturlandschaft und viel, viel Ruhe genießen - wenn Sie es wollen.

Leider bedeutet das menschenleere Gebiet für Busreisende aber auch, daß ihre Fortbewegung sich immer schwieriger gestaltet (vor allem am Sonntag!). Die hier beschriebene Streckenabfolge kann mit öffentlichen Verkehrsmitteln nur mit großem Zeitaufwand eingehalten werden; es handelt sich um Postbusse, die nur einmal täglich (meist morgens) fahren (nicht am Wochenende!) und oft nur über vier Sitze (!) verfügen. Wie immer sind hier die Direktverbindungen angegeben; wollen Sie z.B. von Thurso nach Durness, ist ein Umsteigen (und damit Warten) in Bettyhill und Tongue unerläßlich.

Man kann es mit Trampen versuchen, aber viel lokalen Verkehr können Sie natürlich nicht erwarten - und die Urlauberautos, die hier im Sommer noch am zahlreichsten sind, sind oft vollbepackt oder haben andere Gründe, nicht anzuhalten. Trotzdem: wenn Sie genügend Zeit haben und auf der Suche nach Natur und Einsamkeit sind, sollten Sie dieses Gebiet nicht auslassen, denn Sie werden auf dem ganzen schottischen Festland keine abgelegenere Region mehr finden.

Vorher sollte man sich in der letzten Stadt, **Thurso** (9.500 Ew.), noch mit allem Notwendigen eindecken (vor allem / volltanken! / an Proviant denken, die Lebensmittelläden sind nicht mehr an jeder Ecke).

Riverside Road, 01847/892371; April bis Oktober 10:00 bis 17:00 (Richtzeit).

Dunbar, 01847/893263; auch Medical Centre, Princess Street.

Zentrale in Wick: 01955/603551; lokal: Durness Street.

The Laundrette, Riverside Place.

Williamson, 16 Traill Street.

Harper's Fly Fishing, 57 High Street, 893179; Angelscheine.

Bei Dunnet; Dunnet Trekking Centre, Drummuie, 01847/851689.

U.a. Redwood Restaurant, Meadow Lane, Dinner £ 5-10.

Central Hotel, Traill Street, Thurso KW14 8EJ, 01847/893129; Januar bis Dezember; £ 15-21 B&B pro Pers.; (und Disco am Wochenende).

♦ **Guest House**: Mrs Fisher, Carlingwark, 5 Mears Place, Thurso KW14 7EW, 01847/894124; Juni bis September; £ 14-16 B&B pro Pers.

♦ **Cottage-Vermietung**: Mrs MacGregor, Hilliclay Mains, Weydale, Thurso KW14 8YN, 01847/895638; April bis Dezember; £ 150-285 wöchentlich; 4 Pers.

Thurso Caravan & Camping Site, Scrabster Road, an A882, 01955/603761; Mai bis September; £ 4-6,70; schöner Blick auf die Bay.

Wm Dunnet & Co, Car Hire, Mansons's Lane, 01847/893101.

Wick/Inverness/John o'Groats/Bettyhill.

Endpunkt der Linie von Wick, Inverness.

Von Scrabster (3 km westlich): nach Stromness (Orkney), Januar bis Dezember 2- bis 3mal tägl., 2 Std. pro Fahrt; Erw. ab £ 39 (einfach), Kinder (4 bis 14 Jahre) £ 6,75 (einfach), Sen./Stud. 10% reduziert; ⇔ ab £ 61 (einfach £ 39), ⇔ ab £ 24 (einfach ab £ 12), ⇔ £ 6,20 (einfach £ 3,10); spezielle Ausflugstickets (Tagesrückfahrtickets); Tickets beim Hafen oder .

Taxi: 01847/892868.

Der Ort selbst, der als Wikingersiedlung um 1000 gegründet wurde, ist bei Urlaubern wegen seiner schönen Umgebung beliebt und wirkt etwas gemütlicher als Wick.

Wir verlassen Thurso im Westen auf der A836 Richtung Tongue und gelangen nach 16 km zum 1959 eröffneten "Schnellen Brüter" von **Dounreay**, der sich heute nur noch Forschungsaufgaben und Besuchern widmet (sagt man); hier können Sie auf einer Führung sehen, wie gut man in Großbritannien die Atomkraft unter Kontrolle hat, was man alleine schon daran erkennt, daß der Brüter in der abgelegensten Region Schottlands liegt. Außerdem gibt es hier nicht sehr viele Leute, die protestieren wollen (ein paar Leute von den aufständischen Orkneys vielleicht), denn Dounreay war (und ist noch teilweise) der größte Arbeitgeber der Region. Der Reaktor ist im Mai 1995 stillgelegt worden.

♦ Juni bis September tägl. 🚪 10:00 bis 16:00, keine Kinder unter 12 Jahren; Eintritt frei; Voranmeldung wird bevorzugt, ☎ 01955/602424. Es ist nur noch das Visitor Centre vorhanden, keine Führung durch die Anlage.

Die Nordküste bei Durness (mf)

Hinter Dounreay kommt man bald wieder ins Gebiet des westlichen Sutherland; nach 10 km erreicht man die Abzweigung A897 nach Helmsdale. Kurz danach - bei **Melvich** - wird die Straße einspurig; die kahle, nur von Heidekraut und Gräsern bewachsene Landschaft wird nun zunehmend hügeliger. Immer wieder führen kleine Stichstraßen rechts zum Meer, wo (z.B. bei Strathy,) herrliche, unberührte Strände zu einer Pause einladen; mehr ist allerdings nicht drin, denn zum Schwimmen ist das Wasser entschieden zu kalt.

⌘ Nach ca. 50 km (von Thurso) erreicht man das von wunderschönen Stränden umgebene **Bettyhill** (Mai bis September, , , Thurso/Tongue), wo Sie dem beim gelegenen kleinen **Strathnaver Museum** einen Besuch abstatten können. Das Museum erzählt Ihnen u.a. die Geschichte des MacKay-Clans, der dieses Gebiet bewohnte und als sehr tapfer galt. Auch die Darstellungen der *Clearances* - teilweise von Kindern gemacht! - verdienen Aufmerksamkeit, ebenso die Informationen über die Lebensweise der *crofters* (Kleinpächter); mehrere alte Grabsteine (darunter der piktische "Farr Stone" aus dem 8. Jh.) und ein Sammelsurium an historischen Geräten und Erinnerungsstücken können bei Interesse inspiziert werden.

♦ April bis Oktober Mo bis Sa 10:00 bis 13:00 und 14:00 bis 17:00, Erw. £ 1,50, Sen. £ 1, Stud. £ 0,75, Kinder £ 0,40; ♿.

Von hier sind es noch 14 km, bis man bei **Coldbackie** (herrlicher Sandstrand) den Fjord des **Kyle of Tongue** erreicht, der weit ins Festland einschneidet. Nach weiteren 5 km überquert die A838 bei **Tongue** (, Bettyhill/Lairg/Durness) den Kyle auf einem Steindamm; von Tongue führt die A836 nach Lairg in den Süden.

Die Straße A838 verläuft nun etwas landeinwärts über eine grandiose, baumlose Hochlandebene, die im Südwesten von immer höheren Bergen bestimmt wird. Beim **Loch Eriboll** erreicht man wieder das Meer, dessen wunderschöner Küstenlinie und herrlichen Buchten die Straße nun folgt. Immer wieder locken traumhafte Postkartenstrände zwischen Portnancon und Durness zum Anhalten und Spazierengehen. Fast muß man schon dankbar sein, daß das Wasser zum Baden (den meisten) zu kalt ist, denn im entgegengesetzten Fall würde es wohl kaum zwei Jahre dauern, bis es hier mehr Sonnenschirme als Möwen gäbe ...

Nach 60 einsamen Kilometern (von Tongue) erreicht man schließlich an der **Sango Bay** den kleinen Ort **Durness** (750 Ew.,).

Sango, Durness, ☎ 01971/511259, April bis Oktober 10:00 bis 17:00 (Richtzeit).

Cape Sea Tours, 38 Sangomore, ☎ 01971/511284; Küstentrips.

Durness Golf Course, Balnakeil, Anfrage im ☞.

Smoo Cave Hotel, Durness, Sutherland IV27 4QB, ☎ 01971/511227; Januar bis Dezember; £ 14,50 B&B pro Pers.; klein und preiswert.

♦ **Guest House**: Mrs Bostock, Lerin Cottage, Durness, Sutherland IV27 4QB; ☎ 01971/511315; Mai bis September; £ 12,50-13,50 B&B pro Pers.;

Sango Sands Caravan & Camping Site, Mai bis September, ☎ 01971/511262; £ 4-6.

Y.H., Durness, ☎ 01971/511244; Mai bis September; £ 3,30-4; bei Smoo Cave.

Über Tongue nach Lairg; über Laxford Bridge/Scourie nach Lairg.

Nach Cape Wrath.

Knapp 2 km vor dem Ort ist rechts der Straße der Eingang zur sehenswerten **Smoo Cave** zu erreichen; es handelt sich um eine riesige Kalksteinhöhle, in deren Tiefen weitere Kammern und ein 21 m tiefer Wasserfall zu besichtigen sind (warme Kleidung mitnehmen!). Während man die erste große Höhle durch einen phantastischen Bogen (15 m Höhe, 30 m Breite) zu Fuß erreichen kann, sind die zweite und dritte Kammer nur über einen steilen Pfad oder mit dem Schlauchboot zugänglich.

♦ April bis Oktober, abhängig vom Wetter, ⌛ der Führung ca. 30 Min.; Buchungen bei ☞.

Ungefähr 2 km südlich von Durness kommt man rechts über eine kleine Seitenstraße bei **Keoldale** zum Ufer des Kyle of Durness; hier setzt bei dementsprechendem Wetter von Mai bis September achtmal täglich eine kleine Personenfähre über.

Ab 9:30, ⇔ £ 2,10, ⌛ 10 Min.

Auf der anderen Seite fährt ein Bus (⇔ £ 6) Sie in 40 Minuten zum 18 km entfernten **Cape Wrath** (Kap des Zorns). Diesen Namen verdient der sturmgeprüfte nordwestlichste Punkt Schottlands in der Tat; auf einem 160 m hohen Felsplateau steht einsam der bemannte Leuchtturm, der 1828 von Robert Stevenson erbaut wurde. Von den Klippen bieten sich bei schönem Wetter herrliche Ausblicke bis zu den Hebriden im Westen und den Orkneys im Osten.

Ab Durness führt die A838 nun nach Süden; durch eine großartige Berglandschaft erreicht man nach ca. 24 km bei **Rhiconich** (⛽) das erste Loch der Westküste, **Loch Inchard**. Links zweigt hier eine kleine Straße am Nordufer des Lochs nach **Kinlochbervie** und weiter nach **Sheigra** ab (von Durness/Lairg nur bis Kinlochbervie); zwischen den beiden Orten liegen wunderschöne Sandstrände, von denen **Sandwood Bay** (8 km zu Fuß von Blairmore) und **Oldshoremore** die schönsten sind. Hinter Rhiconich wird die Straße wieder zweispurig; nach 7 km erreicht man schließlich bei **Laxford Bridge** die Abzweigung nach Lairg und Loch Shin.

Wir fahren von hier auf der A894 weiter und kommen nach 7 km zur Abzweigung nach **Tarbet** und **Fanagmore** (*single track road*, 5 km, von Scourie); von dem letzteren Ort, der am schönen **Loch Laxford** liegt, bringt Sie im Sommer ein kleiner Kutter auf einer zweistündigen Rundreise zu den Schönheiten des Lochs und der Küste. Neben zahlreichen Seevögeln können Seehunde und manchmal sogar Wale gesichtet werden.

Glenfiddich Distillery (cs, mt)

⛴ Fanagmore, Ostern bis September Mo bis Sa 10:00, 12:00, 14:00; Erw. £ 7,50, Kinder £ 3,75; ☏ 01971/502251.

Von dem erstgenannten Ort Tarbet können Sie sich nach ☞ **Handa Island** (🐦) übersetzen lassen.

⛴ ⇔ £ 6, Landungsgebühr £ 1.

Zurück auf der A894 sind noch 6 km bis **Scourie** zurückzulegen (⛽ 🛏 ⛺, 🚌 Durness/Lairg/Fanagmore/Elphin, ✋ den letztgenannten Bus müssen Sie nehmen, wenn Sie von Scourie nach Süden wollen; um nach Lochinver zu kommen, steigen Sie vor Elphin beim Inchnadamph Hotel aus und warten dort auf den Bus von Lairg nach Lochinver).

🐦 Von Scourie-Hafen können Sie auf einem Boot das vor der Küste liegende **Handa Island Nature Reserve** besuchen (keine Landung!), dessen Klippen von Seehunden, Papageitauchern, Eissturmvögeln und anderen Seevögeln bevölkert sind.

⛴ Mr Nash, ☏ 01971/502011, April bis September 12:00 und 14:00, abhängig von der Flut; £ 8-10 pro Pers.; ⌛ ca. 1½ Std.; Minimum 2 Pers.

Von Scourie sind es auf der A894 16 km bis **Kylesku** (🛏 🏠, 🚌 Scourie); von hier kann man eine Bootsfahrt um das herrliche **Loch Glencoul** machen, an dessen südlichem Ende der höchste Wasserfall Großbritanniens zu bewundern ist, **Eas Coul Aulin** (200 m); auch auf dieser Fahrt können Sie hoffen, Seehunde zu sehen.

⛴ "Statesman", Mr Watson, ☏ 01571/844446; Mai bis September zweimal tägl., ⌛ 2 Std.; Erw. £ 7,50, Kinder £ 2,50.

Ungefähr 3 km weiter biegt links die spektakuläre Küstenstraße B869 nach Drumbeg und Lochinver ab; es ist eine herrliche Küstenstraße, die immer wieder phantastische Ausblicke über die Steilküste ermöglicht.

✋ Nicht für 🚐 geeignet! Extreme Steigungen von über 25%!

Größere Wagen bleiben auf der A894 und erreichen auf einer kaum weniger schönen Strecke nach weiteren 8 km bei **Skiag Bridge** die A837 nach Lochinver; wenn Sie hier noch 1 km weiter Richtung Ullapool fahren, sehen Sie am Ufer des **Loch Assynt** die Ruine des **Ardvreck Castles**, das von den mächtigen MacLeods um 1490 erbaut wurde.

Ansonsten nimmt man nun die A837 nach Lochinver, die am nördlichen Ufer des **Loch Assynt** entlangführt und den Blick auf zwei der schönsten schottischen Berge erlaubt, den **Canisp** (847 m) und den **Suilven** (731 m), dessen Übersetzung "Zuckerhut" ihn leicht an seiner Form erkennbar macht.

Nach 16 km erreicht man den sympathischen und schön gelegenen kleinen Fischerort **Lochinver** (300 Ew., 🛒 ⛽), der für einen ruhigen Urlaub wie geschaffen ist.

ℹ Main Street, ☎ 01571/844330, April bis Okt. 🕐 10:00 bis 17:00 (Richtzeit).
☆ ☎ 01571/844222.
🚲 The Albannach Hotel, Baddidarroch, ☎ 01571/844407; Verleih.
⛴ 🎣 Boottrips und Hochseeangeln: Mr Brown, Badnaban, Lochinver, Sutherland IV27 4LR, ☎ 01571/844358; Preise auf Anfrage.
🎣 (Lachs) Inver Lodge Hotel, ☎ 01571/844496, Angelscheine.
(Forelle) Assynt Angling Club, ℹ oder ☎ 01571/855295.
🚶 Infos im Assynt Visitor Centre, ☞ ℹ.
✕ The Fisherman's Mission, Culag Park, Dinner £ 5-10.
🛏 Culag Hotel, Lochinver, Sutherland IV27 4LF, ☎ 01571/844270, FAX 01571/844483; 🕐 Januar bis Dezember; £ 18-35 B&B pro Pers.
♦ **Guest House**: Mrs Mainland, 18 Main Street, Lochinver, Sutherland IV27 4SY, ☎ 01571/844363; 🕐 Juni bis September; £ 12,50-14 B&B pro Pers.
♦ **Cottage-Vermietung**: Mrs MacKenzie, Braeside, Navidale Road, Helmsdale, Sutherland KW8 6JS, ☎ 01431/821207; 🕐 März bis Oktober; £ 295-495 wöchentlich; eine Traumhütte für 6 Pers. 800 m außerhalb des Ortes!
🚐⛺ Shore Caravan Site, im Norden an B869; 🕐 April bis Oktober; £ 3,50-6.
🚌 Lairg über Inchnadamph Hotel; nur Fr (!): Ullapool/Inverness.

Von herrlichen Bergen und einsamen Sandstränden umgeben, ist der Ort ein idealer Ausgangspunkt für Wanderungen und Radtouren in die Umgebung. Geologen wird es interessieren, daß die Bergmassive um Lochinver zu den ältesten der Welt gehören.

Wohnmobile sollten Lochinver wieder über die A837 verlassen, um über Elphin und die A835 nach Ullapool zu kommen; allen anderen sei aber die grandiose Südroute empfohlen, die bei Lochinver über eine sehr kleine *single track road* zunächst in das liebliche Tal des **Kirkaig** führt.

Die nächsten Kilometer gehören zu den schönsten in ganz Schottland (✋ scharfe Kurven, langsam fahren). Durch eine wunderschöne Landschaft entlang der **Enard Bay** windet sich die etwas holperige und kurvenreiche Straße an herrlichen Buchten vorbei, um dann wieder etwas landeinwärts die Ausläufer des **Loch Sionascaig** und die Höhe bei **Aird of Coigach** zu passieren. Jede Kurve überrascht Sie mit einem neuen herrlichen Ausblick, und endlich - nach ca. 19 langsamen, aber wunderschönen Kilometern - kommt man zu einer Kreuzung.

Rechts geht es am schönen **Loch Osgaig** vorbei in die Sackgasse nach **Achiltibuie** (ca. 14 km, , Ullapool), von wo man Ausflüge zu den **Summer Isles** machen kann.

Beim Post Office fragen oder 01854/622200, Erw. £ 8, Kinder £ 4, 2½ Std. mit Landung.

Links abbiegend kommt man am **Loch Lurgainn** und einer grandiosen Bergszenerie vorbei (Cul Beag (769 m), Stac Polly (612 m)). Nach ca. 12 km erreicht man die A835, von wo es noch ca. 15 km bis **Ullapool** sind.

Argyle Street, 01854/612135; April bis November 10:00 bis 17:00 (Richtzeit).
Health Centre, Market Street, 01854/612018.
Argyle Street, 01854/612017.

Ullapool Sports Centre & Swimming Pool, Quay Street.
Bootsausflüge: Islander Cruises, 33 Morefield Place, 01854/612200, Ostern bis Oktober.
♦ Ullapool Seafari Nature Cruises, Pier Head, 01854/612129; Ostern bis Oktober, auch Miete des Boots möglich.
♦ **Segelschule**: Highland Drascombe Sailing School, 01463/731493.
(auch Bootsverleih) Ardmair Point Caravan Site & Boat Centre.
North West Frontiers, und FAX 01854/666229; geführte Touren.
Ullapool Golf Course, West Terrace.

U.a. The Ceilidh Place, West Argyle Street.

Ferry Boat Inn, Shore Street, Ullapool, Ross-shire IV26 2UJ, und FAX 01854/612366; Februar bis Dezember; ab £ 20 B&B pro Pers.; auch , zentral.
♦ **Guest House**: Eilean Donan Guest House, 14 Market Street, Ullapool IV26 2XE, 01854/612264; Januar bis Dezember; ab £ 13,50 B&B.
♦ **Cottage-Vermietung**: Mrs MacKenzie, 7 Mill Street, Ullapool IV26 2UN, 01854/612644; Januar bis Dezember; £ 180-230 wöchentlich; 4 Pers.
Broomfield Holiday Park, Shore Street, Mai bis September; £ 5-9.
Y.H., Shore Street, 01854/612254; März bis Oktober; £ 5,70-6,75.

Inverness (über Braemore); (nur Fr) Lochinver/Achiltibuie.
Nach Stornoway (Lewis), Caledonian MacBrayne, West Shore Street, April bis Oktober Mo bis Sa 2- bis 3mal tägl., 3½ Std. pro Fahrt, Pers. ab £ 10,40 (einfach), ab £ 44,50 (einfach), £ 22,25 (einfach), £ 1.

Der am schönen **Loch Broom** gelegene Fischerort und Fährhafen (ca. 1.000 Ew.) wirkt nach der einsamen Strecke durch den Norden mit seiner Geschäftigkeit fast schon wie eine Stadt; alle touristischen Annehmlichkeiten sind vorhanden.

Eilean Donan Castle (mf)

Das westliche Hochland - Von Ullapool nach Ft. William

Die folgende Strecke steht an landschaftlichen Höhepunkten der vorhergehenden kaum nach, wird aber - vor allem südlich von Kyle of Lochalsh - wesentlich touristischer.

Die A835 führt 19 km hinter Ullapool durch ein bewaldetes Tal nach Braemore (🚌 Ullapool/Inverness/Gairloch) und zur **Corrieshalloch Gorge**, einer 60 m tiefen und 1,5 km langen Schlucht, die von einer Hängebrücke aus übersehen werden kann. Die Schlucht, die vor ca. 10.000 Jahren durch zurückweichende Eiszeitgletscher gebildet wurde und heute ein Nature Reserve darstellt, besitzt in den **Falls of Measach** einen über 40 m tiefen Wasserfall.

Direkt hinter der Schlucht liegt die Abzweigung der A832 nach Gairloch; falls Sie hier auf der A835 bleiben, kommen Sie über **Loch Glascarnoch** nach Strathpeffer und Inverness. (🚌 Wollen Sie mit dem Bus von Ullapool nach Gairloch, müssen Sie erst nach Braemore, um dort umzusteigen.)

Wir biegen aber links auf die A832 ab; die Straße führt am schönen **Little Loch Broom** vorbei zur **Gruinard Bay**, in der Sie die gleichnamige Insel sehen, auf der die Briten im Zweiten Weltkrieg Bomben mit Milzbranderregern (Anthrax) testeten; die Sache war - vom militärischen Standpunkt gesehen - ein voller Erfolg, denn alles Leben auf der Insel war 1941 mit einem Schlag ausgelöscht. 1987 (46 Jahre später!) verpflichtete sich das Verteidigungsministerium nach Protesten von Umweltschützern, die Gruinard-Insel, die bis dahin Sperrgebiet war, für eine halbe Million Pfund reinigen zu lassen. Dies soll durch eine Formaldehyd-Meerwasserkur erfolgreich geschehen sein.

Nach 48 km erreicht man bei Aultbea das herrliche **Loch Ewe**, an dessen von Seehunden, Ottern und Steinadlern bewohnten Küste man nach weiteren 10 km die **Inverewe Gardens** besuchen kann. Der Garten wurde 1862 von Osgood Mackenzie angelegt und besitzt eine für diesen Breitengrad erstaunliche Fülle an Blumen und Pflanzen, unter denen - der Golfstrom macht's möglich - auch südamerikanische und asiatische Exoten gedeihen. So findet man Rhododendren, Eukalyptus, Lilien aus dem Himalaya und eine Art Vergißmeinnicht aus dem Pazifik.

♦ NTS, Garten Januar bis Dezember bis Dunkelheit, Visitor Centre April bis Oktober tägl. 9:30 bis 17:30; Erw. £ 3,50, Sen./Kinder £ 1,80, Familie £ 9,70; ; Gairloch/Braemore.

Von hier sind es noch 10 km zum schön gelegenen Ferienort **Gairloch** (650 Ew., schöne Strände), der sich als Standquartier für Wanderungen in die Umgebung (z.B. Loch Maree) anbietet.

Auchtercairn, ☏ 01445/712130; Januar bis Dezember 10:00 bis 17:00 (Richtzeit); .

Doktor, ☏ 01445/712229.

Auchtercairn, ☏ 01445/712017.

Pier Road.

Gairloch Cruises, Pier Road, ☏ 01445/712175, Hochseeangeln.

Gairloch Golf Club, ☏ 01445/712407, nahe Strand.

The Anchorage, Pier Road, Gairloch Harbour; geführte Wanderungen.

Gairloch Sands Bicycle Hire, ☏ 01445/712133.

Steading Restaurant, Auchtercairn.

Millcroft Hotel, Strath, Gairloch IV21 2BT, ☏ 01445/712376, FAX 01445/712091; Januar bis Dezember; £ 18-30 B&B pro Pers.

♦ **Guest House**: Mrs Davies, Caberfeidh, Auchtercairn, Gairloch IV21 2BP, ☏ 01445/712369; Februar bis November; £ 12-15 B&B.

♦ **Cottage-Vermietung**: Mr Duvill, Primrose Cottage, Badachro, Ross-shire, ☏ 01445/741317; Januar bis Dezember; ab £ 90 wöchentlich, 4 Pers.; Croftercottage.

Sands Holiday Centre, an B8021 (5 km nördlich); ab £ 6,50.
Auchtercairn Hostel, Gairloch, 01445/712131; März bis November; £ 6.

Braemore/Inverness/Loch Maree/Kinlochewe.

⌘ Im Ort selbst verdient das **Gairloch Heritage Museum** (nahe) einen Besuch, das in hervorragender Weise über die Geschichte und Wirtschaft dieser Region informiert.

♦ April bis September Mo bis Sa 10:00 bis 17:00; Erw. £ 1,50, Sen. £ 1, Kinder £ 0,50;

Die A832 führt nun zum **Loch Maree**, das als eines der schönsten Lochs Schottlands gilt; nach ungefähr 15 km erreicht man an diesem See die **Victoria Falls**, deren Name an den Besuch von Queen Victoria im Jahre 1877 erinnert. Von hier sind es noch 20 km bis **Kinlochewe** (, Gairloch/Inverness/Torridon), das als Ausgangspunkt für Wanderungen in das **Beinn Eighe National Nature Reserve** dienen kann, das 1951 das erste Naturreservat Großbritanniens wurde und mit dem Beinn Eighe eine Höhe von 972 m erreicht.

Wir biegen hier von der A832, die über Achnasheen weiter nach Inverness führt, auf die einspurige A896 ab. Durch das herrliche **Glen Torridon** führt die Straße zum gleichnamigen Ort am **Upper Loch Torridon** (15 km), wo rechts eine kleine Straße nach **Fasag** abgeht.

Hier hat der National Trust ein **Countryside Centre** eingerichtet, das über die paradiesischen Wandermöglichkeiten im 1.024 m hohen **Liathach-Massiv** informiert.

♦ NTS, Mai bis September, Mo bis Sa 10:00 bis 17:00, So 14:00 bis 17:00, Erw. £ 1, Kinder £ 0,50; Torridon/Kinlochewe.

Der Trust besitzt um diesen aus rotem Sandstein bestehenden Gipfel ein 16.000 Morgen großes Gebiet, das zu den großartigsten Bergregionen Schottlands zählt. Vom Centre führen im Juli/August Ranger zu bestimmten Zeiten Besucher durch das wilde, eindrucksvolle Gebiet.

♦ Reservierung, 01445/791221, oder beim Centre fragen; Erw. £ 5, Kinder £ 2; gute Schuhe und regenfeste Kleidung sind Voraussetzung.

Von **Torridon** (, Kinlochewe) führt die nun wieder zweispurige Straße weiter nach **Shieldaig** (10 km, , Torridon); hier können Sie sich für eine Umrundung der **Applecross-Halbinsel** entscheiden, die auf einer kleinen *single track road* zwar viel Zeit in Anspruch nimmt, aber durch ein abgelegenes, herrliches Urlaubsgebiet führt. Von dem kleinen Ort **Applecross** (, , Torridon) am **Inner Sound** lassen sich einsame Wanderungen unternehmen.

Wem diese Strecke zu zeitaufwendig ist, bleibt bei Shieldaig auf der A896 (nun bis Lochcarron wieder breite *single track road*) und erreicht am **Loch Coultrie** vorbei über **Kishorn** und **Lochcarron** ( ) nach 29 km die Kreuzung mit der A890, der man rechts Richtung Kyle of Lochalsh folgt.

Am südlichen Ufer des **Loch Carron** sind es 14 km bis **Stromeferry**, wo eine *single track road* Richtung **Plockton** (8 km, , Kyle of Lochalsh, Inverness/Kyle of Lochalsh) abzweigt. Der geschützt in einer vegetationsreichen Bucht liegende winzige Urlaubsort überrascht mit einer malerischen Uferfront, an der - man glaubt es kaum - tatsächlich Palmen stehen. Die geschützte Lage und der Golfstrom machen's möglich, und es ist kein Wunder, daß lokale Tourismusagenturen vom "Jewel of the Highlands" (Juwel des Hochlands) sprechen. Derjenige, der in dieser Gegend länger verweilen oder wandern möchte, sollte in der Tat als Standort Plockton dem hektischen **Kyle of Lochalsh** vorziehen.

Den letztgenannten Ort erreicht man nach ca. 9 km; der mittlerweile an Einsamkeit gewöhnte Reisende aus dem Norden traut seinen Augen nicht, denn im Sommer gibt es auf der einzigen Hauptstraße Staus und Hektik, da Tausende von Urlaubern hier die Roll-on-Fähre nach Skye nehmen (keine Angst, es geht sehr schnell, 10-Minuten-Takt!). Dies und das Volltanken sind in der Tat die einzigen Gründe, in Kyle of Lochalsh eine Pause einzulegen (, Inverness/Glasgow/Portree/ Plockton, Endpunkt der Linie von Inverness über Achnasheen; Skye). Ab 1996 sollen Autofahrer hier auch über eine private Mautbrücke Skye erreichen können; die Einheimischen stehen dieser Brücke, die die Landschaft verschandelt, mehr als skeptisch gegenüber, denn der wahrscheinliche Mautpreis wird höher als der Fährpreis sein, so daß die Fähre eine gute Chance hat, zu überleben.

Wer also hier nicht nach Skye fährt, nimmt die A87 Richtung Ft. William/Glasgow und erreicht nach 15 km bei **Dornie** (, Kyle of Lochalsh/Ft. William/Glasgow) am Schnittpunkt von **Loch Duich** und **Loch Long** eine der berühmtesten und meistfotografierten Burgen Schottlands, **Eilean Donan Castle**. Die romantische Lage auf einer Insel, die heute über eine Brücke erreichbar ist, und das umliegende Panorama der grandiosen Hochlandszenerie haben dieses Castle zu einem der internationalen Aushängeschilder Schottlands werden lassen.

Im 7. Jh. soll auf dieser Insel der heilige Donan als Eremit gelebt haben, so daß der Ort fortan als "Insel des Donan", Eilean Donan, bekannt war. Die Burg selbst datiert von 1220 und war lange im Besitz der MacKenzies, die schließlich ab 1509 die MacRaes als erbliche Verwalter einsetzten. Bei der Belagerung von 1719, als sich in der Burg 48 spanische Soldaten verschanzt hatten, die die Jakobiten gegen die englische Krone unterstützten, wurde die Burg von der überlegenen Artillerie der englischen Kriegsschiffe stark beschädigt; erst 200 Jahre später wurde das Castle in seiner alten Form restauriert. Ein gewisser Farquhar MacRae hatte es in seiner alten Gestalt im Traum gesehen, und so baute der Clanchief der MacRaes nach seinen Anweisungen. Später haben alte Pläne von Eilean Donan, die in Edinburgh Castle gefunden wurden, angeblich den Traum bestätigt ...

♦ Ostern bis September tägl. 🚪 10:00 bis 18:00, Erw. £ 2, Kinder £ 1.

Die A87 führt nun am malerischen Loch Duich entlang in das Hochlandtal des **Glen Shiel**; nach ca. 15 km führt links hinter einer Brücke eine kleine Straße über Morvich zum Dorusdain-Parkplatz (ca. 3 km von der Hauptstraße). Hier geht nun ein 9 km langer Pfad zu den über 100 m hohen **Falls of Glomach**, von wo Langstreckenwanderer die einsame Jugendherberge **Alltbeithe** und - noch weiter - das Tal des **Glen Affric** erreichen können (Kompaß und Landrangerkarte unerläßlich!; ☞ Der Nordwesten - Von Inverness nach Thurso).

Nach 2 km erreicht man auf der A87 am Ende des Loch Duich bei **Shiel Bridge** (ℹ 🛏 ⛺, 🚌 Kyle of Lochalsh/Glasgow) die Stichstraße ins abgelegene **Glenelk-Tal**. Die kleine *single track road* windet sich zunächst steil nach oben, wo Sie anhalten und einen Blick zurückwerfen sollten. Unter Ihnen liegt das Glen Shiel mit dem anschließenden Loch Duich, dahinter erheben sich die grandiosen, über 1.000 m hohen Bergspitzen der **Five Sisters**. Die Straße senkt sich nun in das Glenelk hinab; bei dem gleichnamigen Ort biegt nach ca. 13 km rechts die Straße zur Kylerhea-Fähre nach ☞ Skye ab.

Nach weiteren 6 km erreicht man in einem schönen Tal die ausgeschilderten **Glenelk Brochs** (🚌 Shiel Bridge/Kyle of Lochalsh). Es handelt sich um zwei piktische Brochs (☞ Land und Leute, Kunst und Kultur, Architektur) der Eisenzeit, Dun Telve und Dun Troddan, deren ca. 9 m hohe zylindrische Rundwälle gut erhalten sind. Die Brochs hatten einen schwer zugänglichen Eingang und dienten somit als leicht zu verteidigende Schutzburg bei Angriffen. Im Innern sind noch Teile der

Galerieräume zu sehen, die wahrscheinlich der Lagerung von Lebensmitteln dienten, während die Menschen sich im Innenhof aufhielten.

Zurück in Shiel Bridge beginnt nun die landschaftlich eindrucksvolle Fahrt durch das Glen Shiel, das auf beiden Seiten der Straße von über 1.000 m hohen Bergen begrenzt wird. Nach dem **Loch Cluanie** biegt die A87 nach Süden zum bewaldeten **Loch Garry** ab, hinter dem man in das **Great Glen** hinabfährt, wo man nach 58 km (von Shiel Bridge) bei **Invergarry** auf die Route von Inverness nach Ft. William trifft (☞ Inverness und Great Glen).

Skye

Skye ist mit 1.735 km² und einer Bevölkerung von ca. 8.500 Ew. die größte Insel der Inneren Hebriden. Die buchtenreiche Küstenlinie und die phantastischen Massive der bis 1.100 m hohen Basaltberge, darunter vor allem die Cuillin Mountains, ziehen jährlich immer mehr Besucher und Wanderer an. Die Insel gehörte wie die ganzen Hebriden bis 1266 den Wikingern, deren Einfluß sich bis heute in vielen Ortsnamen widerspiegelt. Vom 13. bis zum 17. Jh. kämpften die Clans der MacDonalds und MacLeods um die Macht auf der Insel, bis man schließlich den gemeinsamen Feind in der weit entfernten Regierung ausmachte. Die Clans erfuhren hier nach Culloden (☞ Land und Leute, Geschichte) das gleiche Schicksal wie ihre Festlandnachbarn, und die *Clearances* (☞ Land und Leute, Bevölkerung; Der Nordosten - Von Inverness nach Thurso, Dunrobin Castle) verursachten auch hier einen Bevölkerungsrückgang. So hatte Skye 1841 noch über 23.000 Ew.! Hinzu kam, daß junge Menschen in dem wirtschaftlich strukturschwachen Gebiet der Hebriden zur Abwanderung geradezu gezwungen wurden.

Erst in den letzten 10 Jahren hat der Tourismus den Bevölkerungsrückgang nicht nur gestoppt, sondern zu Neuansiedlungen geführt. Und noch etwas durchaus Positives haben die Besucher aus aller Welt erreicht: das gälisch-keltische Erbe, im 19. und frühen 20. Jh. vom Aussterben bedroht, ist als Kulturgut entdeckt und wiederbelebt worden. Die Vermittlung von gälischer Musik und Sprache hat Arbeitsplätze geschaffen, und gerade Skye hat diesen erfreulichen Effekt des Tourismus schnell aufgegriffen und gepflegt (☞ Land und Leute, Kunst und Kultur, Musik).

Das touristisch gängige Urteil über Skye preist die Insel als die schönste unter den Hebriden und als Höhepunkt einer Schottlandreise; dem sei hier nicht widersprochen, obgleich viele andere Regionen an landschaftlichen und erst recht kulturellen Reizen Skye kaum nachstehen. Der Preis einer anerkannten Schönheit ist natürlich auch, daß sie von jedem begehrt wird; und so muß hinzugefügt werden, daß im Sommer mittlerweile Tausende von Besuchern auf die Insel strömen und - zumindest im Juli/August - eine für schottische Maßstäbe erhebliche "Touristisierung" unübersehbar ist - auch wenn das vielleicht nur derjenige merkt, der zuvor den schottischen Norden besucht hat ...

Die meisten Besucher erreichen die Insel über **Kyle of Lochalsh** (☞ Das westliche Hochland - Von Ullapool nach Ft. William). Mit einer schnellen Roll-on-/Roll-off-Fähre und demnächst mit einer mautpflichtigen Brücke wird der Übergang zu einem Minutengeschäft; auf der anderen Seite liegt der winzige Fährhafen **Kyleakin**.

♦ , Portree/Glasgow/Ft. William/Kyle of Lochalsh.

Kyle-Kyleakin, alle 10 Minuten, von 22:00 bis 7:30 halbstündig, Pers. frei, £ 5,60 einfach, £ 2,70 einfach, frei.

Von hier geht es auf der gut ausgebauten A850 durch eine zunächst wenig spektakuläre Hügellandschaft nach **Broadford** (, Portree/Richtung Glasgow), ein Ort, der alle touristischen Bedürfnisse zufriedenstellen kann, ansonsten aber kaum zum Verweilen einlädt.

Hier biegt links als einspurige Stichstraße die landschaftlich faszinierende B8083 nach **Elgol** ab (23 km, Broadford/Portree), wo man sich in einem kleinen Boot auf die andere Seite des **Loch Scavaig** übersetzen lassen kann.

April bis Oktober, Bella Jane Boat Trips, ☎ 01471/866244, Preise auf Anfrage und abhängig von Personenzahl.

Man kommt dabei nicht nur an Seehundkolonien vorbei, sondern fährt praktisch direkt auf die berühmteste Bergkette von Skye zu, die schwarzen **Cuillin Mountains**. Man kann von der Anlegestelle am Ufer des berühmten **Loch Coruisk** entlanggehen, dessen einsame Schönheit schon seit dem vorigen Jahrhundert von vielen Künstlern (darunter auch Sir Walter Scott) gepriesen worden ist. Wanderer können dann weiter durch die Cuillins (höchster Berg Sgurr Alasdair (993 m)) den kleinen Flecken **Glenbrittle** (, nach Carbost, von dort nach Portree) erreichen, wo eine kleine Stichstraße Sie wieder mit der Zivilisation verbindet.

⌘ Zurück nach Broadford. Die A850 führt entlang der buchtenreichen Küste an der Insel Scalpay vorbei nach Luib (11 km, Portree/Broadford), wo das **Old Skye Crofter's House** Ihnen eine Vorstellung von den Lebensbedingungen der kleinen Landpächter vermittelt. Die aus Natursteinen und Torfwänden bestehenden Hütten, die sich durch Strohdächer vor Unwettern schützten, beherbergten auf den Hebrideninseln bis in die jüngste Zeit Familie und Vieh unter einem Dach; getrennt wurden die beiden Bewohnerparteien meist nur durch eine innere Flechtwand, denn die Tiere gaben in den kalten Monaten willkommene Wärme ab, die ansonsten durch ein offenes Torffeuer notdürftig gewährleistet wurde. Über diesem Feuer wurden auch die spärlichen Mahlzeiten gekocht, und der dabei allgegenwärtige Ruß machte die Häuser als Black Houses bekannt.

♦ Tägl. 9:00 bis 18:00, Erw. £ 1,50, Kinder £ 0,50.

Die Straße führt nach weiteren 15 km nach **Sconser**, wo man sich auf die Insel **Raasay** übersetzen lassen kann.

Mo bis Sa bis neunmal tägl., pro Fahrt 15 Min., Pers. £ 1,70 einfach, £ 7,50, £ 3,75, £ 1.

Hier erwartet Sie das **Raasay Outdoor Centre**, das Ihnen vielfältige Aktivitäten auf der Insel anbietet.

♦ , Klettertouren, 01478/660266.

Am östlichen Ende des **Loch Sligachan** kommt man nach 3 km zum gleichnamigen Weiler, der eigentlich nur aus dem **Sligachan Hotel** (, Portree/Broadford) besteht. Im Pub des Hotels treffen sich abends Wanderer und Urlauber zum internationalen Stelldichein, denn Sligachan ist ein guter Ausgangspunkt für Wanderungen in die nahe gelegenen Cuillins.

Die A850 erreicht nun nach 11 km den Hauptort der Insel, **Portree** (1.500 Ew.), ein sympathischer Ferienort, der an der kleinen Hafenbucht eine hübsche bunte Häuserfront besitzt.

TIC, Meall House, Portree, Isle of Skye IV51 5VZ; 01478/612137, FAX 01478/612141; Januar bis Dez. 9:00 bis 18:00 (Richtzeit); viele Infos.

Portree Hospital, 01478/613200.

Somerled Square, 01478/612888.

BANK Somerled Square, Bank Street.

MacLeod, Wentworth Street, Portree.

An Tuireann Arts Centre, Struan Road, 01478/613306.

U.a. Royal Hotel & Bistro, Bank Street.

Isle of Skye Swimming Pool, Camanachd Square, Portree.

; für den Süden von Skye: Clan Donald Centre, Ranger Service, Armadale, Sleat, 01471/833305.

Sleat Marine Services, J. Mannal, Ardvasar, Sleat, 01471/844216; Bootsverleih, im Süden von Skye gelegen.

Island Cycles, The Green, Portree, 01478/613121; Verleih.

Hebridean Diving Services, Waternish, 01470/592219.

Portree Angling Association, Hillcroft, Treaslane, 01470/582304.

Skye Riding Centre, T. Robertson, Kensaleyre, 01470/532439.

The Kings Haven, 11 Bosville Terrace, Portree, Isle of Skye IV51 9DG, 01478/612290; Januar bis Dez.; £ 19-27; traditionelles Haus/Hafen.

- ♦ **Guest House**: Mrs Anderson, 18 Viewfield Square, Portree, Isle of Skye IV51 9HB, ☏ 01478/612503; Januar bis Dezember; £ 12 B&B pro Pers.
- ♦ **Cottage-Vermietung**: J. H. MacDonald, Viewfield House, Portree, Isle of Skye IV51 9EU, ☏ 01478/612217, FAX 01478/613517; Januar bis Dezember; £ 205-470 wöchentlich, 7 Pers.; schönes Landhaus.
- Torvaig Caravan & Camping Site, April bis Oktober; £ 6; 2 km an A855.
- Portree Backpackers, 2 Douglas Row; Januar bis Dezember; £ 7,50; am Hafen.

- Ewen MacRae Ltd., Dunvegan Road, Portree, ☏ 01478/612554.
- Orte der Insel sowie Kyle of Lochalsh/Ft. William/Glasgow/Inverness.
- Taxi: ☏ 01478/612797.

Am südlichen Eingang des Ortes, an der Viewfield Road, steht das **Skye Heritage Centre**, das Ihnen über (auch deutschsprachige) Kopfhörer die Geschichte der Insel erzählt und außerdem Wanderungen organisiert.

- ♦ März bis Dezember tägl. 9:00 bis 18:00 (Juli bis September bis 21:00); Erw. £ 3, Sen./Stud./Kinder £ 2, Familie £ 8,80; ♿.

Man verläßt Portree auf der A855 Richtung Staffin und fährt nun an der spektakulären Ostseite der **Trotternish-Halbinsel** entlang. Nach ca. 11 km kommt man zum berühmten Bergmassiv des **Storr**, wo mehrere Felsspitzen bis zu 720 m aufragen; darunter ist der östlich hervorstehende Felsen, der **Old Man of Storr**, der berühmteste. Der schwarze, durch eine gefürchtete Steilwand berühmt gewordene Felsen ragt freistehend 50 m empor und wurde erst 1955 das erste Mal erstiegen. Man weiß nicht, wann das Bild der Felsen eindrucksvoller ist: bei Sonnenschein oder geheimnisvoll dahinziehenden Nebelschwaden ...

15 km weiter ist von einem Parkplatz direkt am Meer der **Kilt Rock** zu bewundern; der Name erklärt sich daraus, daß die steil abfallenden und senkrecht zerschnittenen Basaltklippen den Falten eines schottischen Kilts ähneln. Die filmreife Szenerie wird noch durch einen Wasserfall betont.

⌘ Von hier ist es nicht mehr weit zum kleinen **Staffin Museum**, das in einem alleinstehenden alten Schulhaus sehr interessante archäologische und fossile Relikte ausstellt, darunter den einzigen in Schottland gefundenen Knochen eines Dinosauriers.

- ♦ Juni bis September 10:00 bis 18:00; Erw. £ 1,25, Kinder £ 0,50.

Die dritte berühmte Bergsilhouette der Trotternish-Halbinsel, das **Quirang-Massiv**, erreicht man 3 km hinter Staffin. Ein anstrengender

Pfad führt auf die **Needle** (Nadel), eine Felsspitze von ca. 35 m Höhe; man kann aber auch auf einer links abbiegenden einspurigen Straße das Plateau erreichen (P oben), von wo man einen herrlichen Ausblick genießt.

Die A855 umkurvt nun das Nordende der Halbinsel; bei **Duntulm** (8 km) sind die Überreste einer alten MacDonald-Burg aus dem 16. Jh. zu besichtigen (✋ ungesicherte Ruine). Die Straße verläuft nun oberhalb der Küste und bietet herrliche Ausblicke über die Wasserstraße des **Little Minch**, der Skye von den Äußeren Hebriden trennt.

⌘ Nach 5 km sieht man links die Crofterhäuser des **Skye Museum of Island Life**, die über die Lebensbedingungen der einfachen Leute im 19. Jh. informieren.

♦ April bis Oktober Mo bis Sa 9:00 bis 17:30; Erw. £ 1,50, Sen. £ 1, Kinder £ 0,50.

Nur wenige Meter entfernt sieht man den Friedhof von **Kilmuir**, wo das Grab der Hochlandheldin **Flora MacDonald** (1722-1790) zu sehen ist. 1880 errichtete man hier ein Monument in Form eines keltischen Iona-Kreuzes, auf dem die berühmten Worte des britischen Kritikers Samuel Johnson zu lesen sind: "Flora MacDonald, Retterin von Prinz Charles Eduard Stewart. Ihr Name wird in die Geschichte eingehen und - so denn Mut und Treue Tugenden sind - mit Ehre verbunden sein."

Als unser schon öfter erwähnter Bonnie Prince Charlie nach der verlorenen Schlacht von Culloden (☞ Whisky und Castles - Von Aberdeen nach Inverness, Route ❶) vom Schlachtfeld flüchtete, wendete er sich zur Westküste, um hier ein Schiff nach Frankreich zu finden. Wochenlang wurde der Prinz auf seiner rastlosen Odyssee nach einem Schiff gejagt, und mehr als einmal schien seine Ergreifung durch die patrouillierenden Engländer kurz bevorzustehen. Diese hatten zudem die damals enorme Summe von £ 30.000 für denjenigen ausgeschrieben, der zu der Festnahme des Prinzen beitragen würde. Nicht einer der armen Hochländer, die den Prinzen auf seiner Flucht begleiteten und oft in ihren einfachen Hütten schützten, kam auf die Idee, Verrat zu begehen.

Als sich auf der Hebrideninsel Uist der Ring um den Flüchtenden immer enger zog, brachte die 24jährige Flora MacDonald trotz der großen Gefahr der Entdeckung am 28.6.1746 den in Frauenkleidern als Zofe Betty Burke ausgegebenen Prinzen nach Skye. Von hier floh der Gejagte weiter aufs Festland. Die Abschiedsworte des Prinzen an Flora, wie immer galant und mit einem Gespür für das Bühnenhafte seiner Situation, verraten offen sein ehrgeiziges Interesse an der Macht in

London, für die Schottland wohl nur ein Mittel zum Zweck sein sollte: "Nach allem, was passiert ist, Madam, hoffe ich Sie in St. James (damaliger Königspalast in London) wiederzusehen. Dort werde ich Sie für Ihr Tun belohnen."

Der Prinz hatte noch Wochen der Flucht vor sich, aber am 20.9.1746 brachte ihn das bei Loch nan Uamh liegende französische Schiff "L'Heureux" nach Frankreich. Flora MacDonald versuchte - wie so viele Schotten damals - zusammen mit ihrem Mann in Amerika Fuß zu fassen, aber sie kehrte schließlich auf ihre Heimatinsel zurück und starb am 4. März 1790. Ihr Begräbnis auf dem Friedhof von Kilmuir geriet zu einem in der Geschichte von Skye einmaligen Demonstrationszug: ca. 3.000 Menschen aus dem ganzen Hochland bildeten einen 3 km langen Ehrenzug für die Frau, die Bonnie Prince Charlie gerettet hatte. Die Tote wickelte man in das Bettuch, das der Prinz einst auf seiner Flucht hier benutzt hatte.

Der Prinz selbst war zwei Jahre vorher als Säufer in Rom gestorben. In den 42 Jahren seines Lebens nach Culloden hat er nie wieder schottischen Boden betreten; nie hat er Flora und all den anderen Schotten, die weder durch Geld noch Gewalt auf die Seite seiner Feinde gezogen werden konnten, ein Wort oder eine Botschaft zukommen lassen, die gezeigt hätte, daß er wenigstens im Danken ein König geworden war ...

Von hier sind es noch 9 km bis zum kleinen Fischer- und Fährhafen **Uig** (, Portree), der geschützt in einer Bucht des **Loch Snizort** liegt.

Uig-Lochmaddy/Tarbet (Lewis und Harris): 2 Std. pro Fahrt, Mo bis Sa ein- bis zweimal tägl., Erw. £ 6,85 (einfach), ab £ 30,50 (einfach), £ 15,25 (einfach), £ 1.

Die A856 führt nun Richtung Portree und erreicht nach 17 km die Abzweigung mit der A850, die rechts zur **Vaternish-Halbinsel** führt.

Nach 31 km hat man auf dieser Straße **Dunvegan** (, Portree) erreicht, wo man dem 1 km entfernten Stammsitz der MacLeods, **Dunvegan Castle**, einen Besuch abstatten sollte. Seit über 700 Jahren gehört dieses wohl spektakulärste Castle von Nordwestschottland den Chiefs des Clans MacLeod. Ihren Ursprung führt die Familie auf norwegische Wikingervorfahren zurück.

Das Castle selbst wurde zwischen 1840 und 1850 vom 25. Chief MacLeod renoviert, datiert aber in seinen ältesten Teilen (*Keep* und Gefängnis) aus dem 14. Jh.; im Innern stellt die unscheinbare **Fairy-Flag**

(Feenflagge) das bedeutendste Relikt des Clans dar. Der vergilbte Stofffetzen datiert angeblich aus dem 7. Jh., es gibt verschiedene Versionen seiner Herkunft. Einig ist man sich, daß das Feenwunder in Notlagen dem Clan immer geholfen habe, und im Zweiten Weltkrieg trugen Flieger aus dem Clan MacLeod während ihrer Einsätze Fotografien der Flagge bei sich.

Ansehnlicher wird dem zweifelnden Besucher da schon das **Dunvegan Horn** erscheinen, das Malcolm, der dritte Chief, im 14. Jh. aus den Hörnern eines erlegten Bullen machen ließ; jeder MacLeod-Erbe muß seitdem seine Männlichkeit dadurch beweisen, daß er das mit Rotwein gefüllte Horn unerschrocken leert ...

♦ März bis Oktober Mo bis Sa 10:00 bis 17:30, So 14:00 bis 17:30; Erw. £ 4, Sen./Stud. £ 3,60, Kinder £ 2,20; ✕.

Das Castle, das direkt am Ufer des **Loch Dunvegan** liegt, organisiert auch Bootsausflüge zu den nahe gelegenen Inseln der Bucht, wo Sie mit großer Sicherheit Seehunden so nahe kommen, daß Sie sie fast mit der Hand berühren können.

Erw. £ 3,50, Kinder £ 2,50; im Sommer jede halbe Stunde, ⌛ 30 bis 45 Min.

⌘ Biegt man auf der A863 nach 3 km hinter Dunvegan in Lonmore rechts auf die B884, so kommt man nach ca. 6 km zum **Colbost Folk Museum**, wo man besuchenswerte Crofter Houses (Black Houses) besichtigen kann, in denen sogar zur Veranschaulichung das Torffeuer brennt.

♦ Tägl. 10:00 bis 18:00, Erw. £ 1, Kinder frei; Dunvegan.

⌘ 𝄞 Kurz nach Colbost zweigt rechts eine kleine (und extrem schlechte!) Straße zum **Piping Centre von Borreraig** ab. Hier wird die Geschichte der MacCrimmons erzählt, die als Hofbläser der MacLeods zwischen 1500 und 1800 die berühmteste Dudelsackschule Schottlands unterhielten; natürlich erfährt man dabei auch etwas über die schottische Hochlandmusik selbst (☞ Land und Leute, Kunst und Kultur, Musik).

♦ Ca. 7 km von Colbost entfernt, Ostern bis September tägl. 11:00 bis 17:30, Oktober Di bis So 11:00 bis 17:30; Erw. £ 1,50, Kinder £ 0,50; Dunvegan.

Zurück zur Kreuzung bei Lonmore folgt man rechts der A863, die entlang des **Loch Bracadale** nach Süden verläuft und immer wieder herrliche Ausblicke auf die Küste und ihre Buchten erlaubt. Hinter **Drynoch** (ca. 26 km) biegt rechts die B8009 ab, die sowohl zum schon erwähnten **Glenbrittle-Tal** nahe der Cuillins wie auch zur **Talisker Distillery** führt, die einzige Whisky-Brennerei auf Skye. Durch das **Glen Drynoch** - schöner Blick auf die Cuillins! - erreicht man nach 10 km das schon bekannte Sligachan, von wo aus es noch 31 km bis Broadford sind.

Wer Skye nun nicht wieder über Kyle of Lochalsh verlassen will, kann zwischen zwei weiteren Fähren wählen. Derjenige, der das Glenelk-Tal besuchen will, kann ca. 7 km hinter Broadford rechts auf einer kleinen Straße durch Glen Arroch den Fährort **Kylerhea** (10 km) erreichen.

Kylerhea-Glenelk, April bis Oktober Mo bis Sa 9:00 bis 18:00, So nur Juni bis Oktober 10:00 bis 18:00; inklusive 4 Pers. £ 5 einfach, Pers. £ 1.

Der dritte Fährhafen - Armadale - ist denjenigen zu empfehlen, die Mallaig und den Südwesten schnell erreichen wollen. Ungefähr 3 km hinter Broadford biegt rechts die A851 auf die südliche Halbinsel **Sleat** ab, die auch als Garden of Skye gelobt wird.

Nach 26 km erreicht man in einer ungewöhnlich baum- und vegetationsreichen Landschaft den kleinen Ort **Armadale** (, Portree). Kurz davor, bei **Kilbeg**, liegt das gälische College **Sabhal Mòr Ostaig**, welches im Sommer gälische Sprach- und Musikkurse durchführt (☞ Land und Leute, Sprache).

⌘ Im besuchenswerten **Clan Donald Centre** wird Ihnen alles über die geheimnisvolle Geschichte der Lord of the Isles (☞ Land und Leute, Geschichte) und des Clans der MacDonalds erzählt. Das in einem herrlich gepflegten, 40 Morgen großen Garten liegende Museum steht an der Stelle des alten **Armadale Castles**, dessen Reste teilweise in die Anlage integriert sind. Der Clan der MacDonalds führt nicht nur als Trust das Museum, sondern besitzt auch Hotels und Restaurants sowie ein Gesamtgebiet von 20.000 Morgen; seit 1971 versucht man, die weltweiten Clanbeziehungen zum Nutzen des gälischen Kulturerbes einzusetzen. Auf dem Anwesen soll auch ein Studienzentrum aufgebaut werden.

Die MacDonalds leiten sich von dem sagenumwobenen Somerled ab, der als berühmtester gälischer Krieger im 12. Jh. die Wikinger geschlagen hatte. Er ist der Großvater des ersten Donald gewesen, der bald zum mächtigsten unter den Clans aufsteigen sollte und für sich die Oberhoheit über die Inseln - The Lordship of the Isles - beanspruchte. Immer wieder in Konflikt mit dem schottischen König, verloren die fast selbständigen Lords of the Isles ihren Titel 1493. Ihr Hauptsitz war Finlaggan auf der südlichen Hebrideninsel Islay. Nach Culloden teilten die MacDonalds das

Schicksal der anderen Clans: Entwaffnung, Zerschlagung der Clanstruktur, Vertreibung, *Clearances*, Auswanderungen; wohl kaum ein schottischer Name ist so weit und oft vertreten wie der der MacDonalds.

♦ April bis Oktober tägl. 9:30 bis 17:30; Erw. £ 3,20, Sen./Stud./Kinder £ 2,20, Familie £ 9; X.

Nur 900 m hinter dem Clan Donald Centre kommt man zur Anlegestelle nach Mallaig.

Armadale-Mallaig, 30 Min. pro Fahrt; ganzjährig Mo bis Sa, So nur von Mai bis September, 6- bis 7mal tägl.; Pers. £ 2,30, £ 13,35, £ 6,70, frei, alle Preise einfache Fahrt.

Argyll, Mull, Iona und Staffa

Von Ft. William nach Oban

Die A82 führt südlich von Ft. William entlang des schönen **Loch Linnhe** zum 20 km entfernten **Ballachulish** (, Ft. William/Glasgow/Oban), wo man nach Überquerung der Brücke bei **Loch Leven** zwischen zwei Routen wählen kann.

Wer die kürzere Strecke (insgesamt 60 km) entlang des Loch Linnhe wählt, fährt hier auf die A828 Richtung Oban ab.

♜ Nach ca. 19 km taucht auf dieser sanfthügeligen Strecke plötzlich hinter einer Linkskurve das oft fotografierte **Castle Stalker** auf, ein malerisch auf einer Insel im Loch Linnhe gelegenes Turmhaus, das aus dem 14. Jh. stammt und ehemals der Sitz der Stewarts von Appin war. Das Castle ist heute im Besitz der Stewart-Allward-Familie, die in den 60er Jahren umfangreiche Renovierungen vornahm; es kann nur nach telefonischer Voranmeldung besichtigt werden (☎ 01631/573234).

Bei **Connel Bridge** am **Loch Etive** mündet die A828 nach 32 km auf die A85; hier trifft auch die nun folgende längere Route wieder auf die Küste.

Diese weitaus längere Strecke, die bei Ballachulish weiter der A82 folgt und einen weiten Bogen durch die Grampian Mountains macht, führt in das berühmte und landschaftlich überwältigende **Glencoe**.

⌘ Am unteren Ausgang dieses Tals liegt direkt neben der Hauptstraße der winzige Ort **Glencoe** (, Ft. William/Glasgow), wo Sie dem **Glencoe and North Lorn Folk Museum** einen Besuch abstatten können. Das lokale Museum informiert u.a. über Hochlandtrachten, Waffen, Puppen und Clangeschichte.

♦ Mai bis September Mo bis Sa 10:00 bis 17:30; Erw. £ 1, Kinder £ 0,50; ♿.

Geht man vom Museum am Post Office vorbei zum River Coe und biegt vor dem Fluß rechts ab, kommt man zum **Glencoe Monument**, das an jene Tat vor 300 Jahren erinnert, die den Namen dieses Tals in ganz Schottland für immer bekannt gemacht hat. Am 27.8.1691 erließ der neue britische König Wilhelm von Oranien einen Erlaß, nach dem bis zum 1.1.1692 alle Chiefs der Highlands ihren Treueeid auf ihn ablegen sollten. Der letzte Jakobitenkönig war vertrieben worden, und Wilhelm wollte so die widerspenstigen Hochland-Clans, die traditionell auf seiten der Jakobiten standen, an sich binden.

Mehr oder weniger zähneknirschend gehorchten alle Clanführer der Aufforderung, nur der über 60 Jahre alte, bereits weißhaarige Alastair, 12. Chief der MacDonalds von Glencoe, ließ sich Zeit - zuviel Zeit.

Am 30.12., also ein Tag vor Ablauf des Ultimatums, machte sich Alastair auf und ging nach Ft. William (damals Inverlochy genannt), nur um dort zu erfahren, daß er den Eid unbedingt in Inveraray zu leisten habe. Er machte kehrt, aber wegen des schlechten Wetters kam er in Inveraray erst zwei Tage später an. Noch drei Tage mußte er verstreichen lassen, da der zuständige Sheriff nicht da war, so daß er schließlich den Eid mit fünftägiger Verspätung leistete.

Dies war die Gelegenheit, den aufsässigen Clans ein Exempel vorzuführen. Der König beauftragte seinen Schottlandminister, Sir John Dalrymple, eine geeignete Strafaktion einzuleiten. Am 1.2. machten sich zwei Kompanien unter der Führung von Robert Campbell von Glenlyon auf den Weg nach Glencoe. Sie wurden - wie üblich in den Highlands, wo das Gastrecht unantastbar war - freundlich empfangen, und für 10 Tage tranken und aßen Campbells und MacDonalds zusammen in bester Eintracht, obwohl beide Clans sich ansonsten nicht grün waren. Am 12.2. erhielt Campbell von oben den Befehl: *putt all to the sword under seventy* (übergebe alle unter siebzig Jahren dem Schwert).

Am Morgen des nächsten Tages wurde Alastair aus dem Bett gezogen und erschossen, 37 anderen MacDonalds ging es ebenso. 300 Clanmitglieder konnten zwar vor dem Massaker in die Berge fliehen, weil die geplanten Verstärkungstruppen zu spät kamen und weil - so wird berichtet - viele Soldaten nicht gerade begeistert ihrer Arbeit nachgingen und einzelne MacDonalds sogar warnten, trotzdem aber starben noch viele Flüchtende in den verschneiten Bergen an der Kälte.

Als die Tat bekannt wurde, war es nicht in erster Linie die Bluttat selbst, die Empörung auslöste (blutig ging es oft zwischen den Clans zu), sondern es war der beispiellose Bruch der Gastfreundschaft, der die Clanehre des ganzen Hochlands zerstörte. Seit jenen Tagen hat der Name Campbell in Schottland einen schlechten und der Name Glencoe einen bitteren Ruf ...

i Nur ca. 2 km hinter dem Ort hat der National Trust for Scotland, der hier fast 60 km² Land besitzt, direkt an der A82 ein **Visitor Centre** eingerichtet, das umfassend über die Geschichte des Tals, aber auch über Flora, Fauna und Wanderwege informiert.

♦ NTS, April bis Oktober tägl. 10:00 bis 17:00 (Juni bis August 9:30 bis 18:00); Erw. £ 0,50, Kinder £ 0,20; ♿ ☕.

Glencoe gilt als Wander- und Kletterparadies für erfahrene (!) Bergsteiger und Wanderer.

West Highland Way von Hartmut Engel, OutdoorHandbuch (Band 26), Conrad Stein Verlag, Kronshagen, 1996, DM 22.

Die Straße windet sich nun zwischen den großartigen, teilweise über 1.000 m hohen Bergen nach oben, um dann das einsame kahle **Rannoch Moor** zu durchziehen. Nach ungefähr 19 km passiert man bei Kingshouse das **Glencoe Ski Centre** (P), dessen Skilift nicht nur im Winter fährt. Von hier sind es noch weitere einsame 22 km bis nach **Tyndrum** (i, Glasgow/Ft. William, Edinburgh/Oban/Killin), ein bei Hochlandwanderern ebenfalls beliebtes Standbein.

Man kann hier die A82 verlassen, die weiter zum Loch Lomond und nach Glasgow führt, und nun die A85 Richtung Oban nehmen. Durch das schöne **Glen Lochy** erreicht man nach 19 km den Nordrand des sich lang nach Südwesten streckenden **Loch Awe**, das mit knapp 40 km das längste Loch Schottlands ist. An beiden Seiten des bewaldeten Lochs führen kleine Straßen entlang, so daß eine Dampferfahrt vom nahegelegenen Dorf Lochawe - anders als bei dem folgenden Loch Etive! - nicht unbedingt nötig ist (die B840 an der Ostseite ist besser befahrbar und mündet nach 40 km bei Kilmartin auf die A816 Oban-Lochgilphead).

Am Nordufer des Sees steht die höchst eindrucksvolle Ruine des **Kilchurn Castle** (nicht ausgeschildert, da kein offizieller P vorhanden; achten Sie unmittelbar **nach** der Kreuzung mit der A819 und noch **vor** der folgenden Brücke auf ein links liegendes Gatter, hinter dem Sie einen kleinen P finden; von hier können Sie über die Bahngleise das Castle erreichen; sumpfiger Untergrund, wasserdichte Schuhe tragen).

Das Castle wurde 1440 von Colin Campbell begonnen und später von dem Earl von Breadalbane, dessen Wappen Sie über dem Eingangstor finden, ausgebaut. Die einsame Lage am Nordufer des Sees, die nur gelegentlich von wenigen Besuchern (die den P kennen) und mehr durch weidende Schafe belebt wird, macht den Besuch dieses Castles empfehlenswert.

Auf einer imposanten Strecke am Nordufer des Loch Awe führt die A85 über den **Pass of Brander**; rechts sieht man den 1.126 m hohen **Cruachan**, der im Innern die **Cruachan Pumped Storage Power Station** verbirgt, ein Wasserkraftwerk von 400.000 kW Leistung, das das heraufgepumpte Wasser des Loch Awe in einem ca. 350 m hoch gelegenen Reservoir ansammelt.

Bei den **Falls of Cruachan** findet man nach ca. 10 km das **Visitor Centre**, das Minibustouren zum Berg organisiert.

♦ Ostern bis Oktober tägl. 9:00 bis 16:30, Erw. £ 2, Kinder £ 1; ♿.

Nach weiteren 9 km erreicht man **Taynuilt** (, Oban/Glasgow, Oban/Glasgow/Edinburgh), wo Sie rechts an der B845 die Reste einer frühindustriellen Fabrik zur Eisenverhüttung inspizieren können. Die **Bonawe Iron Furnace**, die von 1753 bis 1876 in Betrieb war, arbeitete mit Holzkohle und einem Hochofen, der über zwei wasserkraftbetriebene Blasebälge angefacht wurde.

♦ HS, April bis September Mo bis Sa 9:30 bis 18:00, So 14:00 bis 18:00; Erw. £ 2, Sen. £ 1,25, Kinder £ 0,75.

In Taynuilt trifft man auch auf das Südufer des **Loch Etive**; die weit nach Norden reichenden Ufer des einsamen Lochs sind - im Gegensatz zu Loch Awe - nur mit dem Boot zugänglich, so daß sich eine dreistündige Kreuzfahrt anbietet. Der Anlegesteg des Schiffs ist nicht weit von der Bonawe Iron Furnace entfernt (nahe Polfearn Hotel).

Loch Etive Cruises, Mai bis September Mo bis Fr 10:30 und 14:00, So 14:00, 15. April bis 15. Oktober tägl. nur 14:00; Erw. £ 6, Kinder (5 bis 12 Jahre) £ 3, Familie £ 15.

Von Taynuilt sind es ca 11 km, bis man am Südufer des Loch Etive bei Connel Bridge wieder auf die oben erwähnte Kurzstrecke von Ft. William trifft.

Nach 2 km kommt man nun zu den sehenswerten Ruinen von **Dunstaffnage Castle**, das 1275 von den MacDougalls, den Lords of Lorne, gebaut wurde. Das Castle, das über gut erhaltene Schutzmauern verfügt und in herrlicher Lage am Firth of Lorne liegt, wurde 1309 von Robert the Bruce eingenommen und später der Campbell-Familie übergeben, die den mächtigen Herzog von Argyll stellte. Sehr gut zu erkennen ist der Fels, auf dem die Mauern der Burg errichtet wurden. Südwestlich des Castles steht noch eine kleine Kapelle, die der gleichen Zeitperiode angehört.

♦ HS, April bis September Mo bis Sa 9:30 bis 18:30, So 14:00 bis 18:30; Erw. £ 1,50, Sen. £ 1, Kinder £ 0,75; Oban.

Von hier sind es nur noch 6 km bis **Oban** (8.000 Ew.), ein sympathisches, lebendiges Hafenstädtchen, dessen Anlegestellen vor allem durch die großen Fähren von Caledonian MacBrayne bestimmt werden.

Oban

Boswell House, Argyll Square, ☎ 01631/563122, FAX 01631/564273; Januar bis Dezember 9:00 bis 17:30 (Richtzeit); ♿.

Soroba Road, ☎ 01631/567500.

Albany Street, ☎ 01631/562213.

George Street/Corran Esplanade (auch Albany Street).

Highland Theatre, George Street, Kino, Theater und Ausstellung.

MacTavish's Kitchen, Argyll Square, Folklore im Restaurant.

Viele Pubs in der und um die George Street.

Atlantis Leisure, Dalriach Road.

Glencruitten Golf Club, Glencruitten Road, ☎ 01631/562868.

Oban Cycles, 9 Craigard Road, Verleih.

Borro Boats, Dungallan Parks, Gallanach Road, Oban PA34 4PD, ☎ 01631/563292; Verleih von Segelschiffen, Motorbooten.

M & C Carter, Rudha'Chruidh Island, Kerrera, Oban PA34 4SX; ☎ und FAX 01631/563335; Kajak und auf einer kleinen Insel nahe Oban.

Puffin Dive Centre, Gallanach Port, Gallanach Road, Oban PA34 4QM, ☎ 01631/566088, FAX 01631/564142; Tauchertraining, auch für Anfänger.

Kings Knoll Hotel, Dunollie Road, Oban PA34 5JH, ☎ und FAX 01631/566101; Januar bis Dez.; £ 20-30 B&B pro Pers.; im Norden an A85.

♦ **Guest House**: Mrs Clark, 5 High Street, Oban PA34 5DQ, ☎ 01631/564813; Januar bis Dezember; ab £ 12 B&B pro Pers.

Mehrere, z.B. Oban Caravan & Camping Park, Gallanachmore Farm, Gallanach Road, Oban PA34 4QH, ☎ 01631/562425, FAX 01631/566624; April bis Okt.; £ 6-7; 3 km südlich an Küstenstraße, Schild "Gallanach" folgen, schöne Lage am Meer; Caravanverleih: £ 130-250 wöchentl., bis 6 Pers.

Y.H., Corran Esplanade, ☎ 01631/562025; März bis Nov.; £ 6,20-7,55.

Edinburgh/Stirling/Glasgow/Inveraray/Tyndrum u.a.

Glasgow/Tyndrum; Preisbeispiele ☞ Reise-Infos von A bis Z, Reisen im Land.

Oban-Lismore Mo bis Sa zwei- bis dreimal tägl., ⌛ 50 Min.; Pers. £ 1,80, £ 17,90, £ 8,95, frei (alle einfach), Short Break Return Tickets: ⇔ Pers. £ 3, £ 30,50.

♦ Oban-Colonsay Mo/Mi/Fr einmal tägl., ⌛ ca. 2 Std; Pers. £ 7,65, ab £ 34,50, £ 17,25, £ 1 (alle einfach), Short Break Return: Pers. £ 13, ab £ 62.

♦ Oban-Islay (Port Askaig) Mi, ⌛ ca. 3½ Std.; Pers. £ 7,65, ab £ 34,50, £ 17,25, £ 1 (alle einfach), kein Short Break möglich.

♦ Oban-Craignure (Mull).

♦ Oban-Coll/Tiree Mo bis Mi/Fr/Sa einmal tägl., Coll ⌛ 3 Std., Tiree ⌛ 4¼ Std.; Pers. £ 9,15, ab £ 49,50, £ 24,75, £ 1 (alle einfach), Short Break: ⇔ Pers. £ 15,50, ab £ 89; auf diesem Schiff auch Tobermory (Mull) möglich, nur Pers., £ 7.

♦ Oban-Castlebay/Lochboisdale (Barra, South Uist) Mo/Mi bis Sa einmal tägl. Castlebay ⌛ 5 Std., Lochboisdale ⌛ 7 Std.; Pers. £ 15,95, ab £ 49,50, £ 24,75, £ 1 (alle einfach), Short Break Return, ⇔ Pers. £ 27,50, ab £ 89.

⌘ Bei einem Spaziergang entlang der Hafenpromenade kann man am North Pier das kleine Museum **A World in Miniature** besuchen, das im Verhältnis 1:12 Möbel, Werkzeuge, Musikinstrumente, Gemälde u.a. verkleinert zeigt.

Hoch über der Stadt steht die (zumindestens der Größe nach) hervorragendste Sehenswürdigkeit Obans: der dem römischen Kolosseum nachgebaute **McCaig's Tower**, der nach dem Bankier John Stuart McCaig benannt ist. Als drei Maurerfirmen Ende des vorigen Jahrhunderts wegen Auftragsmangels arbeitslos wurden, stellte der Bankier die Arbeiter - sozusagen als private Arbeitsbeschaffungsmaßnahme - auf eigene Kosten ein und ließ sich zwischen 1897 und 1900 diesen Turm errichten. Natürlich hatte McCaig auch den weithin sichtbaren Ruhm seiner Person im Sinn, aber als der Bankier starb, dachten die Erben gar nicht daran, den teuren Turm zu beenden und stoppten das Unternehmen noch vor der Fertigstellung.

Ob man den grauen Torso der Arbeitgeberinitiative gegen Arbeitslosigkeit nun mag oder nicht, von der erst 1983 angefügten Plattform zur Seeseite genießt man auf jeden Fall einen herrlichen Blick über Stadt und Hafen.

Mull, Iona und Staffa

Von Oban kann man einen Abstecher nach Mull, Iona und Staffa unternehmen. **Mull** ist mit 910 km² und ca. 2.900 Einwohnern die zweitgrößte Insel der Inneren Hebriden. Auch wenn die Ruhe und Beschaulichkeit ausstrahlende Insel mit dem **Ben More** einen Gipfel von 966 m besitzt, sind ihre Bergsilhouetten nicht ganz so spektakulär wie diejenigen von Skye. Dafür ist Mull aber bei weitem nicht so stark besucht und damit ein idealer Platz für Wanderer und Naturfreunde.

Zudem kann die Insel mit **Tobermory** (750 Ew.) einen der hübschesten Hafenorte Schottlands ihr eigen nennen.

Main Street, ☏ 01688/302182, FAX 01688/302145; Januar bis Dezember 10:00 bis 17:00 (Richtzeit).

Doktor, Tobermory Surgery, ☏ 01688/302013; Zahnarzt, ☏ 01688/302105.

Launderette, Main Street.

Mull Little Theatre, Dervaig, ☏ 01688/400267; Ostern bis September; Großbritanniens kleinstes professionelles Theater.

Back Brae Restaurant, Main Street.

Tobermory Golf Club, ☎ 01688/302020; Preise auf Anfrage.
Brown's Shop, Tobermory, ☎ 01688/302020; Angelscheine.
Seamore Diving, Seafare, Main Street, Tobermory, ☎ 01688/302277; Kurse für Anfänger und Fortgeschrittene.
Pedal Power, Eray Road & Main Street, Verleih bei Y.H..
Andrew Evans, Shepherd's Cottage, Dervaig, ☎ 01688/400209; Andrew hilft bei der Suche nach Adlern, Ottern und anderen Tieren.
♦ Wildlife Expeditions, Ulva House Hotel, Tobermory, ☎ 01688/302044; Landrover-Ausflüge, um Otter, Seehunde und Adler zu finden.
Lochside Ponies, Crannich, Aros, Isle of Mull, ☎ 01688/500206.
Sea Life Surveys, Dervaig, Isle of Mull PA75 6QL, ☎ und FAX 01688/400223, FAX 01688/400383; ganztägige Boottrips, Wal- und Delphinbeobachtung, Reservierung spätestens am Vortag.

Ach-na-Craoibh, Tobermory, Isle of Mull PA75 6PS, ☎ 01688/302301; Januar bis Dezember; £ 15-31 B&B pro Pers.; kleines Haus von 1830.
♦ **Guest House**: Sunart View Guest House, Eas Brae, Tobermory, Isle of Mull PA75 6QA, ☎ 01688/302439; Januar bis Dezember; £ 14-18 B&B; .
♦ **Cottage-Vermietung**: Bad-daraich Cottage, Tobermory, Isle of Mull PA75 6PR, ☎ und FAX 01688/302352; Januar bis Dezember; £ 150-290; bis 7 Pers.
Newdale Campsite, Newdale, Tobermory, ☎ 01688/302306; April bis November; £ 2,75-4; ca. 2 km in Richtung Dervaig, einfacher Platz auf Farm.
♦ **Caravanvermietung**: Mrs Irvine, Lochnameal Farm, Tobermory, Isle of Mull PA75 6QB, ☎ 01688/302364; April bis Oktober; ab £ 100, 2 bis 6 Pers.
Y.H., Main Street, ☎ 01688/302481; März bis September; £ 3,30-4.

Nach Dervaig/Fishnish und Craignure.
Tobermory-Kilchoan ca. 40 Min., 7mal täglich, So nur Juli/August 4mal; Pers. £ 2,90, £ 15,65, £ 7,85, £ 1 (alle einfach).
♦ Nur Personenfähre Mo bis Mi/Fr/Sa: nach Oban (£ 7 einfach), auch zu den Hebrideninseln Coll und Tiree.

Der Hauptort der Insel ist ein beliebter Hafen für Yachten und Segelboote, die dem ohnehin **pittoresken Hafenbild** mit seinen bunten Häusern noch mehr Charakter verleihen. Das schlägt sich natürlich auch auf das abendliche Publeben am Hafen nieder, in dem lokale Gemütlichkeit und seemännische Offenheit eine stimmungsvolle und sehr lockere Atmosphäre erzeugen. Das gilt besonders dann, wenn im Sommer das Mull-Musikfestival und im Juli die Highland Games abgehalten werden.

In der Bucht von Tobermory können Taucher eine spanische Galeone von 1588 suchen, eines der vielen Schiffe der mächtigen Armada, mit der die Spanier nach dem Tode von Maria Stuart England erobern wollten.

Wer nach Iona will, muß mit dem Bus erst nach **Craignure** (36 km von Tobermory, Fionnphort/Tobermory), wo man Anschluß nach Fionnphort/Iona hat. In Craignure kommt mit der Fähre von Oban der Großteil der Mull-Besucher an.

Craignure-Oban ca. 45 Min. pro Strecke, 4- bis 7mal täglich; Pers. £ 2,80, ab £ 18,85, ab £ 9,45, £ 1 (alle einfach); es gibt für Personen und Autos bei Hin- und Rückfahrt **4 Tage gültige Returntickets** (Short Break) zum ermäßigten Preis: Erw. £ 4,80, ab £ 32,50.

2 km hinter Craignure Richtung Fionnphort liegt an der A849 **Torosay Castle**, das 1858 im viktorianischen Stil nach Plänen von David Bryce erbaut wurde. Die Inneneinrichtung des Familienschlosses stammt aus dem 19. und 20. Jh. Höhepunkt ist der von Sir Robert Lorimer angelegte prachtvolle Terrassengarten, der 19 italienische Statuen von Antonio Bonazza enthält.

♦ April bis Oktober täglich 10:30 bis 17:30, Garten Januar bis Dezember bei Tageslicht; Erw. £ 3,50, Sen./Stud. £ 2,75, Kinder £ 1,50, nur Garten: Erw. £ 1,50, Sen./Stud./Kinder £ 1; nach Voranmeldung.

Nicht weit von hier befindet sich das **Duart Castle**, eine der besterhaltenen mittelalterlichen Burgen Schottlands. Das im äußersten Osten von Mull auf einer vorspringenden Halbinsel gelegene Castle datiert aus dem 13. Jh. und gehört dem Clan der MacLeans. Der älteste heute noch erhaltene Teil des Castles ist der um 1360 erbaute *Keep*.

Heute ist die Burg der Sitz von Sir Lachlan MacLean, der 28. Chief der MacLeans. Vom Burgwall hat man einen schönen Blick über Loch Linnhe und den Sound of Mull.

♦ Mai bis Oktober Mo bis Sa 10:30 bis 18:00; Erw. £ 3, Stud. £ 2,50, Sen. £ 2, Kinder £ 1,50, Familie £ 7,50.

Über die A849 erreicht man nach einer landschaftlich schönen Fahrt durch das Glen More **Fionnphort** (ca. 57 km von Craignure, , Craignure). Nachdem man den Wagen am Parkplatz abgestellt hat, ist man mit der Fähre in 10 Minuten auf der berühmten Insel **Iona**.

Fionnphort-Iona, fährt täglich häufig, So einstündiger Rhythmus 10:00 bis 17:00; £ 1, frei.

Hier landeten 563 dreizehn irische Mönche, unter ihnen der heilige Columban. Sie gründeten eine Abtei, die in den nächsten 200 Jahren zum Zentrum der irischen Mönchskirche wurde. Die religiöse Ausstrahlung des Klosters erstreckte sich über ganz Schottland und Nordengland, und selbst in Mitteleuropa tauchten bald iroschottische Mönche auf.

Die einfache Lebensweise der keltischen Mönche sowie eine überzeugend praktizierte Frömmigkeit unterschieden die keltische Mönchskirche von der an Macht und Ämtern orientierten Papstkirche in Rom. Die Bedeutung von Iona war so groß, daß sich bis ins 11. Jh. die schottischen Könige und viele Chiefs hier begraben ließen.

Die Katastrophe kam 795, als die Wikinger zum ersten Mal die Insel überfielen, die Mönche erschlugen und das, was sie nicht mitnehmen konnten, verbrannten. Zwar baute man das Kloster wieder auf, aber weitere Attacken der Nordmänner ließen schließlich die Energie erlahmen. Um 1100 lebte auf Iona kein Mönch mehr, und erst 1203 kam es durch die Hilfe von Reginald, dem Lord of the Isles (☞ Skye), zu einer Neuansiedlung von Benediktinermönchen und -nonnen. Auch diese mittelalterliche Gründung, deren Ruinen man noch sehen kann, zerfiel nach der Reformation.

Der Ruhm von Iona aber überlebte, und im 18. und 19. Jh. besuchten viele geschichtsbewußte Künstler den Ort, darunter auch Samuel Johnson, Sir Walter Scott und der Komponist Mendelssohn Bartholdy. 1693 wurden die Campbells, Herzöge von Argyll, die Besitzer der Insel, und 1899 übergab der 4. Herzog von Argyll die Ruinen einer Stiftung, The Iona Cathedral Trust, die bis 1910 die Kathedrale restaurierte und sich heute auch für die Pflege der anderen Gebäude einsetzt.

Als der 10. Herzog von Argyll 1978 die Insel für £ 3 Mio reichen Amerikanern zum Kauf anbot, um seine Erbschaftssteuer bezahlen zu können, reagierte der NTS mit einem landesweiten Spendenaufruf. Immerhin kamen rund £ 600.000 zusammen, aber die Gefahr, daß altes schottisches Kulturgut in die Hände barbarischer Kulturbanausen geraten könnte, war noch nicht abgewendet, denn 1,4 Mio fehlten ja noch. Die Rettung vor der drohenden nationalen Schande gebührt vor allem Sir Hugh Fraser, Lord Fraser von Allander und damaliger Besitzer des Kaufhauses Harrod's in London, der dem NTS quasi in letzter Minute eine Schenkung von £ 1,5 Mio überreichte. Daraufhin wurde Iona im Dezember 1979 vom schottischen Staatsminister dem NTS übergeben.

Wendet man sich vom Anlegesteg nach rechts, so kommt man zunächst zu den Ruinen der **Nunnery** (Frauenkloster) aus dem 13. Jh., die ebenso wie die benachbarte **St. Ronan's Church** von dem schon erwähnten Lord of the Isles, Reginald, gegründet wurde.

Schließlich erreicht man die von der Iona Community wiederaufgebaute **Iona Abbey**. Rechts vom Eingang sieht man die ebenfalls restaurierte kleine **St. Oran's Chapel** (12. Jh.), die heute das älteste Gebäude des Abteibezirks ist. Daneben liegt der **Reilig Odhrain**, der alte Friedhof, auf dem Könige und Chiefs begraben worden sind; nach der langen Zeit sind genaue Lokalisierungen der einzelnen Personen unmöglich geworden.

Die mittelalterlichen Grabsteine des Friedhofs befinden sich - soweit erhalten - im **Cloister** (Kloster, links von der Kirche), das auch über einen schönen, mit Doppelsäulen versehenen Kreuzgang verfügt (nur zwei der ursprünglichen Säulen sind noch erhalten). Geht man auf die Kathedrale zu, sieht man rechts das **St. Martin's Cross** (10. Jh.), eines jener frühchristlich-keltischen Kreuze, von denen Iona einige besitzt.

⌘ Dahinter - zwischen Kirche und Kloster - steht eine Replik des **St. John's Cross**, dessen Original aus dem 8. Jh. im **Infirmary Museum** (kleines Gebäude hinter dem Kloster) aufbewahrt wird. Da die Kathedrale wie auch die meisten anderen Gebäude erst Anfang dieses Jahrhunderts restauriert wurde, stellt vor allem der Besuch dieses Infirmary Museums mit seinen alten frühchristlichen Steinkreuzen (7. bis 9. Jh.) den Höhepunkt des Besuches dar.

Von Iona oder Fionnphort sollten Sie auf keinen Fall den Besuch der 9 km nördlich gelegenen Insel **Staffa** ( ) versäumen, deren berühmte Höhle **Fingal's Cave** erst 1772 entdeckt wurde.

Mehrere kleine Schiffe von Iona und Fionnphort, April bis Oktober (bei entsprechendem Wetter), in der Regel zweimal täglich 10:00 und 14:00; Erw. £ 8, Kinder £ 4; wetterfeste Kleidung mitnehmen!

Aufgrund der damaligen, vom Fälscher MacPherson ausgelösten keltisch-gälischen Renaissance (☞ Land und Leute, Kunst und Kultur, Literatur) gab man der riesigen Stabhöhle (dies ist die Bedeutung von "Staffa") den Namen "Fingal". Dies war der Name des Vaters von Ossian, jenem keltischen Barden, dessen Gedichte MacPherson wiedergefunden zu haben vorgab. Kein Wunder, daß alle Romantiker die Insel anpeilten, als sie nach Iona kamen: Queen Victoria und Prinz Albert, William Turner und Walter Scott, Wordsworth und Fontane, sie alle waren begeistert, und auch Mendelssohn Bartholdy ließ sich durch die schwankende Überfahrt keineswegs abschrecken und komponierte eine Hebridenouvertüre. Diese werden Sie auch hören, denn Ihr Fährmann wird beim Anlegen an den neugebauten Quay der Felseninsel rechtzeitig das Band abspielen, so daß man mit der richtigen Stimmung im Ohr links an der Felswand zum Eingang der Höhle eilt.

In der Tat ist der ganze Felsen eine phantastische Schöpfung der Natur, denn die Basaltschicht der Insel ähnelt einem riesigen Säulenwerk, dessen Stäbe aus dem Meer aufragen. In dieser Säulenwand befindet sich der kirchengroße Eingang zur Fingal's Cave, deren großartige Zapfendecke wohl das herausragende Charakteristikum ist.

Wenn danach die Zeit noch reicht (meist warten die Boote eine Stunde), kann am entgegengesetzten Ende der Insel den Papageitauchern und anderen Seevögeln nachgespürt werden.

Von Oban nach Inveraray

Die A816 führt von Oban am **Loch Feochan** vorbei nach Süden; nach 32 km erreicht man auf einer kleinen Halbinsel bei **Loch Melfort** den **Arduaine Garden**, in dem dank der geschützten Lage und des warmen Golfstroms u.a. Rhododendren, Azaleen und Magnolien gedeihen. Der schöne, von mehreren künstlich angelegten Teichen durchzogene 18 Morgen große Garten wurde nach 1900 von James Arthur Campbell angelegt; Unterstützung erfuhr er durch Oswood Mackenzie, der durch seine weit im Norden gelegene Anlage des Inverewe Garten berühmt geworden war (☞ Von Ullapool nach Ft. William).

♦ NTS, Januar bis Dezember täglich 9:30 bis Dunkelheit; Erw. £ 2, Sen./Kinder £ 1; ♿; ✕ im Hotel; Oban/Lochgilphead.

Nach ungefähr 5 km biegt rechts die B8002 nach **Ardfern** ab, von dessen Pier am Yacht Centre die **Kingfisher Cruises** ausgehen; die Boote unternehmen unterschiedliche Fahrten in die Inselwelt des **Sound of Jura** (auch ♿). Die billigste Variante ist eine 1½ Std. lange Fahrt durch das **Loch Craignish**, bei der Seehundbänke angesteuert werden.

♦ Erw. £ 8, Kinder (5 bis 14 Jahre) £ 4.

8 km weiter erreicht die A816 die B840, die am östlichen Rand des **Loch Awe** entlangführt (☞ Von Ft. William nach Oban).

Kurz hinter der Kreuzung steht das **Carnasserie Castle**, dessen wuchtige Ruine eine Mischung aus Turm- und Hallenhaus darstellt.

Nach 2 km kommt man zum kleinen Ort **Kilmartin** (, Oban/Lochgilphead), an dessen schön gelegenem Friedhof am Ende des Ortes sich eine Pause lohnt.

✞ In der 1835 erbauten Kirche werden heute mehrere mittelalterliche Steinkreuze aufbewahrt, deren älteste aus dem 9. und 10. Jh. datieren (April bis September täglich 9:30 bis 19:00). Sie standen früher auf dem Friedhof, auf dem es heute noch eine stattliche Anzahl an Kreuzen des 13. und 14. Jh. gibt. Erwähnenswert sind auch die eingerahmten Grabsteine der Malcolms von Poltalloch (Herren dieser Gegend seit dem 15. Jh.), die reich verziert sind.

Das Gebiet zwischen Kilmartin und dem Crinan Canal im Süden ist eine **archäologische Schatzkammer**, denn hier liegen mehrere prähistorische **Cairns** und **Steinkreise** der Bronze- oder jüngeren Steinzeit. Biegt man z.B. 1 km hinter der Kirche rechts nach Temple Wood ab, kommt man nach einem Cairn mit langgestreckter Kammer (3000 v.Chr.) zu den **Temple Wood Stone Circles**; der nördliche der beiden Steinkreise ist ca. 5.000 Jahre alt.

Zurück auf der Hauptstraße A816 biegt ca. 300 m weiter die B8025 nach **Crinan** ab, wo der gleichnamige Kanal inspiziert werden kann, der zwischen 1793 und 1801 gebaut wurde. Er verbindet Loch Fyne im Osten mit dem Sound of Jura im Westen und erspart über 15 Schleusen die langwierige Umrundung der Kintyre-Halbinsel. Auch der **Crinan Canal** wird heute - ähnlich wie der Caledonian Canal - meist nur noch von Yachten und Hobbyseglern benutzt.

Wer auf der A816 bleibt, kommt 6 km hinter Kilmartin zum frühmittelalterlichen **Dunadd Fort** (schlechte Zufahrtsstraße). Die auf einem Felsen liegende Festungsstätte war einer der Hauptorte des früh-schottisch-keltischen Königreichs von Dalriada, der ca. um 500 von Fergus MacErc (☞ Land und Leute, Geschichte) gegründet wurde. Außerhalb der Zitadelle findet sich ein Fußabdruck im Stein, der vielleicht den Krönungsort der Könige bezeichnet.

Die A816 endet nach weiteren 7 km in **Lochgilphead** (ca. 1.500 Ew., Oban/Glasgow/Inveraray/Campbelltown), wo der Crinan Canal das weit nach Norden reichende **Loch Fyne** erreicht. Von dort führt die A83 entlang des Ostufers des Loch Fyne in Richtung Inveraray.

⌘ Nach ca. 29 km erreicht man das **Auchindrain Highland Old Township**, wo man ein ganzes Hochlanddorf zum Open-air-Museum gemacht hat. Neben den hier weidenden Hochlandrindern hat man liebevoll mehrere Häuser, Scheunen, eine Schmiede und Ställe im Stil des späten 19. Jh. eingerichtet. Der gut ausgeschilderte Rundgang vermittelt eine Vorstellung von dem ehemals harten bäuerlichen Leben im Hochland.

♦ April bis September täglich 10:00 bis 17:00 (im April nicht Sa); Erw. £ 2,40, Sen. £ 1,90, Kinder (5 bis 15 Jahre) £ 1,60, Familie £ 7,40; Inveraray/Lochgilphead.

Von hier sind es noch 9 km bis Inveraray.

Inveraray

TIC, Front Street, ☎ 01499/302063, FAX 01499/302269; Januar bis Dezember 10:00 bis 17:00 (Richtzeit).

Inveraray Surgery, Church Square, ☎ 01499/302257.

☎ 01499/302222.

Inveraray Golf Club, 2 km südlich an A83, £ 10.

Bei informieren.

The George Hotel, Main Street.

Loch Fyne Hotel, Inveraray, Argyll PA32 8XT, ☎ 01499/302148, FAX 01499/302348; Januar bis Dezember; £ 25-33 B&B pro Pers.

♦ **Guest House**: Mrs MacLaren, Old Rectory, Inveraray, Argyll PA32 8UH, ☎ 01499/302280; Januar bis Dezember; £ 12-20 B&B.

Argyll Caravan Park, Inveraray, Argyll PA32 8XT, ☎ 01499/302285; April bis Oktober; £ 6-9; 4 km südlich an A83.

Y.H., Dalmally Road, ☎ 01499/302454; März bis Sept.; £ 4,30-5,25.

Glasgow/Oban/Campbeltown.

Der kleine Ort, der mit rund 600 Ew. statistisch eher als Dorf zu bezeichnen ist, liegt in herrlicher Lage auf einer kleinen Landzunge am **Loch Fyne**, dessen rundum bewaldete Hänge allein schon viele Urlauber anziehen. Zudem bietet der Ort mit seinen gepflegten weißen Häuschen selbst auch einen schönen Anblick, und drittens kann man hier das Castle - oder besser Schloß - des MacCailein Mór besichtigen. Dies ist der Hochlandname des Herzogs von Argyll, der zugleich Chieftain vom Clan Campbell ist.

Sicher haben Sie es an den Postanschriften und vielen Straßennamen schon bemerkt: der Name Argyll bezeichnet als geographischer Begriff das Gebiet zwischen Oban und Kintyre, er bezeichnet aber vor allem auch eines der wichtigsten schottischen Adelshäuser, dem man beim detaillierten Stöbern in der schottischen Geschichte immer wieder begegnet und das aus dem 13. Jh. stammt. Es waren u.a. die Campbells, die als Adlige im 16. Jh. dem Protestantismus den Weg bahnten, und sie waren es auch, die sich 1689 - gegen die Jakobiten - auf die Seite von Wilhelm von Oranien stellten und dafür 1701 den Herzogtitel erwarben.

Nur selten standen sie auf der Seite der Verlierer, so im 17. Jh. während der letzten Herrschaftsjahre der Jakobiten, als der 8. wie auch der 9. Graf von Argyll hingerichtet wurden. Dies tat der Größe des Namens Campbell keinen Abbruch, ganz im Gegensatz zu dem Ereignis von ☞ Glencoe, wo der Name einen empfindlichen und nachhaltigen Verlust an Ansehen hinnehmen mußte; getreu dem lateinischen Wappenmotto der Campbells *"Ne obliviscaris"* (Vergiß nicht!) soll hier auch das Unangenehme nicht unter den Tisch fallen.

Der dritte Herzog von Argyll, Archibald, begann im 18. Jh. mit dem Neubau nicht nur des Castles, sondern des ganzen Ortes, den er durch den Architekten Roger Morris 800 m nach Süden versetzen und in moderner, rechtwinkliger Form neu aufbauen ließ, was man dem adretten Städtchen heute noch ansieht.

Das **Inveraray Castle** liegt ungefähr 700 m nördlich des Ortes in einem schönen Park. Der Sitz des Herzogs von Argyll überrascht durch die perfekte rechtwinklige Symmetrie der Schloßmauern und ihrer Fassade, die durch die vier spitzen und schlanken Ecktürme noch unterstrichen wird. Die Architekten wollten mit geometrischer Harmonie einen Gegensatz zur wilden Landschaft bilden. Die Anlage wurde 1743 durch den Architekten Morris begonnen und 1788 nach Plänen von Robert Mylne beendet, wobei zwischendurch auch die Architektenfamilie Adams beteiligt war. Im Innern sind das **Gobelinzimmer** mit seinen Wandteppichen aus Beauvais, die Stuckarbeiten des **Staatsspeisesaals** sowie die Gemälde von Ramsay, Raeburn und Gainsborough hervorzuheben.

♦ 1. Sa im April bis 2. So im Oktober, April bis Juni/September/Oktober Sa bis Do 10:00 bis 12:30/14:00 bis 17:00 (So nur 13:00 bis 17:00), Juli/August tägl. 10:00 bis 17:00 (So 13:00 bis 17:00); Erw. £ 3,50, Sen. £ 2,50, Kinder £ 1,75, £ 9;.

Im winzigen Hafen des Ortes liegt das 1911 gebaute Segelschiff "**Arctic Penguin**", dessen Räume über die Seefahrt und Segel- bzw. Clipperschiffe des 19. Jh informieren. Vor allem die alten Fotos im kleinen Bordkino, die aus den 20er Jahren datieren, verdienen Beachtung.

♦ April bis Oktober tägl. 10:00 bis 18:00, November bis März tägl. 10:00 bis 17:00; Erw. £ 2,50, Sen. £ 2, Kinder £ 1,50, Familie £ 6,50.

Bei einem Spaziergang über die kurze, aber lebendige **Main Street**, deren weiße Häuser mit ihren schwarzumrandeten Fenstern und Türen einen hübschen Anblick bieten, kommt man am Church Square zum

Inveraray Jail. Das alte (1820) und neue (1848) Gefängnis geben einen Einblick in die fortschrittlichen Entwicklungen der Strafjustiz im 19. Jh.

♦ April bis Oktober tägl. 9:30 bis 17:00, November bis März tägl. 10:00 bis 16:00; Erw. £ 3,95, Sen. £ 2,50, Kinder £ 2, Familie £ 10,90.

Im Juli finden in Inveraray die **Highland Games** statt, die den Ort nicht nur für Einheimische der Umgebung, sondern auch für viele Touristen regelmäßig zum bevorzugten Anziehungspunkt machen.

Von Inveraray nach Glasgow

Zwischen dem Loch Fyne im Westen und dem Loch Long im Osten erstreckt sich die von vielen Seen, kleinen Inseln und Meeresarmen zergliederte Halbinsel **Cowall**, die wegen ihrer schönen Buchten und zahlreichen Wälder ein ideales Feriengebiet ist.

Vor dieser Halbinsel liegt, nur durch die wunderschönen Kyles of Bute getrennt, die Insel **Bute**, die zwar nicht so waldreich und idyllisch wie Cowall ist, aber dafür mit **Mount Stuart** eine fast schon ausgefallene, ja exotische Sehenswürdigkeit besitzt. Dieses erst 1995 der Öffentlichkeit zugänglich gemachte Haus des Marquis von Bute, das in einem 300 Morgen großen Park liegt, ist in seiner luxuriösen Innengestaltung einmalig. Der pompöse Marmorpalast ist für jeden eine staunenswerte Überraschung, wenn man gewillt ist, den Eintrittspreis zu zahlen ...

♦ Mai bis September Mo, Mi, Fr bis So 12:00 bis 16:30 (Gärten 11:00 bis 16:30); Erw. £ 5, Kinder £ 2,50, Familie £ 14.

Die A83 führt von Inveraray auf einer herrlichen Uferstrecke um das Nordende des Loch Fyne herum.

Noch einmal geht es in die Highlands hinauf, wo es der **Beinn Ime** auf 1.011 m Höhe bringt; die Straße überquert einen 260 m hohen Paß, der den sinnigen Namen **Rest and be thankful** hat (Ruh dich aus und sei dankbar); wie viele andere Hochlandstraßen wurde auch diese unter General Wade im 18. Jh. angelegt (☞ Land und Leute, Geschichte). Der Paß hatte in den frühen Tagen der Automobilentwicklung den Charakter einer Teststrecke, schafft er's oder schafft er's nicht, was sich heute auch noch einige Radfahrer fragen werden ...

Danach senkt sich die Straße durch das schöne **Glen Croe** - mehrere hübsche Kaskaden rechts und links - am Berg **The Cobbler** (881 m) vorbei zum **Loch Long** hinunter, nach dessen malerischen Umkurvung man den kleinen Ferienort **Arrochar** (18 km, 600 Ew., , beim 5 km entfernten Ardgartan, Glasgow/Inveraray/Oban) erreicht.

Nach nur 3 km endet die A83 bei **Tarbet** am Westufer des **Loch Lomond**, das - anders als das einsame Ostufer (Stirling und die Trossachs) - uneingeschränkt dem Tourismus gehört. Der mit ca. 40 km Länge und bis 8 km Breite größte Binnensee Großbritanniens wird oft auch als schönster See des Landes gepriesen, was vielleicht auch daran liegt, daß er mit seiner Nähe zu den Lowlands für viele, die nicht weit nach Norden kommen, schnell erreichbar ist. Von **Tarbet** (, Glasgow/Ft. William/Oban/Campbeltown, Glasgow/Oban) folgt die A82 dem Seeufer nach Süden.

Nach 16 km erreicht man das kleine **Luss** (400 Ew., , Glasgow u.a.), dessen gepflegte und mit Blumen geschmückte Steinhäuschen Idylle und touristischen Wohlstand verbreiten. Hier wird der See nun breiter und zugleich beginnt jener Abschnitt, in dem kleine Inseln die Seefläche auflockern und noch malerischer erscheinen lassen.

Nach 14 km hat man bei **Balloch** das flache Südende des Sees erreicht (20.000 Ew. mit dem südlich gelegenen Alexandria, , in Balloch teuer und oft voll, besser auf A811 Richtung Gartocharn fahren, dort schön gelegener , Orte der Umgebung, Glasgow).

Von hier kann man auch die einsamere Ostküste des Sees erreichen, indem man zunächst auf der A811 nach **Drymen**, dort links auf die B837 nach **Balmaha** (bis hierhin regelmäßiger von Balloch) und weiter bis nach **Rowardennan Lodge** ( ) fährt, wo man sich bereits im Trossachs-Gebiet und im **Queen Elizabeth Forest Park** befindet (Stirling und die Trossachs). Die Straße endet hier und der Rest der Ostküste ist nur per pedes zu erreichen.

Nur 6 km hinter Balloch erreicht die A82 **Dumbarton**, wo man endgültig das Industriegebiet des Clyde erreicht und dem auf einem vulkanischen Felsen gelegenen **Dumbarton Castle** einen Besuch abstatten kann. Der Ort ist seit Menschengedenken eine Festung gewesen; von hier wurde die fünfjährige Maria Stuart 1548 nach Frankreich gebracht, um nicht doch dem wütenden Werben des englischen Königs Heinrich VIII. zum Opfer zu fallen. Allerdings haben nur wenige Teile der mittelalterlichen Burg überlebt. Von der Festung hat man einen schönen Ausblick auf die Mündung des Clyde.

- HS, April bis Sept. Mo bis Sa 9:30 bis 18:30, So 14:00 bis 18:30, Okt. bis März 9:30 bis 16:00, So 14:00 bis 16:00; Erw. £ 1,50, Sen. £ 1, Kinder £ 0,75.

Von hier sind es noch 21 km bis zum Zentrum von Glasgow.

Ayrshire, Dumfries und Galloway

Der Südwesten des schottischen Festlands unterteilt sich in die beiden Regionen Ayrshire (im Norden) und Dumfries und Galloway (im Süden), wobei die letztere Bezeichnung als Doppelname für eine Region benutzt wird (Dumfries ist eigentlich der östliche, Galloway der westliche Teil). Es ist ein von Forst- und Landwirtschaft geprägtes Gebiet, wobei letztere vor allem an der flach und weitläufig wirkenden Südküste, erstere dagegen im hügeligen und nach Osten hin ansteigenden Landesinnern zu finden ist.

Dieses Gebiet wird von einem roten Faden durchzogen, der von Ayr bis Dumfries reicht: dem Leben von Robert Burns, dem schottischen Nationaldichter (☞ Land und Leute, Kunst und Kultur, Literatur), der der Region auch den Namen "**Burns Country**" gab.

Von Glasgow nach Ayr

Man verläßt Glasgow auf der Paisley Road (A737) und kommt nach ca. 10 km in den Ort **Paisley** (ℹ 🛏, 🚆 🚌 Glasgow), der im 19. Jh., als indische und orientalische Kleidungsstücke in Mode kamen, durch seine Schals bekannt wurde.

⌘ Über die Schals können Sie sich im **Paisley Museum & Art Galleries** in der High Street informieren, wo Ihnen in der Shawl Gallery die Herstellungstechniken und Muster erläutert werden. Das Museum enthält außerdem Ausstellungen zur lokalen Geschichte und eine Kunstgalerie (Van Velde, Raeburn, McTaggart).

♦ Mo bis Sa 🚪 10:00 bis 17:00; Eintritt frei.

♝ Ebenfalls berühmt ist die mächtige, 1928 restaurierte **Paisley Abbey**, die bereits 1163 gegründet wurde, nach der Zerstörung durch Eduard I. von England aber im 14. und 15. Jh. wiederaufgebaut werden mußte. Der Gründer der Abtei war Walter Fitzalan, der der erste Großhofmeister (Steward) Schottlands war; aus diesem Hause ging später die Dynastie der Stuart-Könige hervor.

Bemerkenswert sind die schönen Fenster, die prachtvolle, durch Bündelpfeiler strukturierte Chorwölbung sowie der renovierte Kreuzgang. In der Kirche befinden sich die Gräber von Prinzessin Marjory Bruce und König Robert III. sowie das Barochan Cross, ein 3 m hohes, verwittertes keltisches Kreuz aus dem 10. Jh. Außen ist an der Mauer des Hauptschiffs das romanische Portal erwähnenswert.

Erst hinter Paisley hört die dichte Bebauung des Glasgower Großraums auf und die leicht hügelige, von Landwirtschaft geprägte Gegend wird lieblicher. Nach ca. 15 km auf der A737 kann man hinter Castle Temple Loch rechts auf die A760 Richtung **Largs** abbiegen, wo man nach 20 km wieder die Küste am **Firth of Clyde** erreicht (🛈 🛏 ⛺, 🚌 Ayr/Glasgow/Gourock, 🚆 Glasgow/Paisley). **Largs** ist - wie auch Ardrossan, Saltcoats und Irvine - einer der angenehmen Strand- und Urlaubsorte, die mit Promenaden und Sandstränden im Sommer viele Touristen und Besucher aus dem Großraum Glasgow anziehen.

✝ Nicht weit von der Main Street und langen Promenade ist in der Bellman's Close die **Skelmorie Aisle** zu besichtigen, eine von außen unscheinbare Kapelle (ehemaliger Seitenflügel der 1802 zerstörten Parish Church), die 1636 errichtet wurde und eine wunderschön bemalte Holzdecke von 1638 und ein im italienischen Renaissancestil dekoriertes Grab des Erbauers - Sir Robert Montgomerie of Skelmorlie - besitzt.

♦ Juni bis August Mo bis Sa 🚪 14:00 bis 17:00, Schlüssel - falls geschlossen - im benachbarten kleinen **Largs Museum** abholen; Eintritt frei.

Neben der kleinen Kirche sind viele Grabsteine der einheimischen Brisbane-Familie zu sehen, nach der auch die australische Stadt Brisbane ihren Namen hat.

⌘ Schlendert man entlang der von Kiosken, Cafés und Grünanlagen gesäumten schönen Strandpromenade nach Norden, kommt man zum neuen **Víkingar Centre**, dessen mit großem audiovisuellen Aufwand betriebene Ausstellung (in etwas heroischer Tonlage) an die berühmte Schlacht von Largs 1263 erinnert, als der schottische König Alexander III. die Wikinger mit ihrem König Haakon entscheidend schlagen konnte. Drei Jahre später verzichteten die Norweger im Vertrag von Perth auf alle westlichen Inseln.

♦ 🚪 9:00 bis 18:00, Erw. £ 3,50, Sen./Stud./Kinder £ 2,50, Familie £ 9,50; ☕.

In Largs findet - passend dazu - im September das **Viking Festival** statt, das neben seinen keltischen *Ceilidhs* (Gesänge und Tänze) auch mit norwegischer Folklore aufwartet (☏ 01294/274166).

Vom Hafenpier nahe der Main Street kann man sich auf die Insel **Great Cumbrae** übersetzen lassen.

⛴ Largs-Cumbrae, ⌛ 15 Min., alle halbe Stunde, Pers. ⇔ £ 2,65, 🚗 ⇔ £ 11,35, 🏍 ⇔ £ 5,75, 🚲 ⇔ £ 2.

⌘ Man fährt nun auf der A78 nach Süden und erreicht nach 3 km links das schön gelegene **Kelburn Country Centre**, wo auf dem Sitz der Earls von Glasgow neben dem **Castle** aus dem 13. Jh. ein großes Farmmuseum mit Wanderwegen und Wasserfällen zu besichtigen ist.

♦ Ostern bis Oktober 10:00 bis 18:00, Erw. £ 3,50, Sen./Stud./Kinder £ 2; Castle-Führungen nur Juli/August 13:15 und 14:30, £ 1,50 zum normalen Eintrittspreis dazu; kostenloser -Service von Largs Station () 11:45 und 13:45 Juli/August tägl., April bis Juni am Wochenende; ♿ ✕; auch Reitschule und Ponys für Kinder.

Mit Blick auf die Insel Cumbrae führt die A78 an der **Hunterston Power Station** vorbei nach **Ardrossan** (17 km, , , Largs/Ayr, Glasgow/Paisley), das eine Fährverbindung zur Ferieninsel **Arran** unterhält.

Ardrossan-Brodick (Arran), ⧗ 1 Std., 3- bis 6mal tägl., Pers. £ 3,40, ab £ 18,85, £ 9,45, £ 1 (alle einfach); Short Break Return: Pers. ⇔ £ 5,80, ⇔ ab £ 33.

Weiter geht es am langen Sandstrand von **Saltcoats** (, Ayr/Ardrossan) vorbei nach **Irvine** (△, Ardrossan/Ayr). Von hier passiert man auf der A78 den Transatlantikflughafen **Prestwick** und erreicht nach 25 km Ayr.

Ayr

Ayrshire Tourist Board, Burns House, Burns Statue Square, Ayr, ☏ 01292/262555, FAX 01292/269555; Januar bis Dez. 9:15 bis 17:00 (Richtzeit).

Ayr Hospital, ☏ 01292/610555.

King Street, ☏ 01292/266966.

BANK Sandgate.

Wonderwest World, Dunure Road.

Ayr Sea Angling Centre, 10 Britannia Place, ☏ 01292/285297; Hochseefischen.

Ayrshire Equitation Centre & Riding School, Castlehill Stables, Hillfoot Road, ☏ 01292/266267, FAX 01292/610323.

♦ Ayr Racecourse, 2 Whitletts Road; bekannte Pferderennbahn.

Belleisle Golf Course, Doonfoot Road, ☏ 01292/441258.

Borderline Theatre, North Harbour Street, ☏ 01292/281010.

✕ The Boathouse, 4 South Harbour St., gehobenes Restaurant.

Lochinver Private Hotel, 32 Park Circus, Ayr KA7 2DL, ☏ 01292/265086; Januar bis Dezember; ab £ 15 B&B pro Pers.

♦ **Guest House**: Mrs Coles, 18 Ashgrove Street, Ayr KA7 3AQ, ☏ 01292/280331; Januar bis Dezember; £ 14-16 B&B pro Pers.

♦ Mrs Horn, 9 Midton Road, Ayr KA7 2SE, ☏ 01292/288473; Januar bis Dezember; ab £ 14 B&B.

Heads of Ayr Leisure Park, ☏ 01292/442269; 8 km südlich an A719 am Meer; März bis November; £ 7-11.

Y.H., 5 Craigweil Road, ☏ 01292/262322; März bis Oktober; £ 5,70-6,75.

Taxi: ☏ 01292/267655.

Budget Rent-a-Car, 196 Prestwick Road, ☏ 01292/264087, FAX 01292/611419.

Glasgow/Largs/Mauchline/Dumfries/Stranraer.

Glasgow/Paisley/Stranraer.

Die ca. 55.000 Ew. zählende Stadt ist aufgrund ihres 3 km langen Sandstrandes und ihrer hervorragenden Freizeitmöglichkeiten im Sommer ein weithin beliebter Urlaubsort. Zugleich eignet sich die Stadt auch als Standbein für die vielen Sehenswürdigkeiten der näheren Umgebung.

Nahe dem Tourist Office und Bahnhof liegt der **Burns Statue Square**, der seinen Namen nach der Statue des beliebtesten schottischen Dichters hat (☞ Land und Leute, Kunst und Kultur, Literatur). Folgt man nun der High Street, sieht man rechts den 30 m hohen neugotischen **Wallace Tower**, der von 1834 stammt. Ein Stück weiter steht die **Auld Kirk** von 1654, in der Burns getauft wurde; von ihrem Friedhof am River Ayr kann man die nicht weit entfernte **Auld Brig** (Old Bridge) sehen, die von 1491 datiert und nach ihrer Renovierung 1910 heute nur noch Fußgängern vorbehalten ist.

⌘ Die wichtigsten Sehenswürdigkeiten liegen aber außerhalb der Stadt. 3 km südlich des Stadtzentrums im heutigen Vorort **Alloway** steht an der B7024 das strohgedeckte **Burns Cottage**, in dem am 25.1.1759 Robert Burns geboren wurde. Das kleine Cottage, das die typischen Lebensbedingungen eines kleinen Farmers dieser Zeit verdeutlicht, wurde von William Burnes, dem Vater (das "e" im Namen wurde später weggelassen), mit eigenen Händen erbaut. Der junge Robert verbrachte hier die ersten sieben Jahre seines Lebens, bevor die Familie 1766 auf eine Farm bei Mount Oliphant zog. In dem dazugehörigen Museum sind kleinere Andenken, Briefe und Manuskripte des späteren Dichters zu sehen.

♦ November bis März Mo bis Sa 10:00 bis 16:00, April/Mai/September/Oktober Mo bis Sa 10:00 bis 17:00 (So 14:00 bis 17:00), Juni bis August Mo bis Sa 9:00 bis 18:00 (So 10:00 bis 18:00); Erw. £ 2,50, Sen./Kinder £ 1,25, Familie £ 4; ♿ ☕.

⌘ Ungefähr 500 m weiter auf der gleichen Straße erreicht man das neue Heritage Centre des **Tam o' Shanter Experience**, dessen Name schon auf das berühmteste Gedicht von Robert Burns hinweist. Im Filmtheater des Centre wird Ihnen die Geschichte von Tam (Tom) aufs lebhafteste und reimvollendet vor Augen geführt: Der gutmütige Bauer und Zecher Tam o' Shanter verläßt eines Abends spät die Kneipe und sieht durch die Fenster der nahe gelegenen Alloway Kirk ein wüstes Gelage von Hexen und Teufeln. Unter all den greulichen Gestalten entdeckt Tam plötzlich ein kurzberocktes hübsches Mädchen; hingerissen von ihrem Tanz, applaudiert der angetrunkene Tam lauthals, worauf mit einem Schlag der Spuk erlischt und sich die ganze Teufelsbande hinter den auf seinem Gaul Maggie fliehenden Tam hermacht.

In höchster Not erreicht der Fliehende die Brig o' Doon, eine kleine Brücke über den Doon, weiß er doch, daß Hexen nicht übers Wasser folgen können. In letzter Sekunde - die arme Maggie muß ihren Schweif den nahen Händen der Hexen überlassen - überspringen Pferd und Reiter den Fluß.

♦ April bis Juni 9:00 bis 18:00, Juli/August 9:00 bis 20:00; Erw. £ 2,50, Kinder £ 1,25, Familie £ 6; ♿ ✕.

✝ Nach dem teuflischen Ritt können Sie den Ort des Höllengelages in allernächster Nähe selbst besichtigen, denn die kleine **Alloway Auld Kirk** - schon zu Burns Zeiten eine Ruine - steht nur wenige Meter auf der anderen Straßenseite entfernt. Hier liegt auch der Vater von Burns begraben.

Von hier ist es nicht mehr weit zum **Burns Monument**, das 1823 im Stil eines griechischen Rundtempels errichtet wurde und einige Andenken an den Dichter enthält, darunter auch eine Locke der Highland Mary aus Dunoon, die vor der geplanten Hochzeit starb. In einem kleinen Pavillon des Gartens kann man die Statuen von Tam und Souter Johnnie sehen. Hinter dem Gedichthelden Tam verbirgt sich der Farmer und Schmuggler Douglas Graham (1738-1811), der Pächter von Shanter bei Kirkoswald war und den Robert Burns mit 17 Jahren bei mehreren Zechereien zusammen mit dem Schuhmacher John Davidson (Souter Johnnie) schätzengelernt hatte. Beide Figuren flossen in das Gedicht *Tam o'Shanter* ein.

Jenseits des Gartens sieht man die **Brig o' Doon** aus dem 13. Jh., wo Tams Pferd Maggie ihren Schweif den Höllenmächten überlassen mußte.

⌘ Ein kleiner Ausflug führt über die B743 zum 11 km entfernten **Tarbolton** (Ayr/Mauchline), wo im Dorf der **Bachelor's Club** an den Dichter erinnert.

♦ NTS, April bis Oktober 13:30 bis 16:30, Erw. £ 1,50, Sen./Stud./Kinder £ 0,80, Familie £ 4,20.

Hier gründete der 21jährige Robert 1780 einen Junggesellenclub, der außer ihm noch aus seinem Bruder und fünf anderen jungen Männern bestand. Von nun an trafen sich die Herren einmal in der Woche, um ein Thema ihrer Wahl zu debattieren; gutes Benehmen und Achtung vor dem weiblichen Geschlecht gehörten zu den Regeln des Clubs.

Übrigens, die erste Debatte hatte folgendes Thema: Angenommen ein junger armer Farmer hat die Möglichkeit, zwischen zwei Frauen zu wählen, die eine reich, aber weder hübsch noch anregend in der Unterhaltung, die andere ohne einen Penny, aber von anmutiger Gestalt und ansprechendem Wesen, welche der beiden sollte er heiraten?

Ich bin sicher, die 11 km zurück nach Ayr werden Ihnen ausreichen, um die Frage zu beantworten ...

Von Ayr über Stranraer nach Dumfries

Man verläßt Ayr über die A77 oder B7024 nach Süden; beide Straßen führen zum 15 km entfernten **Maybole** (Ayr).

3 km hinter dem Ort liegt an der A77 die sehenswerte Ruine der **Crossraguel Abbey**, die unter Alexander II. 1244 gegründet wurde und bis zur Reformation von Benediktinermönchen geleitet wurde.

♦ HS, April bis September 9:30 bis 18:30, So 14:00 bis 18:30; Erw. £ 1,20, Sen./Kinder £ 0,75.

Nach weiteren 3 km hat man **Kirkoswald** erreicht, wo die strohgedeckte Hütte des Schuhmachers John Davidson steht, der als Souter Johnnie im Gedicht *Tam o' Shanter* von Burns verewigt wurde. Vereint zu fröhlicher Runde, sind in der **Souter Johnnie's Cottage** die lebensgroßen Steinfiguren von Souter, Tam, dem Wirt und seiner Frau zu sehen.

♦ NTS, April bis Oktober 13:30 bis 17:00; Erw. £ 1,50, Sen./Stud./Kinder £ 0,80, Familie £ 4,20; Ayr.

Bei Kirkoswald führt rechts eine kleine Straße zur A719 (1 km), auf der man rechts nach 2 km eines der Great Houses von Schottland, das **Culzean Castle**, erreicht. Das prächtige, von Robert Adam zwischen 1777 und 1792 entworfene Castle steht inmitten eines herrlichen Parks direkt über den Klippen am Meer.

Es gehörte bis 1945 der Kennedy-Familie, die seit dem 13. Jh. in Schottland eine hervorragende Rolle spielte und auch mit dem Königshaus verwandt war. Als Earls von Cassilis und spätere Marquis von Ailsa traten die Familienmitglieder über Jahrhunderte immer wieder in wichtigen politischen und religiösen Funktionen hervor; ein Kennedy kämpfte mit Jeanne d'Arc gegen die Engländer, ein anderer vermittelte die Heirat zwischen Maria Stuart und dem französischen Thronfolger (und wurde wahrscheinlich prompt dafür vergiftet), und wieder ein anderer Kennedy war Bischof von Dunkeld und St. Andrews.

Sir Thomas Kennedy, der 10. Earl von Cassilis, beauftragte 1775 den vielgefragten Architekten Robert Adam mit der Erweiterung des um 1590 erbauten L-Turms, der bisher das Culzean-Anwesen ausmachte. Adam schuf in 15 Jahren ein Meisterwerk, wobei er nicht nur die Anlage selbst, sondern auch die gesamte Inneneinrichtung und die Gärten entwarf.

Zu den Höhepunken gehören die **Oval Staircase** (das ovale Treppenhaus), die Chippendale-Möbel des **Dining Room** sowie die Stukkaturen, Friese und Deckenmedaillons des **Salons** und des runden **Drawing Room**, die alle vom NTS sorgfältig restauriert wurden. Als Charles Kennedy 1945 das Castle dem NTS übergab, erfolgte dies unter der Bedingung, daß die obere Etage stets für hochgestellte und wichtige Personen zu reservieren sei.

Ein erster unter den Auserwählten war General Eisenhower, dem ein lebenslanges Wohnrecht und heute eine kleine Ausstellung eingeräumt wurde. Auch Sie können die Eisenhower-Suite im privaten Teil des Castles bewohnen, nur lumpige £ 1.250 pro Nacht müssen Sie dafür bezahlen. Sie können dann abends im umliegenden, 563 Morgen großen **Culzean Country Park** ganz allein spazierengehen, der 1969 eingerichtet wurde und dessen Schwanenteich (Swan's Pond), Rotwildgehege und Wanderwege normale Sterbliche nur bei Tageslicht erkunden …

♦ NTS, April bis Oktober 🕒 10:30 bis 17:00, der Country Park ist auch November bis März von 9:00 bis Sonnenuntergang geöffnet; Erw. £ 5,50, Sen./Stud./Kinder £ 3, Familie £ 15; ♿ teilweise; ✕; 🚌 Ayr/Girvan.

🛏 Unterkunft ☞ Reise-Infos von A bis Z, Unterkunft, oder direkt: ☎ 01655/760274, FAX 01655/760615)

Entlang des Meeres, wo man den einsamen, wie aus den Tiefen emporgewuchteten Granitfelsen **Ailsa Craig** (🐦) erkennen kann, geht es durch eine leicht gewellte Küstenlandschaft über das 15 km entfernte Städtchen **Girvan** (9.000 Ew., ℹ 🛏, 🚆 🚌 Stranraer/Ayr) weiter zum südwestlichen Hauptort von Galloway, dem Fährhafen **Stranraer** (48 km von Girvan, ca. 11.000 Ew.).

ℹ 1 Bridge Street, ☎ 01776/702595; Ostern bis Oktober 🕒 10:00 bis 17:00 (Richtzeit).

⊞ Hospital, Dalrymple Street, ☎ 01776/702323; Zahnarzt, ☎ 705353.

☏ 01776/702112.

Charlotte/George Street.

The Ryan Centre, Fairhurst Road, auch Sauna und Sports Centre.

Wigtown District Council Leisure Office, Church St., ☏ 01776/702151, erteilt alle Auskünfte übers Fischen.

Creachmore, ☏ 01776/870245, ab £ 16 pro Runde.

Arkhouse Inn, 17-21 Church Street, Stranraer DG9 7JG, ☏ 01776/703161, FAX 01776/702616; Januar bis Dezember; £ 20-25 B&B pro Pers.

♦ **Guest House**: Jan da Mar Guest House, 1 Ivy Place, London Road, Stranraer DG9 8ER, ☏ 01776/706194; Januar bis Dezember; £ 13-18 B&B pro Pers.

Aird Donald Caravan Park, ☏ 01776/702025; Januar bis Dezember; £ 7-8.

Ayr/Glasgow/Portpatrick/Dumfries.

Ayr/Glasgow.

Stranraer-Larne (Nordirland), 2½ Std., bis 10mal tägl., Pers. DM 50, (inklusive Fahrer) ab DM 160, (inklusive Fahrer) ab DM 100, alle Preise einfache Fahrt und Nebensaison!

Die Kleinstadt ist nicht nur wegen ihrer Fährverbindung nach Irland, sondern auch als Ausgangspunkt für Ausflüge in die einem Hammer ähnelnde Halbinsel **Rinns of Galloway** von Bedeutung.

Dort beginnt in **Portpatrick** (, Stranraer) der **Southern Upland Way** (☞ Reise-Infos von A bis Z, Wandern), der über den **Galloway Forest Park** und die Borders bis nach Berwickshire geht und der einzige Wanderweg Großbritanniens ist, der West- und Ostküste verbindet.

Auf der A75 erreicht man 5 km westlich von Stranraer die **Castle Kennedy Gardens**, die sich in herrlicher Lage zwischen zwei Lochs erstrecken, an denen die Ruine des **Castle Kennedy** (14. Jh.) und das privat bewohnte **Lochinch Castle** stehen; die Gärten, die teilweise bereits im 18. Jh. angelegt wurden, sind besonders wegen ihrer Rhododendren und Azaleen berühmt.

♦ April bis September 10:00 bis 17:00; Erw. £ 2, Sen. £ 1,50, Kinder £ 1, frei; ; Stranraer.

10 km weiter hat man den kleinen Ort **Glenluce** erreicht, wo 2 km nördlich die ausgedehnte und sehenswerte Ruine der **Glenluce Abbey** zu besuchen ist. Sie wurde 1192 von Roland, Lord of Galloway, gegründet und von Zisterziensermönchen bewohnt. Von ihnen soll der poetische Name des Tals "Vallis lucis" (Tal des Lichts - Glen-luce) stammen. Der

Höhepunkt des Ruinenumgangs ist der schön gewölbte Kapitelsaal (Chapter House), der von einer zentralen Säule gestützt wird.

♦ HS, April bis September 9:30 bis 18:30, So 14:00 bis 18:30, Oktober bis März nur Sa 9:30 bis 16:00 und So 14:00 bis 16:00; Erw. £ 1,20, Sen./ Kinder £ 0,70; Stranraer.

Die Abtei liegt an dem mittelalterlichen Pilgerweg nach Whithorn, dem der Autofahrer von heute ungefähr folgt, wenn er 2 km hinter Glenluce rechts auf die A747 abbiegt. Man fährt nun über das flache Marsch- und Weidegebiet der **Machars-Halbinsel** immer entlang der meist von Stein- oder Kieselstränden gesäumten Küste nach **Port William** (22 km, , Whithorn/Stranraer/Newton Stewart). 2 km weiter liegen nicht weit von der Straße die Reste des **Barsalloch Fort**, einer steinzeitlichen Hügelfestung. Vorbei am Sandstrand der **Monreith Bay** hält sich die A747 nun zwischen idyllischen, von hübschen Steinmauern eingezäunten Weiden etwas landeinwärts.

Es sind noch ca. 17 km bis **Isle of Whithorn** (, Stranraer/ Whithorn), ein kleiner Fischer- und Yachthafen an der Spitze der Halbinsel.

✞ Am Ende der Hafenpier kann man hinter dem Gatter zur kleinen **St. Ninian's Chapel** gehen, deren Ruine aus dem 13. Jh. stammt und den mit dem Schiff ankommenden Pilgern als erster Gebetsort auf ihrem Weg nach Whithorn diente.

Das letzte Ziel all dieser Pilger war **Whithorn**, das man auf der B7004 nach 5 km erreicht (Stranraer/Newton Stewart). In dem kleinen verschlafenen Ort befindet sich die **Whithorn Priory**, an deren Stelle St. Ninian im Jahre 397 die erste christliche Kirche Schottlands gegründet haben soll, die sogenannte Candida Casa, von der selbst nichts mehr erhalten ist. Die heutige Ruine stammt in ihren frühesten Teilen aus dem 12. Jh. Whithorn war im Mittelalter einer der wichtigsten Pilgerziele Britanniens, und noch König Jakob IV. ließ es sich nicht nehmen, den Schrein des heiligen Ninian jedes Jahr zu besuchen.

⌘ Im angeschlossenen **Whithorn Museum** sind christliche Kreuzsteine der frühchristlichen Zeit zu sehen, unter ihnen der Barrovadus-Stein aus der Mitte des 5. Jahrhundert. Um das Gelände der Priory sind seit 1986 Archäologen mit Ausgrabungen beschäftigt (**Whithorn Dig**), die auch heute noch von Juni bis September hier auf Sensationen hoffen;

man kann bei seinem Rundgang den Wissenschaftlern und ihren Helfern beim Arbeiten zusehen und sich im nahen **Whithorn Discovery Centre** über die frühchristliche Bedeutung des Ortes und die Arbeit der Wissenschaftler informieren.

♦ April bis Oktober 10:30 bis 17:00; Erw. £ 2,70, Sen./Stud./Kinder £ 1,50, Familie £ 7,50.

⌘ Von Whithorn führt die A746 zum 19 km nördlich gelegenen **Wigtown** (Newton Stewart/Whithorn), wo das kleine **Wigtown Museum** an Margaret Willson und Margaret Lauchleson erinnert, die sich 1685 hier weigerten, ihrem protestantischen Glauben abzuschwören. Daraufhin banden königliche Dragoner die beiden Frauen, die eine 18, die andere 63 Jahre alt, an einen Pfahl in der Wigtown Bay fest, wo sie von der Flut ertränkt wurden.

♦ Neben der Kirche, Juni bis September Mo bis Fr 14:00 bis 16:00; Eintritt frei.

Nach 10 km hat man die - nach den einsamen Machars - lebendig wirkende Kleinstadt **Newton Stewart** (3.500 Ew.) erreicht, die zwar selbst außer einem kleinen Lokalmuseum (York Road) nicht viele Sehenswürdigkeiten zu bieten hat, aber ein idealer Standort für Ausflüge in den Galloway Forest Park ist.

Dashwood Square, ☎ 01671/402431; Ostern bis Oktober 10:00 bis 17:00 (Richtzeit).
Minnigaff Health Centre, ☎ 01671/402198; Zahnarzt, ☎ 402428.
Arthur Street, ☎ 01671/402100.
Queen Street.

Newton Stewart Angling Association, ☎ 01671/402193.
Newton Stewart Golf Club, Kirroughtree Avenue, ab £ 17.
Forestry Commission, Creebridge, Newton Stewart, ☎ 0671/402420; Tips, Routen und Infos über Galloway Forest Park, ☞ auch .

Glencairn Hotel, Newton Stewart, Wigtownshire, ☎ 01671/402355; Januar bis Dezember; £ 16-20 B&B pro Pers. (nur DZ).
♦ **Guest House**: Mrs Dickson, Kilwarlin, Corvisel Road, Newton Stewart DG8 6LN, ☎ 01671/403047; April bis Oktober; £ 13,50-14 B&B pro Pers.
Three Lochs Holiday Park, Kirkcowan, ☎ 01671/830304; Ostern bis Oktober; £ 7-8,50; 10 km westlich an A75.
Y.H., Minnigaff, ☎ 01671/402211; April bis September; £ 4,30-5,25.

Whithorn/Stranraer/Glen Trool/Dumfries u.a.

Im Norden von Newton Stewart erstreckt sich der 400 m² große **Galloway Forest Park**; das Gebiet ist hügelig bis gebirgig, wobei der **Merrick** mit 843 m die höchste Erhebung darstellt. Viele Wander- und

Fahrradwege gehen durch das Gebiet. Ein Ausflug von Newton Stewart in den Park führt zunächst über die A714, von der rechts eine kleine Straße zum **Glen Trool** (Visitor Centre mit -Infos) und weiter zum **Loch Trool** abzweigt (21 km). Von einem Hügel am Ende der Straße hat man einen schönen Blick auf den See; in der Nähe steht der **Bruce's Stone**, der an den ersten Sieg des großen schottischen Königs über die Engländer an dieser Stelle im Jahre 1304 erinnert.

Von Newton Stewart führt die A75 mit sehr schönen Ausblicken über die Wigtown Bay an der Ruine des **Carsluith Castle** (16. Jh.) vorbei zum ca. 20 km entfernten **Cairn Holy**, wo zwei neolithische Begräbnisstätten zu besichtigen sind.

Etwas besser erhalten als das Carsluith Castle ist das **Cardoness Castle** 7 km weiter, dessen vierstöckiges Turmhaus aus dem 15. Jh. noch die Treppe, Steinbänke und Kamine dieser Zeit enthält und außerdem vom Turm einen schönen Ausblick über die Fleet Bay gewährt.

♦ HS, April bis September Mo bis Sa 9:30 bis 18:30, So 14:00 bis 18:30, Oktober bis März Sa 9:30 bis 16:00, So 14:00 bis 16:00; Erw. £ 1,20, Sen./Kinder £ 0,75; Newton Stewart/Kirkcudbright.

⌘ Nur 2 km sind es von hier bis zum kleinen Ort **Gatehouse of Fleet** (, Newton Stuart/Kirkcudbright/Dumfries), wo in der High Street das **Mill on the Fleet Museum** steht. In der renovierten Baumwollspinnerei des 18. Jh. wird den Besuchern in anschaulicher Weise einiges über die soziale und wirtschaftliche Geschichte der Region sowie über die Arbeitsweise einer wasserbetriebenen Spinnerei vermittelt.

♦ April bis Oktober 10:00 bis 16:30; Erw. £ 2,75, Sen. £ 1,25, Stud./Kinder £ 1,25, Familie £ 7; .

Wer hier auf der A75 bleibt, kann über **Castle Douglas** (24 km,) schnell Dumfries erreichen (insgesamt 52 km).

Wer diesen Weg wählt, sollte das ca. 3 km westlich von Castle Douglas gelegene **Threave Castle** besuchen, eine selbst im Ruinenzustand eindrucksvolle, fünfstöckige Turmburg, die 1369 von Archibald Douglas, genannt "the Grim" (der Grimmige), errichtet wurde. Den vertrauensvollen Beinamen erwarb sich der Lord von Galloway wahrscheinlich deshalb, weil er im Auftrag von David II. das ständig von Fehden heimgesuchte Gebiet zu befrieden versuchte (soweit man damals überhaupt für schottische Regionen von Befriedung reden kann).

Als die Douglas-Familie im 15. Jh. dem König zu mächtig wurde, bewirkte dieser mit skrupellosen Mitteln ihren Fall (Anklage wegen Hochverrat). Threave Castle war die letzte Burg, die die einst so mächtige Douglas-Familie 1455 an Jakob II. übergeben mußte.

Die Ruine liegt von schönen Weiden umgeben auf einer Insel im Dee, ein Glöckchen hilft Ihnen, den Fährmann zu rufen. Interessant ist, daß das Eingangsportal zum Turm in Höhe des ersten Stocks lag und nur über eine einziehbare Holzleiter zu erreichen war.

♦ HS, April bis September Mo bis Sa 9:30 bis 18:30, So 14:00 bis 18:30; Erw. £ 1,50, Sen. £ 1, Kinder £ 0,75.

Die **Threave Gardens**, die im Süden der A75 Richtung Castle Douglas liegen, gehören dem NTS. Das 24 Hektar große Anwesen besitzt mehrere unterschiedliche Gartentypen (Steingarten, formaler Garten, Arboretum, Heidegarten). Er ist vor allem im Frühjahr, wenn seine über 200 verschiedenen Narzissenarten blühen, besuchenswert.

♦ NTS, Visitor Centre April bis Oktober 9:30 bis 17:30; Garten: Januar bis Dezember 9:30 bis Sonnenuntergang; Erw. £ 3,50, Sen./Stud./Kinder £ 1,80, Familie £ 9,70; ♿ ☕.

Abgesehen von diesen Sehenswürdigkeiten ist aber von Gatehouse of Fleet der längere Küstenweg nach Dumfries entschieden vorzuziehen. Dafür fährt man zunächst auf der A755 zum an der gleichnamigen Bucht gelegenen **Kirkcudbright** (ca. 3.500 Ew., Dumfries/ Newton Stewart), ein sympathisches, hübsches Hafenstädtchen, das seit 1880 besonders bei Künstlern großen Zuspruch gefunden hat und heute noch mit vier Galerien an diese Zeit erinnert.

Vom Parkplatz am Hafen () mit seinen kleinen Fischerbooten ist es nicht weit zum **MacLellan's Castle**, einer L-förmigen Turmburganlage, die sich der Provost (Bürgermeister) von Kirkcudbright, Sir Thomas MacLellan of Bombie, 1577 als Stadtwohnung erbaute.

♦ HS, April bis September Mo bis Sa 9:30 bis 18:30, So 14:00 bis 18:30, Oktober bis März nur Sa 9:30 bis 16:00, So 14:00 bis 16:00; Erw. £ 1,20, Sen./Kinder £ 0,75.

Man verläßt den Ort im Süden auf der A711 und kommt durch eine liebliche Hügellandschaft nach ca. 10 km zu der sehr sehenswerten und herrlich gelegenen Ruine der **Dundrennan Abbey**. Die 1142 unter David I. errichtete Zisterzienserabtei soll der Ort gewesen sein, an dem Maria Stuart am 15.5.1568 nach der verlorenen Schlacht von Langholm

(☞ Land und Leute, Geschichte) ihre letzte Nacht auf schottischem Boden verbrachte, bevor sie nach England floh.

Obwohl von der Abtei hauptsächlich nur noch die beiden Querschiffe stehen, besitzt die Ruine mit ihren hohen gotischen Portalen, Säulen und Bögen einen außergewöhnlichen Charme. Dieser Eindruck entspringt nicht zuletzt auch der geradezu idyllischen Lage der Ruine, deren schlanke, braune Silhouette friedlich mit den grünen, sanften Hügeln und Weiden der Umgebung zusammenpaßt.

Wer das Glück hat, die Abtei im klaren Licht der späten Nachmittagssonne zu sehen - der rote Sandstein leuchtet dann richtig -, wird mir zustimmen, daß sich Dundrennan in seiner romantischen Ausstrahlung ohne weiteres mit den großen Borders-Abteien (☞ Die Scottish Borders) vergleichen lassen kann.

♦ HS, April bis September Mo bis Sa 9:30 bis 18:30, So 14:00 bis 18:30, Oktober bis März nur Sa 9:30 bis 16:30 und So 14:00 bis 16:30; Erw. £ 1,20, Sen./Kinder £ 0,75; 500 Dumfries/Kirkcudbright.

Von hier sind es auf einer landschaftlich schönen Strecke noch ca. 11 km, bis man den etwas abseits der A711 stehenden **Orchardton Tower** aus dem 15. Jh. erreicht, der als Rundturm eine einmalige Rarität in Schottland darstellt, da dieser Bautyp doch eher nach Irland gehört.

Nach 8 km biegt man kurz vor **Dalbeattie** (, Kirkcudbright/Dumfries) auf die A710 ab. Durch den Dalbeattie Forest und entlang der **Sandyhills** und **Carse Bay** führt die abwechslungsreiche Strecke nach ca. 29 km zu einem wahren Schmuckkästchen Südwestschottlands: zum kleinen Dorf **New Abbey** (, Dumfries/Dalbeattie).

Die hübschen, liebevoll gepflegten Steinhäuschen der Hauptstraße werden von der mächtigen Ruine der **Sweetheart Abbey** überragt, die nicht nur durch ihren vielversprechenden Namen die liebliche Atmosphäre des Ortes auf den Punkt bringt.

1273 gründete Lady Devorgilla, die auch das Balliol College in Oxford errichten ließ, zum Andenken an ihren 1269 verstorbenen Mann John Balliol diese Zisterzienserabtei, die ein "Ableger" der Dundrennan Abbey ist. John und Devorgilla führten eine sehr glückliche Ehe; um so größer war die Trauer der Witwe beim Tod ihres Mannes, die das Herz des Toten einbalsamieren ließ und es in ein mit Silber geschmücktes Elfenbeinkästchen legte. Ihren Schatz führte Devorgilla 20 Jahre lang bis zu ihrem Tode 1289 immer mit sich; dann wurde sie mit dem Herz am Hochaltar der von ihr gegründeten Abtei begraben. Die von soviel irdischer Liebe und Treue beeindruckten Mönche nannten ihre Abtei fortan *dulce cor* (Sweet-heart).

Als 1608 der letzte Abt Gilbert Broun widerwillig als letzter Mönch die Abtei verließ, erfuhr das Haus das gleiche Schicksal wie all die anderen einst so mächtigen Abteien; die Anwohner schlachteten die Gebäude für ihre eigenen Zwecke aus und benutzten sie hauptsächlich als Baumaterial für ihre Häuser.

Obwohl bald nur noch die Abteikirche stand, bemühte man sich bereits seit 1779 um die Bewahrung der Ruine, die bald als Schmuckstück dieser Region galt. Zu dieser Zeit bürgerte sich auch der Name "New Abbey" ein (die Old Abbey war die von Dundrennan). Die Außenmauern der Abteikirche sind relativ gut erhalten und zeigen die gotischen Stilelemente, die man auch schon in Dundrennan Abbey bemerkt. Im Chorbereich, an der Stelle des früheren Hochaltars, zeigt ein moderner Stein die ungefähre Begräbnisstelle von Devorgilla an.

♦ HS, April bis September Mo bis Sa 9:30 bis 18:30, So 14:00 bis 18:30, Oktober bis März Mo bis Sa 9:30 bis 16:00 (geschlossen Freitag und Donnerstag nachmittags), So 14:00 bis 16:00; Erw. £ 1, Sen./Kinder £ 0,50.

Von New Abbey sind es noch 11 km bis Dumfries.

Dumfries

Whitesands, ☏ 01387/253862; Januar bis Dezember 10:00 bis 17:00 (Richtzeit).

Royal Infirmary, Bankend Road, ☏ 01387/246246.

Loreburn Street, ☏ 01387/252112.

Great King Street.

High Street.

Kino. Robert Burns Centre Film Theatre, ☏ 01387/264808.

Neben den im Text genannten auch Shakespeares, 94 English Street.

Viele in der High Street, Whitesands und English Street.

Grierson & Graham, 10 Academy Street, Verleih.

Dumfries & Galloway Golf Club, ☏ 01387/253582; ab £ 20.

Remedial Suite, Greensands.

Fulwood Hotel, Lovers Walk, Dumfries DG1 1LX, ☏ 01387/252262; Januar bis Dezember; £ 14-17 B&B pro Pers.

♦ **Guest House**: Mrs Lockhart, Morton Villa, 28 Lovers Walk, Dumfries DG1 1LX, ☏ 01387/255825; Januar bis Dezember; £ 13-14 B&B pro Pers.; ; ansonsten viele B&Bs u.a. in der Annan Road.

Mouswald Caravan Park, ☏ 01387/830226; März bis Oktober; Stellplatz £ 6; an der B724 ca. 8 km östlich.

Taxi: ☏ 01387/255027.

Arnold Clark Hire, New Abbey Road, ☏ 01387/263000.

Whitesands: Moffat/Ayr/Gretna Green/Stranraer u.a.
Glasgow/Carlisle (England).

Die knapp 35.000 Ew. zählende Stadt am Unterlauf des Nith ist die größte Stadt Südschottlands. Ihre touristische Bedeutung verdankt sie ihrem ansehnlichen Stadtbild, mehr noch aber dem Dichter Robert Burns, der hier nach Aufgabe seiner Farmertätigkeiten (1791 bis 1796) die Stelle eines Steuereinnehmers bekleidete und hier begraben liegt.

Man beginnt den Rundgang am besten beim **Tourist Office** an der **Devorgilla Bridge** von 1431.

⌘ Auf der anderen Seite der Fußgängerbrücke steht das **Old Bridge House** von 1660, das heute ein alltagsgeschichtliches Museum beinhaltet, in dem man sich u.a. zwei Küchen von 1850 und 1900 ansehen kann.

♦ April bis September Mo bis Sa 10:00 bis 13:00 und 14:00 bis 17:00, So 14:00 bis 17:00; Eintritt frei.

⌘ Man folgt nun links dem Flußufer und erreicht schnell das in einer alten Mühle aus dem 17. Jh. untergebrachte **Robert Burns Centre**, das sich vor allem mit der Dumfries-Zeit des Dichters beschäftigt.

♦ April bis September Mo bis Sa 10:00 bis 20:00, So 14:00 bis 17:00, Oktober bis März Di bis Sa 10:00 bis 13:00 und 14:00 bis 17:00; Eintritt frei, aber Erw. £ 0,80, Sen./Kinder £ 0,40 für die Vorführung im audiovisuellen Theater.

⌘ Etwas oberhalb des Ufers steht nahe der Church Street am weißen Turm einer ehemaligen Windmühle aus dem 18. Jh. das **Dumfries Museum**, das bereits vor 150 Jahren eingerichtet wurde und verschiedene archäologische Fundstücke der näheren Umgebung ausstellt; seit 1836, als die Mühle in ein Observatorium verwandelt wurde, ist hier auch eine Camera obscura untergebracht.

♦ Mo bis Sa 10:00 bis 13:00 und 14:00 bis 17:00, So 14:00 bis 17:00, Oktober bis März So, Mo geschlossen; Eintritt frei, nur Camera obscura Erw. £ 0,80, Sen./Stud./Kinder £ 0,40.

Vom Robert Burns Centre erreicht man über den Uferweg **Mill Green** die 1875 erbaute Hängebrücke, auf der man den Fluß überquert, um rechts zur **St. Michael's Bridge** zu gehen.

✞ Folgen Sie von der Autobrücke der Hauptstraße; an der Ecke Broom Street/St. Michael Street steht die **St. Michael's Church**, auf deren Friedhof in einem griechischen Mausoleum Robert Burns, seine Frau Jean Armour und fünf ihrer Kinder begraben liegen.

⌘ Wenn man bei der Kirche die Broom Street überquert, findet man auf der anderen Seite schnell die kleine Burns Street, in der das unscheinbare **Burns House** liegt. Hier verbrachte Burns mit seiner Familie die letzten Jahre; Burns-Enthusiasten werden hier verschiedene Manuskripte und Briefe des Dichters begutachten können, und auch der Stuhl, in dem der Meister die letzten Gedichte schrieb, darf bewundert werden.

♦ Mo bis Sa 10:00 bis 13:00 und 14:00 bis 17:00, So 14:00 bis 17:00, Oktober bis März So, Mo geschlossen; Erw. £ 0,80, Sen./Stud./Kinder £ 0,40.

🍷 Weiter über die Burns Street gelangt man nun in den belebten Innenstadtbereich. Auf der High Street angekommen, sehen Sie noch vor dem mit barocken Putti geschmückten Springbrunnen rechts in einer engen *close* (Gasse) den Pub **Globe Inn**. Die Kneipe, die eine der Lieblingspubs des trinkfreudigen Dichters war, ist auch heute noch gut besucht.

Am Brunnen vorbei läuft man auf das **Midsteeple** von 1707 zu, das alte Rathaus, von wo im Juli 1796 in einer Prozession von 10.000 Menschen der Leichnam von Robert Burns auf den Friedhof St. Michaels überführt wurde; am gleichen Nachmittag gebar seine Witwe Jean Burns seinen letzten Sohn Maxwell.

🍷 Nicht weit von hier findet man auf der rechten Seite der High Street Dumfries ältestes Pub, das **Hole in the Wa'** von 1620, ebenfalls von Burns oft frequentiert.

Das Ende der High Street wird von der **Burns Statue** beherrscht, die den Dichter, der mit 36 Jahren starb, in jugendlicher Frische zeigt. Wenn Sie hier links in die belebte Friars Vennel einbiegen, kommen Sie zum Ausgangspunkt am Tourist Office zurück.

Von Dumfries über Wanlockhead nach Moffat

Die folgende Strecke sei denjenigen empfohlen, die entweder nach Norden (Clyde Valley, Glasgow) oder in die Scottish Borders reisen wollen. Dieser Teil von Dumfriesshire führt zunächst durch das **Tal des Nith**

(Nithsdale) und dann durch die hügelige, zunehmend gebirgiger werdende Region der Southern Uplands.

♜ Von Dumfries führt die A76 im Tal des Nith nach Norden und erreicht nach 28 km das in einer hügeligen Parklandschaft liegende prachtvolle Anwesen von **Drumlanrig Castle**. Der schloßähnliche Sitz des Herzogs von Buccleuch und Queensberry, den wir als gegenwärtig größten Landbesitzer Schottlands schon vom Bowhill Castle kennen (☞ Die Scottish Borders; Land und Leute, Politik und Verwaltung), liegt inmitten eines ausgedehnten, herrlichen Country Parks, der allein schon einen Besuch wert ist.

Das Renaissanceschloß steht an der Stelle einer alten Douglas-Burg aus dem 14. Jh.; diese mächtige Familie hatte Robert the Bruce in seinen Kämpfen gegen die Engländer tatkräftig unterstützt, bevor sie im 15. Jh. so mächtig wurde, daß die schottischen Könige gegen sie vorgingen (☞ Von Ayr über Stranraer nach Dumfries, Threave Castle). Die Seitenlinie der Douglas-Familie von Drumlanrig, die sich später mit der mächtigen Scott-Familie der Borders verband, entging diesen Machtkämpfen.

Von 1679 bis 1691 ließ der erste Herzog von Queensberry, William Douglas, an Stelle der alten Burgfestung dieses "moderne" Castle errichten, dessen Architekt wahrscheinlich Robert Mylne war. Das Hauptgebäude ist von vier quadratischen Ecktürmen flankiert, die wiederum von 12 kleinen Türmchen geschmückt werden; der Haupteingang besitzt eine hufeisenförmige Treppe, die auf die von einer Balustrade geschmückte Eingangsebene führt. Die Symmetrie der Anlage wird bereits bei der Anfahrt über die lange Zufahrtsallee deutlich, die genau auf den Haupteingang zuläuft.

Das Innere mit seinen französischen Möbeln aus der Zeit von Louis XIV., den Eichentäfelungen und Deckenstukkaturen ist vom Feinsten, wird aber an Bedeutung noch von der berühmten Bildersammlung übertroffen, die Werke von Rembrandt, Holbein dem Jüngeren, Leonardo da Vinci, Murillo, Ramsay und Gainsborough umfaßt. Das Castle hat viele illustre Gäste gesehen, unter denen sich auch Bonnie Prince Charlie befand. Das Zimmer, in dem er übernachtete, zeigt neben flämischen Wandteppichen und dem portugiesischen Himmelbett des 17. Jh. auch einige persönliche Habseligkeiten des Prinzen, z.B. einige Ringe, eine Schärpe und seine Geldtruhe.

♦ Mai bis 16. Juni Mo bis Fr ▯ 13:00 bis 17:00, Sa, So, Feiertag 11:00 bis 17:00, 17. Juni bis August 11:00 bis 17:00 (das Castle ist Do geschlossen!); Erw. £ 4, Sen./Stud. £ 2,50, Kinder £ 2; ♿ mit Hilfe; ☕; 🚌 Ayr/Dumfries geht über das nahe Carronbridge.

Von hier sind es noch 15 km bis zur Abzweigung der B797; entlang des **Mennock Water** und über den gleichnamigen Paß führt die Straße durch die kahle Gebirgslandschaft der bis 732 m hohen Lowther Hills und erreicht nach 10 km den höchstgelegenen Ort Schottlands, das ca. 450 m hoch liegende **Wanlockhead** (, Dumfries/Leadhills). Über 300 Jahre lang wurde hier in den umliegenden Minen bleihaltiges Erz abgebaut.

⌘ Wer sich für die Arbeits- und Lebensbedingungen der Minenarbeiter im 18. und 19. Jh. interessiert, sollte den lohnenden und anschaulichen Besuch des **Lead Mining Museum** nicht auslassen.

Nachdem man sich im Visitor Centre theoretisch über das Thema informiert hat, geht es mit einem Führer und Schutzhelm in den 150 m tiefen Stollen der **Locknell Mine** hinein, in der bis 1860 gearbeitet wurde (warme Kleidung anziehen!). Hier schufteten nicht nur die Bergleute, die ein - anscheinend - stattliches Jahresgehalt von ca. £ 15-20 bekamen (zum Vergleich: Farmer verdienten etwa £ 5 jährlich), sondern auch achtjährige Jungen, die bis zum 12. Lebensjahr für 1-2 Pence täglich 10 Stunden lang das Gestein aus der Mine schoben. Waren sie dann 12 Jahre alt, durften sie die besser bezahlte Männerarbeit verrichten. Erst im 19. Jh. wurde die Ausbeutung der Kinder verboten; Ponys oder kleine Eisenbahnen zogen die Loren aus dem Berg.

Nach dem Besuch der Mine geht es an einer Holzentwässerungspumpe aus dem 18. Jh. vorbei zu den **Straitsteps Cottages**, die die Lebensbedingungen einer Bergarbeiterfamilie verdeutlichen. Die erste Hütte zeigt die schlechten Lebensbedingungen um 1720, als eine oft 6- bis 8köpfige Familie in einem strohgedeckten Raum lebte, der nur einen Erdboden und fast kein Tageslicht hatte, da die damals für Fenster zu entrichtende Steuer von den Arbeitern nicht aufgebracht werden konnte. Faszinierend ist auch das einfache, selbstgemachte Eßgeschirr der *Miners*. Der nächste Raum zeigt im Kontrast dazu die verbesserten Lebensverhältnisse um 1890.

Da jeder Arbeiter sein Arbeitsgerät selbst zu bezahlen hatte, mußte er sich erst einmal am Anfang seiner Tätigkeit bei der Minengesellschaft verschulden, die ihm "großzügig" Geld lieh. Das gab der Arbeiter dann nicht nur für Hammer und Meißel aus, sondern natürlich auch für Kleidung und Lebensmittel, die er und seine Familie täglich benötigten. Kaufen konnte er all das im konkurrenzlosen Geschäft der Minenbesitzer - zu Preisen, die man sich vorstellen kann. Die Schulden der armen Familien fraßen dank dieses arbeitgeberfreundlichen Kreditgebarens oft den erarbeiteten Lohn gänzlich auf, und so wurden nicht nur der Vater, sondern auch die Söhne, ja die ganze Familie quasi kontinuierlich in eine "Spirale" von Ausbeutung und Abhängigkeit gedrückt.

♦ April bis Oktober 11:00 bis 16:00; Erw. £ 3, Sen./Stud. £ 2,50, Kinder £ 1,50, Familie £ 8,50; ✕.

Der Ort liegt auf dem Southern Uplands Wanderweg (☞ Reise-Infos von A bis Z, Wandern).

Nach 2 km gabelt sich in **Leadhills** (Dumfries/Lanark) die Straße: wer ins Clyde-Tal und nach Glasgow will, bleibt auf der B797 und erreicht nach 8 km die A74.

Wer in die Scottish Borders will, kommt rechts auf der B7040 nach 7 km ebenfalls zur A74, auf der man nach ca. 22 km das herausgeputzte **Moffat** erreicht.

Moffat

Churchgate, ☏ 01683/220620; Ostern bis Oktober 10:00 bis 17:00 (Richtzeit).

Doktor, Church Place, ☏ 01683/220197, High St., ☏ 220062.

☏ 01683/220019.

High Street.

Moffat Golf Club, Coatshill, ☏ 01683/220020, ab £ 17.

Infos beim Tourist Office.

✕ The Cheviot, Academy Road, Festveranstaltungen am Wochenende.

Bonnington Hotel, High Street, Moffat, Dumfriesshire DG10 9DL, ☏ 01683/220743; Januar bis Dezember; £ 16,50-20 B&B pro Pers.

♦ **Guest House**: Mrs McIntyre, Marvig, Academy Road, Moffat DG10 9HW, ☏ 01683/220628; Januar bis Dezember; £ 14,50 B&B pro Pers.

♦ **Cottage-Vermietung**: Mr Proudfoot, 12 Falkland Street, Glasgow G12 9PR, ☏ 0141/3393562; April bis Oktober; £ 140-210; 4 bis 6 Pers.

Camping & Caravanning Club Site, Hammerland's Farm, Moffat DG10 9OI, ☏ 01683/220436; März bis Oktober; £ 6,60-7,50.

Dumfries/Glasgow/Edinburgh/Gretna Green/Lockerbie; Kein regulärer Bus in die Scottish Borders! Nur von Juli bis September verkehrt ein Ausflugsbus (Harrier Scenic Bus), der über die Grey Mare's Tail nach Melrose fährt; im fragen.

Das Städtchen ist ein Touristenort, wie er im Buche steht; sauber und adrett mögen die Vorzeigehäuser so manchen an die Urlaubsidylle gewisser Alpenländer erinnern. Ohne große Sehenswürdigkeiten lebt Moffats touristischer Ruhm weitgehend von seiner Puppenstubenatmosphäre und der zugegeben unbestreitbaren Tatsache, daß dieser Ort in einer der landschaftlich schönsten Gebiete Südschottlands liegt und für Wanderungen in die Umgebung ein alternativloses Standbein darstellt.

10 km nördlich von Moffat ist über die A701 die spektakuläre Schlucht des **Devil's Beef Tub** erreichbar, in der die berühmten Viehdiebe der Borders (die Border-Reivers) die gestohlenen Herden zu verstecken pflegten.

Unbedingt empfehlenswert ist die Fahrt von Moffat über die A708 nach Osten zum ca. 80 m hohen Wasserfall **Grey Mare's Tail** (ca. 15 km, P, kein !). Der National Trust of Scotland organisiert von Rangern geführte Wanderungen im Gebiet des Wasserfalls (Juni bis August, jeweils Mo). Wer nur den Wasserfall (von unten) sehen will, nimmt vom Parkplatz den linken Weg zum Aussichtspunkt (ca. 10 Min.).

Viel länger und anstrengender, aber auch interessanter ist der rechts vom Flüßchen am Hang hochführende Weg nach **Loch Skeen**, der auf die Höhe des Wasserfalls führt und dann dem Bach bis zum einsamen See folgt (mindestens 60 Min., gute Schuhe, Rutschgefahr). Wer den baumlosen Abhang hinaufgekeucht ist (wer schnell schwindlig wird, sollte hier besonders vorsichtig sein), hat einen herrlichen Blick über das Tal mit seinen erosionsgeplagten Hängen. Oben geht der Pfad weiter durch eine ebenfalls baumlose Moor- und Heidelandschaft zum schön und völlig einsam gelegenen Loch Skeen.

Wer nicht zurück nach Moffat will, kann von hier weiter auf der A708 zum **St. Mary's Loch** und in die Borders-Region weiterfahren (Die Scottish Borders).

Von Dumfries nach Gretna Green

Für die kurze Strecke sei wiederum von mehreren Möglichkeiten die Küstenroute empfohlen.

Man verläßt Dumfries auf der B725 nach Süden; am Ostufer der Nith-Mündung entlang kommt man in das flache Marschgebiet **Merse**, wo im Winter Tausende von Wildgänsen und -enten zu sehen sind. Das Scottish Natural Heritage unterhält hier ein 8.000 Hektar großes **Naturreservat**.

Nach ca. 15 km erreicht man die imposante Ruine des **Caerlaverock Castle**, das der ehemalige Sitz der Maxwell-Familie war. Die

Burg, die aus dem 13. Jh. datiert, hat einen ungewöhnlichen, dreieckigen Grundriß. Der Haupteingang, zugänglich über eine Brücke, wird von zwei massiven Halbtürmen flankiert. Das Innere wurde im 17. Jh. im Renaissancestil umgebaut, wie die dreieckigen und halbrunden Fensterverzierungen (Tympana) verraten. Zwischen Engländern und Schotten des öfteren hart umkämpft, verfiel das Castle nach einer letzten Belagerung durch die *Covenanters* (☞ Land und Leute, Geschichte) 1640.

♦ HS, April bis September Mo bis Sa 9:30 bis 18:30, So 14:00 bis 18:30, Oktober bis März Mo bis Sa 9:30 bis 16:30, So 14:00 bis 16:30; Erw. £ 2, Sen./Stud. £ 1,25, Kinder £ 0,75; 371 Dumfries.

✝ Die Straße führt nun im Hinterland der Küste des **Solway Firth** zum 14 km entfernten **Ruthwell** (79 Dumfries), in dessen **Parish Church** (Ausschilderung Ruthwell Church) das **Ruthwell Cross** zu sehen ist, ein über 5 m hohes frühchristliches Kreuz, das aus dem 8. Jh. stammt (die Schlüssel der Kirche, falls geschlossen, sind bei Mrs Coulthard zu bekommen; dies ist das erste Haus an der Abzweigung von der Hauptstraße). Das sehr gut erhaltene Kreuz, das allgemein als ein frühes Zeugnis der römischen Kirche in Britannien verstanden wird, läßt noch deutlich die biblischen und anderen Figuren erkennen, die auf beiden Seiten den Schaft schmücken. Hinzu kommen einige Runen und Symbole, die bis heute nicht befriedigend erklärt werden konnten.

Über **Annan** nähert man sich auf der B724 nun schnell der englischen Grenze (16 km); unmittelbar davor und nahe der Autobahn liegt der kleine Ort **Gretna Green** (,   Dumfries/Carlisle), der mit dem **Old Blacksmith's Shop Visitor Centre** (alte Schmiede) Scharen von Touristen anzieht. 1753 wurden in England durch den Lord Hardwicke's Act die Heiratsgesetze reformiert; unter anderem war es Minderjährigen unter 21 Jahren nicht möglich, ohne Einwilligung der Eltern zu heiraten. In Schottland blieben aber die alten Gesetze bestehen, wonach man schon mit 16 Jahren eine überall anerkannte Ehe abschließen konnte. Nötig war dafür nur die Anwesenheit zweier Zeugen und ein Schmied, der durchaus rechtmäßig als Pfarrer amtieren konnte.

Die Schmiede des Grenzortes Gretna Green wurde daher bald das Pilgerziel aller Jungverliebten, die aus guten wie weniger guten Gründen nicht mit der Einwilligung ihrer Eltern rechnen konnten. Die Ausreißer kamen über die Grenze, holten auch nachts den Schmied aus dem Bett, der dann aus dem Dorf zwei Zeugen herbeischleppte und über dem Amboß die Zeremonie vollzog. Einer der letzten Pfarrer, der Schmied Rennison, brachte es in 13 Jahren auf 5.147 Eheschließungen.

Man kann sich vorstellen, daß die Eltern im benachbarten England Sturm liefen gegen die skandalösen Verhältnisse jenseits der Grenze. Mehr als einmal dürfte der Schmied des Ortes vor wutentbrannten Vätern den Rückzug angetreten haben, und 1856 wurde ein Gesetz erlassen, nach dem einer der beiden Heiratswilligen mindestens drei Wochen in Schottland zu wohnen hatte, bevor man den Amboß schwingen durfte. Das brachte nur kurze Zeit einen gewissen Rückgang, denn wenn einer der beiden auf Urlaub vorfuhr, reichte es, wenn der andere nur einen Tag da war. Erst 1940 hatte die vereinigte Lobby von Kirche und geschädigten Eltern Erfolg, denn die Hochzeit über dem Amboß wurde endgültig verboten.

So amüsant diese Geschichte auch sein mag, der Ort ist es nicht. In ganz Schottland gibt es keine Stelle, wo derartig viele Touristenbusse ihre Fracht entladen und wo ein historisches Ereignis so zur Farce verkommen ist. Um die kleine Schmiede hat sich der nackte Kommerz in perfekter Form entwickelt. Durch die Kitschläden, Cafés und das riesige Restaurant strömen und schieben sich die internationalen Massen, entzückt von der Aussicht auf eine Seifenoperette mit anschließendem Sahnetörtchen. Schaudernd wendet sich so mancher ab, ohne überhaupt die nachgestellte Hochzeit in der Schmiede gesehen zu haben. Schottland verdient es wahrhaftig, in anderer Erinnerung behalten zu werden.

Glossar

Bagpipe
Sackpfeife, Dudelsack.

Beinn/Ben (gäl.)
Berg.

Black House
Wörtlich: schwarzes Haus; die strohgedeckte und verrußte Hütte eines Kleinbauern (*crofter*) im schottischen Hochland und auf den Inseln.

Cairn
Hügelgrab, prähistorische Steinpyramide.

Castle
Burg; bezeichnet in Schottland sowohl die (oft als Ruinen) zurückgebliebenen Wohnburgen des Mittelalters als auch die Schlösser der nachmittelalterlichen Zeit.

Ceilidh (gäl.)
Ballade, Musikvortrag; heute allgemein im Hochland ein Fest (mit keltischer Musik).

Chief, Chieftain
Haupt, Führer eines Clans, der seine Abstammung auf den Stammvater zurückführt.

Clan
Sippe, Stammesgemeinschaft, die sich auf einen Stamm (Clanvater) bezieht, der allen Clanmitgliedern seinen Namen gibt.

Clearances
Von *to clear* (engl.) - frei machen, säubern, abräumen; eigentlich ein landwirtschaftlicher Begriff z.B. für die Rodung und Urbarmachung des Landes. In Schottland bezeichnet der Begriff aber vor allem die Vertreibung der armen Pächter und Bauern von ihren Landstücken im Hochland im 18. und 19. Jh.; ihr Land wurde für Schafe "frei gemacht" (*Highland Clearances*).

Covenanters
Von *covenant* - Bund, Abmachung, Versammlung; die eine presbyterianische Kirchenverfassung anstrebenden Protestanten des 16./17. Jh.; sie standen in striktem Gegensatz sowohl zu den Katholiken als auch zur hierarchischen Bischofskirche Englands (anglikanische Staatskirche).

Crofter
Kleinpächter, Kleinbauer; sie waren die Opfer der "Hochland-Säuberungen" (*Highland Clearances*).

Destille
Whiskybrennerei.

Duke
Herzog.

Earl
Graf.

Fàilte (gäl.)
Willkommen; kann man auf sehr vielen Hochlandbroschüren und Ortsschildern sehen.

Firth
Große Meeresbucht.

Glen (gäl.)
(Hochland)Tal.

Gotik
Architekturstil des Spätmittelalters (13. bis 15. Jh.); erfuhr im 19. Jh. in England während der Herrschaft Königin Victorias (1837-1901) als Neugotik (Neogotik) eine Wiederbelebung.

Haste ye back (gäl.)
Auf Wiedersehen; in vielen Hochlandbroschüren, aber auch auf Schildern vorkommender Abschiedsgruß.

Highlands
Das schottische Hochland; im kulturellen Sinne oft das gälisch-keltische Schottland (☞ Lowlands).

Jakobiten
Anhänger der schottischen Königsdynastie der Stuarts (Steward, Stewart), die häufig den Vornamen Jakob besaßen (bis Jakob VII.). Der Ausdruck "Jakobiten" bezeichnet damit vor allem die Aufstände des 17. und 18. Jh., als die Stuarts vom englischen Thron vertrieben wurden.

Kilt (gäl.)
Schottenrock.

Klassizismus
Kunst- und vor allem Architekturstil des 18. und frühen 19. Jh., der sich an dem Vorbild des antiken griechisch-römischen Baustils orientierte.

Laird
Entspricht dem Lord; bezieht sich meist auf die Hochlandadligen, manchmal auch identisch mit dem Chief.

Loch (gäl.)
Sowohl ein Inlandsee als auch die (meist von Steilküsten begrenzten) Meeresfjorde.

Lowlands
Das schottische Tiefland; im kulturellen Sinne oft das anglisierte Schottland (☞ Highlands).

Mercat Cross
Marktkreuz; Zentrum der mittelalterlichen Stadt und Marktstätte.

Neugotik
☞ Gotik.

Pibroch (gäl.)
(Dudelsack)Melodie.

Piper
Allg. Pfeifer, Dudelsackspieler.

Pretender
Prätendent; allgemein jemand, der Anspruch auf ein Amt oder eine Position erhebt. In Schottland gibt es den Young Pretender (der junge Prätendent = Bonnie Prince Charlie, Aufstand 1745/46) und den Old Pretender (der alte Prätendent, sein Vater Jakob VIII., Sohn vom letzten Stuartkönig Jakob VII., Aufstand 1714/15/19). Die Ausdrücke wurden vor allem von den Feinden der Jakobiten benutzt.

Provost
In Schottland historische Bezeichnung für Bürgermeister.

Tartan
Eigentlich Wolldecke mit kariertem Muster (Schottenmuster); oft gebraucht im Sinne von Kilt.

Tolbooth
Meist das mittelalterliche Stadtgefängnis, Gerichtsstätte; oft auch das Rathaus einer mittelalterlichen Stadt; bildete mit dem Mercat Cross das mittelalterliche Zentrum eines Ortes.

Tower House
Turmhaus; die den meisten schottischen Burgen zugrundeliegende Konstruktion einer mehrstöckigen Turmwohnung.

Literatur

Karten

Folgende Karten sind in Deutschland erhältlich:

- Bartholomew, **Touring Map Scotland** (mit Ortsverzeichnis), 1:300.000, DM 12,80.
- Ordnance Survey, **Northern Scotland**, **Central Scotland** und **Southern Scotland** (mit Ortsverzeichnis), 1:250.000, je DM 14,80.
- Ordnance Survey, **Scotland**, 1:500.000, DM 17,80.
- Eurocart (RV), **Schottland/England Nord**, 1:300.000, DM 19,80.
- Kümmerly & Frey, **Nord-Schottland**, 1:200.000, DM 17,80.
- Kümmerly & Frey, **Süd-Schottland**, 1:200.000, DM 17,80.
- Michelin, **Schottland** (mit Ortsverzeichnis), 1:400.000, DM 14,80.

Selbstverständlich halten die Tourist Offices der einzelnen Regionen viele regionale Karten für Sie bereit; dies ersetzt aber natürlich auf keinen Fall eine detaillierte Straßenkarte. Wollen Sie sich erst in Schottland für eine Karte entscheiden, kann Ihnen auch die **Touring Map of Scotland** vom Scottish Tourist Board empfohlen werden (£ 3,25, beim Tourist Office und in Buchhandlungen erhältlich). Der Vorteil dieser durchaus hinreichenden Karte liegt in der guten, farblich abgesetzten Übersichtlichkeit und der Aufnahme fast aller Sehenswürdigkeiten durch farblich einheitlich abgesetzte Schriftzüge. Sie sehen sofort, wo es in einer Region was zu sehen gibt. Im übrigen ist die Auswahl an Karten in Schottland natürlich noch größer als hier.

Wanderkarten ☞ Reise-Infos von A bis Z, Wandern; neben den **Ordnance Survey Karten**, die für eine Wanderung unverzichtbar sind, halten die Tourist Offices eine Fülle von Einzelkarten für Sie bereit.

Bücher

Wer sich detailliert oder gar themenspezifisch mit Schottland auseinandersetzen möchte, kann sich vom **British Studies Information Centre** des **British Council** in Köln eine (allerdings ausnahmslos englische) Bücherliste schicken lassen, die von der Architektur bis zu den Whiskybaronen reicht. Die Werke sind gegen eine Gebühr dort auch ausleihbar:

- The British Council, Hahnenstr. 6, 50667 Köln, ☎ 0221/206440, FAX 0221/2064455.

Neben den unten aufgeführten Werken, die zumeist eher einführender Art sind, können Sie natürlich vor Ort Spezialliteratur jeglicher Art erwerben. Bei fast jeder großen Sehenswürdigkeit werden Ihnen (oft auch deutschsprachige) Broschüren angeboten, die allerdings von unterschiedlicher Qualität sind. Interessieren Sie sich für eine besondere Sehenswürdigkeit, sind zumindest die Führer von **Historic Scotland** und dem **National Trust** eine gute Basis, die meist auch weiterführende Literaturangaben enthalten.

Folgende Werke seien besonders hervorgehoben:

- Agricola, C. (Hg.), ***Schottische Märchen***, Frankfurt/M. 1991; eine empfehlenswerte Übersetzung schottischer Märchen und Sagen.
- Schreiber, H., ***Schottland, Die Geschichte eines Landes am Rande Europas***, Gernsbach 1990; das Buch referiert in lockerer und leicht lesbarer Weise die Geschichte Schottlands, wobei auch viele kulturelle Aspekte angesprochen werden.
- Fontane, T., ***Jenseit des Tweed***, Frankfurt/M. 1989; ein sehr empfehlenswerter Klassiker; die Schottlandreise Theodor Fontanes 1858 eröffnet in leicht lesbarer Weise den Einblick in das romantische Schottlandbild des 19. Jh. Fast alle gängigen Geschichtsanekdoten werden referiert; sehr gute Einstimmung auf eine Schottlandreise!
- Linklater, M./Denniston, R. (Hg.), ***Anatomy of Scotland***, Edinburgh-New York 1992; eine interessante und umfassende Einführung in die soziale, politische und wirtschaftliche Struktur des heutigen Schottlands.
- MacDonald Douglas, R., ***The Scots Book***, London 1995; ein in Schottland überall erhältliches Lesebuch, das sozusagen Appetithäppchen zu Folklore, Musik, Dichtung, Hochlandkultur usw. anbietet und dabei auch viele andere, ältere Werke zitiert.
- Literatur über **Whisky** ☞ S. 60.
- Mackie, J. D., ***A History of Scotland***, London 1978; ein fast überall in Schottland erhältliches Buch, das einen Überblick über die Geschichte des Landes gibt.
- Scott, S. W., ***Waverley***, London 1994; Roman, ein Schottlandschmöker für diejenigen, die Spannung und Geschichtshintergrund verbinden wollen. Das berühmte Buch des im Text so häufig genannten Sir Walter Scott behandelt den Aufstand der Jakobiten unter Bonnie Prince Charlie und vermittelt dabei - natürlich aus romantischer Sicht - auch einen Einblick in die untergehende Kultur des Hochlands.

  Die Werke von Scott und Burns finden Sie fast in jedem Tourist Office und jeder Buchhandlung in preiswerten Paperback-Ausgaben.
- ***Stories of the Highland Clearances***, Glasgow 1995; in Form von zeitgenössischen Zeugnissen zusammengestelltes Buch der Hochlandvertreibungen. Empfehlenswert für denjenigen, der sich selbst ein Bild über die Menschenvertreibungen des 19. Jh. machen will.
- ***West Highland Way*** von Hartmut Engel, OutdoorHandbuch (Band 26), Conrad Stein Verlag, Kronshagen, 1996, DM 22.

- ***Speyside Way: Der Whisky Trail*** von Hartmut Engel, OutdoorHandbuch (Band 43), Conrad Stein Verlag, Kronshagen, Frühjahr 1997, DM 22.

Die Fontane-Zitate entstammen: Theodor Fontane, *Jenseit des Tweed*, Frankfurt/Main 1989.

Zeitschriften

- ***Grampian Mountains***, tours 3/1994.
- ***Whisky on the rocks***, tours 6/1995.
- ***Mit dem Mountain Bike durch die Highlands - Der lange Weg nach Oban***, Outdoor 3/1994.
- ***Schottland***, Merian, Juni 1993.
- ***Schottland***, HB Bildatlas 144, 1995.
- ***Schottland***, Geo Special, Juni 1995.

Index

Conrad Stein Verlag

Eichkoppelweg 51 • 24119 Kronshagen ☎ 0431/544090 FAX 548774

Touren in Schlesien / K. & A. Micklitza	DM 24,80
Tschechien - Tschechische Republik /K. & A. Micklitza	DM 29,80
Uganda / Lübbert	DM 26,80
Ungarn / Ohlberg, Jochimsen, Micklitza	DM 22,00
USA - Nordwesten / Richter	DM 26,80
USA - Südwesten / Richter	DM 36,80
Venezuela auf eigene Faust / Travelot	DM 26,80
Vereinigte Arabische Emirate / Röhl	DM 22,00
Wandern in den kanadischen Rockies / Patton & Robinson	DM 22,00
Wandern in Neuseeland / Stein	DM 19,80
Zimbabwe / Zuchan	DM 26,80
Zw. Sydney u. Melbourne / Hamm & Abenath	DM 26,80

OutdoorHandbücher

- Basiswissen für Draußen -

Band		DM
1	Rafting	12,80
2	Mountainbiking	12,80
3	Knoten	12,80
4	Karte & Kompaß	12,80
5	Eßbare Wildpflanzen	12,80
6	Skiwandern	12,80
7	Wildniswandern	12,80
8	Kochen	12,80
9	Bergwandern	12,80
10	Solo im Kanu	12,80
11	Kanuwandern	14,80
12	Fotografieren	12,80
13	Wetter	12,80
14	Allein im Wald	12,80
15	Wandern mit Kind zu Fuß · per Rad · mit Kanu	12,80
16	Sex Vorbereitung · Technik · Varianten	12,80
20	Wüsten-Survival	14,80
21	Angeln	14,80
22	Leben in der Wildnis	14,80
24	Ratgeber rund ums Wohnmobil	14,80
25	Wale beobachten	14,80
30	Spuren & Fährten (Herbst '96)	14,80
31	Canyoning (Frühj. '96)	14,80
34	Radwandern (Frühj. '96)	14,80
35	Mushing (Herbst '96) Hundeschlittenfahren	14,80
36	Gesund unterwegs	14,80

- Der Weg ist das Ziel -

17	Sarek	19,80
18	Kungsleden	19,80
19	Yukon	19,80
23	Jakobsweg	22,00
26	West Highland Way	22,00
27	John Muir Trail (Frühj. '96)	22,00
28	Landmannalaugar (Fj. '96)	22,00
29	West Coast Trail	22,00
32	Radwandern in Masuren	22,00
33	Trans-Alatau	22,00

☺ *Weitere Bände in Vorbereitung. Fordern Sie unseren aktuellen Verlagsprospekt an.*

OUTDOOR HANDBÜCHER